인지부하이론

Plass, Moreno, Brünken 지음
이현정, 장상필, 심현애, 권숙진 옮김

COGNITIVE LOAD THEORY

아카데미프레스

Cognitive Load Theory

edited by Jan L. Plass, Roxana Moreno, Roland Brünken

역자 서문

인지부하이론은 본문에서도 여러 차례 언급되는 것처럼, 교수설계 분야에서 최근 20여 년간 가장 영향력 있는 학습이론 중 하나이다. 1988년 John Sweller의 논문이 '인지과학' 에 발표된 이래로, 인지부하이론은 지속적으로 발전했으며 최근까지도 혁신적 변화를 겪고 있다. 이러한 과정과 특성은 이론을 정교하게 만들어 줄 뿐만 아니라, 현 시대의 연구자들에게 이론의 발전에 기여할 수 있는 기회를 제공하기도 한다. 특히, 이론의 가정을 최초 제기하였던 John Sweller의 활발한 연구활동은 전 세계 인지부하 연구자들과의 지면을 통한 소통이 가능하게 하였으며, 동시다발적 연구를 통한 이론의 급격한 발전을 도모하였다. 물론, 인지부하이론은 이론으로서 해결되어야 할 과제(타당성과 신뢰성을 확보한 측정 도구)와 검증되어야 할 요소들(발생학의 자연선택설과의 연계 등)이 아직 남아 있다. 그러나, 미완의 과제는 인지부하이론의 연구자들에게 도전감을 가지고 이론의 완성을 향해 전진하도록 하는 자극제가 되고 있다.

역자들은 인지부하이론의 과학적 설득력뿐만 아니라 이와 같은 생명력에 이끌려, 국내에서 교수설계 분야를 공부하는 학생들에게 현재까지의 인지부하이론의 연구를 체계화한 본 책을 소개하고자 번역 작업을 완수하게 되었다. 역자는 본 역서가 인지부하이론에 대한 좋은 참고서적의 기능을 수행하고, 또한 많은 관련 분야의 예비 연구자들이 이 분야에 관심을 가지고 향후 인지부하이론의 발전에 기여하는 기회를 가지게 되기를 희망하는 바이다.

2011년 12월 21일
대표 역자 이현정

Cognitive Load Theory

저자 서문

인지부하이론은 무엇인가? 인지부하이론의 목적은 인간 인지 구조의 역량과 한계를 고려하여 학습결과를 예측하는 데 있다. 이 이론은 학습자료의 설계 요소와 인간의 정보처리를 연결하고 있기 때문에, 학습환경에 폭넓게 응용될 수 있다. 인지부하이론은 효과적인 학습 시나리오에 대한 설계가 인간의 정신이 작용하는 방식에 기반해서 이루어져야 한다는 생각에서 출발하였다. 이러한 가정에서 출발하여, 인지 체계 내에서 인간이 지식을 습득하거나 이해할 때 요구되는 부하를 설명하고 있다. 인간의 인지 체계는 활동적이지만 제한적인 정보처리 용량을 가지고 있다. 인지부하이론은 복잡한 정보를 학습할 때 요구되는 인지 자원을 고려하여, 학습을 성공적으로 만드는 요소가 무엇인지 그리고 교수법에 의해 학습이 효과적으로 지원받을 수 있는지를 설명하고자 한다.

웹기반 혹은 멀티미디어 수업을 포함한 교수자료의 다양한 영역으로의 적용 가능성 때문에, 인지부하이론은 교육심리학과 응용학습과학 분야에서 자주 논의된다. 최근 수년 동안에 인간의 인지 구조와 교육자료의 설계, 성공적인 학습 사이의 관계를 기술하는 경험 연구가 급격하게 진행되었다. 무엇보다, 과거에 수행되었던 연구는 스키마 습득 과정, 제한적 용량, 부하를 일으키는 요인(내재적 부하, 외재적 부하, 본유적 부하)을 포함하여 인지부하이론의 이론적인 구성 요소를 자세하게 설명하는 것에 중점을 두었다.

인지부하이론이 학습환경(특히 교육의 전달 형태로서 웹기반 혹은 멀티미디어 형태)의 설계에 중요한 함의를 제시하는 것 외에도, 이론적, 경험적 연구의 발전이 이루어짐에 따라 최근의 인지부하이론에 대한 지식을 연구와 교육 그리고 활용을 위해서 책의 형태로 발간할 필요성이 제기되었다. 이 책은 인지부하이론의 실용적인 이슈뿐만 아니라 최근의 이론적 논의의 다양한 측면을 연구하는 전 세계의 주요 연구자들이 전문 분야를 집필하여 편집된 것이다. 이 책은 3 부로 구성되어 있다. 1부는 인지부하이론의 이론적 기초와 가정을 기술하고 있으며, 2부는 인지부하이론을 학습 환경의 설계에 적용하여 발견한 경험적 연구 결과를 제시하고 있다. 마지막으로 3부는 향후 연구 방향에 대한 논의로 결론을 맺고 있다.

1부를 구성하고 있는 장들은 인지부하이론의 이론적 강조점을 논의하고 있다. 1장에서는 Moreno와 Park이 인지부하이론에 대한 역사적인 리뷰를 제공하고 심리학과 교육학 분야의 관련 이론과의 관계를 설명함으로써 학습과학의 맥락에서 인지부하이론을 설명하고 있다. 2장에서는 Sweller가 자연선택설의 진화론과 인간의 인지 구조 사이의 유사성을 통하여 인지부하이론을 뒷받침하는 다섯 가지 가정을 제시하고 있다. 특히, 2장은 Sweller의 최근 주장인 정보 저장, 차용, 무작위적 발생, 제한적 변화, 환경의 조직화 개념을 인지부하이론의 가정으로 연결시키고 있다(Sweller, 2004). 또한, 2장에서는 인지부하의 세 가지 영역을 기술하고 각 영역의 부하가 전체적인 인지부하로 합산된다는 가산성을 설명하고 있다. 3장에서는 Kalyuga가 인지부하이론에 의거해서 스키마 습득의 과정을 기술하고 있으며, 세 가지 교수설계 원리를 제시하고 있다: 초기 직접 교수법 원리, 전문성 원리, 작은 단위의 지식 변화 원리. 4장에서는 Plass, Kalyuga, Leutner가 학습자의 작동기억 용량에 영향을 미치는 개인차에 대한 유형을 제시함으로써, 앞의 세 장에 대한 내용을 확장시켰다. 여기에서 저자들은 정보 습득, 정보 처리, 처리의 규칙 사이의 차이를 구별하고, 그러한 개인차가 학습과정에서 인지부하에 어떤 영향을 미치는지 설명하였다. 1장부터 4장까지의 1부는 인지부하이론의 역사를 통합하고 최근 인지부하이론을 구성하는 주요 원리를 제시하고, 인지부하이론이 학습자의 개인차와 관련 있음을 강조하고, 다른 이론적 모델들과 연결시키려는 노력을 하고 있다.

2장에서 Sweller가 주장한 것처럼, 학습 자료의 어려움에 의해 부과되는 부하의 유형인 내재적 부하와 교수설계에 의해 부과되는 외재적 부하와 본유적 부하가 인지부하이론에서 주요한 요소이지만, 학습자의 선수지식 또한 의미가 있다. 초보 학습자를 고려한 정보 설계와 교수 활동은 선수지식이 높은 학습자의 학습을 방해할 수 있다. 즉, 전문성 역전 효과가 발생할 수 있다는 것이다(Kalyuga, 본 권 3장). 초보 학습자의 스키마 습득을 촉진하는 교수 방법(본유적 부하의 증가를 이끌어냄)은 선수지식이 높은 학습자에게는 외재적 부하를 증가시키는 결과를 초래한다. Plass, Kalyuga, Leutner가 4장에서 논의한 것처럼, 인지부하는 공각지각 능력이 낮거나 초인지 기술이 낮은 경우에도 발생할 수 있다. 요약하면, 인지부하의 세 가지 유형과 학습자의 개인차 특성 사이의 관계는 간단한 문제가 아니라는 것이다.

이 책의 2부는 인지부하 분야를 선도하고 있는 최근 경험 연구의 결과물을 통합하여 제시하였고, 이러한 연구에서 얻어진 시사점을 학습환경의 설계를 위한 지침으로 제시하고 있다. 5장에서는 Renkl과 Atkinson이 해결된 예제를 사용하여 문제해결을 촉진하는 학습 환경 설계에 인지부하이론이 활용되는 연구들을 요약하였다. 6장에서는 Kester, Pass, van Merriënboer가 인지부하이론이 '공기흐름 제어장치'와 같은 복잡한 인지처리를 촉진할 수 있는 과제의 학습 환경을 설계하는 데 인지부하이론을 활용한 연구들을 제시하고 있다. 마지막으로 7장과 8장에서는 내재적 부하와 외재적 부하를 줄이기 위한 원리를 개발시키고(7장) 멀티미디어 학습에 있어서 생성적 처리를 증가시키는(8장) Mayer와 Moreno의 연구 프로그램을 요약하고 있다.

인간의 인지 구조의 특성에 관한 가정에 기초한 교수설계 이론으로 시작한 인지부하이론은 무선 할당과 통제된 실험에서 일련의 인지부하 효과를 검증해 왔다. 예를 들면, 감각 효과이다. 멀티미디어 학습 환경에서 정보가 한 가지 양식으로 제시될 경우 이해가 어려워 학습이 잘 이루어지지 않는 것에 반해, 두 가지 양식으로 제시될 경우 학습이 잘 이루어질 수 있다는 것이다(Low & Sweller, 2005; Mayer & Moreno, 본 권 7장). 다른 예로는 중복 효과가 있다. 이는 스키마 습득과 자동화 과정에 기여하지 않는 정보는 학습을 방해할 수 있다는 것이다(Mayer & Moreno, 본 권 7장; Sweller, 2005). 해결된 예제 효과는 문제 제시 방식보다 해결된 예제를 제시하는 것이 문제해결을 촉진시킨다는 것이다(Renkl, 2005; Renkl & Atkinson, 본 권 5장). 다양한 학습환경과 내용 영역에서 인지부하 효과가 반복되어 증명됨으로써, 인지부하 연구자들에게 연구 결과와 일치하는 교수설계 원리를 이끌어낼 수 있도록 하였다. 따라서, 인지부하이론은 교수설계자들에게 웹기반 학습 환경뿐만 아니라 언어적 정보(텍스트, 나레이션)와 시각적 정보(에니메이션, 시뮬레이션, 비디오, 사진)를 포함하는 멀티미디어 학습 환경의 설계를 위한 지침을 제공한다. 본 책의 2부에서 검토된 연구들은 인지부하이론을 멀티미디어와 온라인 학습 환경에 적용한 경험 연구에 초점을 두고 있다.

인지부하이론의 가산 가정에 의하면, 학습은 내재적 부하, 외재적 부하, 본유적 부하를 모두 더한 것이 활용 가능한 작동기억의 용량을 초과할 경우, 학습에 문제가 생기게 된다. 그리고, 이때 인지부하 효과는 각각의 부하 유형 사이의 상호작용에 의해서 영향을 받게 된다. 예를 들면, 외재적 부하를 감소시키면 본유적 부하가 증가할 수 있는 환경을 만들어주고 이는 학습을 고양시킬 수 있기 때문에 인지부하의 효과가 발생할 수 있다. 이는 7장에서 Mayer와 Moreno에 의해 검토된 중복 효과의 원인과 관련이 있다. 그러나 이러한 중복 효과는 내재적 부하가 높을 때만 발생한다. 만약 내재적 부하가 낮다면, 불필요한 외재적 부하를 발생시키는 적합하지 않은 교수설계를 극복할 만큼 작동기억의 자원이 충분하기 때문이다. Kester, Paas, van Merriënboer(6장)는 복잡한 교수 환경에서 인지부하의 효과를 조사함으로써 위의 가정을 탐구하였다. 이상적으로 좋은 설계는 외재적 부하를 줄여주어야 하고, 학습에 연결되는 본유적 부하를 증가시킬 수 있는 인지 자원을 여유롭게 만들어주어야 한다. Renkl과 Atkinson(5장)은 해결된 예제를(외재적 부하를 줄이기 위해) 활용한 교수설계를 통하여 인지부하 효과를 조사하였다. 해결된 예제를 활용한 교수설계는 학습자를 심화학습으로 이끌어주는 인지활동을 포함한다(본유적 부하를 증가시킴). Moreno와 Park이 1장에서 기술한 것처럼, 지난 20여 년 동안 인지부하 연구자들이 발견한 경험적 자료는 인지부하이론에 대한 수정이 이루어지는 근거가 되었다.

이 책의 3부는 인지부하이론의 향후 발전을 위한 개방된 질문뿐만 아니라 최근의 상황에 대해서 논의하고 있다. 9장에서는 Brünken, Seufert, Paas가 인지부하를 측정하는 문제에 대해 논의하였고, 일반적으로 사용되는 측정 도구에 대해 정리하였다. 또한, 인지부하를 구성하는 세 가지 유형을 각각 측정하는 것과 통합하여 측정하는 것의 문제, 그리고 인지부하와 학습자의 선수지식 사이의 관계와 같은 인지부하 측정에서 최근 논의되고 있는 이슈를 제시하였다. Clark과 Clark은 10장에서 교육심리학과 인지심리학이라는 좀 더 넓은 시각에서 인지부하이론을 평가하고 있다. 11장에서는 Horz와 Xchnotz가 인지부하이론을 Mayer(2005)의 멀티미디어 인지이론과 Schnotz(2005)의 텍스트와 그림의 통합 모형과 같은 교수설계 분야의 다른 이론적 모형들과 비교하고 있다. 이 책의 마지막 장은 인지부하 연구에 대한 최근의 질문들을 제시하고 있다(Brünken, Plass, & Moreno, 12장).

이 책은 수많은 연구자들의 도움 없이는 완성되기 어려웠다. 편집자는 수정을 거듭하는 동안 저자들이 인내심을 가지고 기여한 것에 감사드린다. 또한, 책이 완성될 수 있도록 출판 과정 동안 친절하게 안내해준 캠브리지 출판사의 편집자인 Simina Calin과 어시스턴트 역할을 해준 Jeanie Lee에게도 감사를 드린다. 이 작업은 마이크로소프트 연구재단, 모토롤라 재단뿐만 아니라 미국과학재단, 교육과학기구, 보건기구, 독일연구재단(DFG) 등의 광범위한 재정적 지원을 받아 수행되었다. 이 책에 제시된 주장, 발견, 결론, 제안 등은 저자들의 입장이며, 재정적 지원을 한 기관들과는 관련이 없음을 밝히는 바이다.

Jan L. Plass, Roxana Moreno, Roland Brünken

2009년 8월

Cognitive Load Theory

저자 약력

인지부하이론

인지부하이론(Cognitive Load Theory; CLT)은 교수설계 분야에서 가장 영향력 있는 이론 중 하나이다. 특히 멀티미디어를 비롯한 학습 자료를 설계하는 데 매우 효과적인 지침을 제공한다. 본 편집권은 인지부하의 다양한 측면을 연구하고 있는 세계적인 전문가들이 모여 최근의 이론적이고 실용적인 주제를 논의하고 있다. 이 책은 3 부로 구성되어 있다. 1부는 인지부하이론의 이론적 기초와 가정을 기술한다. 2부는 인지부하이론을 학습 환경 설계에 적용하기 위한 논의를 제공한다. 3부는 미래 연구를 위한 새로운 방향을 제안하며 결론을 맺고 있다. 이 책의 목적은 심리학, 교육학, 교육공학 분야에서 인지부하이론의 연구자와 대학원생들에게 기본서의 역할을 하고자 한다.

Jan L. Plass는 뉴욕대학교(New York University; NYU) 교육대학원의 교육공학 프로그램의 부교수이다. 그리고, 학습을 위한 게임 연구소의 공동 디렉터이다. 뉴욕대학교 내에 교육 분야의 선진기술 연구협의체(CREAT)를 설립하였다. 주요 연구 분야는 인지과학, 학습과학, 설계를 연결하는 것과 시각적 환경의 교육적 효과를 높이는 것이다. Plass 박사의 최근 관심 분야는 과학고육과 제 2 언어의 습득을 위한 시뮬레이션과 교육용 게임 환경에서 정보의 설계와 상호작용적 설계에 인지적이고 감성적 요소의 효과를 분석하는 것이다. 주요 업적으로 미국과학재단, 미국 교육부의 교육과학기구, 보건기구, 마이크로소프트사, 모토롤라 재단 등으로부터 연구 기금을 수혜하였다.

Roxana Moreno는 뉴멕시코대학교(University of New Mexico)의 교육심리학과 교수이다. 관심 분야는 학습의 인지적-정의적 이론을 다양한 학습자를 위한 교수설계에 적용하는 데 있다. 주요 연구 대상은 문화적 측면과 언어적 측면에서 다양한 초등 및 중등 단계 학생들과 대학생들이다. Moreno 박사는 최근 경험에 기반한 기술 도구를 사용하여 예비 대학생들의 문제해결 능력과 인지적 유연성을 강화시키는 공학교육 프로젝트를 수행하였다. 또한, 교사교육에서 이론과 현실을 연계하는 사례기반학습인 상호작용 가상학습 환경에 관한 연구 기금을 수혜하였다. 이외에도 미국심리학회의 Richard E. Snow 상, 교육과 미디어설계 분야에서 풀브라이트 전문가 선정, 교육부의 베테랑 사회과학자로 선정된 바 있다.

Roland Brünken은 독일 살랜드대학교(Saarland University)의 인간과학부의 교수이다. 그는 독일심리학회(DGPs)의 교육심리학 그룹의 대변인이다. 주요 연구 관심은 교육에 대한 새로운 기술의 사용, 인지부하에 대한 측정, 인지심리학을 멀티미디어 교수 환경의 설계에 적용하는 것 등이다.

Cognitive Load Theory

차 례

Part 1. 이론적 개관

Part 2. 주요 연구 결과

Part 3. 이슈와 전망

Part 1

이론적 개관

Cognitive Load Theory

1

인지부하이론의 발달과정, 다른 이론과의 관계

Roxana Moreno, Babette Park

이 장에서는 인지부하이론이 기반을 두고 있는 가정에 대하여 시대별로 검토하고, 학습과학의 맥락에서 인지부하이론의 위치를 설명하고자 한다. 본 장은 지난 20여 년 동안 인지부하와 학습에 관한 연구를 이끌어 왔던 이론의 발달에 초점을 두고자 하며, 다음에 제시하는 내용에 따라 구성되었음을 밝힌다.

첫째, 인지부하의 구성요인들의 특성을 살피고 이와 유사한 심리학적 구성요인과 비교하고자 한다. 둘째, 인지부하이론의 가정에 대해서 아래에 제시되는 4가지 단계에 따라 시대적 검토를 수행하고자 한다.

(a) 문제해결에서 외재적 인지부하
(b) 내재적 인지부하와 첫 번째 활동 가설
(c) 본유적 인지부하와 두 번째 활동 가설
(d) 인지부하이론에 대한 진화론적 해석

마지막으로, 인지부하이론의 구성요인과 가정을 심리학과 교육학의 다른 이론들과의 관계 속에서 살펴보고자 한다.

인지부하의 구성요인

인지부하이론은 교수활동의 결과로 나타나는 심리학적 그리고 행동적 현상을 설명하려는 이론이므로 심리학적 이론이라고 할 수 있다. 심리학적 이론은 심리학적 구성요인들 사이의 가능한 관계에 관심을 갖거나, 심리학적 구성요인과 실제적 결과로서의 관찰 가능한 현상 사이의 관계에 관심을 갖는다. 심리학적 구성요인은 인간의 뇌 활동에서 발생하는 특징(attribute) 혹은 기술(skill)에 해당된다. 인지부하이론에서 관심을 가지는 주요 구인은 **인지부하**와 **학습**이다. 인지부하이론은 교수설계가 인지부하와 학습이라는 두 가지 구인에 미치는 영향을 설명하면서 발전하였다.

그러나, '인지부하'의 개념은 이론이 개발되었던 당시에 새로운 개념이 아니었다. "정신적 부하(mental load)[1)]"라는 유사한 심리학적 구인이 Moray(1979)에 의해서 이미 심리학 영역에서 인간의 요소로서 정의되었다. 이는 과제의 요구와 그러한 과제의 요구를 달성하기 위한 인간의 능력을 구별하는 측면에서 인간의 능력 요소에 해당한다. '정신적 부하' 구인은 인간의 특정한 물리적, 인지적, 사회적 특징이 기술적 시스템과 인간을 둘러싼 자연환경, 그리고 조직 환경과 어떻게 상호작용하는지를 이해하는 것과 관련된 인간 영역의 중요한 요소이다. 정신적 부하 혹은 작업부하가 수행성과와 어떤 관련이 있는지는 인지적 인간공학, 이용가능성, 인간-컴퓨터, 인간-기계 상호작용 등의 여러 분야에서 조사되었다(Hancock & Desmond, 2001; Hancock & Meshkati, 1988; Huey & Wickens, 1993; Wickens & Hollands, 2000). 그리고, 과제 난이도의 구인은 몇몇 전문 직업 분야에서 직무 난이도를 측정하고자 하는 실용적 목적을 가지고 과제 수행 중에 경험하게 되는 정신적 부하를 정의하는 데 사용하였다(Madden, 1962; Mead, 1970). 인지부하이론의 발달에서 이러한 작업의 영향은 매우 분명하다. 예를 들어, 초기에 사용되었던 인지부하의 주관적 측정도구(Paas & van Merriënboer, 1994)는 인지적 측정에서 난이도에 대한 인식을 측정하기 위하여 개발된 측정도구의 영향을 받았다(Bratfisch, Borg, & Dornic, 1972).

인간 영역의 요소에 대한 문헌을 검토한 후, MacDonald(2003)는 실제 과제를 수행하는 데 사용된 작업의 양보다 더 많은 정신적 작업 부하가 발생한다고 주장하였다. 정신적 부하를 측정할 때는 기대에 대한 요구, 과제 수행에 사용된 실제적 노력, 수행성과의 적절성에 대한 인식과 같은 심리학적 요소들을 모두

1) 역주: mental load는 인지부하의 과제(task)적 측면의 측정치 개념임. 이는 mental effort가 학습자 측면의 측정치인 것에 대한 상대적 개념임.

고려해야 한다. 예를 들어, 특정 과제를 성취하기 위하여 사용되어야 하는 작업의 양이 매우 높을지라도, 작업에 노력을 기울이고자 하는 의지에 따라 개인별로 서로 다른 정신적 작업 부하가 발생한다는 것이다. 이러한 의지는 학습자가 보유한 스키마, 그리고 해당 과제를 학습자가 개인 목적 성취에 도움이 된다고 인식하는 정도에 따라서 달라질 것이다(Eccles, Wigfield, & Schiefele, 1998; Thrash & Elliott, 2001). 인지부하의 구인은 개인에게 부과되는 과제의 요구를 고려해야 한다는 점에서 작업부하의 구인과 유사하다. 그러나, 개인의 신념, 기대, 목적이 인지부하를 인식하는 데 가지는 심리적 효과는 고려되지 않는다(Bannert, 2002; Moreno, 2006). 초기 심리학 이론들은 정신적 부하 구인을 개인의 주관적 특징과 과제의 객관적 특징이 상호작용함으로써 얻어지는 심리학적 경험으로 정의함으로써 여러 측면으로 인식하였다(Campbell, 1988; Wood, 1986). Kantowitz(1987)는 정신적 부하란 수행해야 하는 과제의 양, 난이도, 기울여야 하는 노력 외에도 "동기, 능력, 기대, 훈련, 적시성, 스트레스, 신체적 피곤함, 주위환경 등에 의해 발생하는 주관적 경험"(p. 97)이라고 정의하였다.

인지부하이론은 과제의 객관적 특징이 인지부하에 어떻게 영향을 미치는지, 그 결과 학습에는 어떠한 영향을 미치는지에 관심을 갖는다. 인지부하이론의 이론적 틀에 유일하게 포함되는 개인적 요소는 학습자의 선수지식이다(Kalyuga, Chandler, & Sweller, 1998). 인지능력, 인지유형, 자기조절성, 동기, 정서와 같은 학습자의 예언지표는 인지부하이론에서 고려하지 않는다(Morew, 2005). 그럼에도 불구하고, 몇몇 연구는 인지부하와 학습에 관련된 개인차 요소를 포함하는 연구를 수행하였다(4장 참조).

인지부하이론의 발달과정

1단계: 문제해결에서 외재적 인지부하

전통적인 인지부하이론은 서로 다른 문제해결 방법에서 발생하는 인지처리과정의 유형과 스키마 습득 사이의 관계에 관심을 가졌다. 비록 이론으로는 발전하지 못했지만, 1980년대 후반 인지부하라는 용어를 사용했던 첫 번째 논문(Sweller, 1988, 1989)이 여기에 해당된다. 이 작업에서 인지부하이론의 창시자인 John Sweller는 전통적 문제해결 과정에서 사용되는 수단-목적 분석(means-end analysis) 시 요구되는 인지량에 관심을 가졌다. 이러한 방법은 학습자가 전문성을 습득하기 위하여 여러 문제를 독립적으로 풀어보는 방식이다. 생산체계 접근을 사용하여 Sweller는 수단-목적 분석이 특정한 목적 전략을 사용하지 않은 경우보다 학습자의 제한된 인지 용량에 더 많은 부하를 일으킨다고 주장하였다. 이론의 결론은 수단-목적 분석에 사용된 인지 노력은 문제까지는 해결(해당 과제의 목적)하지만, 스키마를 습득(교수학습활동의 목적)할 만큼의 인지적 자원을 남겨두지 못한다. 따라서, 인지부하이론에서 제기된 첫 번째 가정은 문제해결을 촉진하기 위하여 사용된 교수방법과 그러한 방법에 의해 부과된 인지부하의 관계를 수립하는 것이었다. 보다 구체적으로, "수단-목적 분석을 통한 인지처리 과정에서 발생하는 부하는 학습을 방해하는 중요한 요소"라는 것이다(Sweller, 1988, p. 263).

이후 실증 연구들은 1988년도와 1989년도 논문을 인지부하이론의 주요 참고문헌으로 인용하면서, 초기 아이디어를 상세화시켰다. 예를 들어, Sweller, Chandler, Tierney, Cooper(1990)는 인지부하이론은 "인지적 자원이 학습과 문제해결 과정에서 어떻게 분산되어 사용되는지와 관련이 있다"고 주장하였다. "많은 양의 학습과 문제해결 활동은 과제의 일차적 목적을 직접적으로 방해하는 심각한 외재적 인지부하를 발생시킨다"(p. 176).

이 논문을 비롯하여 몇몇 다른 연구자들은 이론의 첫 번째 발전 단계에서 인지부하의 구인은 대부분 교수설계에 의해 부과되는 불필요한 인지 요구와 관련이 있음을 보여준다(van Merriënboer & Ayres, 2005). 이러한 부하를 일으키는 요인은 교수자료를 적절하게 다시 설계함으로써 줄일 수 있기 때문에, 외재적 인지부하로 불린다.

인지부하이론의 목적을 진술하는 것과 더불어, 이 초기 단계는 다음의 주요 기능을 수립하였다(Cooper & Sweller, 1987; Sweller& Cooper, 1985; Sweller et al., 1990).

(a) 스키마를 습득하는 것은 잘 연마된 수행의 영역을 수립하는 것이다.
(b) 스키마를 습득하기 위해서는 문제의 진술과 그것을 해결하는 과정에 투입되는 주의력을 요구한다.

(c) 학습은 학습자가 스키마를 습득할 때 발생한다.

(d) 학습활동을 방해하는 인지부하를 줄이기 위해서 학습활동과 관계 없는 인지활동은 제한되어야 한다.

위의 단계에 의하면, 인지부하이론의 초기 단계는 구조화된 영역에서 교수활동을 설계하는 방법과 문제해결을 촉진하는 것에 관심이 있었다. 그리고, 전문가 문제해결 과정과 스키마 이론에 의해 영향을 받았다(Bartlett, 1932; Chase & Simon, 1973; Chi, Glaser, & Ress, 1982; De Groot, 1966; Simon & Simon, 1978). 스키마 이론에 의하면, 사람들은 새로운 정보를 의미하는 일련의 구조를 제공하기 위하여 사실과 개념의 연결망으로 지식을 다시 표현한다(Anderson & Brown, 1983; Rumelhart & Ortony, 1976). 특정 영역의 전문가들은 문제해결 과정에서 자동으로 해결을 수행하는 잘 구조화된 스키마를 보유하고 있다. 이러한 스키마는 문제의 구조적 특징에 따라 분류할 수 있도록 도와준다(Egan & Schwartz, 1979; Simon & Gilmartin, 1973).

따라서, 인지부하이론에서는 수업활동에서 문제해결을 하는 데 필요한 스키마를 형성하는 것과 관련이 없는 방법(수단-목적 분석)은 사용되어서는 안된다고 주장한다.

해결된 예제의 제시가 수단-목적 분석 방법에 비해 인지부하가 적게 발생한다 하더라도(5장 참조), 해결된 예제가 적절하게 제시되지 못할 때 역시 외재적 부하가 발생하게 된다. 따라서, 인지부하이론의 초기 개발단계에서 연구자들은 〈표 1.1〉에 제시된 것처럼, 5가지 인지부하 효과 중 한 가지로서 해결된 예제의 설계 효과를 조사하기 시작하였다(Sweller, van Merriënboer, & Paas, 1998).

예를 들어, 내용적으로 통합되지 않은 정보(그래프나 상징 기호)를 해결된 예제에 포함하여 제시하는 것은 학습자가 문제해결에 필요한 스키마의 개발과 관계가 없는 정보와 처리활동을 통합함으로써 외재적 부하가 발생하게 된다. 따라서, 인지부하이론은 통합되지 않은 정보보다 통합된 정보를 제시함으로써 외재적 부하를 줄이고 학습을 촉진해야 한다고 설명한다(Chandler & Sweller, 1991). 실제로 몇몇 연구들은 상호 연관이 있는 통합된 정보가 학습을 촉진시킨다는 결과를 제시하였다(Chandler & Sweller, 1991, 1996; Kalyuga, Chandler, & Sweller, 1999; Tarmizi & Sweller, 1988). 1990년대 초반에 시작된 흥미

〈표 1.1〉 외재적 인지부하를 줄이는 데 영향을 미치는 전통적 인지부하 요소

효과이름과 참고문헌	설명
무목표 효과(Goal-free effect; Owen & Sweller, 1985; Sweller, Mawer, & Ward, 1983; Tarmizi & Sweller, 1988)	목표를 제시하지 않은 문제는 문제의 진술과 활용 가능한 연산식에 집중함으로써, 수단-목적 분석에 비하여 외재적 부하를 줄여준다.
해결된 예제 효과(Worked-example effect; Cooper & Sweller, 1987; Sweller & Cooper, 1985)	수단-목적 전략 대신 해결된 예제[2)]를 활용하면, 학습자가 문제의 진술과 해결 단계에 주의를 집중함으로써 외재적 인지부하를 줄일 수 있다.
주의분산 효과(Split-attention effect; Chandler & Sweller, 1991; Sweller & Chandler, 1994; Sweller et al., 1990)	서로 관련이 있는 내용의 정보를 각각 따로 제시하는 것보다, 통합하여 함께 제시하는 것이 정보를 통합하려는 정신적 노력을 감소시켜 외재적 부하를 줄여준다.
완성 효과(Completion effect; Paas, 1992; van Merriënboer & De Croock, 1992)	전체 문제를 해결하는 것보다는 부분적으로 완성하는 것이 학습자가 문제의 진술과 해결 단계에 집중하도록 도와줌으로써 외재적 부하를 줄여준다.
중복 효과(Redundancy effect; Chandler & Sweller, 1991; Sweller & Chandler, 1994)	동일한 내용에 대해 여러 가지 정보를 제시하는 것보다 한 가지 형태의 정보를 제시하는 것이 중복된 정보를 처리하지 않도록 함으로써 외재적 부하를 줄여준다.

있는 일은 인지부하이론의 가정을 검증하기 위하여 7간 척도의 자기보고방식의 검사도구를 사용하여 학습자가 인식하는 어려움을 측정하는 것이었다(Paas & van Merriënboer, 1993).

이러한 초기 단계에서 조합된 가정들은 학습에 대한 과학적 접근의 모태가 된 인지심리학의 이론적이고 실증적인 진보의 영향을 받았다(Ausubel, 1960; Bruner, Goodnow, & Austin, 1956; Chomsky, 1957). 예를 들어, 인간의 인지구조[3)]는 단기기억(Kahneman, 1973; Miller, 1956) 용량이 제한적이고 상대적

2) 역주: 해결된 예제(Worked-example)는 5장에서 자세히 다루어짐. 학습에서 사용되는 일반적인 예시(examples)와는 다른 개념임. 과제로서의 문제가 주어졌을 때, ① 문제에 필요한 기본 원리, ② 해결 과정, ③ 결과의 전체 과정을 제공함으로서, 학습자가 어렵고 복잡한 과제를 접했을 경우라도 해결된 예제의 도움을 받아 문제를 해결할 수 있도록 하기 위해 고안된 전략임.

3) 역주: cognitive architecture를 인지 구조로 번역함. cognitive structure나 cognitive system과 구별되어야 함.

으로 장기기억 용량은 거대하다는 정보처리 모형의 기본 가정을 전제한다(Atkinson & Shiffrin, 1968).

또한, 학습의 기능은 문제를 해결하는 동안 작동기억의 부하를 줄이기 위해 자동화된 스키마를 장기기억에 저장한다고 가정한다(Sweller, 1994). 이러한 가정은 25년 이상 전에 Schneider와 Schiffrin(1997), 그리고 Shiffrin과 Schneider(1977)가 주장한 자동화 처리와 통제 처리 사이의 차이에 기초한다. 많은 연구들은 정보를 처리하는 데 있어 두 가지 처리방식의 질적인 차이를 증명하였다. 자동화 처리는 신속하고, 특별한 노력을 기울이지 않으며, 작동기억 용량과 독립적이며, 수많은 연습에 의해 개발된 반면, 통제 처리는 상대적으로 느리며, 정신적 노력을 요구하며, 작동기억 용량에 의존적이다(Fisk & Schneider, 1983; Logan, 1979, 1980; Posner & Snyder, 1975).

요약하면, 스키마의 습득은 작동기억의 용량이 가지는 제약을 두 가지 측면에서 줄여준다. 첫째, 매우 복잡한 구조의 스키마는 작동기억에서 처리될 때 여러 개의 상호작용하는 요소가 아니라 한 개의 요소로 처리될 수 있다. 둘째, 잘 습득된 스키마는 자동적으로 처리되며, 직접적으로 과제를 수행하는 데 사용되는 인지적 자원의 요구를 최소화시켜 준다. 따라서, 결론적으로 첫 번째 개발 단계에서 인지부하이론의 공헌은 교수설계자로 하여금 정보를 적절하게 제시함으로써 외재적 부하가 감소하고 스키마를 개발시키는 데 제한된 자원을 사용할 수 있게 해준다는 것이다.

그러나, 이러한 가정과 관련된 두 가지 이슈는 인지부하이론의 첫 번째 단계에서는 여전히 구체화되지 않았다. 첫째, 어떠한 인지처리 과정이 스키마의 습득과 관련이 있는지가 설명되지 않았다. 많은 문헌에서 문제해결 과정의 스키마 습득은 무한한 연습에 의해서 가능하다고 주장하지만(Kotovsky, Hayes, & Simon, 1985; Schneider & Schiffrin, 1977; Shiffrin & Schneider, 1977), 초기 인지부하이론 개발 단계에서는 스키마 습득의 잠재성만 제시되었다.

스키마 습득을 촉진시키는 정신활동에 대한 정확한 개념 정의는 서로 다른 교수설계로부터 얻어지는 학습의 결과를 예측하는 데 필요할 뿐만 아니라, 스키마 습득과 자동화 과정에 직접적으로 관련이 없는 것이 외재적 처리과정이기 때문에 인지부하와 학습을 정확히 예측하는 데 결정적으로 중요하다. 이는

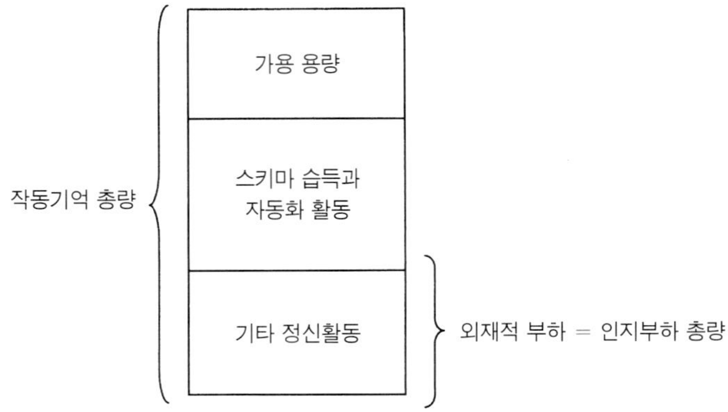

[그림 1.1] 인지부하이론의 첫 번째 발전 단계에 대한 가정

인지부하이론의 주요 목적에 해당된다(Sweller & Chandler, 1994, p. 192). 둘째는 스키마 습득과 자동화 활동이 학습자의 인지부하에 어떤 영향을 미치는지에 관한 의문이 존재했다. 만약 그렇다면, 학습에 부정적인 영향을 미치는 것으로 가정되는 외재적 인지부하와 어떻게 구별해야 하는가? 이러한 내용은 다음 단계에서 상세하게 논의할 것이다(7장 참조). [그림 1.1]은 인지부하이론의 첫 번째 발달 단계에서 가정하는 내용에 대한 개관이다.

2단계: 내재적 부하와 첫 번째 합산 가설

인지부하이론의 두 번째 단계는 추가되는 인지부하인 **내재적** 인지부하에 대한 소개이다. 인지부하이론은 교수자료와 방법에서 발생하는 외재적 부하에서 교육내용 혹은 정보의 기본적 특징에 의해 부과되는 내재적 부하로 관심을 옮겼다(Sweller, 1994, p. 6). 자료마다 학습을 하기에 어려운 내용도 있고 쉬운 내용도 있으며, 문제 역시 해결하기 어려운 것도 있고 쉬운 것도 있다. 어려운 과제와 문제는 상호작용하는 여러 가지 요소를 동시에 처리해야 하기 때문에 발생한다. 따라서 내재적 부하는 특정 절차를 학습하기 위해서 동시에 고려되어야 하는 요소의 수를 계산함으로써 추정할 수 있다(Sweller & Chandler, 1994, p. 190).

내재적 부하에 대한 아이디어는 Sweller와 동료(Sweller, 1993; Sweller & Chandler, 1994)가 인용했듯이, Halford, Maybery, Bain(1986) 그리고 Maybery, Bain, Halford(1986)의 연구에 기반하고 있다. 위의 연구에서 연구자들은 어린 아이들이 추론을 할 때 가정(premises)을 구성하는 모든 요소를 동시에 고려해야 한다는 요구의 영향임을 밝혔다.

인지부하이론에 의하면, 내재적 부하는 두 가지 요소의 영향을 받는다. 작동기억 내에서 학습과제를 해결할 때 동시에 처리해야 하는 요소들의 수와 선수지식이 이에 해당한다. 요소의 상호작용성에 의해 발생하는 부하는 학습내용의 영역에 따라 혹은 영역 내에서 다양하다. 예를 들어, 대수 문제를 해결하는 것은 제 2 언어의 어휘를 학습하는 것보다 높은 상호작용성을 갖는다. 그리고, 동일한 제 2 언어를 학습하는 경우 역시 어휘를 학습하는 것보다 문법적으로 올바른 문장을 만드는 과제가 더 높은 상호작용성을 갖는다(Sweller, 1993). 이와 더불어, 초보자에게는 많은 양의 상호작용 요소라고 생각되는 것이 전문가에게는 하나의 스키마 내에서 상호작용하는 요소로 여겨질 수 있는 선수지식의 차이가 내재적 부하에 영향을 미치게 된다.

> 인지부하의 두 번째 요소인 내재적 부하를 소개하는 것 외에 '합산의 가설'이라는 개념이 이 단계에서 발생했다(12장 참조). 사람들이 새로운 학습자료를 만났을 때, 인지부하는 상호작용 요소에 의해 발생하는 내재적 부하와 교수설계에 의해 영향을 받는 외재적 부하를 더한 것이다. 만약 전체 인지부하가 작동기억의 용량을 초과하면, 학습과 문제해결은 방해를 받는 것이다(Sweller, 1993. p. 7).

최초의 합산 가설은 다음에 설명되는 두 가지 인지부하이론의 가정의 발달로부터 나온 것이다. 첫 번째 가정은 외재적 부하란 적절한 교수설계에 의해 줄여질 수 있는 유일한 부하의 종류들이다. 반면에, 교수자는 내재적 부하에 대해 통제권을 갖지 못한다(Sweller, 1994). 내재적 부하에 관한 이러한 주장은 많은 인지부하 연구자들에 의해 지속적으로 뒷받침되었다(Paas, Renkl, & Sweller, 2003). 위의 새로운 가정에서 얻는 실용적인 함의는 높은 내재적 부하를 줄여주는 방법만이 학습자가 스키마를 습득하도록 도와주는 방법이라는 것이다.

최초의 합산 가설에 내재된 두 번째 새로운 가정은 내재적 부하의 수준에 따라 외재적 부하가 줄여져야 한다는 것이다: 만약 내재적 부하의 수준이 낮다

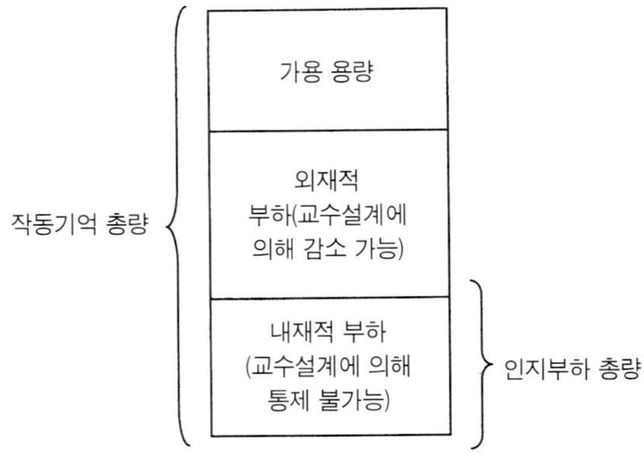

[그림 1.2] 인지부하이론의 두 번째 발달 단계에 대한 가정

면, 학습자가 상호작용성이 낮은 요소들로 이루어진 학습자료를 다루기에 용이하므로 높은 수준의 외재적 부하가 학습을 방해하지는 않을 것이다. 만약 내재적 부하가 높다면, 높은 외재적 부하는 전체 인지 자원의 양을 초과하여 부하를 일으킬 것이다(Sweller, 1994; Sweller & Chandler, 1994). 이러한 가정은 인지부하이론의 관심사를 학습자가 동시에 처리해야 할 상호작용 요소의 양에 관한 복잡한 과제의 학습으로 이동시켰다(Paas, Renkl, & Sweller, 2004). 인지부하이론은 요소의 상호작용성을 측정하는 방법을 제공했음에도 불구하고 (Sweller & Chandler, 1994), '과제가 인지부하 효과를 발생시킬 만큼 충분히 복잡하다' 라는 내재적 부하가 우선적인지 외재적 부하가 우선적인지를 결정할 수 없다. [그림 1.2]는 인지부하이론의 두 번째 발달 단계에 대한 가정이다.

3단계: 본유적 부하와 두 번째 합산 가설

매우 최근에, 인지부하이론은 두 가지 주요 수정을 거치게 되었다. 첫 번째는 인지부하의 세 번째 요소인 본유적 부하의 발견이다. 본유적 부하는 앞의 두 가지 부하와는 달리 인지 자원을 사용하여 스키마를 습득하는 것과 관련이 있으므로 학습과 정적으로 상관관계를 갖는다. **본유적** 인지부하는 학습에 도움이 되는 스키마 습득과 자동화 과정에 대한 인지부하 효과를 구체화시킬 필요성에 의해 탄생되었다. 또한, 많은 학자들이 과연 인지부하이론의 관심이 외재적 부하를 줄

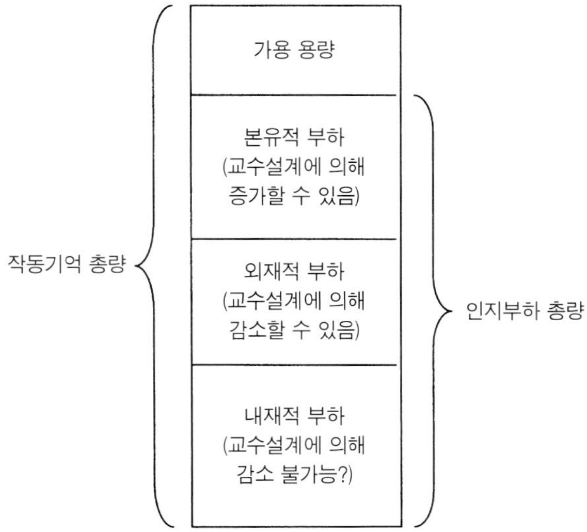

[그림 1. 3] 최근 인지부하이론의 발달에 대한 가정

여서 학습자가 학습하는 동안 최소한의 시간에만 정신적 노력을 기울이도록 하는 것인가에 문제를 제기하였다. 수정된 이론에 의하면, "부하가 통제될 수 있는 수준일 경우, 부하의 수준은 중요하지 않고, 부하가 발생하는 인지 자원이 중요하다." (Paas et al., 2004, p. 3). 늘어난 인지 자원이 스키마 획득과 관련한 활동에 직접적으로 사용되지 않는 경우에는, 외재적 부하를 줄임으로써 활용가능한 인지 용량을 늘리는 것이 반드시 학습의 양을 증가시키지는 않는다.

이 단계에서 두 번째 개선의 내용은 인지부하가 합산된다는 가설에 대한 수정이다. 최근에는 세 가지 종류의 인지부하가 아래와 같이 통합되었다.

> 내재적, 외재적, 본유적 부하가 합산될 수 있다. 그리고 전체 부하의 양은 학습이 발생할 경우, 단기기억의 총량을 초과할 수 없다. 인지부하의 세 가지 형태 사이의 관계는 불균형적이다. 내재적 부하는 더 많은 스키마를 습득하거나 이미 습득된 스키마를 자동화하지 않고서는 줄여지지 않는 기본 부하에 해당한다(Paas et al., 2003, p. 2).

[그림 1.3]은 이러한 최근의 인지부하이론의 가정을 요약하고 있다. 수정된 이론은 여전히 분석이 더 필요한 이론적, 방법론적 이슈들을 조사하도록 자극

하고 있다. 다음에서는 여전히 해결되지 않은 문제들을 논의하고자 한다.

첫째, 인지부하이론의 가장 최근의 발달단계에 대한 검토 결과, 줄여질 수 없다는 내재적 부하에 대해서는 여전히 불명확함이 남아 있다. 몇몇 이론적 논문들은 내재적 부하가 교수설계자에 의해 바뀔 수 없다는 초기 가정을 고집한다(Paas et al., 2003; Paas, Tuovinen, Tabbers, & van Gerven, 2003). 일부 학자들은 비록 "인위적이고 내용 이해에 있어서도 감소를 유발할 수 있지만, 내재적 부하가 학습내용을 구성하고 있는 요소들 간의 상호작용성을 줄임으로써 감소할 수 있다"고 주장한다(van Merriënboer & Sweller, 2005, p. 157). 감소할 수 없다는 주장의 근거는 '학습할 내용의 어려움에서 발생하는 내재적 부하를 줄이는 것은 학습을 방해하기 때문이다'. 이러한 주장은 합산 가정에 의하면, 내재적 부하에서 줄여진 인지적 자원이 다른 분야에서 사용됨으로써 정신활동을 증가시킨다는 결론에 위배된다. 이러한 불일치는 [그림 1.3]에서 구성된 내재적 인지부하 옆의 의문 부호가 표현해준다. 그리고, 사전 연습, 계열화, 의미 단위화 등의 교수설계 방법을 사용하여 내재적 부하를 줄이고자 하는 시도를 하도록 자극하였다(Gerjets, Scheiter, & Catrambone, 2004, 2006; Lee, Plass, & Homer, 2006; Pollock, Chandler, & Sweller, 2002; van Merriënboer, Kürschner, & Kester, 2003).

그러나, 이러한 연구들을 검토하면서 발생하는 어려움은 연구의 결과가 양쪽의 어느 예측과도 일치하지 않기 때문에 결론을 내릴 수가 없다는 것이다. 무엇보다도, 긍정적인 학습효과가 발견된 경우에는 동일한 이론을 가지고 대안적인 설명을 하는 것이 가능하다. 보다 구체적으로 설명하면, 내재적 부하를 줄이는 처치가 없는 교수설계는 바람직하지 않을 수 있다. 그러나, 내재적 부하를 줄이는 교수설계의 개입은 외재적 부하를 줄이는 교수설계의 효과 때문이라고 설명될 수 있다. 불행하게도, 내재적, 외재적, 본유적 부하를 측정하는 정확한 도구의 부재로 인하여 인지부하이론의 발전이 어렵다. 이는 여러 연구의 다양한 결과를 해석하는 것이 불가능하기 때문이다(9장 참조).

동일한 맥락으로, 인지부하이론에서 세 번째 인지부하 유형의 소개는 본유적 부하가 조절될 수 있는지에 대한 연구를 자극하였다(Renkl, Atkinson, & Grobe, 2004; Gerjets et al., 2004; Berthold & Renkl, 2009). 예를 들면, 몇몇 연구는 외재적 부하를 줄이고 본유적 부하를 증가시키는 두 가지의 결합 전략을 사용하였다. 이러한 결합 전략은 학습자의 인지 자원을 스키마 습득과 관련이 없는 부적절한 활동에서 적절한 활동으로 전환할 수 있다는 것을 의미한다(Seufert & Brünken, 2006; Seufert, Jänen, & Brünken, 2007). 이러한 연구에서, 연구자들은 외재적 부하를 줄이는 것이 인지 자원을 자유롭게 사용할 수 있도록 하여, 스키마 습득활동에 몰입할 수 있도록 도와준다는 인지부하이론을 검증하였다.

4단계: 인지부하이론에 대한 진화론적 해석

과거 20년 동안, 인지부하 연구는 앞에서 설명한 것처럼, 교수설계가 학습과 인지부하에 미치는 영향을 조사하는 것에 관심을 가졌다. 그러나, 매우 최근에 Sweller(2003, 2004)가 자연선택에 의한 진화의 원리가 인간의 인지 구조의 핵심 원리와 유사하다고 주장하였다. 따라서, 인지부하이론에 관하여 진화론적 관점을 제시하였다. 보다 구체적으로, 5가지 생물학적 원리, 즉 정보 저장, 차입, 무작위적 발생, 미세한 변화, 환경의 조작과 원리 간 연계가 인간의 인지체제와 인간의 생물학적 특성 사이의 핵심적 연결이라고 주장하였다. 여기에서 인지부하이론에 대한 이러한 새로운 해석은 다루지 않을 것이다. 대신, John Sweller가 본 책의 다음 장에서 5가지 원리와 교수적 함의를 자세하게 기술할 것이다.

인지부하이론의 위치

여기에서는 심리학과 교육학의 여러 이론과 관련하여 인지부하이론의 구성과 가정을 살펴보고자 한다. Mayer(2001)와 Schnotz(2001)에 의해 제안된 멀티미디어 학습의 이론적 모델에 대한 인지부하이론의 관련성은 별도의 장에서(11장 참조) 다루어진다. 따라서 이 장에서는 논의되지 않을 것이다.

첫 번째로 논의되어야 하는 것은 인지부하이론이 단 한 번도 학습이론으로 주장되지 않았다는 것이다. 대신에, 인간의 인지 구조와 교수설계, 그리고 학습의 관계를 설명하는 것으로만 사용되었다. 그럼에도 불구하고, 인지부하이론은 학습과학 분야에서 인색하게나마 현대 사상으로 여겨져 왔다. 그런데, 인지부하이론이 처음 만들어졌을 때, 당시 인지심리학이 기여했어야 하는 점들에 의해 상당히 고무되었었다. 비록, 몇 단계의 과정을 통해 이론이 완성되었지만, 초기 모태가 되었던 '인간 정신이 계산될 수 있다는 모델' 로부터 나온 기본 가정은 그대로 유지되고 있다(Simon & Gilmartin, 1973).

학습에 대한 인지적 접근은 학습이론을 지지하고 있는 4개의 주요 구성요소 중 하나이다. 나머지 3개의 요소에는 학습에 대한 관찰 가능한 측면에 관심을 갖는 행동주의(Guthrie, 1959); 환경과의 직접적인 상호작용이 발생하지 않는 순간에 이루어지는 학습에까지 관심을 가지는 사회적 인지주의(Bandura, 2000); 학습자가 적극적으로 새로운 아이디어나 개념을 구성하는 과정으로서 학습을 바라보는 구성주의가 해당된다.

다른 인지이론들과 유사하게, 인지부하이론은 특별히 서로 다른 교수 상황에서 개인이 경험하는 인지부하 즉, 관찰이 어려운 현상에 관심을 가짐으로써 행동주의를 넘어선다. 사회적 인지주의 이론과 달리, 인지부하이론은 학습자의 수행을 통해 학습이 이루어지는 적극적인 학습상황에 국한하여 관심을 갖는다. 반면에, 지속적으로 교육심리학자들과 교육학자들 사이에서 관심이 증대되는 사회적 인지주의 분야는 자기조절(self-regulation; Boekaerts, Pintrich, & Zeidner, 2000; Winne, 2005; Zimmerman, 2002)이다.

자기조절적 학습자는 보다 구체적인 학습목적을 수립할 수 있고, 다양한 학습전략을 사용하고, 자신의 학습을 점검하고, 학습목적에 얼마나 도달하고 있는지를 체계적으로 평가할 수 있다(Boekaerts, 2006). 이러한 학습자 특징이 높은 인지부하 상황을 잘 극복하는 데 영향을 미칠 수 있을 것이라고 예측할지라도, 인지부하이론은 이러한 내적, 외적 관리 요인이 상호작용하는 부분에 대한 설명은 제공하지 않는다(Bannert, 2000).

마지막으로, 인지부하이론과 구성주의의 관계가 고려할 만하다. 구성주의 이론은 교육현장과 교육과정에 있어서 매우 영향력이 높다. 이러한 구성주의 이론은 국가 수준의 수학교사협의회(National Council of Teachers of Mathematics; 2000)와 미국과학발전협의회(American Association for the Advancement of Science; 1993) 같은 범국가 수준의 교육집단에 의해 개발된 교육에 대한 기준의 기반을 이루고 있다. 구성주의 학습이론은 학습자가 스스로 지식을 어떻게 구성하는지뿐만 아니라(개인적 구성주의), 타인과 함께 구성하는 것(사회적 구성주의)에 관심을 갖고 있다. 무엇보다 사회적 구성주의 시각은 타인과 직접적으로 상호작용하는 것뿐만 아니라, 개인이 속한 문화와 역사에서 나오는 사회적 영향요소를 고려하는 사회적 인지주의 이론을 확장하고 있다.

인지부하이론은 인지부하, 교수활동, 타인과의 지식 구성활동 사이의 관계에 대한 가정을 포함하고 있지 않다. 그러나, 인지에 대한 심리학이론은 인지활동의 과정이 사회 집단의 구성원들에 의해 영향을 받을 수 있음을 주장한다(Hutchins, 1995). Vygotsky(1978)의 사회적 구성주의 역시 지식 수준이 약간 높은 타인과의 상호작용이 개인의 스키마와 사고과정을 개발하는 데 도움이 된다고 설명한다. 따라서, 노력과 학습 사이의 차이는 학습자가 혼자서 학습하는 경우와 능력 있는 타인과 함께 학습하는 경우의 차이와 같다(Moreno, 2009).

그럼에도 불구하고, 인지부하이론은 과거 30~40년 동안 가장 옹호되어 사용되었던 구성주의 교수전략인 발견학습, 질문법, 문제기반 학습의 비효과적 사용에 대하여 설명하고 있다. 발견학습의 일부 유형은 학습자에게 문제를 해결하는 방법을 찾도록 요구하거나 최소한의 도움을 주며 현상을 설명하도록 요구한다(Kato, Honda, & Kamii, 2006). 인지부하이론에 의하면, 학습자가 특정 분야의 내용에 초보자일 경우, 도움 없이 발견학습을 요구하면 학습자의 인지부하가 지나치게 높아서 학습을 촉진할 수 없다고 설명한다. 이러한 이유는 초보자의 경우 지식을 구성하는 과정을 이끌어 나갈 관련 있는 스키마가 부족하기 때문으로 설명한다(Kirshner, Sweller, & Clark, 2006; Tuovinen & Sweller, 1999). 이러한 주장은 실증적 자료가 뒷받침하고 있다. 도움을 받지 못한 발견학습의 좋지 않은 결과는 매우 쉽게 찾을 수 있다(Mayer, 2004; Moreno & Mayer, 2007; Taconis, Ferguson-Hessler, & Broekkamp, 2001).

그러나, 연구결과는 문제기반학습과 질문교수법이 높은 사고력을 개발하는 방향으로 설계될 경우, 매우 효과적일 수 있음을 보여준다. HGmelo-Silver, Duncan, Chinn의 연구(2007)에서 설명한 것처럼, 발견학습과 다른 두 가지 구성주의 교수방법 사이의 중요한 차이는 문제기반학습과 질문교수법이 개별로나 집단으로 지식을 구성하는 과정에 많은 도움전략(scaffold)을 포함하고 있다는 것이다(6장 참조). 흥미롭게도, 인지부하이론을 연구하는 학자들 사이에 인지부하이론의 시각에서 문제기반학습과 질문교수법의 효과를 평가하는 데 있어서 일치된 경향을 보이지 않는다. 일부 학자들은 질문교수법과 문제기반학습이 학습의 도움을 제공하는 데 유연함을 허락하기 때문에 인간의 인지 구조가 구조화되고 학습을 촉진하는 데 효과적일 수 있다고 주장한다(Schmidt, Loyens, van Gog, & Paas, 2007).

다른 쪽에서는 해결된 예제 효과에 대한 전통적인 문헌을 인용하여 초보 학습자에게는 문제해결의 과정을 보여주는 것이 인지부하를 많이 발생시키는 방식인 문제의 답을 직접 찾도록 요구하는 것보다 학습을 촉진할 수 있다고 주장한다(Sweller, Kürschner, & Clark, 2007). 구성주의 교수전략에서는 학습자가 보다 적극적으로 학습의 과정에 참여하는 것을 지향하기 때문에, 본유적 부하와 학습을 촉진시킬 수 있는 것처럼 보인다(8장 참조). 이 장의 다른 질문들과 유사하게 학습자의 지식구성을 도와주는 교수설계가 어떠해야 하는가는 인지부하의 세 가지 유형에 대한 적절한 측정을 포함하여 주의 깊게 통제된 실험연구가 수행될 때까지 답을 기다려야 한다. 이 책의 3부는 인지부하이론을 발전시킬 기본 연구 영역(12장)과 신경과학(10장)의 잠재 영역에 대해서 자세하게 논의하고 있다.

참고문헌

American Association for the Advancement of Science. (1993). *Benchmarks for science literacy*. Washington, DC: Author.

Anderson, J. R., & Bower, G. (1983). *Human associative memory*. Washington, DC: Winston.

Atkinson, R. C., & Shiffrin, R. M. (1968). Human memory: A proposed system and its control processes. In K. W. Spence & J. T. Spence (Eds.), *The psychology of learning and motivation* (Vol. 2, pp. 89-195). New York: Academic Press.

Ausubel, D. P. (1960). The use of advance organizers in the learning and retention of meaningful verbal materials. *Journal of Educational Psychology*, 51(5), 267-272.

Bandura, A. (2000). Social-cognitive theory. In A. E. Kazdin (Ed.), *Encyclopedia of psychology* (Vol. 7, pp. 329-332). Washington, DC: American Psychological Association.

Bannert, M. (2000). Effects of training wheels and self-learning materials in software training. *Journal of Computer-Assisted Learning*, 16(4), 336-346.

Bannert, M. (2002). Managing cognitive load, recent trends in cognitive load theory. *Learning and Instruction*, 12, 139-146.

Bartlett, F. (1932). *Remembering: A study in experimental and social psychology*. New York: Cambridge University Press.

Berthold, K., & Renkl, A. (2009). Instructional aids to support a conceptual understanding of multiple representations. *Journal of Educational Psychology*, 101(1), 70-87.

Boekaerts, M. (2006). Self-regulation and effort investment. In E. Sigel & K. A. Renninger, (Vol. Eds.), *Handbook of child psychology* (6th ed., Vol. 4) *Child psychology in practice* (pp. 345-377). Hoboken, NJ:Wiley.

Boekaerts, M., Pintrich, P., & Zeidner, M. (Eds.). (2000). *Handbook of self-regulation*. San Diego, CA: Academic Press.

Bratfisch, O., Borg, G., & Dornic, S. (1972). Perceived item-difficulty in three tests of intellectual performance capacity (Tech. Rep. No. 29). Stockholm: Institute of Applied Psychology.

Bruner, J. S., Goodnow, J. J., & Austin, G. A. (1956). *A study of thinking*. New York: Wiley.

Campbell, D. T. (1988). Task complexity: A review and analysis. *Academy of Management Review*, 13, 40-52.

Chandler, P., & Sweller, J. (1991). Cognitive load theory and the format of instruction. *Cognition and Instruction*, 8, 293-332.

Chandler, P., & Sweller, J. (1992). The split-attention effect as a factor in the design of instruction. *British Journal of Educational Psychology*, 62, 233-246.

Chandler, P., & Sweller, J. (1996). Cognitive load while learning to use a computer program. *Applied Cognitive Psychology*, 10, 151-170.

Chase,W. G., & Simon, H. A. (1973). The mind' s eye in chess. InW. G. Chase (Ed.), *Visual information processing* (pp. 215-281). New York: Academic Press.

Chi, M. T. H., Glaser, R., & Rees, E. (1982). Expertise in problem solving. In R. Sternberg (Ed.), *Advances in the psychology of human intelligence* (pp. 7-76). Hillsdale, NJ: Erlbaum.

Chomsky, N. (1957). *Syntactic structures*. Oxford, England: Mouton.

Cooper, G., & Sweller, J. (1987). The effects of schema acquisition and rule automation on mathematical problem-solving transfer. *Journal of Educational Psychology*, 79, 347-362.

De Groot, A. (1966). Perception and memory versus thought: Some old ideas and recent findings. In B. Kleinmuntz (Ed.), *Problem solving: Research, method, and theory* (pp. 19-50). New York:Wiley.

Eccles, J., Wigfield, A., & Schiefele, U. (1998). Motivation to succeed. In W. Damon & N. Eisenberger (Eds.), *Handbook of child psychology* (5th ed.,Vol. 3, pp. 1017-1095). New York:Wiley.

Egan, D. E., & Schwartz, B. J. (1979). Chunking in recall of symbolic drawings. *Memory & Cognition*, 7, 149-158.

Fisk, A. D., & Schneider,W. (1983). Category and work search: Generalizing search principles to complex processing. *Journal of Experimental Psychology: Learning, Memory, and Cognition, 9*, 117-195.

Gerjets, P., Scheiter, K., & Catrambone, R. (2004). Designing instructional examples to reduce intrinsic cognitive load:Molar versus modular presentation of solution procedures. *Instructional Science,* 32, 33-58.

Gerjets, P., Scheiter, K., & Catrambone, R. (2006). Can learning from molar and modular worked-out examples be enhanced by providing instructional explanations and prompting self-explanations? *Learning and Instruction,* 16, 104-121.

Guthrie, E. R. (1959). Association by contiguity. In S. Koch (Ed.), *Psychology: A study of science* (Vol. 2, pp. 158-195). New York: McGraw-Hill.

Halford, G., Maybery, M., & Bain, J. (1986). *Capacity limitations in children' s reasoning: A dual task approach*. Child Development, 57, 616-627.

Hancock, P. A., & Desmond, P. A. (2001). *Stress, workload and fatigue*. London: Lawrence Erlbaum Associates.

Hancock, P. A., & Meshkati, N. (1988).*Human mentalworkload*. Amsterdam: North- Holland.

Hmelo-Silver, C. E., Duncan, R. G., & Chinn, C. A. (2007). Scaffolding and achievement in problem-based and inquiry learning: A response to Kirschner, Sweller, and Clark (2006). *Educational Psychologist*, 42, 99-107.

Huey, B. M., & Wickens, C. D. (1993). *Workload transition: Implications for individual and team performance*. Washington, DC: National Academy Press.

Hutchins, E. (1995). *Cognition in the wild*. Cambridge, MA: MIT Press.

Kahneman, D. (1973). *Attention and effort*. Englewood Cliffs, NJ: Prentice-Hall.

Kalyuga, S., Chandler, P., & Sweller, J. (1998). Levels of expertise and instructional design. *Human Factors*, 40, 1-17.

Kalyuga, S., Chandler, P., & Sweller, J. (1999). Managing split-attention and redundancy in multimedia instruction. *Applied Cognitive Psychology,* 13, 351-357.

Kantowitz, B. H. (1987).Mental workload. In P. A. Hancock (Ed.), *Human factors psychology* (pp. 81-121). Amsterdam: North-Holland.

Kato, Y., Honda, M., & Kamii, C. (2006). Kindergartners play lining up the 5s: A card game to encourage logical-mathematical thinking. *Young Children*, 61(4), 82-88.

Kirshner, P., Sweller, J., & Clark, R. (2006). Why minimal guidance during instruction does notwork:Ananalysis of the failure of constructivist, discovery, problembased, experiential, and inquiry-based teaching. *Educational Psychologist,* 41, 75- 86.

Kotovsky, K., Hayes, J. R., & Simon, H. A. (1985). Why are some problems hard? Evidence from Tower of Hanoi. *Cognitive Psychology,* 17, 248-294.

Lee, H., Plass, J. L., & Homer, B. D. (2006). Optimizing cognitive load for learning from computer science simulations. *Journal of Educational Psychology,* 98, 902-913.

Logan, G. D. (1979). On the use of concurrent memory load to measure attention and automaticity. *Journal of Experimental Psychology: Human Perception and Performance,* 5, 189-207.

Logan, G. D. (1980).Attention and automaticity in Stroop and priming tasks: Theory and data. *Cognitive Psychology,* 12, 523-553.

MacDonald, W. (2003). The impact of job demands and workload on stress and fatigue. *Australian Psychologist,* 36, 102-117.

Madden, J. M. (1962). What makes work difficult? *Personnel Journal,* 41, 341-344.

Maybery, M., Bain, J., & Halford, G. (1986). Information processing demands of transitive inference. *Journal of Experimental Psychology: Learning Memory and Cognition,* 12, 600-613.

Mayer, R. E. (2001). *Multimedia learning.* New York: Cambridge University Press

Mayer, R. E. (2004). Should there be a three strikes rule against pure discovery learning? The case for guided methods of instruction. *American Psychologist,* 59(1), 14-19.

Mead, D. F. (1970). *Development of an equation for evaluating job difficulty.* Brooks, TX: Air Force Human Resources Laboratory.

Miller, G. A. (1956). The magical number seven, plus or minus two: Some limits on our capacity for processing information. *Psychological Review,* 63, 81-97.

Moray, N. (1979). *Mental workload: Its theory and measurement.* NewYork: Plenum.

Moreno, R. (2005). Instructional technology: Promise and pitfalls. In L. PytlikZillig, M. Bodvarsson, & R. Bruning (Eds.), *Technology-based education: Bringing researchers and practitioners together* (pp. 1-19). Greenwich, CT: Information Age Publishing.

Moreno, R. (2006).When worked examples don' t work: Is cognitive load theory at an impasse? *Learning and Instruction,* 16, 170-181.

Moreno, R. (2009). Constructing knowledge with an agent-based instructional program: Acomparison of cooperative and individual meaning making. *Learning and Instruction,* 19, 433-444.

Moreno, R., & Mayer, R. E. (2007). Interactive multimodal learning environments. *Educational Psychology Review,* 19, 309-326.

National Council of Teachers of Mathematics. (2000). *Principles and standards for school mathematics*. Reston, VA: Author.

Owen, E., & Sweller, J. (1985). What do students learn while solving mathematics problems? *Journal of Educational Psychology, 77*, 272-284.

Paas, F. (1992). Training strategies for attaining transfer of problem-solving skill in statistics: A cognitive load approach. *Journal of Educational Psychology, 84*, 429-434.

Paas, F., Renkl, A., & Sweller, J. (2003). Cognitive load theory and instructional design: Recent developments. *Educational Psychologist, 38*, 1-4.

Paas, F., Renkl, A.,& Sweller, J. (2004). Cognitive load theory: Instructional implications of the interaction between information structures and cognitive architecture [Guest editorial statement]. *Instructional Science*, 32, 1-8.

Paas, F., Tuovinen, J., Tabbers, H., & van Gerven, P. W. M. (2003). Cognitive load measurement as a means to advance cognitive load theory. *Educational Psychologist, 38*, 63-71.

Paas, F., & van Merriënboer, J. J. G. (1993). The efficiency of instructional conditions: An approach to combinemental-effort and performance measures. *Human Factors, 35*, 737-743.

Paas, F., & van Merriënboer, J. J. G. (1994). Variability of worked examples and transfer of geometrical problem-solving skills:Acognitive-load approach. *Journal of Educational Psychology, 86*, 122-133.

Pollock, E., Chandler, P., & Sweller, J. (2002). Assimilating complex information. *Learning and Instruction*, 12, 61-86.

Posner, M. I., & Snyder, C. R. R. (1975). Attention and cognitive control. In R. L. Solso (Ed.), *Information processing and cognition: The Loyola symposium* (pp. 212-225). Hillsdale, NJ: Erlbaum.

Renkl, A., Atkinson, R., & Grobe, C. S. (2004). How fading worked solution steps works? A cognitive load perspective. *Instructional Science,* 32, 59-82.

Rumelhart, D. E., & Ortony, A. (1976). The representation of knowledge in memory. In R. C. Anderson, R. J. Spiro, & W. E. Montague (Eds.), *Schooling and the acquisition of knowledge* (pp. 99-136). Hillsdale, NJ: Erlbaum.

Schmidt, H. G., Loyens, S. M. M., vanGog,T.,&Paas, F. (2007).Problem based learning is compatible with human cognitive architecture: Commentary on Kirschner, Sweller, and Clark (2006). *Educational Psychologist*, 42, 91-97.

Schneider, W., & Schiffrin, R. M. (1977). Controlled and automatic human information processing: I. Detection, search, and attention. *Psychological Review,* 84, 1-66.

Schnotz, W. (2001). Sign systems, technologies, and the acquisition of knowledge. In J. F. Rouet, J. Levonen, & A. Biardeau (Eds.), *Multimedia learning? Cognitive and instructional issues* (pp. 9-29). Amsterdam: Elsevier.

Seufert, T., & Br ünken, R. (2006). Cognitive load and the format of instructional aids for coherence formation. *Applied Cognitive Psychology,* 20, 321-331.

Seufert, T., Jänen, I., & Brünken R. (2007). The impact of intrinsic cognitive load on the effectiveness of graphical help for coherence formation. *Computers inHuman Behavior,* 23, 1055-1071.

Shiffrin, R. M., & Schneider, W. (1977). Controlled and automatic human information processing. II. Perceptual learning, automatic attending and a general theory. *Psychological Review,* 84(2), 127-190.

Simon, D., & Simon, H. (1978). Individual differences in solving physics problems. In R. S. Siegler (Ed.), *Children's thinking: What develops?* (pp. 325-348). Hillsdale, NJ: Erlbaum.

Simon, H. A., & Gilmartin, K. J. (1973). A simulation ofmemory for chess positions. *Cognitive Psychology,* 5, 29-46.

Sweller, J. (1988). Cognitive load during problem solving: Effects on learning. *Cognitive Science,* 12, 257-285.

Sweller, J. (1989). Cognitive technology: Some procedures for facilitating learning and problem solving in mathematics and science. *Journal of Educational Psychology,* 81, 457-466.

Sweller, J. (1993). Some cognitive processes and their consequences for the organization and presentation of information. *Australian Journal of Educational Psychology,* 45, 1-8.

Sweller, J. (1994). Cognitive load theory, learning difficulty, and instructional design. *Learning and Instruction,* 4, 295-312.

Sweller, J. (2003). Evolution of human cognitive architecture. In B. Ross (Ed.), *The psychology of learning andmotivation* (Vol. 43, pp. 215-266). San Diego, CA: Academic Press.

Sweller, J. (2004). Instructional design consequences of an analogy between evolution by natural selection and human cognitive architecture. *Instructional Science,* 32, 9-31.

Sweller, J., & Chandler, P. (1994).Why some material is difficult to learn. *Cognition and Instruction,* 12(3), 185-233.

Sweller, J., Chandler, P., Tierney, P., & Cooper, M. (1990).Cognitive load as a factor in the structuring of technicalmaterial. *Journal of Experimental Psychology: General,* 119, 176-192.

Sweller, J., & Cooper, G. (1985). The use of worked examples as a substitute for problem solving in learning algebra. *Cognition and Instruction,* 2(1), 59-89.

Sweller, J., Kirschner, P., & Clark, R. (2007). Why minimally guided teaching techniques do notwork:Areply to commentaries. *Educational Psychologist,* 42, 115-121.

Sweller, J., Mawer, R., & Ward, M. (1983). Development of expertise in mathematical problem solving. *Journal of Experimental Psychology: General,* 112(4), 639-661.

Sweller, J., van Merriënboer, J., & Paas, F. (1998). Cognitive architecture and instructional design. *Educational Psychology Review*, 10, 251-296.

Taconis, R., Ferguson-Hessler, M. G. M., & Broekkamp, H. (2001). Teaching science problem solving: An overview of experimentalwork. *Journal of Research in Science Teaching*, 38, 442-468.

Tarmizi, R. A., & Sweller, J. (1988). Guidance during mathematical problem solving. *Journal of Educational Psychology*, 80, 424-436.

Thrash, T., & Elliott, A. (2001). Delimiting and integrating achievement motive and goal constructs. In A. Efklides, J. Kuhl, & R. Sorrentino (Eds.), *Trends and prospects in motivation research* (pp. 3-21). Boston: Kluwer.

Tuovinen, J., & Sweller, J. (1999). A comparison of cognitive load associated with discovery learning and worked examples. *Journal of Educational Psychology*, 91, 334-341.

van Merriënboer, J. J. G., & Ayres, P. (2005). Research on cognitive load theory and its design implications for e-learning, educational technology, research and development, *Educational Technology Research and Development*, 53(3), 5-13.

van Merriënboer, J. J. G., & de Croock, M. (1992). Strategies for computer-based programming instruction: Program completion vs. program generation. *Journal of Educational Computing Research*, 8(3), 365-394.

van Merriënboer, J. J. G., Kirschner, P. A., & Kester, L. (2003). Taking the load off a learner' s mind: Instructional design for complex learning. *Educational Psychology*, 38, 5-13.

van Merriënboer, J., & Sweller, J. (2005). Cognitive load theory and complex learning: Recent developments and future directions. *Educational Psychology Review*, 17, 147-177.

Vygotsky, L. S. (1978). *Mind in society: The development of higher mental process*. Cambridge, MA: Harvard University Press.

Wickens, C. D., & Hollands, J. G. (2000). *Engineering psychology and human performance*. Upper Saddle River, NJ: Prentice-Hall.

Winne, P. H. (2005). Key issues in modeling and applying research on self-regulated learning. *Applied Psychology: An International Review*, 54, 232-238.

Wood, R. E. (1986). Task complexity: Definition of the construct. *Organizational Behavior and Human Decision Processes*, 37, 60-82.

Zimmerman, B. J. (2002). Achieving self-regulation: The trial and triumph of adolescence. In F. Pajares & T. Urdan (Eds.), *Academic motivation of adolescents* (pp. 1-27). Greenwich, CT: Information Age Publishing.

Cognitive Load Theory

2

인지부하이론: 최근 이론의 발전 경향

John Sweller

인지부하이론(Congnitive Load Theory; CLT)은 인간의 인지 구조에 대한 지식에 바탕을 둔 일종의 교수이론으로 연구되기 시작하였다. 인지부하이론은 무작위적으로 수행되는 통제된 실험의 연구 결과로부터 시작된 것으로, 일어나고 있는 일련의 인지부하 효과들에 대한 성공적인 설명을 제공하였다(Clark, Nguyen, & Sweller, 2006). 이 장에서는 인지부하이론의 일반적인 교수적 시사점을 포함하여 인지부하이론에 대해 살펴보고자 한다. 인지부하이론의 여러 가지 구체적인 교수적 시사점들, 즉 주요 기능과 목적 등에 대해서는 이 책의 다른 장들에서 다룰 것이기 때문에 이 장에서는 그러한 내용은 자세하게 다루지 않을 것이다(표 2.1의 요약 참조).

인간의 인지

인간의 인지처리 과정은, 인지 구조를 발생시키는 시스템 즉, 자연적 선택에 의한 진화를 흉내 내는 일종의 자연발생적인 정보처리 체계를 구성한다. 인간의 인지와 생물학적 진화의 기제는 모두 새로운 정보를 생성하고, 추후 사용을 위해 그 정보를 저장하고, 시공간을 초월해서 그 정보를 무한정 전파할 수 있다. 인간의 인지를 진화론의 틀 안에서 바라보면, 인간 인지 체계의 구조와 기능에 대한 이해를 완전히 달리할 수 있다. 결국, 그러한 인지 체계는 엄청난 교수적 결론들을 포함하고 있다. 인지부하이론은 인간의 인지 체계와 그러한 인지 체계에서 얻어지는 교수적 시사점의 혼합체로 볼 수 있다.

〈표 2.1〉 인지부하 효과

인지부하 효과	설명	인지부하의 일차적 원인
해결된 예제 효과	같은 유형의 문제들을 푸는 것보다 해결된 예제를 공부하는 것이 이어지는 문제해결 검사에서 더 나은 수행 결과를 보여준다(Renkl, 2005).	외재적 인지부하
완성형 효과	학습자에게 부분적으로 해결된 문저를 완성하게 하면 해결된 예제와 같은 효과를 거둘 수 있다 (Paas & van Merriënboer, 1994).	외재적 인지부하
주의 분산 효과	별개로는 이해할 수 없는 다양한 정코원들은 통합된 형태가 아닌 주의를 분산시키는 식으로 제시하면 학습이 일어나지 않는다(Ayres & Sweller, 2005).	외재적 인지부하
감각 양식 효과	별개로는 이해할 수 없는 다양한 정코원들은 이중 감각 양식 형태가 아닌 단일 감각 양식으로 제시되면 학습이 일어나지 않는다(Low & Sweller, 2005).	외재적 인지부하
중복 효과	스키마 획득이나 자동화에 도움이 되지 않는 정보원을 제시하는 것은 학습을 저해한다(Sweller, 2005).	외재적 인지부하
전문성 역효과	전문성이 증가할수록, 초보자에게 효과적인 교수 절차의 효과성이 줄어들고 반면에 비효과적이었던 기법들이 효과적으로 된다(Kalyuga, 2005).	외재적 인지부하
안내의 점진적 소거 효과	전문성이 향상됨에 따라 학습자들에게 해결된 예제만 제시하는 것보다 오히려 해결된 예저 다음에 완성형 문제를 제시하고 그 다음에 해결책이 없는 완전한 문제형을 제시해야 한다(Renkl, 2005).	외재적 인지부하
목표 미제시 효과	목표 미제시 형태로 제시되는 문제들은 전통적 문제들과 비교해서 학습을 촉진한다(Paas, Camp & Rikers, 2001).	외재적 인지부하
요소 상호작용성 효과	인지부하 효과는 낮은 요소 상호작용성이 아닌 오히려 높은 요소 상호작용성 자료를 사용할 때만 발생한다(Sweller, 1994).	내재적 인지부하
분리된 상호작용 요소 효과	높은 상호작용 요소 자료는 처음부터 상호작용하는 요소들의 형태로 제시하는 것보다 오히려 처음에는 분리된 요소로 제시했다가 차츰 상호작용하는 형태로 제시하는 것이 학습을 강화시킨다 (Pollock, Chandler & Sweller, 2002).	내재적 인지부하
다양한 예 효과	비슷한 특징을 가지 예들을 제시하는 것보다 다양한 표면적 특징을 가진 예들을 제시하는 것이 학습을 강화시킨다(Paas & van Merriënboer, 1994)	본유적 인지부하
상상 효과	자료를 가지고 공부하는 것보다 절차나 개념에 대해 상상하는 것이 학습을 강화시킨다(Leahy & Sweller, 2004).	본유적 인지부하

진화론적 관점에서 보면, 첫째 생물학적으로 일차적인 지식과 생물학적으로 이차적인 지식이라는 인간 지식의 두 가지 유형이 있다(Geary, 2007, 2008). 생물학적으로 일차적인 지식은 여러 세대를 거쳐 습득하기 위해 진화한 지식이다. 예를 들면 일반적인 문제해결 기법, 안면 인식하기, 사회적 관계형성에 개입하기, 모국어를 듣고 말하기 등이 해당된다. 일차적 지식은 우리가 독자적으로 지니게 되는 모듈들인데, 다시 말하자면 이와 관련된 지식을 무의식적으로, 노력을 들이지 않고, 외재적 동기도 없이, 단순히 인간 사회의 구성원이 되는 것만으로도 획득하게 되는 인지적 모듈인 것이다. 자신의 모국어 말하는 법을 배우는 것이 그 예가 될 수 있다. 말하기를 배울 때 보통 우리는 어떻게 입술 모양, 혀의 놀림, 목소리 등을 만드는지 명시적으로 가르침을 받지는 않는다. 그렇게 엄청나게 복합적인 절차들을 다른 사람들이 말하는 것을 들으면서 배울 수 있도록 진화해온 것이다.

이와 다르게 생물학적으로 이차적인 지식은 문화적으로 의존해서 발달한다. 말하기와 같은 특정 지식 모듈들을 습득하기 위해 진화해온 것과는 달리 오히려 보편적인 상황에서 그러한 지식들을 습득하기 위해 진화해온 것이다. 생물학적으로 이차적인 지식은 의식적으로 획득되며 보통 정신적 노력을 필요로 한다. 생물학적으로 이차적인 지식은 생물학적으로 일차적인 지식과는 다르게 단순히 기능적인 사회의 구성원으로서 몰두하는 것만으로는 배워지지 않는 경향이 있기 때문에, 현 시대에서 우리는 생물학적으로 이차적인 지식들을 정교하게 전수하기 위해 교육기관들을 설립하였다. 실제로 교육기관에서 가르쳐지는 모든 것들은 생물학적으로 이차적인 지식이다. 예를 들면, 말하기나 듣기와는 다르게, 읽는 법과 쓰는 법에 대해 명시적으로 가르침을 받지 않고 읽기와 쓰기를 배우기 좋아하는 사람은 거의 없을 것이다. 단순히 읽기와 쓰기에 몰두하는 것으로는 배우기에 충분하지 않을 것이다.

인지부하이론과 교수설계는 생물학적으로 이차적인 지식에 적용되며(Sweller, 2007, 2008), 생물학적으로 일차적인 지식에는 해당되지 않는다. 따라서 인지부하이론은 우리가 특별히 획득할 수 있게끔 진화되어 온 굉장히 큰 범주의 일차적 지식이기보다는 오히려 교육기관에서 다루어지는 지식(이차적 지식)의 측면과 관련이 있다.

생물학적으로 이차적인 지식을 다룰 때, 인간의 인지는 그 기능과 처리과정을 관장하는 다섯 가지의 기본적인 원리로 특징지을 수 있다. 이 원리들은 생물학적 진화를 관장하는 처리과정에도 해당되고(Sweller, 2003, 2004; Sweller & Sweller, 2006), 자연스러운 정보처리 시스템을 구성하는 데에도 적용된다. 그러한 내용에 대해서는 뒤에서 더욱 자세하게 다룰 예정이지만, 다음과 같이 요약해 볼 수 있다. 정보의 저장 원리(information store principle)에 의하면 인간의 인지는 대량의 활동을 관장하는 대량의 정보 저장 장치를 포함한다. 차용과 재조직 원리(borrowing and reorganising principle)에 의하면 장기기억에 저장되어 있는 대부분의 정보는 다른 장기기억 장치로부터 차용되어 온 것이라고 본다. 모방, 듣기, 읽기 등을 통해 획득된 정보가 이러한 처리과정의 예가 된다.

무작위적 생성 원리(randomness as genesis principle)에 의하면 무작위적 생성에 대한 효과성 검증을 하면 장기기억 안에 포함된 모든 정보의 생성에 관한 초기 원천을 알 수 있다고 한다. 해결안을 위한 지식이 제공되지 않거나 부분적인 지식만 제공되는 문제를 대면했을 때, 무작위적 생성의 변화와 그 변화에 대한 효과성 검증을 하는 것이 그 예가 된다. 변화의 제한성 원리(narrow limits of change principle)는 장기기억의 모든 효과적인 변화는 느리고 점진적임을 나타낸다. 익숙지 않은 것을 처리할 때 작동기억의 용량 제한은 이러한 원리를 반증한다. 환경의 조직과 연결 원리(environment organising and linking principle)는 외부 세계와의 상호작용을 결정하기 위해 작동기억에 의해서 장기기억으로부터 잘 조직된 무한정량의 정보가 사용될 수 있음을 말한다. 이러한 원리들은 자연적인 정보처리 시스템을 구성하고 진화론으로부터 파생된다. 이 장에서는 그러한 유래에 대해서는 다루지 않겠지만(Sweller, 2003, 2003; Sweller & Sweller, 2006), 생물학적인 진화와의 연결은 인간 인지 체계와 인간 생물학 간의 필연적인 연관성을 심어준다. 다섯 가지 원리에 대한 자세한 설명은 다음과 같다.

장기기억과 정보의 저장 원리

복합적인 환경 안에서 제대로 기능하기 위해서는 그 환경에서의 활동을 관장하기 위한 복합적인 정보의 저장이 필요하다. 인지 활동의 최초 원동력은 장기기억 속에 저장되어 있는 바로 그 거대한 정보 저장 장치이다. 장기기억이 단순히 독립된 저장고가 아니라는 인식, 즉 임의에 가까운 실체라기보다 오히려 인간 인지의 중심적인 구조물이라는 자각이 서서히 발전되어 왔다. 그것의 기원은 체스 게임 전문가들에 대한 초기 연구까지 거슬러 올라간다. De Groot(1965)에 이어 Cahse와 Simon(1973)은, 체스 게임의 초보자와 전문가 사이의 유일한 차이점은 실제 게임에서 얻어진 체스판 구성환경에 관한 기억에 있는데, 그것이 인지에서 장기기억의 중요한 핵심을 형성한다는 것을 발견하였다. 체스는 오래전부터 문제해결과 사고의 게임, 즉 인간의 인지과정 중 가장 정교성이 요구되는 게임으로 여겨져 왔다. 능력이 다른 사람들 간의 주요한 차이점은 장기기억 안에 저장되어 있는 것에 따라 결정된다는 사실의 발견은 인지에 대한 우리들의 관점을 변화시켰다. 장기기억 속에 저장되어 있는 것에는 문제해결 전략도 포함된다는 것을 주목해야 한다. 장기기억은 단지 과거의 것을 회상하기 위해서 사용된 것이 아니라 오히려 문제해결과 사고의 중요한 구성요소였다.

만약 문제해결을 위해 장기기억이 필수적이라면, 우리는 교육적으로 좀 더 관련된 영역에 집중해서 배우도록 하기 위하여 체스 게임을 통해서 학습하는 것과 유사한 결과를 예측할 수도 있을 것이다. 증가되는 전문성 수준은 관련 문제상황을 재생산해내기 위해 증가하는 능력과 연합되어야 하며, 실제로, 체스에서 획득되는 그와 같은 전문가-초보자 간 차이점이 교육적으로 다양한 관련 영역에서 성립되어 왔다(예: Egan & Schwartz, 1979; Jeffries, Turner, Pclson, & Atwood, 1981).

인간 인지 체계에 의해 필요한 정보의 양은 그야말로 엄청나다. 우리의 장기기억에 저장된 정보의 양을 측정하는 공식이 아직 없다고는 해도 Simson과 Gilmartin(1973)이 체스 그랜드 마스터들이 수만 가지 체스판 구성에 대해 식별할 수 있다고 추정한 것을 주목해야 한다. 마찬가지로 교육적 맥락을 포함하여 일상생활과 관련된 영역의 숙련된 수행을 위해 많은 지식 요소들이 필요하다는 가정은 일리가 있다. 그렇다면, 장기기억은 한 개인이 다양한 영역에서 적절한 수준의 수행을 보일 수 있도록 광대한 양의 정보를 저장한다.

많은 양의 정보가 장기기억에 저장되어 있다고 하는데, 그렇다면 그 정보는 어디로부터 오는 것인가? 다음의 두 절에서는 그것에 대해 다루고자 한다.

스키마 이론과 차용 및 재조직 원리

정보 저장 원리에 의하면, 인간의 인지는 대부분의 활동을 관장하는 커다란 정보 저장 장치를 포함한다. 그 정보의 직접적인 원천은 무엇인가? 차용 및 재조직 원리는 장기기억 안에서 발견되는 대부분의 지식이 어떻게 습득되는지를 설명해준다. 장기기억 속의 거의 모든 정보는 다른 사람의 행동을 모방함으로써 혹은 다른 사람들이 말한 것을 듣거나 읽음으로써 획득된다. 실제로 우리가 지니고 있는 지식 기반은 대부분 완전히 다른 사람들의 장기기억으로부터 차용해온 것이다. 그럼에도 불구하고, 그 빌려온 정보는 거의 예외없이 변경되고 (재)구성된다. 우리들은 우리 스스로 듣거나 본 것을 정확하게 기억하지 못하지만, 대신 장기기억 속에 이미 저장되어 있는 지식을 바탕으로 일종의 표상을 구성한다. 스키마 이론은 그러한 구성주의적인 과정을 반영한다. 하나의 스키마는 여러 요소로 구성된 정보를 그것이 사용되는 상황에 따라서 하나의 단일 요소로 취급하도록 해준다. 하나의 문제해결 스키마는 해결 양상에 따라 우리들이 문제들을 분류하도록 해주기도 한다. 체스 마스터는 필요한 수에 따라 체스판을 구성할 수 있는 스키마들을 가지고 있다.

스키마 이론에 대한 근대적 기원은 Piaget(1928)와 Bartlett(1932)에서 발견되지만 수십 년 간 지속된 행동주의 시대 동안에는 무시되었었다. 스키마와 문제해결과의 관련성은 특정 영역과 관련된 스키마의 소유 여부가 그 영역의 초보자와 전문가를 구분하는 준거가 된다고 주장한 Larkim, McDermott, Simon, Simon(1980) 그리고 Chi, Glaser, Rees(1982)에 의해 강조되었다. 특정 영역에서 개인의 숙련도는 장기기억 속에 저장된 그 사람의 스키마의 수와 정교성에 따라 달라진다.

스키마 구성은 장기기억 속에 저장된 정보의 형태를 가리키면서, 우리에게 학습의 기재에 대한 설명을 제공한다. 따라서 학습은 스키마 구성을 포함하게 된다. 한편 학습은 스키마의 재구성을 포함하기도 한다. 자동화는 작동기억 안에서 지식이 의식적으로 처리되는 것이 아니라 무의식적으로 처리될 때 발생한다(Schineider & Shiffrin, 1977; Shiffrin & Schneider, 1977). 자동화된 지식을 사용하는 문제해결은 기본적인 처리과정을 의식적으로 수행해야 할 때보다 훨씬 더 빠르고 더욱 신속해진다(Kotovsky, Hayes, & Simon, 1985). 저차원의 스키마 자동화는 고차원의 스키마 구성을 위해 꼭 필요하다. 예를 들어, 알파벳 글자에 대한 자동적인 처리과정이 없다면, 그 스키마 자동화가 해당 글자들을 인식하는 것과 연합되기 때문에 읽기를 위해 글자들을 단어와 문장으로 결합하기 어려워질 것이다.

스키마 획득 과정에서 그래픽 예를 제공하는 Bartlett(1932)의 연구도 차용과 재조직 원리가 어떻게 기능하는지를 보여준다. 한 사람이 미국 원주민의 전설 중 몇 개의 문단을 읽고 나서 가능한 한 많은 줄거리를 기억해서 적어 내려갔다. 그렇게 기억해낸 줄거리는 다른 사람에게 전해져서 가능한 한 많이 기억해내서 적어 내려가게 하는 식의 처리 과정을 열 사람에 걸쳐서 반복하였다. 결과적으로 사람들 사이를 거치면서 그 줄거리에는 많은 변화가 생겼는데, 그러한 변경은 기억 속에 하나의 창을 보여주었다. 그러한 수정은 무작위적인 것이 아니었으며, 그것을 통해 Bartlett은 두 가지 주요 범주를 파악하였다. 첫째, 참가자들에게 익숙지 않은 줄거리를 부분적으로 고르거나 합쳐서 줄임으로써 압축된 강조 혹은 그러한 부분들을 완전히 사라지게 귀결해 버리는 것이었다. 둘째, 장기기억 속의 지식에 따라 그러한 부분을 더 분명하게 만들어서 그러한 부분들을 강조하는 식으로 귀결하는 것이었다. 그리하여 참가자들은 줄거리가 제시된 그대로를 기억해내는 것이 아니라 오히려 줄거리의 결합체와 이전에 장기기억 속에 저장되었던 정보로 구성된 하나의 구성 결과물을 기억해내는 것이었다. 우리의 기억 속에 있는 정보는 스키마화된 구성물들, 즉 스키마들로 구성된다. 스키마에 의해 저장된 정보는, 그것이 구성되는 동안에 기본적으로 다른 사람들에 의해 저장된 스키마로부터 차용과 재조직의 원리를 통해 차용된다.

〈표 2.1〉에 제시된 다양한 인지부하 효과들은 차용 및 재조직 원리에 대한 강력한 근거를 제공한다. 표 안에 제시된 각각의 인지부하 효과는 정보를 생성

하는 것보다는 오히려 학습자에게 정보를 제시하기 위한 기법들과 관련이 있다. 이 장의 뒤쪽에서 다루게 될 변화의 제한성 원리는 정보를 생성하는 것이 왜 비효율적인지를 밝힌다. 이후로 인지부하이론은 학습자들에게 정보를 생성하게 하는 것보다는 오히려 학습자들에게 학습내용을 제시하기 위한 기법에 대해 연구가 이루어져 왔다. 모든 인지부하 효과는 학습을 가장 촉진하는 방식으로 청각 정보와 시각 정보를 제시하는 것을 목적으로 한다. 달리 말해서, 인지부하이론은 교수자들의 장기기억 속에 저장되어 있는 정보가 학습자들의 스키마 획득을 통해 어떻게 차용될 수 있는지와 관련되어 있다.

차용 및 재조직의 원리에 근거하여 학습된 정보는 사람들 사이에 전송됨으로써 무기한적으로 유지된다. 그러나 그러한 전송은 거의 정확하지가 않다. 거기에는 보통 시간을 거듭할수록 잠재적인 변화를 더해서 저장되는 구성주의적인 요소가 포함된다. 그러한 처리 과정에는 불가피한 무작위적인 요소가 존재하며, 어떤 변화를 포함하는지 하지 않는지는 이득이 되는 변화는 유지되고 이롭지 않은 변화는 취해지지 않는다고 하는 적응적 가치에 따라 달라진다. 적응적 가치(adaptive value)는 다음에 다루어질 원리에서도 매우 중요하다.

문제해결과 무작위적 생성 원리

구성주의적 요소들에도 불구하고, 차용과 재조직 원리는 기본적으로 정보를 결합하고 소통하기 위한 하나의 장치가 된다. 차용과 재조직 원리는 새로운 정보를 생성하지 않는다. 즉 입증되지 않은 것을 기정사실로 가정하는데, 그렇다면 차용과 재조직 원리를 통해 전송된 정보는 처음에 어떻게 생성되었을까에 대한 답은 효과성 검증을 수반하는 무작위적 생성이 될 것으로 보인다.

익숙하지 않은 일련의 상황들을 다루는 사람, 예를 들어, 문제를 해결하는 사람들을 가정해보자. 장기기억 속에 가지고 있는 지식에 근거하게 될 그 사람의 대부분의 행동은 차용과 재조직 원리를 통해 획득되었다. 그럼에도 불구하고, 많은 경우에 문제해결자는 두세 가지의 적용가능한 상황에 직면하게 되고 어떤 결정을 내려야 할지 잘 모르게 될 것이다. 이러한 상황하에서는 초보적인 문제해결 방법에 해당되는, 효과성 검증을 동반한 무작위적 생성이 필요하다.

무작위적 생성은 사건이 일어난 이후에야 드러날 많은 예기치 않은 문제를 발생시킬 것으로 예측될 수 있고, 단연 익숙하지 않은 어려운 문제를 만났을 때 대부분의 문제해결자들은 실제로 많이 곤란한 문제에 도달할 것이다. 어려운 문제는 적절한 방법보다는 곤란한 문제로 더 많이 귀결될 수 있다.

지식에 근거하여 생성된 해결안과 무작위로 생성된 해결안 간의 관계는 중앙집행장치라는 용어로 설명될 수 있다(Sweller, 2003). 중앙집행장치(central executive)는 그것이 발생하기에 앞서 어떤 해결안의 결과가 어떠할 것이라는 것을 알아야 하고, 그런 다음 그것이 일어나도록 조치해야만 한다. 이와 같이 집행체계는 장기기억 안의 지식에 의해 생성된 익숙한 해결안을 위해서는 집행이 가능하지만 익숙하지 않은 해결안을 위해서는 불가능하다. 문제를 해결하기 위해 만들어지는 해결안은 장기기억으로부터 나올 수 있지만, 그 정보가 장기기억 안에서 잠재적인 해결 방안을 제시하면서 사용가능한 경우에 한한다. 장기기억 안에 저장된 지식은 우리가 어떤 유형의 문제에 마주쳤는지 그리고 어떤 유형의 해결안이 그 문제에 적절한지 알려줄 수 있다. 그 지식은 이전의, 즉 학습된 경험으로부터 습득된다. 그러한 지식은, 중앙집행장치와 같이 기대할 수 있는 특성을 제공하기 때문에, 그런 의미에서 일종의 학습된 중앙집행장치가 된다.

잠재적인 해결의 수와 관련된 정보가 장기기억에 없다면 문제해결자는 무작위적으로 하나의 수를 선택하고 그 수의 효과성을 검증할 수 있다. 장기기억 속에 저장된 지식으로 안 된다면 논리적으로 그것을 대체할 수 있는 것은 없을 것이다. 어떤 수에 대한 잠정적인 효과성은 그것을 선택하기 전에는 결정될 수 없으므로 무작위 선택이 필요해진다. 정확한 수에 대한 선수지식이나 해결방안들의 위계를 수립할 수 있게 해주는 잠재적으로 유용한 일련의 방법의 범주들에 대한 지식이 있다면 무작위 선택을 위한 필요성을 줄여준다. 장기기억 속에 저장된 지식으로 안 될 경우에는 무작위 선택이 하나의 대체수단으로 사용될 수 있다. 명심해야 할 것은 앞에서 제시한 그러한 이유로 문제해결의 모델로 적용 가능한 지식이 없을 때 맨 마지막 수단으로서 무작위적 생성의 방법을 사용해야 한다는 것이다(예: Sweller, 1988). 물론, 우리에게 적용할 만한 지식이 있다면 우리는 기꺼이 그것을 사용하고자 할 것이다.

이러한 논의와 관련해서, 인간의 인지는 하나의 집행장치를 포함하되 그것은 정보 저장고에 저장되어 있는 일종의 학습된 집행장치이다. 그러한 정보는 수행되어야 할 것이 무엇인지, 언제 행해져야 하는지, 그리고 어떻게 되어야 하는지를 나타내는 하나의 집행장치로서 작용한다. 정보 저장고에 저장된 관련 정보의 부족으로 인해서 집행장치를 활용할 수 없을 경우, 그 저장 장치를 대신해서 무작위적 생성에 이은 효과성 검증이 필요하다. 관련 정보로부터 또 다른 저장 장치를 발견할 수 없다면 그것을 대체할 수단이 없기 때문에 그리고 그러한 절차가 필요하기 때문에, 무작위적 생성에 이은 효과성 검증이 장기기억에 저장된 모든 정보의 기원이 된다. 실제로 무작위적 생성에 이은 효과성 검증이 모든 인간 창의성의 원천이라고 주장할 수도 있다(Sweller, 2009).

초보자의 작동기억과 변화의 제한성 원리

무작위적 생성 원리에서 얻은 한 가지 결론은 정보 저장고에 대한 모든 무작위적인 변경은 반드시 점진적이면서 서서히 진행되어야 한다는 점이다. 장기기억에 대한 크고 빠른 무작위적인 변화는 그 저장 장치의 본질적인 측면을 망칠 수도 있다는 관점에서 적절하지 않다. 작고 점진적인 변화들은 대부분의 저장고를 온전하고 제기능을 발휘할 수 있도록 보존함으로써 문제를 유발하지 않는다. 변화가 클수록 효과적으로 형성되었던 이전의 구조들이 손상될 확률이 크다. 더욱이 작은 변화들은 합리적으로 효과성을 검증할 수 있다. 특정한 방식으로 반드시 결합되어야 하는 세 가지 요소들을 처리해야 하는 작은 용량의 작동기억이 있다고 가정해보자. 순열의 논리를 사용해서 다양한 결합을 검증한다고 가정해보자. $4! = 4 \times 3 \times 2 \times 1 = 24$의 가능한 순열들이 있다. 이것은 24번의 순열 검증으로 가능한 범주 안에 든다. 반면, 10개의 요소를 처리할 수 있는 어느 정도 더 큰 작동 장치가 있다고 가정해보자. 이 작동기억은 $10! = 10 \times 9 \times 8 \times 7 \times 6 \times 5 \times 4 \times 3 \times 2 \times 1 = 3,628,800$ 순열을 검증해야 하는데, 이것은 대부분의 상황에서 가능할 것 같지가 않다. 따라서 작동기억은 장기기억에 대한 수정이 제한적이고 대량의 새로운 정보를 처리하는 것이 불가능한 것으로 알려져 있다. 우리는 작동기억에서 약 일곱 개 이상의 새로운 정보를 유지할 수 없고(Miller, 1956), 약 네 개가 넘지 않는 항목을 처리할 수 있다(Cowen, 2001).

변화의 제한성 원리는 인지부하이론의 중심적인 골자를 제공한다. 역량은 장기기억 속에 있는 거대한 정보 저장고에서 비롯되고 다른 사람들의 장기기억으로부터 널리 차용된다. 변화의 제한성 원리는 작동기억이 과부화되지 않고 스키마를 효과적으로 구성하여 장기기억으로 보내기 위해서는 정보가 주의 깊게 구조화되어야 한다고 제안한다. 〈표 2.1〉에 제시된 인지부하이론 효과들은 그러한 목표와 부합된다. 변화의 제한성 원리는 왜 작동기억의 한계를 가정하는 인지부하이론이 비효과적인 교수 기법으로 보일 수 있지만 학습자 스스로 정보를 생성해보도록 해야 한다고 주장하는지를 보여준다. 두 개에서 네 거를 넘지 않는 정보 요소를 처리할 수 있는 작동기억은 필요한 정보를 신속하게 생성해낼 수 있을 것 같지 않다. 그러한 지식은 차용과 재조직의 원리를 통해 가능해진다. 〈표 2.1〉에 나열된 각각의 효과들은 수업이 박식한 교수자들로부터 지식의 차용 및 재조직을 강조해야 하고 불필요한 인지적 부하를 줄이는 방식으로 구조화되어야 한다는 가정에 바탕을 두고 있다. 인지부하이론에 의하면, 차용된 것이 많고 학습자들이 스스로 생성해야 할 필요가 낮을수록, 수업이 더욱 효과적으로 될 것이다(Kirschner, Sweller, & Clark, 2006).

전문가의 작동기억과 환경의 조직 및 연결 원리

낯선 정보를 처리할 때 존재하는 작동기억의 한계와는 대조적으로 만약 정브가 조직되고 효과성이 검증되었다면, 즉 그 정보가 장기기억으로부터 나왔다면 작동기억이 처리할 수 있는 정보의 양에는 제한이 없는 것으로 알려져 있다. 환경 조직 및 연결 원리는 인간 인지에 필요한 복합적인 활동을 효과적으로 하기 위해 우리가 어떻게 장기기억에서 조직된 엄청난 양의 정보를 작동기억으로 전송할 수 있는지를 설명해준다. 처리될 수 있는 소량의 익숙하지 않은 정보와 비교하여 작동기억에 의해 처리될 수 있는 장기기억으로부터 가져온 엄청난 양의 정보가 조직되는 것을 설명하기 위하여, Ericsson과 Kintsch(1995)는 새로운 구인으로, 장기작동기억(long-term working memory)을 제안하였다.

단기작동기억과는 다르게 장기작동기억은 사전에 이미 장기기억 속에 조직되어 있는 정보를 제공하면서 많은 정보를 신속하게 처리하도록 해준다.

환경 조직 및 연결 원리는 인간 인지에 대한 궁극적인 정당화 논리를 제공하는 것으로, 복합적인 외부 환경에서 기능하기 위한 능력을 설명해줄 수 있는 원리이다. 전문가들은 자신들의 환경에서 적절하게 수행하기 위하여 조직된 많은 양의 스키마 정보를 장기기억으로부터 작동기억으로 전송할 수 있다. 인지부하이론은 특정 환경에 적절한 조치들을 생성하기 위하여 장기기억 안에 저장된 스키마 정보를 하나의 독립체로 작동기억에 전송할 수 있는지가 초보자와 전문가 사이의 차이(다음 장 참조)를 만들어낸다고 주장한다. 더욱이 환경 조직과 연결 원리는 선행 원리를 필요로 한다. 환경 조직과 연결 원리에 의하면 우리는 커다란 정보 저장고가 필요하며 그러한 저장고를 구축하기 위해서는 학습 기제가 필요하다. 이 때 필요한 학습 기제로는 차용과 재조직 원리와 무작위적 생성 원리가 있다. 달리 말해, 변화의 제한성 원리로 인해 정보 저장고를 망치지 않고 제 기능을 수행할 수 있도록 해주는 것이다. 일단 정보가 정보 저장고에 저장되면 환경 조직과 연결 원리로 적절한 조치를 취하는 데 필요한 정보를 마련하게 해준다.

교수적 시사점

위에 제시한 다섯 가지 원리들은 인간의 인지 구조에 대한 기초적인 정보를 제공한다. 이와 함께, 다섯 가지 원리들은 스스로 영구적이고, 통합된 정보처리 시스템을 만들어낸다. 앞에서 제시한 바와 같이, 자연적인 정보처리 시스템은 생물학적인 진화 과정에서도 역시 사용되는 것으로(Sweller, 2003, 2004; Sweller & Sweller, 2006) 인지적 세계와 생물학적 세계 간의 필수적인 연결에 영향력을 미친다. 위의 다섯 가지 원리 중 어떤 하나라도 제거된다면 시스템이 제 기능을 발휘할 수 없을 것이다. 조치를 생성하는 능력 그리고 지속적으로 조치를 생성하기 위해 변화하는 상황에 적응하는 능력을 위해서는 다섯 가지의 원리들이 모두 필요하다.

인간의 인지 구조에 대한 다섯 가지 원리들의 중심 역할은 인지부하이론과 교수설계에 대한 그것들의 중심 역할을 반영한다. 정보 저장 원리로부터, 우리는 수업의 주요 기능이 장기기억에 저장된 정보를 변경시키는 것이라는 것을 알 수 있다. 정보 저장 원리에 기반하여 학습은 장기기억의 변화로 정의될 수 있다. 이 정의에 의하면, 우리는 특정한 장기기억 속의 변화를 규명할 수 없는 채로 제시된 교수 기법을 따를 경우 효과성을 보증할 수 없다(Kirschner et al., 2006). 반대로, 장기기억 속에 축적된 지식이 인지부하이론의 중심이 된다.

차용과 재조직 원리는 대부분의 지식은 문제해결이나 그와 유사한 처리과정에 의해 발견되기보다는 오히려 다른 사람들로부터 학습된다고 주장한다. 우리는 다른 사람들의 장기기억 속에 저장된 지식을 그들이 하는 것을 따라하거나 그들이 말하는 것을 듣거나 혹은 그들이 글로 쓴 것을 읽으면서 습득한다. 우리는 그러한 따라하기, 듣기 혹은 읽기 등의 처리 과정을 통해 우리들 자신의 장기기억 속에서 다른 지식 구성의 과제에 개입해야만 한다(Kirscher et al., 2006; Mayter, 2004). 그런 이유로 인지부하이론은 교육적 맥락에서 다이어그램 읽기를 포함해서 관찰하기, 듣기, 읽기 등을 통한 지식의 소통 방식을 강조한다.

발견은 무작위적 생성 원리라는 안내를 바탕으로 여러 세대에 걸쳐서 일어난다. 참된 발견을 위한 무작위 요소들은 그 과정이 가르치기 어렵거나 불가능할 수 있음을 강조한다. 반면에 장기기억 안에 저장된 지식의 축적을 도울 수 있다. 장기기억 속에 저장된 정보의 변화를 목표로 하는 가르침을 도울 수 있는 교수설계는 무엇인가? 변화의 제한성 원리를 고려하는 설계가 바로 그것이다. 인간의 인지에서 새로운 정보를 다룰 때 작동기억의 제한이 있다는 점을 통해 그러한 가정이 표현되었다. 반면, 장기기억 속에는 저장될 수 있는 조직된 정보의 양에 한계가 없을 뿐만 아니라 작동기억이 사용하기 위해 장기기억으로부터 가져오는 조직된 정보의 양에도 제한이 없는 것으로 알려져 있다. 새로운 정보를 다룰 때 제한된 용량, 제한된 유지기간의 한계를 지닌 작동기억이 장기기억의 조직화된 정보를 활용하여 무제한의 용량과 무제한의 유지기간이라는 특성으로 변경된다는 것은 환경 조직과 연결 원리를 통해 제시되었으며 이는 인지부하 이론의 핵심이다. 인지부하이론의 일차적인 목적은 작동기억에 불필요한 부하를 줄이고 장기기억의 변화를 촉진하기 위하여 새로운 정보를 변화의 제한성 원리에 따라 어떻게 구조화하여 제시할 것인가였다. 실제로, 장기기억 속의 변화는 환경 조직과 연결 원리를 통해 복합적인 조치를 취할 수 있도록 해준다. 작동기억에 영향을 주는 인지부하에는 세 가지 범주가 있는데 다음에서는 그에 대해 살펴볼 것이다.

인지부하의 분류

수업의 기능이 장기기억 속의 스키마 지식을 늘리는 것이긴 하지만, 새로운 정보는 반드시 먼저 작동기억에 의해 처리되어야 하는데 새로운 정보를 처리할 때 작동기억은 용량(예: Miller, 1956)과 유지기간(예: Peterson과 Peterson, 1959) 상의 제한이 있다. 모든 교수 자료는 어떤 작동기억 부하 혹은 인지부하를 내포하는데 그러한 인지부하는 두 가지 독립적인 범주인 내재적 부하와 외재적 부하로 나눌 수 있고, 그 다음 세 번째 범주는 내재적 부하에 따라 달라지는 본유적 부하이다. 내재적 인지부하와 외재적 인지부하는 합산적인 속성이 있으며, 이 두 가지가 함께 인지부하의 총량을 결정짓는다. 그러한 인지부하가 작동기억 용량을 초과한다면 학습을 포함한 정보 처리는 위협받게 될 것이다. 달리 말해서, 총 작동기억의 양이 초과되면, 장기기억 안의 유용한 변화의 가능성이 줄어든다. 그러한 인지부하들이 어떻게 상호작용하는지에 대해 설명하기 전에 우선 인지부하의 범주에 대해 각각 다루기로 한다.

내재적 인지부하

어떤 자료는 어떻게 가르치느냐에 관계없이 본질적으로 이해하거나 배우기 어렵다. 이와 같은 상황의 근본적인 요인은 바로 수업 상황에서 자료를 이해하고 학습하기 위해 작동기억 안에서 동시적으로 처리되어야만 하는 요소들의 수를 일컫는 요소 상호작용성이다. 예를 들어, 화학 요소에 관한 기호들을 공부하고 있는 한 학생이 있다고 가정해보자. 그 과제는 학습해야 할 요소들이 많기 때문에 어렵긴 하겠지만 많은 작동기억 부하를 포함하고 있지는 않다. 작동기억 부하가 가볍기 때문에 "이해" 상의 문제는 일어나지 않는다. 간혹 한 가지 특정 요소를 나타내는 기호를 잊어버리거나 학습하는 데 실패한 경우가 있었을 수는 있겠지만, 이러한 상황에서 "이해"라는 용어를 사용하지는 않을 것이다.

반면, 어떤 화학적 등식을 처리하거나 수학 등식을 다루는 학습자가 있다고 가정해보자. 이러한 학습과 관련되는 요소들의 수는 화학 요소의 기호들을 공부할 때 다루는 요소들의 수보다 훨씬 적긴 하지만 요소 상호작용성은 높다. "(a + b) / c = d일 때, a를 구하시오"라는 문제 푸는 방법을 학습할 때, 그 해결안을 이해시키기 위한 것이라면 다른 것들을 무시하고 해결 단계 중의 하나 혹은 등식의 요소 중 하나만 단순히 처리할 수는 없을 것이다. 모든 학습 요소가 상호작용하므로, 모든 요소들이 작동기억 안에서 동시에 고려되지 않는다면 그 문제와 해결안은 이해될 수 없을 것이다. 요소 상호작용성이 높으므로 따라서 작동기억 부하와 인지부하가 높다.

어떤 의미에서, 요소 상호작용성은 반드시 학습되어야 하는 본성적인 속성이자 변경될 수 없는 것이기 때문에 고정된 것이라고 볼 수 있다. 그럼에도 불구하고, 이러한 특징은 다음의 두 가지 관점에서 수정이 가해질 필요가 있다. 첫째, 요소 상호작용성에 관계없이 된 학습 자료를 이해하는 것은 항상 가능하다. 요소 상호작용성이 높은 학습 자료라는 것은 상호작용하는 요소들이 마치 상호작용하지 않는 듯이 취급된다는 것을 의미한다. 학습이 이런 식으로 처리될 수는 있지만, 이해는 될 수 없을 것이다. 모든 요소들이 작동기억 안에서 처리될 때까지 이해는 일어나지 않는다. 복잡한 학습 자료일 경우에는 상호작용하는 요소를 마치 분리된 요소처럼 학습하는 것이 불가피할 것이다(Pollock et al., 2002; van Merriënboer & Sweller, 2005). 높은 상호작용성 자료를 마치 분리된 요소들인 것처럼 학습자들에게 제시하고 학습자들에게는 학습과 관련된 상호작용을 나중에 공부하도록 해줌으로써, 상호작용하는 요소들을 동시에 공부하도록 할 때보다 학습이 향상될 수 있다.

학습 자체는 높은 요소 상호작용성 효과를 줄일 수 있는 두 번째 방식이 된다. 요소 상호작용성은 단지 학습될 필요가 있는 자료의 특성을 분석한다고 해서 결정될 수 있는 것이 아니다. 이미 습득된 스키마에 따라서, 어떤 개인에게는 복잡한 자료가 다른 사람에게는 매우 단순하게 느껴질 수 있다. 만약 일련의 상호작용하는 요소들이 하나의 스키마 속에 통합되었다면, 상호작용하는 요소들이 아니라 오로지 그 스키마만 작동기억에서 처리될 필요가 있는 것이다. 이러한 이유로 인해 작동기억의 부하는 낮아진다. 이 장의 독자들에게 "이러한 이유로 인해"라는 구절은 이미 우리 모두가 이렇게 표현된 어구와 관련된 스키마를 가지고 있기 때문에 단지 하나의 단일 요소로 처리될 수 있다. 그러나 이제 막 글자를 읽기 시작한 다른 어떤 사람에게는 그 개별 글자들을 동시에 처리해야 할 필요가 있기 때문에, 작동기억의 용량을 초과할 수도 있는 높은 요소 상호작용성 과제가 된다. 일단 그 말이 이해되었다면, 개별 글자들은 여러 개의 요소들이라기보다는 하나의 단일 요소로 취급될 수 있다. 이러한 방식으로, 요소 상호작용성으로 인한 높은 내재적 인지부하가 학습에 의해서 변경될 수 있는 것이다.

이상 제시된 바와 같이, 학습으로 인한 내재적 인지부하의 변화는 조직된 정보인지 무작위 정보인지에 따라 작동기억의 특성이 변화된 결과이다. 환경 조직과 연결 원리에 의하면, 조치를 취하기 위해 사용될 수 있는 조직된 정보의 양에는 제한이 없다. 이렇게 조직된 정보는 장기기억 속에 저장되고 그러한 정보는 많은 양이 작동기억에 전송될 수 있다. 반면, 생성으로서의 무작위성 원리와 변화의 제한성 원리에 의하면, 새로운 조치들을 취하기 위해 저장고가 변화될 수 있을 정도로 심각한 제한이 있다. 따라서 새로운 정보의 제한된 양만이 장기기억을 변화시키도록 조직될 수 있다.

외재적 인지부하

이 범주의 외재적 인지부하도 역시 요소 상호작용성에 따라 달라지긴 하지만, 내재적 인지부하와는 달리 상호작용하는 요소들이 완전히 교수적 통제하에 있기 때문에, 우선 외재적 인지부하의 감소를 위한 원리를 제공하기 위해 인지부하이론이 고안되었다. 교육 프로그램의 절차상 외재적 인지부하가 포함되어 있는지 여부는 앞서 소개한 인지적 원리들과 일치하는지 여부를 판단함으로써 평가할 수 있다. 어떤 교육 프로그램의 절차가 정보 저장고(장기기억)의 변화를 촉진하지 않거나, 그 절차가 차용과 재조직 원리 대신 생성으로서의 무작위 원리를 사용해서 저장고를 변화시키려고 하거나 생성으로서의 무작위성이 가르쳐질 수 있거나 가르쳐져야만 한다고 가정하는 경우, 혹은 교육 프로그램의 절차가 작동기억의 제한성을 무시하거나 작동기억은 제한이 없다는 가정을 함으로써 변화의 제한성 원리를 무시하는 경우, 그 교육 프로그램의 절차는 제거되어야 하는 상호작용 요소들을 불필요하게 소개하고 있기 때문에 비효과적일 것이다. 일례로, 발견 학습 기법을 통해 학습하고자 하는 사람이 있다고 가정해보자. 그 사람에게는 어떤 과학적 규칙이 제시되기보다는, 오히려 최소한의 정보가 주어지고 그 정보로부터 과학적 규칙을 밝혀내라는 요구가 제시될 것이다. 하나의 규칙을 발견하는 행동은 작동기억에 아주 큰 부담을 주어서 변화의 제한성 원리를 어기게 될 것이다. 그러한 행동은 지식의 소통에 최소한으로 의존함으로써 차용의 원리를 어기게 된다. 발견 전략은 학습과 관련 없는 상당히 많은 상호작용 요소들을 개입시키기 때문에 정보를 축적하는 데 있어서 극도로 느리고 비효율적인 방식인 무작위적 생성과 효과성 검증에 상당히 많이 의존하게 된다. 결과적으로, 교수-학습 활동에서 우선적인 목표가 되어야 하는 정보 저장고, 즉 작동기억 속의 지식 구축에 대해서는 최소한의 강조만 하게 된다. 모든 발견과 문제해결 기반의 교수 기법들은 이러한 패턴을 따르므로, 결과적으로 앞에서 제시되었던 다섯 가지 인지 전략 모두를 완전히 어기게 된다.

앞서 설명한 이론에 기초해서, 우리는 발견을 기반으로 하는 교수 기법들의 효과성을 보여주는 체계적으로 조직된 연구가 없을 것으로 기대할 수 있는데, 실제로 거의 반 세기 동안의 주역임에도 불구하고 그러한 기법들이 잘못되었다는 증거가 확연해지고 있다(Kirschner et al., 2006). 한 번에 한 가지씩 변수를 달리하는 무작위로 통제된 연구 결과를 보여주는 증거가 필요하다. 반면, 학습자들에게 정보를 발견하게 하기보다는 오히려 학습 정보를 제공해주는 것이 효과적이라는 연구들은 많다. 해결해야 할 문제를 제공받은 학습자들보다 해결된 예제를 제공받은 학습자들이 더 많이 배운다는 주장에 의하면, 해결된 예제 효과는 앞서 제시된 인지 구조에서 바로 나온다. 해결된 예제 효과는 학습자에게 스스로 정보를 찾도록 시키는 것보다 오히려 정보를 제공하는 것이 유익하다는 사실을 가장 명백하게 보여준다.

그 밖에도 다른 많은 인지부하 효과들이 있다. 모든 인지부하 효과는 앞에서 제시된 다섯 가지 인지 원리 중 하나 이상과 관련이 있다. 이 책의 다른 장들에서 그 중 많은 효과들에 대해 다룰 것이다. 모든 인지부하 효과에 대한 정보는 〈표 2.1〉에 요약되어 있다. 더욱 자세한 요약은 Sweller(2003, 2004)의 연구에서 찾아볼 수 있을 것이다.

본유적 인지부하

외재적 인지부하를 줄여서 확보된 작동기억 자원이 생산적인 학습을 위해 사용되지 못한다면 제 기능을 하지 못하게 될 것이다. 수업은 대부분의 작동기억 자원이 스키마 획득과 자동화라는 목표와 밀접한 관련성을 담보하도록 설계되어야 한다. 다시 말해서, 스키마 획득은 내재적 인지부하와 연관된 상호작용 요소들과 직접 관련되기 때문에, 작동기억의 자원은 외재적 인지부하보다는 오히려 내재적 인지부하를 처리하는 데 사용되어야 한다. 내재적 인지부하를 위해 작동기억 요소의 사용을 증가시키는 교수설계 방법은, 작동기억의 용량이 허락하는 한 증가되어야 하는 인지부하를 향상시키는 효과가 있다. 그 수준을 벗어나면, 본유적 인지부하의 증가는 역효과를 낳게 되고 외재적 인지부하로 분류될 수 있다.

인지부하에 관한 많은 연구는, 외재적 인지부하의 범주가 줄어들수록 학습자들은 수업의 효과성과 관계없이 학습을 위해 비슷한 수준의 노력을 다할 것이기 때문에, 자동적으로 본유적 인지부하가 증가할 것이라고 가정하였다. 그러한 이유로, 본유적 인지부하 효과는 상대적으로 적은 편이다. 그럼에도 불구하고 몇 가지가 있는데, 다양한 예 효과와 상상 효과가 그 예로 〈표 2.1〉에 제시되어 있다.

인지부하 요인 간의 상호작용

앞서 제시한 바와 같이 내재적 인지부하와 외재적 인지부하는 합산적 속성이 있어서 그러한 인지부하가 작동기억 용량을 초과하면 학습(실제로는 모든 정보처리)이 방해를 받게 되어 중단될 것이다. 〈표 2.1〉에 제시된 모든 인지부하 효과는 그러한 인지부하 원천들 간의 다양한 상호작용에 의해 발생된다. 대부분의 인지부하 효과는 외재적 인지부하가 감소함으로 인해 생긴 작동기억의 자원을 본유적 인지부하를 늘리고 학습을 강화하는 내재적 인지부하에 사용할 수 있도록 해준다. 그러한 효과들은 내재적 인지부하가 높을 경우에만 발생한다. 내재적 인지부하가 낮아지면 충분한 작동기억의 자원이 상호작용성 효과를 높이면서 높은 외재적 인지부하를 내포하고 있는 잘못된 교수설계를 극복하기 위해 이용 가능할 것이므로 외재적 인지부하를 줄이는 것은 그다지 문제가 되지 않을 것이다.

인지부하이론에서는 자료의 유형뿐만 아니라 학습자의 지식 또한 매우 중요하다. 초보자에게 중요한 정보 혹은 학습자 활동들이 전문성이 있는 학습자들에게는 전문성 역효과를 발생시켜 심화 학습을 방해할 수도 있다(표 2.1). 다시 말해서, 전문성이 증가할수록 초보자들에게는 중요하고, 따라서 본유적 인지부하가 되었던 절차들이 전문가 학습자들에게는 더 많은 외재적 인지부하로 작용하게 된다. 복잡하긴 하지만, 이제는 다양한 인지부하 효과들을 발생시키는 인지부하의 원천들 간의 이러한 다양한 상호작용들을 다루는 상당량의 정보가 있다. 그럼에도 불구하고, 다양한 인지부하의 범주들 간의 상호작용은 최근 주요한 연구 영역을 구성하고 있으며 아직도 많은 연구가 필요한 상황이다.

요약 및 결론

교수설계를 위해서는 인지에 관한 지식이 필요하다는 데 대부분 동의할 것이다. 만약 학습과 문제해결 기제에 대한 이해가 없다면 효과적인 수업을 설계할 기회가 최소화될 것이다. 교수이론으로서 인지부하이론의 성공은 인간 인지에 대해 그것이 가지고 있는 관점과 매우 밀접한 관련이 있다. 인지부하이론은 인간의 인지 구조를 구성하는 구조물의 조직과 기능을 설명하는 역할을 한다. 인지적 구조는 이 이론의 중심이 된다. 만약 인간의 지능과 사고에 대한 기초적 개념이 없다면, 효과적인 교수 절차를 이뤄낼 수 없을 것이다. 앞서 제시된 인간 인지를 구성하는 원리들은 그러한 가능성의 기초를 제공해준다. 그러한 인지적 기반은, 다시 말해 효과적일 것 같은 교수적 절차의 유형에 대한 정보를 우리에게 알려준다. 〈표 2.1〉에 제시된 교수적 효과들을 만들어내는 데 성공한 인지부하이론은 이론의 근본적인 가정들에 대한 타당성을 위한 몇 가지 증거를 제공해준다.

참고문헌

Ayres, P., & Sweller, J. (2005). The split-attention principle. In R. E. Mayer (Ed.), *Cambridge handbook of multimedia learning* (pp. 135-146). New York: Cambridge University Press.

Bartlett, F. (1932). *Remembering: A study in experimental and social psychology*. London: Cambridge University Press.

Chase, W. C., & Simon, H. A. (1973). Perception in chess. *Cognitive Psychology*, 4, 55-81.

Chi, M., Claser, R., & Rees, E. (1982). Expertise in problem solving. In R. Steinberg (Ed.), *Advances in the psychology of human intelligence* (pp. 7-75). Hillsdale, NJ: Erlbaum.

Clark, R., Nguyen, F., & Sweller, J. (2006). *Efficiency in learning: Evidence-based guidelines to manage cognitive load*. San Francisco: Pfeiffer.

Cowan, N. (2001). The magical number 4 in short-term memory: A reconsideration of mental storage capacity. *Behavioral and Brain Sciences*, 24, 87-114.

De Croot, A. (1965). *Thought and choice in chess*. The Hague, Netherlands: Mouton. (Original work published 1946).

Egan, P. E., & Schwartz B. J. (1979). Chunking in recall of symbolic drawings. *Memory and Cognition*, 7, 149-158.

Ericsson, K. A., & Kintsch, W. (1995). Long-term working memory. *Psychological Review*, 102, 211-245.

Geary, D. (2007), Educating the evolved mind: Conceptual foundations for an evolutionary educational psychology. In J. S. Carlson & J. R. Levin (Eds.), *Psychological perspectives on contemporary educational issues* (pp. 1-99). Greenwich, CT: Information Age Publishing.

Geary, D. (2008). An evoiutionarily informed education science. *Educational Psychologist*, 43, 179-195.

Jeffries, R., Turner, A., Poison, P., & Atwood, M. (1981). Processes involved in designing software. In J. R. Anderson (Ed.), *Cognitive skills and their acquisition* (pp. 255-283). Hillsdale, NJ: Erlbaurn.

Kaiyuga, S. (2005). Prior knowledge principle in multimedia learning. In R. E. Mayer (Ed.), *The Cambridge handbook of multimedia learning* (pp. 325-337). New York: Cambridge University Press.

Kirschner, P., Sweller, J., & Clark, R. (2006). Why minimal guidance during instruction does not work: An analysis of the failure of constructivist, discovery, problem-based, experiential and inquiry-based teaching. *Educational Psychologist*, 41, 75-86.

Kotovsky, K., Hayes, J. R., & Simon, H. A. (1985). Why are some problems hard? Evidence from Tower of Hanoi. *Cognitive Psychology*, 17, 248-294.

Larkin, I., McDermott, I., Simon, D., & Simon, H. (1980). Models of competence in solving physics problems. *Cognitive Science*, 4, 317-348.

Leahy, W., & Sweller, J. (2004). Cognitive load and the imagination effect. *Applied Cognitive Psychology*, 18, 857-875.

Low, R., & Swelier, J. (2005). The modality principle. In R. E. Mayer (Ed.), *The Cambridge handbook of multimedia learning*(pp. 147-158). New York: Cambridge University Press.

Mayer, R. (2004). Should there be a three-strikes rule against pure discovery learning? The case for guided methods of instruction. *American Psychologist*, 59, 14-19.

Miller, G. A. (1956). The magical number seven, plus or minus two: Some limits on our capacity for processing information. *Psychological Review*, 63, 81-97.

Paas, F., Camp, G., & Rikers, R. (2001). Instructional compensation for age-related cognitive declines: Effects of goal specificity in maze learning. *Journal of Educational Psychology*, 93, 181-186.

Paas, F., & van Merriënboer, J. (1994). Variability of worked examples and transfer of geometrical problem solving skills: A cognitive-load approach. *Journal of Educational Psychology*, 86, 122-133.

Peterson, L., & Peterson, M. (1959). Short-term retention of individual verbal items. *Journal of Experimental Psychology*, 58, 193-198.

Piaget, J. (1928). *Judgement and reasoning in the child.* New York: Harcourt.

Pollock, E., Chandler, P., & Sweiler, J. (2002). Assimilating complex information. *Learning and Instruction*, 12, 61-86.

Renkl, A. (2005). The worked out example principle in multimedia learning. In R. E. Mayer (Ed.), *The Cambridge handbook of multimedia learning* (pp. 229-245). New York: Cambridge University Press.

Schneider, W., & Shiffrin, R. (1977). Controlled and automatic human information processing: I. Detection, search and attention. *Psychological Review*, 84, 1-66.

Shiffrin, R., & Schneider, W. (1977). Controlled and automatic human information processing: II. Perceptual learning, automatic attending, and a general theory. *Psychological Review*, 84, 127-190.

Simon, H., & Gilmartin, K. (1973). A simulation of memory for chess positions. *Cognitive Psychology*, 5, 29-46.

Sweller, J. (1988). Cognitive load during problem solving: Effects on learning. *Cognitive Science*, 12, 257-285.

Sweiler, J. (1994) Cognitive load theory, learning difficulty and instructional design. *Learning and Instruction*, 4, 295-312.

Sweller, J. (2003). Evolution of human cognitive architecture. In B. Ross (Ed.), *The psychology of learning and motivation* (Vol. 43, pp. 215-266). San Diego, CA: Academic Press.

Sweller, J. (2004). Instructional design consequences of an analogy between evolution by natural selection and human cognitive architecture. *Instructional Science*, 32, 9-31.

Sweiler, J. (2005). The redundancy principle. In R. E. Mayer (Ed.), *The Cambridge handbook of multimedia learning* (pp. 159-167). New York: Cambridge University Press.

Sweller, J. (2007). Evolutionary biology and educational psychology. In J. S. Carlson & J. R. Levin (Eds.), *Psychologi cal perspectives on contemporary educational issues* (pp. 165-175). Greenwich, CT: Information Age Publishing.

Sweller, J. (2008). Instructional implications of David Geary' s evolutionary educational psychology. *Educational Psychologist*, 43, 214-216.

SweLter, J. (2009). Cognitive bases of human creativity. *Educational Psychology Review*, 21, 11-19.

Sweller, J., & Sweller, S. (2006). Natural information processing systems. *Evolutionary Psychology*, 4, 434-458.

van Merriënboer, J., & Sweller, J. (2005). Cognitive load theory and complex learning: Recent developments and future directions. *Educational Psychology Review*, 17, 147-177.

3

스키마 습득과 인지부하의 원천

Slava Kalyuga

서언

2장에서는 학습과정과 인지 구조의 일반적 특성을 살펴보았다. 인지 구조에 따르면 장기기억의 스키마 지식 기저(knowledge base)는 새로운 지식을 습득하는 방법에 영향을 미치는 주요 요소들을 표상한다. 특정 상황이나 과제에 부합하는 관련 지식이 없으면 적절한 행동을 선택하기 위한 무작위 탐색을 수행하게 된다. 새로운 상황을 처리하기 위한 지식 구조의 수정은 변화량이 조건에 부합하는 경우에 한하여 제한적으로 일어난다. 인지부하 프레임워크 내에서의 학습의 일반적인 특징에 비추어볼 때, 스키마 습득을 촉진하고 이해와 학습을 가능하게 하는 일반적인 수업 원리를 이끌어내는 것은 불가능하다. 이 장에서는 조직화된 지식 구조의 획득을 위한 효율적인 수업 원리인 직접 교수 원리, 전문성 원리, 변화의 제한성 원리와 같은 몇 가지 인지부하이론을 제시한다. 이들 원리를 입증하기 위해서는 스키마 지식 구조의 개념을 상세히 고찰하고 학습과정과 관련되지 않은 인지부하의 원천들을 분석할 필요가 있다.

스키마 획득과 학습

스키마는 특정한 사례들로부터 추출된 일련의 구조군(classes of structures)이나 그러한 사례들을 범주화하기 위해 사용되는 요소들 간의 안정된 관계 유형으로 지식을 표상한다. 여러 스키마들이 서로 연결되고 위계적 구조로 조직될 수 있다. 조직화된 지식 구조는 정보로부터 의미를 추출하고, 장기기억에 지식을 획득 · 저장하고, 작동기억의 한계를 극복하고, 기억력을 확장하고, 정보의 검색과 회상을 안내하고, 선수지식과 연결을 제공하기 위한 주요 기제가 된다.

스키마의 일반적인 예는 단기기억과 전문가-초보자 연구에서 기억 용량의 측정 단위로 사용되고 있는 정보 청크의 개념이다(Miller, 1956). 예를 들면, de Groot(1966)의 연구에서 체스 전문가는 잠깐 동안 체스의 위치를 보고 초보자보다 훨씬 많은 조각들을 기억해낼 수 있었다. 체스 전문가가 초보자보다 큰 청크를 가지고 있었기 때문이다. Chase와 Simon(1973)은 체스 전문가들이 체스 조각을 유의미한 배치 형태를 나타내는 덩어리로 체스판에 둔다는 사실을 발견했다. 마찬가지로 전기 전문가들은 복잡한 회로도를 유의미하게 연결된 구성요소들의 청크로 회상함으로써 기억에서 재구성할 수 있었다(Egan & Schwartz, 1979).

스키마 지식 구조는 과제 분류하기와 범주화하기(예: 학습자에게 과제의 유사성에 기반하여 문제들을 분류하거나 텍스트의 일부만 듣고 나서 문제를 범주화하도록 요구하기), 애매모호하게 진술된 문제 사용하기(예: 의미 없는 말로 일부 내용을 대체하기), "텍스트 편집" 기법 사용하기(각 문제의 텍스트가 문제해결을 위해 충분한 정보, 불완전한 정보 또는 관련 없는 정보를 제공하는가라는 관점에서 문제를 분류하기; Low & Over, 1992)를 사용하여 평가될 수 있다. 전통적으로 개인의 지식 구조 진단을 위해 실험실 연구에서 사용되어 온 인지과학 방법은 면접, 사고구술법(think-aloud procedure), 회상 보고(retrospective reports)에 기반하고 있다.

조직화된 지식 구조의 온라인 진단 방법에 대한 최근 연구는 장기기억의 스키마가 작동기억의 특성을 변경한다면 과제수행 과정에서 작동기억의 즉각적인 내용을 추적해서 관련 스키마 지식 구조의 획득 수준을 측정할 수 있다는 가정에 기반하고 있다. 그 아이디어는 첫 단계 방법(the first-step method)으로 실행되고 있다. 학습자는 제한된 시간 동안 하나의 과제를 제시받고, 과제 해결의 첫 단계를 빨리 제시하도록 요구받는다. 전문성 수준이 서로 다른 학습자의 경우, 그들의 첫 단계는 서로 다른 인지적 활동을 수반한다. 전문가는 즉각적으로 최종 답을 제시할 수 있다. 반면에 초보자는 무작위로 해결책 검색을 시도할 수 있다. 서로 다른 첫 단계 반응은 서로 다른 지식 구조의 획득 수준을 나타낸다(Kalyuga & Sweller, 2004, 2005; Kalyuga, 2006).

전문가-초보자 차이 연구는 전문가의 수행이 우수한 문제해결 전략이나 우수한 작동기억을 통해 결정되는 것이 아니라, 상호 연결된 일련의 대규모 스키마 지식 구조를 포함하는 우수한 지식 기저, 잘 개발된 인지적 기능(자동화된 지식), 전문가가 자신의 수행을 통제하고, 그들의 학습을 평가하고, 결과를 예측하고, 사용가능한 지식 기저를 사용하게 해주는 초인지 자기조절 기능을 통해 결정된다는 것을 보여준다(Glaser, 1990). 지식이 자동화되어 의식적인 인지적 처리과정이 매우 제한된 인지적 자원만을 요구한다면, 여분의 용량은 학습의 전이를 가능하게 하는 고차적이고 보다 생산적인 인지 수준에 집중될 수 있다(Cooper & Sweller, 1987; Kotozsky, Hayes, & Simon, 1985; Schneider & Shiffrin, 1977; Shiffrin & Schneider, 1977).

조직화된 장기기억의 스키마 지식 구조는 여러 정보요소를 하나의 고차원 요소로 청킹하게 해준다(Chi, Glaser, & Rees, 1982; Larkin, McDermott, Simon, & Simon, 1980). 장기기억 스키마 지식 구조는 여러 정보요소를 하나의 요소로 처리함으로써 작동기억에 대한 정보처리 요구를 감소시킬 수 있다. 예를 들어, 장기 작동기억의 개념(Ericsson & Kintsch, 1995)에 따르면 작동기억에 있는 요소들로 활성화된 장기기억 지식 구조는 간섭 없이(interference proof way) 오랜 시간 동안 거대한 정보량을 보유할 수 있는 장기 작동기억 구조를 형성할 수 있다.

초보 학습자는 해당 영역의 표층적 측면과 관련된 매우 제한적인 저차원 지식만을 보유하고 있는 반면에 전문가는 문제해결에 중요한 정보를 포함하고 있는 고차원 스키마 구조를 활성화할 수 있다(Chi & Glaser, 1985). 이러한 장기기억의 스키마 지식 구조는 고차원 인지처리 과정에서 필요한 실행 지침을 효과적으로 제공한다. 그러한 지침이나 외부 지시(external instruction)가 없다면 학습자는 현재의 문제 상태와 목표 문제 상태 간 차이의 점진적 감소를 목표로 무작위적 검색이나 빈약한 문제해결 방법에 의지해야 한다. 그러한 방법은 인지적으로 비효율적이고, 시간 소모적이고, 새로운 스키마의 구성을 간섭하여 작동기억에 과중한 부하를 부과할 수 있다(Sweller, 1988, 2003).

해당 영역에 대한 학습자의 경험이 축적됨에 따라 문제 지각과 스키마의 전문성 수준은 변화한다. 이들 스키마는 보다 보편적인 기본 원리로 색인된다(Chi, Feltovich, & Glaser, 1981). 장기기억의 스키마 지식 기저를 사용함으로써 전문가는 서로 다른 문제 상태를 범주화하고, 가장 적합한 해결책을 선택하고, 보다 정확하게 수행하고, 인지 부하를 감소시킨다. 그들의 지식을 대규모 청크 집단으로 조직화함으로써 작동기억에 대한 요구를 감소시키고, 문제 스키마를 검색하자마자 적합한 절차를 신속하게 활성화할 수 있다.

새로운 정보는 기존의 특정 스키마와 관련지어 부호화된다. 학습자가 특정 영역에 대한 지식과 경험을 획득해감에 따라 그들의 스키마는 진화하고 정교화된다. 또한 서로 다른 과제 영역에서 최적의 기존 스키마를 모델링하고 점진적으로 정교화함으로써 새로운 스키마가 생성될 수 있다(유추를 통한 학습). 학습은 새로운 정보와 기존 지식 구조의 통합을 수반한다. 그러나 학습자들은 종종 수업이 의도한 스키마가 아닌 다른 스키마를 활성화한다. 특정 영역에 대한 학습자의 기존 스키마가 전문가나 교사의 스키마와 상당히 다를 수 있다. 예를 들면, 일상 경험으로부터 획득한 일부 직관적 스키마(때로는 "대안적 프레임워크", "오개념", "선입견", "현상학적 초안"이라 한다)는 초보 학습자가 이해하기 어려운 새로운 개념의 과학적 정보를 생성할 수 있다(diSessa, 1993; Howard, 1987; Slotta, Chi, & Juram, 1995). 때로는 기존 스키마가 변화에 저항하며, 사용가능한 스키마 프레임워크에서 이해할 수 없는 것들은 무시하거나 기계적으로 암기한다.

불일치하는 수업기반 인지모형과 학습자의 단순화된 내적 지식 구조 간의 인지적 갈등은 제한된 작동기억에 대한 정보처리 요구를 증가시킬 수 있다. 그러나 해당 영역에 대해 잘 조직된 스키마를 획득한 학습자들의 경우, 단순하고 구체적인 수업기반 개념 모형이 학습자의 복잡한 지식 구조와 상충하여 학습을 방해할 수 있다(Mayer, 1989). 효과적인 수업방법은 작동기억의 부하 처리를 최소화하도록 학습자의 기존 스키마 지식 기저에 맞추어져야 한다.

인지부하 관점에서 학습의 주요 목적은 장기기억에서 스키마 지식 구조의 획득과 자동화이다. 작동기억의 한계는 학습자에게 거의 영향을 미치지 않으며, 특정 영역에 대한 학습자의 지식은 장기기억에 잘 조직화된다. 작동기억의 처리한계를 감소시키는 다른 방법은 자동화될 때까지 기능을 연습하는 것이다. 자동화는 특정 과제 영역에서 높은 전문성을 획득함으로써 도달할 수 있다. 따라서 효과적인 수업절차와 기법은 조직화된 스키마 지식 획득을 목표로 하고, 이러한 목적과 직접적으로 관련되지 않은 과제나 활동에 인지 자원의 유용을 감소시켜야 한다. 장기기억의 스키마 지식은 지적 능력과 숙련된 수행의 토대가 되기 때문에 조직화된 지식 기저의 획득이 핵심 수업 목표가 되어야 한다.

인지부하의 원천

학습과정에서 인지부하는 특정한 학습목적을 달성하도록 설계된 인지적 활동들로 인해 발생하는 작동기억에 대한 요구로 결정된다. 인지부하의 주요 원천은 정보요소들 간의 본질적 관계를 학습하는 데 필요한 활동과 작동기억에 새로운 지식 구조를 구축하는 데 필요한 활동이다. 이러한 유형의 부하를 내재적 인지부하라고 하며, 수업자료의 복잡성과 관련된다. 학습자가 경험하는 내재적 인지부하의 크기는 학습자의 전문성에 대한 개별 학습요소들 간의 상호작용성의 정도로 결정된다. 어떤 학습 요소는 특정 학습자와 특정 학습과제의 경우 최상위 정보 청크가 된다. 다양한 청크의 내용은 학습자가 장기기억에 보유하고 있는 스키마로 결정된다. 전문성이 발달함에 따라 학습자의 청크 크기도 증가한다. 초보자에게는 상호작용하는 여러 요소들이 전문가에게는 단일 요소로 요약될 수 있다.

수업을 이해하기 위해 (요소들의 수가 비교적 적을지라도) 학습요소들이 동시에 처리되어야 할 때 자료는 요소 상호작용성이 높아지고, 높은 내재적 인지부하를 부과할 수 있다. 예를 들면, 전기회로 작동 학습은 회로에 있는 개별 요소들의 상징적 의미를 학습하는 것보다 훨씬 어렵다. 학습자가 회로 구성요소에 대해 저차원의 스키마를 가지고 있다면 회로의 모든 요소들을 학습해야 한다(그렇지 않으면 요소들의 수가 현저히 늘어날 것이다). 회로의 작동을 이해하기 위해 회로에서 결합은 상호 연결되고, 동시에 전체적으로 고려되어야 한다. 일단 회로 구성요소들의 상호작용이 학습되면, 상응하는 저차원 스키마는 단일 요소로 작용할 수 있는 고차원 스키마의 요소가 된다. 학습자가 새로운 회로의 전기 구성요소 배열과 만나면 인지적 처리과정은 최소한의 인지적 노력을 필요로 한다.

학습자가 학습요소들에 주목하고, 작동기억에 요소들 간의 연결을 구축하려고 시도할 때 내재적 인지부하를 경험하게 된다. 학습요소들 간의 본질적 관계에 대한 능동적 처리과정이 없다면, 요소 상호작용성은 특정한 사람에게 잠재적인 내재적 인지부하 수준을 나타내는 수업자료의 특성으로 남아있게 될 것이다. 이러한 부하는 수업자료를 이해하고 새로운 고차원 스키마 구조를 구축하는 데 필수적이기 때문에 작동기억의 한계를 초과하지 않으면서 내재적 인지부하를 조절하는 데 필요한 모든 자원을 제공하기 위해 대단히 중요하다.

스키마 구성에 기여하는 본유적 인지부하의 개념은 학습과 관련된 작동기억을 설명하기 위해 인지부하이론에 도입되었다(Paas & van Merriënboer, 1994; Sweller, van Merriënboer, & Pass, 1998). 이 정의에 따르면 내재적 인지부하는 본유적 부하로 생각할 수 있지만(내재적 부하와 본유적 부하의 차이는 아직까지 명료하게 기술되어 있지 않다), 본유적 인지부하는 스키마 획득과 자동화를 촉진하기 위하여 의도적으로 설계된 다양한 인지적 활동과 관련된다. 예를 들면, 해결된 예제를 통한 학습에서 명료한 자기설명(Chi, Bassok, Lewis, Reimann, & Glaser, 1989)이나 수업에서 기술된 절차를 영상화하는 활동(Cooper, Tindall-Ford, Chandler, & Sweller, 2001)으로 인해 부과된 인지부하는 본유적 인지부하의 예에 해당된다. 이러한 관점에 따르면, 본유적 인지부하의 원천은 학습결과를 향상시키거나 학습자의 동기수준을 향상시키기 위해 설계된 보조적인 인지적 활동이다. 그러한 활동은 직접적으로 학습에 기여하지는 않지만 전체 인지부하를 증가시킨다. 이러한 적절한("유익한", 생산적인, 건설적인) 부하와는 반대로 외재적("유해한", 비생산적인, 비건설적인) 부하는 잘못된 수업설계로 인해 학습과 관련되지 않은 활동에 인지적 자원을 낭비하게 한다.

외재적 인지부하는 다양한 형태(서면 지시서, 시범 설명 등)를 취하고, 다양한 형식(언어적, 회화적)과 감각양식(시각적, 청각적)을 사용하며, 학습자에게 여러 가지 활동(문제 풀기, 해결된 예제 공부하기, 과제영역 탐색하기 등)을 요구하고, 상이한 학습과제의 계열과 단계(예: 부분과제와 전체과저의 상이한 배열)를 포함하는 수업설계를 통해 발생한다. 외재적 인지부하는 수업목표 달성을 위해 필수적으로 요구되는 부하가 아니라, 학습과제가 조직되고 제시되는 방식으로 인해 학습자가 투입해야 하는 인지적 활동과 관련된다(Sweller, Chandler, Tierney, & Cooper, 1990; Sweller & Chandler, 1994). 예를 들면, 서로 관련된 수업요소들(텍스트, 그래픽, 오디오 등)이 시간적으로 또는 공간적으로 분리된다면 분리된 요소들의 통합을 위해서는 다른 요소들이 나타나고 처리될 때까지 일부 요소의 집중적인 검색 과정과 회상을 필요로 한다. 그러한 과정은 부가적인 자원을 필요로 하며, 작동기억에 대한 요구를 상당히 증가시킬 수 있다.

전기회로의 다이어그램이 텍스트 설명과 분리되어 제시된다면 이 수업내용을 이해하기 위해서는 텍스트와 다이어그램의 통합을 필요로 한다. 이는 상응하는 전기회로 다이어그램의 구성요소들을 찾아내고, 주의를 기울이고, 처리할 때까지 작동기억에 텍스트 조각들을 유지하고 있어야 하거나, 상응하는 텍스트 조각들을 검색하고, 읽고, 처리할 때까지 다이어그램의 일부 이미지를 작동기억에 활성화시키고 있어야 한다. 이러한 검색-결연 과정(search-and match process)은 외재적 인지부하를 증가시키기 쉽다. 마찬가지로 검색과정을 사용하는 문제해결은 일반적으로 작동기억에 수많은 상호작용 명령문들(예: 해결책에 이르기 위한 상호 연계된 하위목표와 단계들)을 수반한다. 그러한 문제해결은 상당한 인지적 자원을 요구함으로써 학습에 인지 자원을 사용하지 못하게 된다. 이러한 인지적 요구는 학습목적에 불필요하며, 외재적 인지부하로 간주되어야 한다.

일반적으로 외재적 인지부하는 다음과 같은 이유로 발생할 수 있다.

(1) 제공된 수업 설계로 보완할 수 없는 학습자의 불충분한 지식. 학습자들이 무작위적 절차를 사용하여 해결책을 찾도록 강요함.
(2) 제공된 수업 안내와 이용할 수 있는 지식의 중첩. 두 가지 모두 동일한 인지적 활동을 목표로 함으로써 학습자가 (새로운 표상을 구성하는데 인지적 자원을 사용하는 대신) 동일한 정보 표상들 간의 상호 참조를 구축하도록 요구함.

(3) 장기기억에 통합되어야 할 새로운 정보요소들을 너무 많이 작동기억에 들여오는 학습과제의 계열로 인해 요구되는 지식의 과도한 변화 단계
(4) 학습자가 광범위한 검색-결연 과정을 수행하도록 요구하는 관련된 수업 표상들의 분리(시간적 또는 공간적)

인지부하이론에 따르면, 효율적인 수업을 위해서는 내재적 인지부하와 외재적 인지부하의 합이 제한된 작동기억의 용량을 초과해서는 안 된다. 높은 내재적 인지부하를 요구하지 않는 수업자료(예: 학습자의 현재 전문성 수준에 비추어 요소 상호작용성이 낮기 때문이다)를 학습할 때는 빈약한 수업설계로 인해 부과되는 외재적 인지부하는 중요하지 않다. 왜냐하면, 인지부하의 총량이 작동기억 용량을 초과하지 않기 때문이다. 반대로, 수업자료가 학습자의 전문성 수준에 비해 요소 상호작용성의 수준이 높을 때 수업을 이해하기 위해 상당한 내재적 인지부하를 요구한다. 그러한 상황에서 부적절한 설계로 인해 발생하는 부가적인 외재적 인지부하는 학습에 필요한 인지 자원을 부족하게 남겨 놓을 수 있다. 왜냐하면, 인지부하의 총량이 학습자의 작동기억 용량을 초과하기 때문이다. 유의미 학습을 강화하기 위해 설계된 본유적인 인지 활동과 필요한 내재적 부하 수준을 유지하는 데 사용할 수 있는 인지 자원이 부족할 수 있다. 이러한 상황에서는 수업설계를 개선함으로써 외재적 인지부하를 제거하거나 감소시키는 것이 학습에 중요하다. 따라서 인지적으로 효과적인 수업설계는 내재적 인지부하를 유지하고 외재적 부하를 가능한 한 많이 감소시키는 데 필요한 자원을 제공해야 한다.

어떤 상황에서는 부적절한 학습목표의 선택, 학습과제의 빈약한 계열이나 과도한 단계, 수업설계 누락 때문에 요구되는 내재적 부하가 학습자의 작동기억 용량 한계를 초과할 수 있다. 이러한 과도한 내재적 부하는 설계로 인한 학습과정의 붕괴를 야기하여 외재적 부하가 된다. 유사한 변형이 작동기억의 한계를 초과하여 인지 자원을 요구하는 본유적 인지 활동으로 인해 일어날 수 있다. 예를 들면, 초보 학습자가 요소 상호작용성이 높은 복잡한 자료를 공부하면서 자기설명 프롬프트에 명확하게 반응하도록 요구받을 때 이러한 학습은 비생산적이기 쉽다.

다음 절에서는 학습자의 장기기억에 조직화된 지식 구조를 구축하는 학습

목표에 초점을 맞추어 외재적 인지부하를 최소화하기 위한 보편적 지침을 제공한다. 이들 지침은 필요한 지식 구조에 직접 접근 제공하기, 불필요한 무작위적 검색 과정 제거하기, 관련되지 않은 인지적 활동에 인지 자원의 유용 피하기, 작동기억의 한계 내에서 처리할 수 있는 점진적 변화 보장하기를 제안한다.

스키마 획득과 인지부하

직접 교수 원리

학습자가 해당 영역에 대한 지식이 많아지면 그들의 인지 활동은 달라진다. 초보 학습자의 경우, 새로운 스키마의 구성이 주요 인지 활동이지만, 전문가는 상황과 과제를 처리하기 위해 장기기억의 지식 구조를 사용한다. 이러한 장기기억 지식 구조는 복잡한 인지적 과제에서 인지 활동을 조절하고 통제한다. 작동기억의 구성요소와 전문가의 스키마 간의 관련성을 규명하는 장기 작동기억 이론(Ericsson & Kintsch, 1995)은 장기기억에 보유하고 있는 스키마의 실행 기능(executive function)[4] 메커니즘을 효과적으로 설명해준다. 따라서 복잡한 인지 활동 과정에서 장기 작동기억의 내용은 학습자의 전문성 수준에 대한 좋은 지표가 된다.

장기기억 지식 구조의 실행 기능(executive role)은 학습자가 어떤 정보에 주목하고 어떤 인지 활동에 참여할지를 결정하는 것이다. 각각의 인지 단계에서 그러한 결정은 사용가능한 지식 구조나 무작위적 요인에 기반을 둘 수 있다. 다른 대안은 필연적으로 고정된 중앙집행장치를 요구한다. 그러한 요구는 저차원 처리를 통제하기 위해 고차원 처리를 요구하는 무한 회귀 문제로 귀결된다(Sweller, 2003). 장기기억의 스키마 지식 구조는 무한 회귀(infinite

---

4) 역주: 최선의 문제해결을 위해 어떤 전략을 언제, 어디서, 어떻게 적용할 것인지를 알고 적용하는 기능이다. 심리학자들이나 신경과학자들 사이에서는 인지조절과 동일한 개념으로 사용되고 있다. 문제해결 과정에는 자신이 현재 어느 위치에 있는지를 알아 적절히 조절하는 자기점검(self-monitoring)과 자신의 행동을 계획하고 진행하고 평가하는 자기조절(self-regulation) 등이 있다(국립특수교육원, 2009).

regress)의 문제를 제거해준다. 장기기억의 스키마 지식 구조는 고차원 인지과정에서 실행기능을 수행하기 위해 사용할 수 있는 지식의 주요 원천이다. 장기기억에서 적합한 스키마 지식 구조를 검색하고, 입력 정보와 과제해결을 위한 인지 활동을 관리하기 위해 지식 구조를 결합함으로써 특정 과제를 위한 지식 기반 중앙처리장치가 구축된다.

새로운 상황이나 과제를 처리할 때는 학습자의 인지 활동을 안내하는 데 사용할 수 있는 장기기억 지식이 존재하지 않는다. 이러한 경우, 학습자는 이 상황을 이해하기 위해 무질서하고 인지적으로 비효율적인 무선-검색 접근을 사용하여 작동기억에서 친숙하지 않은 정보를 요소별로 처리할 필요가 있다. 예를 들면, 전통적인 문제해결에서 광범위한 연습이 효과적인 문제해결 스키마 획득 방법이 아니라는 여러 경험적 근거들이 제시되고 있다(Sweller & Cooper, 1985). 문제해결 과정에서 사용된 검색 전략들은 현재의 문제 상태와 목표로 하는 문제 상태 간의 차이를 감소시키기 위해 문제 상황의 특정한 측면에 주의를 집중시킨다. 하위목표를 유지하고, 대안적인 해결 경로를 고찰하는 것은 작동기억 과부하를 초래한다. 그러나 그러한 활동들은 스키마 획득이나 문제 구조의 주요 측면에 대한 학습과 관련이 없다. 전통적인 문제해결보다는 개방목표 문제와 해결된 예제가 보다 효과적인 스키마 획득 수단이다(Ayres & Sweller, 1990; Sweller, 1988).

해결된 예제를 통한 학습에서 직접 설명과 지침은 학습자들에게 상황이나 과제를 처리하는 방법을 정확하게 보여줌으로써 학습의 초기단계에서 스키마 기반 실행의 대체물을 제공한다. 반대로 문제해결이나 발견학습은 초보자에게 가장 비효과적인 실행 기능을 제공한다. 제시된 상황에서 실행 기능으로 제공하는 부적절한 지식이나 부적합한 수업지침은 외재적 인지부하의 주요 원천이 된다. 이러한 외재적 인지부하는 초보 학습자들이 필요한 지식에 직접적으로 접근하지 못하고, 주로 무작위적 검색 과정에 참여함으로써 부과된다. 직접 교수 원리는 외재적 인지부하를 제거하거나 감소시켜 적합한 실행 기능이 초보 학습자에게 제공되도록 보장해준다.

전문성 원리

과제해결을 위한 실행 기능 제공에서 장기기억 스키마와 수업설명의 중요도는 학습자의 전문성 수준에 달려있다. 초보자는 수업이 유일한 안내 원천이지만, 전문가는 장기기억의 모든 선수지식을 이용할 수 있다. 중간 단계에서 학습자들은 이전에 학습한 정보 요소들을 처리하기 위해 사용가능한 스키마를 검색할 수 있어야 하며, 학습하지 않은 정보 요소들을 처리하는 데 필요한 완전한 수업 지침을 제공받아야 한다. 일부 정보 요소의 경우, 실행 기능의 제공자(장기기억 지식 또는 직접 교수)를 통해 지침이 제공되지 않는다면 학습자들은 높은 외재적 인지부하를 야기하는 검색 전략을 사용해야만 한다. 그러나 학습자의 선수지식과 수업 지침의 중복 또한 외재적 인지부하를 부과한다. 이러한 상황에서 학습자들은 새로운 표상을 구성하는 데 인지 자원을 사용하는 대신에 동일한 정보의 표상들 간에 상호 참조를 구축하기 위해 부가적인 인지 자원을 필요로 한다. 전문성 원리는 외재적 인지부하의 효과를 제거하거나 감소시켜 수업의 각 단계에서 학습자의 전문성 수준에 맞추어 실행 기능이 조정될 수 있도록 보장해준다(Kalyuga, 2005, 2007; Kalyuga, Ayres, Chandler, & Sweller, 2003).

전문성 원리는 학습자가 해당 영역에 대한 숙달 수준이 초보자에서 상급자로 나아감에 따라 불필요한 수업 지원과 활동의 중복을 제거하고, 필요한 수업 지침을 적시에 제공함으로써 인지부하의 지속적인 최적화를 추구한다. 초보 학습자의 경우, 해결된 예제를 통한 학습에서는 직접적인 교수가 인지적으로 최적 형태가 될 수 있다. 해결된 예제는 누락된 스키마(missing schemas)의 대체물을 제공함으로써 작동기억의 정보 구조화를 효과적으로 지원하기 때문이다(Renkel & Atkinson, 2003; 이 책의 5장 참조). 전문성의 중간 단계에서 해결된 예제는 아직은 이용할 수 없는 고차원 스키마의 구성을 지원할 수 있으며, 문제해결은 이미 획득한 저차원 스키마의 검색과 적용 연습에 사용될 수 있다. 완성형 문제(completion problem)나 해결된 예제의 점진적 소거(fading worked examples)는 이들 두 가지 서로 다른 인지적 지원 형태를 결합한다(Renkl, Atkinson, & GroBe, 2004.; van Merriënboer, Kirschner, & Kester, 2003). 전문가의 경우, 대부분의 인지 활동은 비교적 새로운 정보를 작동기억에 조직화하기 위해 이미 획득한 스키마 지식 구조를 활성화하는 것과 관련된다. 이 단계에서 해결된 예제를 통한 학습은 중복되고 비효율적인 인지활동이 되기 쉽지만, 문제해결과 안내된 탐구(guided exploration)는 효과적인 수업방법이 될 수 있다.

해당 영역에 대한 학습자의 전문성 수준과 관련하여 최적의 수업 지침 수준을 결정하는 일은 어려운 과제이다. 학습자들이 수업자료를 이해하도록 충분한 수업 설명이 제공되어야 하며, 작동기억에 과부하를 일으킬 수 있는 중복 설명은 제거되어야 한다. 상급 학습자의 경우, 중복 자료가 제거된 수업형태가 중복 자료를 포함한 수업형태보다 더 효과적일 수 있다. 예를 들면, 컴퓨터 학습환경에서 상급자는 청각적 설명이나 자막 설명을 꺼서 불필요한 설명을 피할 수 있다. 적응적 온라인 수업은 수업 단계별로 동일한 정보를 서로 다른 학습자나 동일한 학습자에게 서로 다른 방식으로 제공할 수 있다. 그러나 학습자의 전문성 수준의 변화를 점검하고, 최적의 수업형태를 제공하기 위해서는 적시적인 온라인 진단 방법이 필요하다.

지식 변화의 제한성 원리

학습과정은 장기기억의 변화이며, 작동기억의 의식적인 정보처리 과정에 기반하고 있다. 선수지식은 새로운 자료의 학습에 영향을 미치는 가장 중요한 요인이다. 학습자는 수업을 이해하기 위해 새로운 정보를 선수지식에 동화할 수 있게 해주는 적합하고 친숙한 스키마를 예시해야 한다. 관련 선수지식이 없을 경우, 초보 학습자는 조직화된 지식 구조 없이 서로 독립된 정보 조각을 처리해야 한다. 독립된 정보 조각들을 부분적으로 해석하기 위해 저차원 스키마가 사용될 수 있다. 그러나 수업목표가 학습자의 현재 지식 수준과 너무 거리가 멀고, 학습과제가 새로운 요소들을 너무 많이 포함한다면 새로운 고차원 스키마 구성은 문제가 된다. 이러한 상황에서 상호작용하는 새로운 정보요소들이 너무 많아 야기되는 과도한 내재적 부하는 부정적인 학습효과를 초래하는 외재적 부하가 된다. 달리 말해, 비록 그 정보가 필수적일지라도 너무 많은 정보를 지나치게 빠르게 제공하는 것은 외재적 인지부하를 야기한다.

요구되는 인지 자원을 감소시키고, 학습자의 인지적 용량 범위 내에서 부하를 유지하기 위해서는 수업 하위목표와 학습과제의 계열이 각 단계에서 처리 가능한 부하(manageable load)를 가진 작은 단계로 설계되어야 한다. 또한 작동기억에서 새롭게 상호작용하는 요소의 수도 수업 하위목표를 적절히 계열화함으로써 감소시킬 수 있다. 예를 들면, 추후 지식 구조의 변화를 수용하기 위해 작동기억의 용량을 확보하도록 일부 학습 요소는 높은 수준으로 자동화될 수 있다. 다른 경우, 단순화된 지식 구조가 먼저 제시되고, 이어서 구성요소의 세부사항과 연습이 제시될 수 있다. Pollock, Chandler, Sweller(2002)는 수업의 초기단계에서 복잡한 수업자료를 독립된 정보요소들로 제시하고, 요소들간의 상호작용을 인위적으로 유보하는 독립된/상호작용하는 요소 기법을 제안했다. 초보 학습자들의 경우, 이러한 방법을 통해 불완전하고 기초적인 스키마를 일부 획득함으로써 추후 상호작용적인 원본 자료의 학습에 필요한 인지적 자원을 감소시키게 된다.

따라서 과도한 지식 변화는 외재적 인지부하의 잠재적 원천이 된다. 장기기억 스키마에 기반하여 작은 청크 수로 압축될 수 없을 만큼 새로운 정보요소들이 너무 많을 경우, 제한된 작동기억 용량을 압도하여 인지과부하를 일으킬 수 있다. 점진적인 지식 변화의 단계 크기를 제한함으로써 외재적 인지부하의 원천을 제거할 수 있다. 스키마 구성이 점진적으로 나아가고 작은 수정 단계로 이루어진다면 학습자의 선행경험과 선수지식에 기반한 새로운 스키마 지식 구조의 구성이 보다 효율적일 수 있다. 지식 구조의 변화를 위해서는 친숙하지 않은 새로운 요소의 수가 제한되어야 한다. 지식 변화의 제한성 원리(small step-size of knowledge change principle)는 외재적 인지부하의 효과를 제거하거나 감소시킴으로써 장기기억의 지식이 학습자의 인지 용량을 초과하는 과감하고 빠른 변화를 통해서가 아니라 조금씩 점진적으로 수정되게 한다.

지식 변화의 제한성 원리에 따르면, 학습자의 기존 스키마 위에 새로운 지식을 점진적으로 구축하거나 이미 알고 있는 것과 관련지어 적합한 스키마 프레임워크를 직접적으로 가르치는 것이 중요하다. 기존 지식과 새로운 지식의 링크를 구축하는 데 유추가 유용할 수 있다. 예를 들면, Clement와 Steinberg(2002)는 전기회로에 대한 학습자의 지식에서 개념 변화가 점진적으로 전개되도록 학습과제의 계열을 설계하기 위해 학습자의 실제 경험에 기반하여 일련의 유추를 사용했다. 변화는 구체적이고, 정신적으로 실행가능한 전기회로의 스키마 모형에 기반하고 있다. 전기에 대한 학습자의 단순한 아이디어에서 곧바로 전기회로의 작동으로 나아가면 초보 학습자의 인지 용량 한계를 초과하여 외재적 인지부하를 초래하기 쉽다. 대신에 다단계 수업 계열(multistep instructional sequence)은 작은 단위로 한 번에 하나씩 처리할 수 있는 개념 변화에 기반하고 있다. 각 단계는 기존의 스키마로는 설명되지 않는 비교적 새로운 회로의 특성에 대한 관찰을 포함하며, 학습자의 선행경험으로부터 유추를 사용하여 스키마의 작은 수정이 시작된다(예: 컨테이너, 타이어의 공기 압력, 기계적 움직임에 대한 저항 개념들).

수업계열의 적절한 관리 사례는 van Merriënboer(1997)의 4C/ID(four-component instructional design model)이다. 이 모형은 복합적 인지 기능과 이들 기능의 수행에 필요한 지식 구조의 분석 그리고 지속가능한 인지적 방식으로 이들 기능의 점진적 획득을 지원하는 전체과제 학습 상황의 적합한 계열 개발을 위한 방법론을 제공한다(van Merriënboer, 2003). 이 방법론에 따르면, 복합적 환경의 학습과제는 과제 클래스가 단순에서 복잡 계열로 조직화되고, 각 클래스의 지원 수준은 점진적으로 줄여간다("스캐폴딩" 과정). 학습과제의 일반적 측면에 대해 지원적 정보가 충분하게 제공되며, 학습과제의 불변 측면(invariant aspects)에 대해 적시(알고리즘적) 정보가 제공된다. 또한 부분 기능을 자동화하도록 훈련하기 위해 부분과제 연습(part-task practice)이 제공된다.

요약 및 결론

지식 표상 단위인 스키마는 정보요소를 상위 청크로 처리할 수 있게 해준다. 이를 통해 작동기억에 요구되는 용량을 감소시키고, 인지 구조의 효율적인 정보처리 과정을 가능하게 해준다. 스키마 획득과 전이, 즉 의식적으로 통제된 처리과정에서 자동화된 처리과정으로의 전이의 인지적 기제는 지적 능력과 숙련된 수행의 토대이자 주요한 학습 기제가 된다. 인간의 인지적 처리 시스템의 한계를 무시하고, 과중한 인지부하를 부과하기 때문에 여러 수업 자료와 기법들이 비효과적일 수 있다. 인지부하이론은 인지적 자원의 적절한 할당이 학습에 중요하다고 가정한다.

스키마 획득을 촉진하기 위해 수업설계는 제한된 작동기억 용량에 과중한 부담을 주고, 과도한 외재적 인지부하를 초래하는 인지적 활동에 학습자의 참여를 최소화해야 한다. 스키마 획득과 직접적으로 관련되지 않은 활동이나 과제에 학습자의 인지적 자원이 유용되지 않도록 해야 한다. 외재적 인지부하는 불충분한 학습자의 지식이나 수업 안내, 중복되는 지식이나 수업 안내, 지식의 과도한 변화, 상호 관련된 수업 표상들의 시간적, 공간적 분리로 인해 발생할 수 있다.

인지부하 프레임워크 내에서 이러한 외재적 인지부하 원천들의 부정적 효과를 제거하거나 감소시키기 위한 보편적 수업설계 지침(원리들)이 제시되었다. 이들 지침은 초보자에게 직접 교수법(해결된 예제 기반)을 제공하기, 학습자의 전문성 수준 변화에 따라 수업을 조정하기, 점진적 지식 기저 변화 연습시키기를 처방하고 있다(상호보완적으로 관련된 표상들이 시간적, 공간적으로 분리되어 발생하는 외재적 인지부하를 감소시키기 위한 원리들은 9장에서 살펴보기로 한다). 이들 수업 원리들은 바람직한 수업 효과의 효율적 성취뿐 아니라 인지적 자원과 수업 시간의 최적화된 사용을 가능하게 한다.

참고문헌

Ayres, P, & Swelter, J. (1990). Locus on difficulty in multi-stage mathematics problems. *American Journal of Psychology*, 103, 167-193.

Baddeley, A. D. (1986). *Working memory*. New York: Oxford University Press.

Chase, W G., & Simon, H. A. (1973). Perception in chess. *Cognitive Psychology*, 4, 55-81.

Chi, M. T. H., Bassok, M., Lewis, M. W., Reimann, P, & Glaser, R. (1989). Self-explanation: How students study and use examples in learning to solve problems. *Cognitive Science*, 13, 145-182.

Chi, M. T. H., Feltovich, P, & Glaser, R. (1981). Categorisation and representation of physics problems by experts and novices. *Cognitive Science*, 5, 121-152.

Chi, M. T. H., & Glaser, R. (1985). Problem solving ability. In R. Steinberg (Ed.), *Human abilities: An information processing approach* (pp. 227-250). San Francisco: Freeman.

Chi, M., Glaser, R., & Rees, E. (1982). Expertise in problem solving. In R. Steinberg (Ed.), *Advances in the psychology of human intelligence* (pp. 7-75). Hillsdale, NJ: Erlbaum.

Clement, J., & Steinberg, M. (2002). Step-wise evolution of models of electric circuits: A "learning-aloud" case study. *Journal of the Learning Sciences*, 11, 389-452.

Cooper, G., & Sweller, J. (1987). The effects of schema acquisition and rule automation on mathematical problem-solving transfer. *Journal of Educational Psychology*, 79, 347-362.

Cooper, G., Tindall-Ford, S., Chandler, P., & Sweller, J. (2001). Learning by imagining procedures and concepts. *Journal of Experimental Psychology: Applied*, 7, 68-82.

de Groot, A. D. (1966). Perception and memory versus thought: Some old ideas and recent findings. In B. Kleinmuntz (Ed.), *Problem solving: Research, method, and theory* (pp. 19-50). New York: Wiley.

diSessa, A. A. (1993). Toward an epistemology of physics. *Cognition and Instruction*, 10, 105-225.

Egan, D. E., & Schwartz, B. J. (1979). Chunking in recall of symbolic drawings. *Memory and Cognition*, 7, 149-158.

Ericsson, K. A., & Kintsch, W. (1995). Long-term working memory. *Psychological Review*, 102, 211-245.

Glaser, R. (1990). The reemergence of learning theory within instructional research. *American Psychologist*, 45, 29-39.

Howard, R. W (1987). *Concepts and schemata: Introduction.* London: Cassel Educational.

Kalyuga, S. (2005). Prior knowledge principle in multimedia learning. In R. Mayer (Ed.), *Cambridge handbook of multimedia learning*(pp. 325-337). New York: Cambridge University Press.

Kalyuga, S. (2006). Rapid cognitive assessment of learners' knowledge structures. *Learning & Instruction*, 16, 1-11.

Kalyuga, S. (2007). Expertise reversal effect and its implications for learner-tailored instruction. *Educational Psychology Review*, 19, 509-539.

Kalyuga, S., Ayres, P, Chandler, P., & Sweller, J. (2003). Expertise reversal effect. *Educational Psychologist*, 38, 23-31.

Kalyuga, S., & Sweller, J. (2004). Measuring knowledge to optimize cognitive load factors during instruction. *Journal of Educational Psychology*, 96, 558-568.

Kalyuga, S., & Sweller, J. (2005). Rapid dynamic assessment of expertise to improve the efficiency of adaptive e-learning. *Educational Technology, Research and Development*, 53, 83-93.

Kotovsky, K., Hayes, J. R., & Simon, H. A. (1985). Why are some problems hard? Evidence from Tower of Hanoi. *Cognitive Psychology*, 17, 248-294.

Larkin, J., McDermott, J., Simon, D., & Simon, H. (1980). Models of competence in solving physics problems. *Cognitive Science*, 4, 317-348.

Low, R., & Over, R. (1992). Hierarchical ordering of schematic knowledge relating to area-of-rectangle problems. *Journal of Educational Psychology*, 84, 62-69.

Mayer, R. E. (1989). Models for understanding. *Review of Educational Research*, 59, 43-64.

Miller, G. A. (1956). The magical number seven, plus or minus two: Some limits on our capacity for processing information. *Psychological Review*, 63, 81-97.

Paas, F., & van Merriënboer, J. J. G. (1994). Variability of worked examples and transfer of geometrical problem-solving skills: A cognitive-load approach. *Journal of Educational Psychology*, 86, 122-133.

Pollock, E., Chandler, P, & Sweller, J. (2002). Assimilating complex information. *Learning and Instruction*, 12, 61-86.

Renld, A., & Atkinson, R. K. (2003). Structuring the transition from example study to problem solving in cognitive skills acquisition: A cognitive load perspective. *Educational Psychologist*, 38, 15-22.

Renkl, A., Atkinson, R. K., & GrolBe, C. S. (2004). How fading worked solution steps works – a cognitive load perspective. *Instructional Science*, 32, 59-82.

Schneider W., & Shiffrin, R. (1977). Controlled and automatic human information processing: I. Detection, search and attention. *Psychological Review*, 84, 1-66.

Shiffrmn, R. M., & Schneider, W. (1977). Controlled and automatic human information processing: II. Perceptual learning, automatic attending and a general theory. *Psychological Review*, 84, 127-190.

Slotta, J. D., Chi, M. T. H., & Juram, E. (1995). Assessing students' misclassifications of physics concepts: An ontological basis for conceptual change. *Cognition and Instruction*, 13, 373-400.

Sweller, J. (1988). Cognitive load during problem solving: Effects on learning. *Cognitive Science*, 12, 257-285.

Sweller, J. (2003). Evolution of human cognitive architecture. In B. Ross (Ed.), *The psychology of learning and motivation* (Vol. 43, pp. 215-266). San Diego, CA: Academic Press.

Sweller, J., & Chandler, P (1994). Why some material is difficult to learn? *Cognition and Instruction*, 12, 185-233.

Sweller, J., Chandler, P, Tierney, P, & Cooper, M. (1990). Cognitive load and selective attention as factors in the structuring of technical material. *Journal of Experimental Psychology: General*, 119, 176-192.

Sweller, J., & Cooper, G. A. (1985). The use of worked examples as a substitute for problem solving in learning algebra. *Cognition and Instruction*, 2, 59-89.

Sweller, J., van Merriënboer, J., & Paas, F. (1998). Cognitive architecture and instructional design. *Educational Psychology Review*, 10, 251-296.

van Merriënboer, J. J. G. (1997). *Training complex cognitive skills: A four-compo-*

nent instructional design modelfor technical training. Englewood Cliffs, NJ: Educational Technology Publications.

van Merriënboer, J. J. G., Clark, R. E., & de Crocck, M. B. M. (2002). Blueprints for complex learning: The 4C/ID* model. *Educational Technology Research and Development*, 50, 39-64.

van Merriënboer, J. J. G., Kirschner, P, & Kester, L. (2003). Taking the load off a learner' s mind: Instructional design for complex learning. *Educational Psychologist*, 38, 5-13.

4

개인차와 인지부하이론

Jan L. Plass, Slava Kalyuga, Detlev Leutner

이전 장들에서 학습 자료의 난이도(내재적), 교육 프로그램의 설계(외재적), 그리고 새로운 정보를 처리하는 데 학습자가 쏟는 정신적 노력의 양(본유적) 등의 결과로 발생하는 인지부하의 원천들에 대해서 살펴보았다. 앞서 살펴본 내용을 요약하면 인지부하의 주요 원인은 작동기억의 제한된 용량에 기인한다고 할 수 있다. 이번 장에서는 개인차와 어떤 특정한 학습자가 경험하는 인지부하의 수준이 어떻게 관련되는지를 살펴보고자 한다.

학습자 특성 중 하나인 개인차는 프레젠테이션의 다양한 형태(언어, 그림) 혹은 감각 양식(청각, 시각, 촉각)에 따른 학습 성향, 환경의 다양한 조건(예: 조도, 소음 수준, 물리적 위치)하에서의 학습 성향부터 인지 양식(장 독립적, 장 의존적), 인지 능력(예: 언어 능력, 공간 능력), 지능에 이르기까지 다양한 형태를 취하고 있다(Carroll, 1993; Jonassen & Grabowski, 1993). 개인차가 학습에 미치는 영향은 수십 년 동안 적성처치 상호작용(ATI; Aptitude Treatment Interaction)으로 연구되어 오고 있다(Cronbach & Snow, 1977; Leutner, 1992; Lohman, 1986; Mayer, Stiehl, & Greeno, 1975; Plass, Chun, Mayer, & Leutner, 1998; Shute, 1992; Snow, 1989, 1994; Snow & Lohman, 1984, 1989). ATI는 서로 다른 교수 처치 조건(T)이 학생들의 적성(A)에 따라 다양한 학습 결과를 초래할 때, 즉 제공된 처치의 효과가 적성에 의해 중재되었을 때 일어난다. 서로 다른 적성들은 특수한 수업 환경에서 학습에 영향을 미칠 수 있는데, 이는 어떤 특정한 적성이 어떤 특정한 조건에 영향을 미치는 것은 어떤 학습 결과의 특정 유형에서만 관찰될 수 있다는 말이다. 예를 들면, Plass 등(1998)은

〈표 4.1〉 학습에 있어서 개인차

정보 수집	정보 처리	인지처리 과정의 조절
학습 유형	인지적 통제	동기
학습 성향	인지적 능력	초인지/자기조절
성격 유형	선수지식	

시각형 학습자(visualizer)와 언어형 학습자(verbalizer)라는 학습 성향을 가진 학습자들이 제2외국어 습득에 있어서 읽기 환경에서 서로 다르게 멀티미디어 링크들을 사용하는 것과 어휘 획득이 아닌 텍스트 이해에 있어서 서로 다른 학습 결과를 내놓음을 밝혀내었다. 이 장의 목적은 작동기억의 가용한 양에 영향을 줄 수 있어서 학습하는 동안 인지부하에 영향을 줄 것이라고 기대되는 학습자 특성에 초점을 두고 있다. 지금껏 개인차와 인지부하 양쪽을 측정한 연구들이 거의 존재하지 않음을 주목해야 한다.

개인차의 어떤 유형들이 실제적 관련성이 있는 인지부하에 유의미하게 영향을 미칠 것으로 예상되는가? 이 장에서는 개인차의 유형분류체계로 정보 수집, 정보 처리, 인지처리 과정의 조절을 사용한다(표 4.1). **정보 수집**(information gathering)과 관련된 개인차에는 학습 유형, 학습 성향, 성격 유형이 있다. 이 개인차는 가치 중립적으로 특징지어지는데, 이것은 직설적으로 학습 결과와 연결되지 않는 전형적인 성과 지표라는 뜻이다(Jonassen & Grabowski, 1993). 예를 들면 시각적 학습자와 언어적 학습자라는 각각의 학습 유형은 시각적 형태로 된 내용과 언어적 형태로 된 내용으로 학습하려는 개인의 성향을 나타내고 있지만 이것으로 어떤 유형이 다른 유형보다 더 나은 성과를 낸다고 예측하지는 않는다.

ATI 가설은 교육적으로 효과적이려면 학습 환경을 학습자들의 개인차에 맞출 필요가 있다고 주장한다. 이 가설이 특정 환경하에 유효함이 증명되었음에도 불구하고(Homer, Plass, & Blake, 2006; Plass, Chun, Mayer, & Leutner, 1998) 오늘날 이 가설은 학습 환경을 설계하기 위한 일반적인 원리로서 실증적으로 지지되고 있지 않다(Pashler, MacDaniel, Rohrer, & Bjork, 2009). 이렇게 실증적 연구가 부족한 이유 중 하나는 특히 학습 유형과 학습 성향 분야에서 개인차 변인들을 신뢰롭게 재는 타당한 도구들이 거의 존재하지 않다는 데 있다(Leutner & Plass, 1998; Moreno & Plass, 2006).

정보 처리(information processing)와 관련된 개인차에는 지능과 선수지식을 포함하는 인지적 통제와 인지적 능력이 있다. 이 개인차들은 가치 편향적인데(value directional), 다시 말하면 이것들은 최대의 성과 지표이면서 학습 성공의 예언 변수이기도 하다(Jonassen & Grabowski, 1993). 4장에서 학습이 일어나는 동안에 인지부하에 잠재적으로 영향을 줄 수 있는 개인차에 초점을 두고 있기 때문에 선수지식(Kalyuga, 2005)과 공간 능력(Mayer & Sims, 1994; Plass et al., 2003)의 역할에 대해 면밀히 검토할 것인데, 그 이유는 연구에서 선수지식과 공간 능력 같은 구인들과 작동기억 간의 강한 상관 혹은 인과 관계를 설정해왔기 때문이다(Shah & Miyake, 1996).

인지처리 과정의 조절(regulation of processing)과 관련된 개인차에는 학습자의 동기와 초인지/자기조절이 있다. 많은 연구에서 학습에 대한 가장 강력한 예언변수 중 하나라고 밝혀진 바 있는 자기조절(Graesser, McNamara, & VanLehn, 2005; Leopold, den Elzen-Rump, & Leutner, 2007; Pintrich & de Groot, 1990; White & Fredriksen, 2005; Zimmerman & Schunk, 2001)은 학습자가 경험하는 인지부하의 수준에 지대한 영향을 준다(Winne, 2001).

4장에서는 우선 학습 결과에 대해서 학습자의 전문성 수준과 교수설계와의 상호작용을 설명하는 전문성 역효과에 대해 보다 상세하게 살펴보고자 한다. 둘째, 개인차에 대한 논의를 공간 능력과 자기조절로 확장시키고자 한다. 셋째, 이러한 개인차에 대응하여 교수설계를 최적화하는 데 사용될 수 있는 적응적 방법에 대해 설명하고자 한다. 마지막으로, 개인 학습자 특성과 인지부하의 관계에 대한 향후 연구를 위해 연구 문제와 방법론에 대해 간략히 살펴보고자 한다.

선수지식(전문성 역효과)

3장에서는 스키마 획득 과정을 지원하여 학습을 가능하게 하는 일반적인 교수 원리들에 대해 설명하였다. 이러한 원리 중 하나인 전문성 원리(expertise principle)는 학습 과정에서 학습자의 조직화된 지식 구조(스키마)의 주요한 역할을 반영하고 있다. 관련 연구에서 학습이 일어나는 동안 인지부하에 영향을 주는 가장 중요한 개인차 요소 중 하나가 선수지식이라고 밝혀진 바 있다(Kalyuga, 2005; Mayer, 2001).

인지부하이론에 따르면 학습 과정에서 일어나는 정신적 부하의 규모는 학습자가 이전에 획득해온 스키마에 달려있다. 앞 장에서 설명한 바와 같이, **학습 요소**(learning element)는 학습자의 전문성 수준에 따라 달라진다. 학습 요소를 구성하고 있는 것과 어떤 요소들이 서로 상호작용하는지는 학습자의 스키마에 달려있다. 즉 어떤 한 사람에게 있어서 일련(一連)의 상호작용하는 많은 학습 요소들이 보다 전문적인 학습자에게는 하나의 단일 요소로 취급될 수도 있다는 말이다. 따라서 어떤 특정 영역에서 전문가들이 보다 큰 작동기억 용량을 가지고 있지 않음에도 불구하고 작동기억에 걸리는 부하가 줄어듦을 경험하는데, 이는 이들이 장기기억고에 보다 큰 조직화된 지식 구조(내지는 학습 내용 덩어리)를 저장하고 있기 때문이다.

그러나 어떤 학습 시나리오들에서는 오히려 전문성이 추가적인 인지부하를 실제로 야기할 수도 있다. 왜냐하면 전문가들은 어떤 주어진 영역에서 높은 전문성 수준에 있음에도 자신들의 성공적 학습을 보장하기 위해 불필요한 내용을 처리해야 하기 때문이다. 전문성 역효과(expertise reversal effect; Kalyuga, Ayres, Chandler, & Sweller, 2003; Kalyuga, 2005, 2007)는 초보자들에게 효과적인 교수 방법이 보다 많은 지식을 가진 학습자에게 비효과적일 때 나타난다(Lohman, 1986). 학습자의 전문성 수준에 따라 변화하는 상대적인 교수 효과성에서 이와 같은 감소 현상은 인지부하 프레임워크 내에서 설명될 수 있다. 즉 보다 숙련된 학습자가 수업 시간에 제시된 개념 모형과 자신이 가지고 있는 가용한 스키마들을 조화시켜야 할 때 이를 작동기억에서 처리하여 저장하는데 부하가 높아질 것이고 이것은 불필요한 외재적 인지부하를 야기하게 된다. 따라서 어떤 특정한 학습자에게는 불필요한 내용을 제거한 수업이 그러한 내용을 포함한 수업보다 더 우수할 것이다.

초보자들이 학습 내용을 이해하는 데 있어서 수업에서 종종 상세한 설명이 필수적이지만 이들의 지식수준이 높아질수록 이러한 설명은 불필요하게 될 수 있다. 만약 상세한 설명이 보다 숙련된 학습자들에게 제공된다면 이러한 내용을 처리하는 것이 인지부하를 높여서 학습을 도와주기는커녕 방해할 수 있다. 예를 들어, 초보 학습자들은 많은 다이어그램을 이해하는 데 부가적 설명들을 필요로 한다. 그렇지만 보다 숙련된 학습자가 다이어그램을 이해하는 데에 그 자체만으로 충분하다면 해당 다이어그램에 언어 형태의 부가적인 설명을 하는 것은 불필요할 수 있다. 그러나 다이어그램에 물리적으로 통합되어 있는 텍스트를 무시하거나 혹은 다이어그램에 동반된 내레이션으로 된 설명을 무시하는 것은 어려울 수 있다. 어떤 학습자가 제공된 설명을 처리한 후, 이 설명과 다이어그램을 연관 짓고, 가장 중요한 것으로 연관된 설명과 다이어그램을 장기기억에 이미 저장된 지식 구조와 연관 짓는 등의 활동은 다이어그램 그 자체로 제시되는 형태로 공부하는 것보다는 유의미하게 좀 더 높은 인지부하를 초래할 수 있기 때문이다(Kalyuga, 2005, 2006a; Sweller, 2005).

교수 가이던스를 높이기 위해 텍스트로 된 설명을 다이어그램에 합치고, 시각적 텍스트를 청각적 내레이션으로 대체하고, 해결된 예를 사용하는 등의 여러 기법들은 비교적 지식이 부족한 학습자에게 작동기억 부하를 줄여주는 효과적인 수단으로 알려졌다(Kalyuga et al., 2003). 그러나 어떤 한 영역에서 학습자의 지식이 개발되면 이러한 기법들은 긍정적이거나 아무런 효과가 없기보다는 부정적인 결과를 종종 초래하기도 한다. 보다 많이 아는 학습자가 불필요한 교육 프로그램의 구성요소들을 처리할 때 작동기억의 부하가 높아진다는 가설은 인지부하의 주관적 측정치로 입증되었다.

다이어그램과 텍스트로 학습하는 데 있어서 주의분산 효과(split attention effect)를 알아본 대부분의 초기 연구에서 실험에 참여한 피험자들은 스키마 형태의 지식 기반을 충분히 가지고 있지 않은 초보자들이었다(Chandler & Sweller, 1988; Sweller, Chandler, Tierney, & Cooper, 1990; Tarmizi & Sweller, 1988; Ward & Sweller, 1990). 그러나 인지부하 연구의 이러한 초기 단계에서조차도 영역 특수적 지식에서 보이는 학습자들 간의 차이가 학습 결과에 영향을 주었다는 것이 주의분산 효과에서 강조되었다. 예를 들면, Mayer와 Gallini(1990)는 물리적으로 통합된 부품들을 단계별로 설명하고 있는 삽화가 선수지식의 수준이 높은 학습자보다 낮은 학습자의 (브레이크, 펌프, 발전기가 어떻게 작동하는지에 대한) 과학적 이해를 장려하는 데 더 효과적임을 증명하였다. 이 연구 결과가 인지부하 효과가 완전히 정반대로 나타남을 보여주지는 않았지만 주의분산 효과가 전문성 수준이 낮은 학습자에게만 발생한다는 것을 보여주었다. 이와 유사하게 Mayer와 Sims(1994)의 연구에 따르면 초보 학습자만이 언어적 설명에 시각적 표상이 함께 제시된 것에 도움을 받은 것으로 밝혀졌다. 반면 장기기억에 충분한 지식 기반이 이미 개발되어 있는 숙련된 학습자에게는 유의미한 차이가 나타나지 않았다.

종단 연구를 통해 학습자의 전문성 수준이 주의분산 효과와 중복 효과가 발생하는 것에 영향을 미치는 중요한 요인임이 증명되었다(Kayuga, Chandler, & Sweller, 1998). 텍스트 설명을 다이어그램에 직접 통합하는 것은 특정 영역에서 극도로 제한된 경험을 가진 학습자들에게는 도움이 되었다. 이러한 학습 자료는 처리하기가 보다 수월하여 더 높은 수준의 수행을 가져오기 때문이다. 그러나 후속 단계에서는 특정 영역에서 학습자의 전문성 수준이 점점 증가함에 따라 보이는 결과의 패턴이 바뀌게 되었다. 다이어그램과 텍스트가 통합된 조건에서 효과가 감소되는 반면 다이어그램이 단독으로 제공된 조건에서 효과가 증가되었다. 특정 영역에서 비교적 새로우면서 보다 복잡한 자료로 공부한 숙련된 학습자는 보다 높은 수준의 정신적 부하를 보고하였는데, 이는 텍스트가 학습을 방해함을 시사한다. 이들은 다이어그램 단독으로 제공되는 학습 자료를 보다 수월하게 처리하였으며 사후검사에서 보다 높은 수준의 수행을 보였다. 텍스트와 그래픽의 제시 형태에 있어서 이중 양식 對 단일 양식, 해결된 예로 수업하기 對 문제해결로 연습해보기, 그리고 해결된 예로 수업하기 對 탐구학습과 같은 서로 다른 수업 형태와 방법을 사용한 또 다른 연구에서도 유사한 패턴의 결과를 얻었다(Kalyuga, Chandler, & Sweller, 2000, 2001; Kalyuga, Chandler, Tuovinen, & Sweller, 2001; Tuovinen & Sweller, 1999). 본래의 수업 교재에 텍스트 응집성을 높이기 위해 설계된 부가물들은 지식이 부족한 독자들에게만 유익함이 밝혀졌다. 즉 높은 수준의 지식을 가진 독자들은 본래의 수업 교재만 사용하여 공부하는 것이 유익하다는 것이다(McNamara, Kintsch, Songer, & Kintsch, 1996). 다른 연구자들은 다중 표상으로 학습하는 데 있어서 개인차에 따른 인지부하의 수준에 대한 다음의 가설을 검증해보았다. 초등학생들에게 정수의 가감 절차를 시각적이면서 상징적 표상으로 표현한 상호작용적인 멀티미디어 게임으로 배우게 하였는데, 이 때 언어적 가이던스를 제공하거나 제공하지 않았다. 언어적 가이던스는 선수지식 수준이 낮고, 컴퓨터 경험이 적고, 인지 양식이 비교적 덜 반성적 유형인 학생들에게만 인지부하를 최소화해주었다(Mereno, 2002, 2005).

지금까지 살펴본 연구들은 외재적 인지부하를 줄이는 교수 기법에 관심을 두었다. 3장에서 살펴보았듯이 내재적 혹은 본유적 인지부하가 학습자의 전문성의 특정 수준에서 작동기억 용량의 한계를 초과할 때 이것은 사실상 학습 과정을 방해하는 외재적 인지부하의 한 형태가 될 수 있다. 전문성 역효과는 내재적 인지부하를 관리하는 데 사용되는 교수 방법에서도 또한 나타난다. 예를 들면, 어떤 복잡한 학습 자료로 공부할 때 발생되는 내재적 인지부하를 줄이기 위하여 Pollock, Chandler, Sweller(2002)가 제안한 "독립된-상호작용적 요소들(isolated-interactive elements)" 교수 기법은 다음과 같다. 우선 학습 내용 단위들 간의 관계들을 보여주지 않고 분리된 단위들을 제시하고 난 후, 모든 상호작용들을 보여주는 본래의 학습 자료를 제시하는 것이다. 그러나 이 교수 방법은 특정 영역에서 이미 기본 스키마를 가지고 있는 학습자에게는 아무런 도움을 주지 못한다. 내재적 부하를 줄이는 이러한 방법은 지식수준이 낮은 학습자에게만 효과적인 반면, 지식수준이 높은 학습자들에게는 그렇지 않았는데 이들에겐 학습 자료들의 요소 상호작용의 정도가 높지 않았기 때문이다.

Ayres(2005)는 "독립된-상호작용적 요소들" 교수 기법과 유사한 전문성 역효과를 5(3x-4)-2(4x-7)과 같은 간단한 대수 변환 영역에서 증명해보았다. 내용 구성 요소들이 서로 독립되어 있는 부분 과제(단 한 번의 계산만 요구됨), 즉 독립된 요소 전략(isolated element strategy)은 선수지식이 낮은 학생들에게만 유익하였다. 반면 선수지식 수준이 높은 학생들은 모든 요소들이 완전히 통합된 전체 과제(문제당 네 번의 계산이 요구됨)에서 보다 많은 것을 배웠다. 학생들이 부분 과제부터 전체 과제의 순서로 공부하는 혼합 전략을 사용한 것은 선수지식 수준과 상관없이 비효과적임이 증명되었다.

Lee, Plass, Homer(2006)는 시각적 복잡성 연구에서, 화학 시뮬레이션의 시각적 표시에 있어서 세 개의 변인(기온, 기압, 이상(理想) 기체의 부피)을 한 화면에 제공하거나 이를 두 부분으로(기온과 부피, 기압과 이상 기체의 부피) 분리하여 내재적 인지부하를 조작하였다. 기존의 인지부하 원리를 사용하여 화면설계를 최적화함으로써 외재적 인지부하도 조작하였다. 해당 연구자들은 이해 및 전이 검사를 통해 전문성 역효과가 있음을 알아내었는데, 낮은 내재적 인지부하 조건에서는 외재적 인지부하를 줄이는 방법이 선수지식이 낮거나 높은 학습자 양쪽에게 효과적임이 분명히 드러났다. 그러나 높은 내재적 인지부하 조건에서 외재적 인지부하를 줄이는 방법은 선수지식이 낮은 학습자에게는 도움이 되었으나 높은 학습자에게는 오히려 방해가 되었다.

학습하는 데 있어서 본유적 인지부하를 높이도록 설계된 수업 기법에서도 전문성-처치 상호작용 효과의 몇 가지 예비 지표들을 찾아볼 수 있었다. 예를 들면 Renkl(2005)은 본유적 인지부하를 높이는 "해결된 예"에서 학생들에게 의도적으로 제시된 오류를 찾아서 고치라고 하는 수업 기법이 선수지식이 높은 학습자들에게는 유익하였으나 선수지식이 낮은 학습자들에게는 그렇지 않았다고 밝혀냈다.

따라서 전문가 수준의 학습자들을 겨냥한 몇몇의 교수설계 원리 및 기법들은 앞에서 설명된 연구 결과들과 같이 초보 학습자에게 권장되는 그러한 원리 및 기법들과 반대선상에 있다. 예를 들면 전문 학습자들에게 결과적으로 단일 형태의 정보 제시만(예: 시각적 다이어그램으로만) 사용할지라도 이들에게 불필요한 멀티미디어 제시 요소들을 제거하는 것이 유익할 것이다. 제한적 가이던스가 제공되는 문제중심학습 혹은 발견학습 환경은 전문 학습자에게는 효과적일 수 있으나 초보자에게는 일반적으로 권장되지 않는다. 전문성 역효과는 학습자들이 특정 영역에서 점점 전문적이 될수록 다른 인지부하를 줄이는 방법에서도 유사하게 나타날 것으로 예상된다. 전문성 역효과는 초보 학습자들을 대상으로 한 잘 안내된 수업 프레젠테이션이 보다 전문적인 학습자들에게 사용될 때 불필요한 추가적인 인지 자원을 쓰게 하는 상황에서 나타날 것이라고 예상되기 때문이다.

교수설계의 효율성이 어떤 영역에서 학습자의 선수지식 수준에 달려있다면, 전문성 역효과가 주는 주요한 교육적 함의는 다음과 같다. 수업 기법과 절차는 학습자가 어떤 영역에서 점점 지식을 획득해감에 따라 이들이 서로 다른 전문성 수준에서 서로 다른 프레젠테이션 형태로 최적의 혜택을 얻으면서 각 수준별로 중복되는 활동을 최소화하기 위해 바뀌어야 한다. 점진적 소거(Renkl & Atkinson, 2003)와 스캐폴딩(van Merriënboer, Kirschner, & Kester, 2003)과 같은 인지부하이론에 기초한 교수설계 원리에 따르면 초보 학습자들은 상당한 교수 지원을 제공받을 수 있지만 해당 지원은 이들의 전문성 수준이 높아짐에 따라 점진적으로 줄어들어야 한다고 한다. 학습자들이 문제를 풀거나 학습 환경을 탐색할 때 이들에게 제공되는 완성형 과제(van Merriënboer, 1990), 점진적으로 소거되는 해결된 예(Atkinson, Derry, Renkl, & Wortham, 2000; Renkl, Atkinson, Maier, & Staley, 2002) 혹은 가이드라인이나 힌트의 개수 및 상세함의 정도를 단지 다양하게 하기 등의 교수 지원은 학습자 전문성이 중간 혹은 그 이상이 될 때에 그 수준을 점진적으로 바꿀 수 있다.

공간 능력

공간 능력에는 시각적 이미지들을 생성하고, 보유하고, 조작하는 등의 여러 과정들과 관련된 세 가지 기본 요소들이 있다. 첫째 요소는 공간 관계로, 시각적 이미지를 정신적으로 회전하는 능력이다. 둘째 요소는 공간 정위(定位)로, 시각적 이미지가 서로 다른 각도에서 어떻게 보이는지 상상하는 능력을 말한다. 마지막 요소는 시각화로, 시각적 패턴들을 조작하여 정신적 이미지를 분별하는 능력을 말한다(Carroll, 1993; Lohman, 1979). 현재의 작동기억 모형에 따르면, 공간 능력은 작동기억의 자원들, 특히 작동기억 내의 시공간적 스케치패드와 중앙집행기에 상당한 영향을 받는다(Baddley, 1986; Miyake & Shah, 1999). 공간 능력에 있어서 개인차는 언어적 작동기억과 구별되는 **공간적 작동기억**(spatial working memory)의 차이에 기인한다(Hegarty, Shah, & Miyake, 2000; Shah & Miyake, 1996). 개인차 연구에서 또한 공간 능력을 구성하는 세 개의 요소들이 작동기억 내의 시공간적 스케치패드와 중앙집행기에 상이한 정도로 개입됨을 보여준 바 있다. 예를 들면, 공간의 시각화 검사가 공간 관계 검사보다 중앙집행기의 개입을 보다 많이 요구하는 반면 시공간적 스케치패드는 작동기억 내에 시공간적 정보를 유지하는 데 있어서 공간 능력을 구성하고 있는 모든 요소가 중요함을 보여주었다(Hegarty & Waller, 2005).

공간 능력과 외재적 부하

개인차와 인지부하의 관계에 관한 대부분의 연구들은 상이한 외재적 부하 조건하에서 공간 능력의 효과를 알아보았다. 예를 들면, 학습 내용을 배울 때 내레이션과 애니메이션을 동시에 제시하는 것이 연달아 제시하는 것보다 효과적이라는 시간 근접성 효과는 공간능력이 높은 학생들이 그렇지 않은 학생들보다 강하게 나타난다(Mayer & Sims, 1994). 시각적 설명과 언어적 설명이 잘 조화된 프레젠테이션은 공간 능력이 높은 학습자에게 학습 효과가 높게 나타날 뿐만 아니라 선수지식 수준이 낮은 학습자에게도 효과가 나타났다(Mayer & Gallini, 1990; Mayer, Steinhoff, Bower, & Mars, 1995).

가상 학습 환경에서 공간 능력의 수준이 외재적 부하와 관련이 있다는 증거가 또한 제시되었다. 가상 환경의 인터페이스로 여기저기 둘러보는 것은 작동기억의 리소스들을 필요로 한다. 따라서 공간 능력이 높은 학생들은 낮은 학생들보다 인터페이스를 사용하여 가상 학습 환경을 탐색하는 데 능숙하다. 결과적으로 학습자들의 공간 능력은 학습 수준과 높은 상관관계에 있다. 이와 유사한 연구 결과들이 음성 지원 시스템에서 제공되는 청각 내비게이션에 관한 연구에서 나왔다. 훈련받지 않은 사용자들에게 '위계형(음성 통제), 융통형(음성 통제), 안내형(음성 통제), 위계형(키패드 통제)' 등 네 개의 서로 다른 조건을 가진 내비게이션을 제공하였다(Goldstein, Bretan, Sallnas, & Bjork, 1999). 연구자들은 자신들이 설계한 위계형 및 융통형 내비게이션이 보다 융통적이지만 더 많은 인지적 몰입을 요구하는 반면 안내형 내비게이션은 인지부하를 줄여주지만 선택할 수 있는 옵션들을 거의 제공하지 않는다고 주장하였다. 이들은 네 가지 조건에 걸쳐 사용자들이 완성한 과제의 수, 완성하는 데 소요된 시간, 혹은 주관적인 태도에서 차이점이 없었음에도 불구하고 공간 능력이 높은 사용자들이 낮은 사용자들에 비해 융통형 내비게이션에서 자신의 과제를 효율적으로 완성했음을 알아내었다. 낮은 공간 능력을 가진 사용자들은 안내형 내비게이션에서 보다 효율적으로 과제를 완성하였는데, 이는 해당 학습자들이 초기에 제공되는 학습과제에서 낮은 인지부하를 주는 안내형 내비게이션 조건에서 더 효과적인 반면 높은 공간 능력을 가진 사용자들은 보다 높은 인지부하를 주고, 보다 융통적인 조건에서 더 효과적임을 시사하고 있다(Goldstein 등, 1999).

공간 능력은 학습 결과의 다양한 유형마다 서로 다르게 영향을 준다고 알려졌다. 예를 들면, Mayer와 Sims(1994)는 공간 능력이 전이 과제에는 효과가 있으나 파지 검사에는 그렇지 않음을 알아내었다. 외국어 습득 연구에서 학습자들은 독일어로 된 글을 읽을 때 텍스트로만 된 주석(선택된 독일어 단어들을 영어로 번역), 시각 주석(선택된 독일어 단어들을 스틸 이미지나 비디오 클립으로 구성), 혹은 텍스트와 시각 둘 다로 구성된 주석들을 제공받았다. 이 주석들은 각각의 어휘 의미를 이해하는 데 관련된 정보를 학습자들이 선택할 수 있도록 설계되었다. 학습 결과를 측정하기 위해 어휘력과 이해력을 사후 검사하였다. 어휘력 검사 결과, 시각 주석으로만 공부하였을 때 공간 능력이 높은 학습자는 그렇지 않은 학습자보다 좋은 성과를 보였다. 반면 주석이 제공되지 않거나 시각 및 텍스트 둘 다 주석으로 제공될 때 공간 능력이 낮은 학습자가 그렇지 않은 학습자보다 좋은 성과를 보였다. 어휘력 검사에서 밝혀진 공간 능력과 어휘력 검사의 유의미한 상호작용 효과는 이해력 검사에서 나타나지 않았다(Plass et al., 2003). 이러한 결과들은 공간능력이 높은 학습자들만이 텍스트를 이해하는 주 과제에 집중할 수 있는 반면 낮은 학습자는 그들의 인지적 리소스의 대부분을 단어를 처리하고 해독하는 저차원에 쓰고 정작 텍스트를 이해하는 데에는 덜 쓰고 있음을 시사하고 있다. 학습자의 공간 능력과 결과적으로 서로 다르게 가정된 외재적 인지부하의 수준들은 텍스트를 읽는 데 사용되는 학습 전략에 영향을 미칠 수 있는데, 이 능력들은 두 개의 학습 결과(전이, 파지) 측정치에서 서로 다르게 반영되었다.

공간 능력과 내재적 부하

공간 능력과 내재적 인지부하의 관계에 대한 얼마 안 되는 연구에서조차도 인지부하를 직접적으로 측정하고 있지는 않지만 그 관계를 통찰할 수 있는 연구

문제들을 제공해주고 있다. 예를 들면, Gyselinck, Cornoldi, Dubois, De Beni, Ehrlich(2002)는 시공간적 작동기억에 부하를 주는 '동시에 버튼 누르기' 과제에서 삽화와 텍스트를 제공할 때 나타나는 긍정적인 효과들이 없어짐을 알아내었다. 그러나 이 연구 결과 패턴은 공간 능력이 높은 피험자에게만 나타나고 그렇지 않은 피험자에겐 나타나지 않았다. 이와 유사하게 지질학 관련 멀티미디어 시뮬레이션에서 그림 형태의 스캐폴딩은 문제해결과 전이 검사에서 공간 능력이 높은 학습자들이 낮은 학습자보다 효과적이었다(Mayer, Mautone, & Prothero, 2002). 게다가 공간 능력이 높은 학습자는 낮은 학습자보다 학습 내용을 처리하는 데 유의미하게 시간을 덜 들였다. 지질학 관련된 실제 문제는 높은 수준의 공간적 사고를 요하는데, 여기에는 특히 그림 형태의 스캐폴딩이 관련되어 있어서 공간 능력이 높은 학생들에게 매우 긍정적인 효과가 나타났다. 이와 대조적으로 온전하게 언어 형태로만 된 스캐폴딩은 이러한 효과를 보이지 않았다(Mayer et al., 2002).

이러한 연구[5]들의 교육적 시사점은 교수 프로그램이 복잡한 시공간적 학습 내용을 제시하는 것처럼 높은 수준의 인지부하를 요할 때 높은 수준의 공간 능력은 전형적으로 보다 나은 성과와 관련되어 있다는 것이다. 낮은 수준의 공간 능력을 가진 학습자는 그렇게 높은 부하를 가진 학습 내용을 심층적으로 처리할 수 없는 반면 높은 수준의 학습자는 그것을 처리할 수 있는 인지적 용량을 가지고 있다. 그러나 공간 능력의 효과를 알아본 대부분의 연구에서 인지부하를 분명하게 측정하지 않았다. 예를 들면 인지부하를 설계로 조작하여 선험적 · 연역적으로 예측해본 연구들을 제외하고(예: Goldstein et al., 1999) 인지부하의 수준은 공부 시간과 학업 성취도 분석으로 사후에 추론되었다. 공간 능력, 인지부하, 학습 결과의 관계를 언급하면서 인지부하와 인지 능력을 직접적으로 측정하기 위해서 보다 체계적인 연구가 필요하다.

---

5) 역주: 지리학과 같은 시공간적 학습 내용은 내재적 인지부하가 높은데, 이 경우 시공간적 능력이 높은 학습자는 인지적 용량의 여유가 있기 때문에 보다 높은 성과를 보인다는 연구.

자기조절 능력

자기조절이라는 개념은 자신의 학습을 모니터링하고 조절하는 자기주도적인 과정이다. 자기조절은 사전 계획, 수행 또는 의지 통제, 성찰을 포함한 순환적인 인지 활동을 말한다(Zimmerman, 1998).

학습 동기 검사(MSLQ; Motivated Strategies for Learning Questionnaire)를 통해 학생들의 자기조절 능력과 그들의 학업 과제 수행 간의 관계가 입증되었는데, 예를 들면, MSLQ에서 자기조절 능력이 높게 보고될수록 학업 성취도 수준이 높아지는 연관관계에 있다고 한다(Pintrich & de Groot, 1990). 또 다른 연구에서 자기조절 능력은 가르쳐질 수 있으며, 이러한 훈련은 교수 내용과 함께 학습될 때 더 나은 학습 결과를 가져올 수 있다고 한다(Azevedo & Cromley, 2004; Leopold et al., 2007; Leutner, Leopold, & den Elzen-Rump, 2007). 지금부터 자기조절과 내재적 부하 및 외재적 부하와의 관계에 관한 연구와 자기조절 스캐폴드가 인지부하에 미치는 영향에 대한 연구를 살펴보고자 한다.

자기조절 능력과 내재적 부하

자기조절과 전체 인지부하는 강하게 연관되어 있으며, 어떤 학습자들에게는 높은 인지부하가 이들의 수행에 있어서 효과적인 자기조절 활동을 못하게 만든다는 주장을 입증한 연구가 있다(Baumeister, Heatherton, & Tice, 1994; Vohs & Heatherton, 2000). 학습자가 자기조절하는 데 있어서 중요한 결정인자는 선수지식의 수준인데, 바꿔 말하면 결국 이 수준은 내재적 인지부하의 결정인자라는 것이다. 전문가들은 초보자들보다 더 많은 초인지적 인식을 보여서 더 나은 자기조절 전략을 개발한다(Etelapolto, 1993; Schoenfeld, 1987; Shaft, 1995). 다양한 수준의 선수지식을 가진 학습자들은 상이한 학습 전략들을 사용하여 자신의 학습을 조절한다(Hmelo, Nagarajan, & Day, 2000). 학습자들의 지식 구조에서 보이는 차이는 개인의 학습 전략의 차이와 관련된 것처럼 보인다. 특정 영역에 있어서 높은 수준의 선수지식을 가지고 있을수록 학습자들이 보다 심층적인 학습 전략을 사용하려고 한다는 것이다(Beishuizen &

Stoutjesdijk, 1999). 수행에 있어서 전문가와 초보자 간 차이에 관한 연구는 학습자들의 자기조절 기술이 작동기억 과정들 및 인지 리소스 관리의 효율성에 주요하게 영향을 미친다는 것을 보여준다(Moreno, 2002; Moreno & Duran, 2004). 수학 활동에서 아동들의 자기조절적 진술에 대해 알아보기 위하여 교실 환경에서는 개별 학생들을 대상으로 하고, 실험실 환경에서는 짝을 지어서 각각 연구하였다. 교실 환경에서 개별 학생들을 대상으로 한 연구에서 높은 성취를 보이는 학생들은 중간이나 낮은 성취를 보이는 학생들보다 자기조절적 진술의 빈도에 있어서 통계적으로 유의미하게 많았다. 학생들이 짝을 지어 공부한 실험실 환경에서는 이 집단들 간에 보이는 차이(성취도 수준에 따른 진술의 빈도의 차이)는 없어졌고 자기조절적인 진술의 빈도는 5배까지 증가되었다. 학생들이 제시된 문제들의 난이도 때문에 높은 부하를 겪는 것처럼 보이는 교실 환경과 달리 실험실 환경에서 학생들에게 제공된 과제들은 그들의 선수지식 수준에 맞추어져 있었다(Biemiller, Shany, Inglis, & Meichenbaum, 1998). 이러한 연구 결과들은 높은 내재적 부하는 낮은 내재적 부하 조건과 비교했을 때 낮은 자기조절 활동을 이끌어낼 것이라는 점을 시사하고 있다.

자기조절 능력과 외재적 부하

자기조절 활동 그 자체는 외재적 인지부하로 볼 수도 있는데, 자기조절에 포함된 모니터링, 통제, 성찰 활동은 학생에게 추가적인 정신적 노력을 쏟도록 요구하기 때문이다. 따라서 자기조절 활동을 요구하는 것은 최소한 이에 능숙하지 않은 학습자에게 그 수행을 저하시켜(Cooper & Sweller, 1987; De Bruin, Schmidt, & Rikers, 2005; Kanfer & Ackerman, 1989) 결국 후속되는 자기조절 활동에 참여하지 못하게 만든다(Muraven, Tice, & Baumeister, 1998). Kanfer와 Ackerman(1989)은 이러한 연구 결과들이 나온 이유 중 일부를 복잡한 기술들을 획득하는 과제(항공관제 과제)에서 강조하였다. 첫 번째 집단에 있는 피험자들은 초기에 해당 과제를 끝내는 데 최선을 다하라는 지시를 받은 후 몇몇 시도를 한 후에만 구체적인 목표들을 제공받았다. 두 번째 집단은 시작부터 구체적인 목표들을 제공받았다. 연구결과, 구체적인 목표들을 초기에 제공받지 못한 첫 번째 집단이 초기에 구체적인 목표들을 제공받은 두 번째 집단보다 좀 더 높은 자기조절적 활동을 하고 우수한 성과를 보였는데, 이는 이러한 방법이 외재적 인지부하를 줄여주었음을 시사해준다. 다른 연구들에서 학습자들에게 어떤 유형의 목표들이 제공되는지에 따라 긍정적 학습 결과들이 나올 수 있음을 알아내었다. Zimmerman과 Kitsantas(1999)는 작문 기술 획득 연구에서 자기 모니터링 및 자기조절 활동을 촉진하는 목표를 설정하는 것의 이점들을 증명하였다. 과정 목표 혹은 결과 목표 중 하나를 제공받은 학습자들과 과정 목표를 우선 제공받은 후 이를 결과 목표로 바꿔 제공받은 학습자들 모두 작문 기술 획득에는 도움을 받지 못했다. 그런데 이렇게 목표를 전환하는 것은 자신의 학습을 이끄는 위계적 목표를 설정하게 해주는데, 이 방법은 보다 독립적이면서 자기동기화된 학습을 이끎을 시사하고 있다(Bandura, 1997). 나아가 효과적인 목표들을 구성하는 특정 준거들이 목표 설정과 초인지에 관한 연구에서 규명되었다. 이 연구는 학습자들로 하여금 적절한 모니터링 표준들을 이끌어 내게 해주는 공부 목표들(예: 공부 기간마다 취할 구체적인 행동 목표들)이 이러한 표준들을 제공하지 않은 목표들(예: 일반적인 학습 목적들 혹은 시간과 관련된 구체적인 목적들; Morgan, 1985)보다 학습을 촉진하는 데 더 효과적임을 보여주었다.

자기조절을 지원하는 스캐폴드와 인지부하

하이퍼미디어 학습 환경에서 자기조절을 지원하는 스캐폴드 사용에 관한 연구는 학생들의 학습을 조절하는 특정 과정들을 외부에서 촉진해주는 인간 튜터의 도움이 학생에게 아무런 스캐폴딩을 제공하지 않거나 혹은 이들의 학습을 안내해주는 하위목표 목록을 제공하는 것보다 효과적임을 보여주었다(Azevedo, Cromley, & Seibert, 2004). 또한 이 연구는 낮은 수준의 자기조절적 학습자들을 지원하도록 설계된 초인지적 스캐폴드가 높은 수준의 자기조절적 학습자들에게 부정적 영향을 주지 않는 방법으로 설계될 수 있음을 보여주었다(Griffin, 2002). Griffin의 연구에 따르면, 학습자들로 하여금 자신에게 가치 있을 수 있는 작문 수업의 특정 요소들을 성찰하게 하고, 각 과제별로 구체적인 학습 목표들을 설정하게 한 후, 그 학습 목표들을 달성하는 데 필요한 자기조절 질문들을 던지는 스캐폴드들이 온라인 수업에서 제공되었다. 연구 결과, 이러한 스캐폴드들은 저차원 과제에는 거의 효과가 없었으나 자기조절 능력이 낮은 학습자가 고차원 과제를 더 잘 수행할 수 있게 도움을 주었다. 이는 초인지적 스캐폴드들이 부하 수준이 낮은 조건보다 높은 조건에서 더 성공적임을 시사하고 있다. 스캐폴드들을 제공받은 모든 학습자들은 그렇지 않은 학습자들보다 과제에 시간을 많이 들였다(Griffin, 2002).

또 다른 연구자들은 학습자 통제 및 프로그램 통제 컴퓨터기반 학습 환경에서 공부한 학습자들의 자기조절 전략이 학습 성과에 미치는 영향을 검토하였다(Eom & Reiser, 2000). 사전에 자기조절 능력을 측정하는 질문지(self-regulatory skills measurement questionnaire)로 초인지, 인지, 자기 관리, 동기 전략을 측정하였다. 자기조절 점수가 높은 학습자와 낮은 학습자를 두 개의 수업 조건(학습자 통제와 프로그램 통제 집단) 중 하나에 무선 할당하였다. 학습자 통제 집단에 속한 학생들은 수업 사태(instructional events)의 순서를 통제하도록 한 반면 프로그램 통제 집단에서는 수업 순서를 미리 정해놓았다. 연구 결과, 자기조절 능력이 높은 학습자와 낮은 학습자 간의 수행의 차는 프로그램 통제 조건보다 학습자 통제 조건에서 크게 나타났다. 자기조절 능력이 높은 경우 수행에 있어서 두 조건들 간에 유의미한 차이를 보이지 않았다. 그러나 조절 능력이 낮은 경우에 학습자 통제보다 프로그램 통제 조건에서 높은 점수를 보였다. 학습자 통제 조건에서 학습자의 낮은 자기조절 능력은 이들이 겪는 인지부하의 원인이 될 수 있는데 이는 낮은 수준의 가이던스를 제공하는 환경(예: 탐구 학습 내지 발견 학습)에서 지식수준이 낮은 학습자가 높은 인지부하를 겪는 것과 비슷하다. 이와 유사한 Yang(1993)의 연구에서 자기조절 수준과 수업 통제 유형 간에 유의미한 상호작용 효과가 미미하게나마 나타났다. 자기조절 능력이 높은 학습자는 학습자 통제 조건에서 프로그램 통제 조건보다 높은 사후검사 점수를 받았다. 반면 자기조절 능력이 낮은 학습자는 프로그램 통제 조건에서 학습자 통제 조건보다 높은 점수를 받았다.

종합하면 자기조절 능력이 높은 학습자가 낮은 학습자보다 좋은 수행을 보인다는 일반적인 연구결과에도 불구하고 인지부하와 자기조절 간의 관계는 복잡하다. 이는 학습자의 수준과 수업 자료 설계 방식 양쪽에 관련된 여러 가지 요인들에 달려있기 때문이다. 일반적으로 높은 선수지식을 가진 학습자들은 낮은 학습자들보다 심층적이면서 효과적인 자기조절 전략을 적용하기 때문에 작동기억의 가용한 자원들을 보다 효율적으로 사용한다. 높은 인지부하 조건하에서 학습자들은 낮은 인지부하 조건보다 덜 적절한 자기조절 전략들을 사용한다는 증거가 있다. 자기조절에 수반되는 인지과정들은 개인의 학습 전략들이 가지는 효과성의 기능으로서 기존의 인지부하에 더해진다. 그러나 학습목표들과 스캐폴드가 잘 설계될 때 이러한 외재적 인지부하는 줄어들 수 있어서 학습이 촉진될 수 있다.

그러나 자기조절과 인지부하에 대한 위에서 내린 여러 결론들은 단지 추론될 수 있는 해석일 뿐이다. 위에서 살펴본 자기조절에 관한 연구는 직접 측정된 인지부하를 전혀 포함하고 있지 않기 때문이다. 따라서 향후 연구는 각 구인을 적절하게 측정하는 방법을 포함하여 자기조절, 인지부하, 학습 결과들 간의 관계를 보다 체계적으로 탐구해야 한다.

적응적 학습 환경에서 인지부하 최적화하기

각 개인 학습자마다 가장 적합한 교수설계 방법이 무엇인지 결정하는 것은 어려운 과제이다. 이러한 결정은 각 학습자가 수업 자료를 이해하도록 해주는 충분한 언어적 · 시각적 내용과 가이던스를 제공해야 하지만 외재적 인지부하를 만들어내어 학습을 방해하는 불필요한 언어적 · 시각적 내용은 피해야 한다. 학습자 개인의 특징들과 이들의 학습 간의 통계적 상호작용이 주요 교수 설계에 주는 함의는 교수 설계는 학습자의 지식, 기술, 능력 수준에 갖춰져야 한다는 것이다(Leutner, 1992, 2004).

역동적인 온라인 수업 시스템은 필요한 유연성 수준에 도달하기 위해 서로 다른 학습자들이 서로 다른 형태로 동일한 내용에 접근할 수 있는 상호작용적인 학습 모드들을 포함하고 있다(Plass et al., 1998). 또한 동일한 사람이 특정 영역에서 자신의 경험 수준이 높아지는 서로 다른 단계마다 동일한 수업 자료가 다양한 방법으로 제공될 수 있다. 예를 들면 텍스트, 그래픽, 링크에서 선택된 몇몇 요소들만 화면에 표시될 수 있고, 음성 설명들은 개별 학습자가 필요할 때 켜거나 끌 수 있다. 이러한 학습자 적응적 수업 시스템에서 개별 학습자에게 맞춰진 수업은 지능적 튜터링 시스템(Anderson, Corbett, Fincham, Hoffman, & Pelletier, 1992)과 같은 정교화된 컴퓨터 학생 모델(computational student model) 혹은 적절한 역동적 진단 평가 도구를 사용하여, 학습하면서 나타나는 인간의 수행을 지속적으로 평가함으로써 이끌어질 수 있다(Leutner, 2004). 이를 위한 첫 번째 방법은 기본적인 산출 규칙(production rule) 수준에서 심층적으로 분석되어 기술될 필요가 있는 꽤 협소한 수업 영역에 제한되어 있어서, 이를 컴퓨터 모델링하는 데 있어서 높은 수준의 전문성이 요구된다. 두 번째 방법은 보다 간단한데, 반복 주기적인 "검사-조정(test-adjust)" 단계들에 기반하고 있다. 그러나 이 방법조차도 전통적인 교육 평가에서 사용되는 도구들보다 진단하는 데 더 강력하면서 신속한 평가 도구들을 필요로 한다. 세 번째 방법은 숙련되지 않은 학습자에게는 교육학적으로 효과적이지 않거나 종종 적합하지 않기도 하지만 학습 환경을 학습자의 니즈에 맞춰 이들로 하여금 선택할 수 있게 해준다.

따라서 적절한 내장형(embedded) 진단 도구를 개발하는 것은 교수 프로그램을 개별 학습자의 특징에 맞추고, 인지부하를 최적화하는 데 있어서 필수조건이다. 전문 튜터조차도 자신의 학생들의 개별 니즈에 교수 가이던스 수준을 맞추기 위한 진단 기술이 부족할 때가 더러 있다(Chi et al., 2004). 결과적으로 학습과제를 학생의 특징에 맞추는 대신 일률적으로 동일한 "교과 내용 로직(subject matter logic)"이 종종 수반된다(Putnam, 1987). 온라인 학습 환경에서는 대개 컴퓨터 매개 통신(computer mediated communication)에 제약을 받아서 개별 학생들의 특징을 정확하게 진단하는 것이 더욱더 어렵다(Nuckles, Wittwer, & Renkl, 2005). 이와 동시에 이러한 기술들은 개별 학습자에 대한 내장형 평가(embedded assessment)에 기반한 적응적 학습 환경의 구축을 위한 새로운 가능성을 제공해준다(Chang, Plass, & Homer, 2008; Leutner & Plass, 1998).

예를 들면 전문성 역효과에 대해 기술하고 있는 실증적 증거에서 지식이 적은 학습자에게 적합한 교수설계가 전문 학습자에게는 최선이 아닐 수 있음이 일찍이 지적되었다. 온라인 수업 방법들을 학습자의 전문성 수준에 맞추기 위해서는 정확하고 신속하게 온라인으로 이들의 전문성을 측정한 값들을 요구한다. 왜냐하면 학습자들은 온라인 수업 기간 동안 실시간으로 평가받는 것을 필요로 하기 때문에 전통적인 지식 검사 절차는 이 목적에 적합하지 않을 수 있기 때문이다. 최근 인지부하 연구에서 학습자의 전문성 수준을 평가하는 속성 스키마 기반 방법(rapid schema based approach)을 사용하여 인지부하를 최적화하기 위해 온라인 학습 환경에 평가 방법을 내장하는 가능성을 입증하였다(Kalyuga, 2006b, Kalyuga & Sweller, 2004). 속성 스키마 기반 방법 내에 두 개의 속성 진단 방법이 있는데 첫 번째 단계 방법(first-step method)과 속성 검증 방법(rapid verification method)이다.

"첫 번째 단계" 방법은 학습자에게 제한 시간이 있는 과제를 제공한 후 이들로 하여금 과제 해결책에 향해있는 자신들의 첫 번째 단계를 신속하게 지칭하게 하는 것이다. 첫 번째 단계는 어떤 영역에서 사람의 전문성의 특정 수준에 따라 서로 다른 인지 과정들을 대표할 수 있다. 보다 숙련된 학습자는 모든 중간 해결 단계들을 건너뛰면서 거의 후반부의 해결 단계(혹은 심지어 최종 답안)를 신속하게 지칭할 수 있는데, 이들은 해당 과정들을 이미 획득하여 자동화하여 높은 수준에 있기 때문이다. 비교적 초보 학습자는 문제 상태에서 매우 어중간한 적은 변화를 지칭하거나 몇몇 무작위 검색 과정을 적용하기 시작한다. 이렇듯 학습자들의 서로 다른 첫 번째 응답들은 어떤 특정 과제 영역에서 서로 다른 전문성 수준을 반영한다.

그 다음으로, "속성 검증" 방법은 학습자에게 하나의 과제에 대한 특정 해결 절차 내에 있는 다양한 단계들을 반영하여 있을 법한 일련의 단계들(정확한 것과 부정확한 것)을 제공한 후 이 제안된 단계들을 신속하게 검증해보게 한다(예: 화면상의 버튼을 즉시 클릭하게 하거나 컴퓨터 키보드의 특정 키를 누르게 함). 하나의 해결 절차 내에 있는 후반부의 단계들을 성공적으로 검증하기 위해서 학습자는 신속하게 중간 단계들을 정신적으로 구성해본 후 통합할 수 있어야 하는데, 이는 보다 높은 수준의 전문성을 나타내는 지표이다. 지금까지 살펴본 두 방법의 타당성을 검증했던 연구들은 학습자들이 이러한 과제에서 보인 성과와 해당 과제의 완벽한 해결책에 포함되어야 하는 지식을 측정한 전통적인 측정치 간의 높은 상관관계가 있음을 시사해주었다. 시험시간 또한 기존의 전통적인 시험시간과 비교해 (어떤 연구에서는 5배까지) 현저하게 단축되었다. 두 가지 속성 진단 방법은 정신 부하 측정 방법과 통합되어 사용되었는데, 이것은 수행의 효율성을 나타내는 통합 지표로서 적응적 학습 환경에서 전문성을 온라인으로 재는 데 사용되었다(Kayuga, 2006a; Kalyuga & Sweller, 2005).

요약 및 결론

4장에서 학습자들의 개인차가 작동기억에 영향을 미친다면 이 개인차가 인지부하에 영향을 미칠 수 있음을 살펴보았다. 그 다음으로 인지부하와 개인차(선수지식, 공간 능력 및 자기조절)의 관계를 중점적으로 살펴보았다. 그러나 이러한 논의가 가지는 강력한 제한점은 선수지식을 제외한 나머지 개인차들(공간능력, 자기조절), 인지부하, 학습 성과들 간의 관계가 아직 충분하게 자세히 연구되지 않았으며, 여기서 내린 대부분의 결론들이 인지부하를 간접적으로 측정한 것으로 추론되었다는 것이다.

개인차에 대한 대부분의 연구들이 가지는 문제점은 이러한 차이를 측정하는 방법에 있다. 학습자들의 성향 내지는 자기조절 능력을 측정하기 위하여 자기 보고식 도구들을 사용하는데 이는 개인차가 표현된 것을 직접 관찰하는 것, 예를 들면 사용자 행동을 기록한 로그 파일을 사용하거나(Leutner & Plass, 1998) 사용자 코멘트의 프로토콜 분석을 사용한 것(Kalyuga, Plass, Homer, Milne, & Jordan, 2007)보다 꽤 덜 타당한 개인차 평가 방법처럼 보인다.

현재 이루어지고 있는 대부분의 연구들은 선수지식, 인지 능력, 초인지 능력이 전형적으로 높은 몇몇 대학들의 학부생들을 표집한 것에 주목해야 한다. 연구에 참여한 피험자들이 반드시 표본을 대표하고 있지 않다는 것이다. 학습하는 동안 개인차가 작동기억에 미치는 영향에 대한 심층적인 통찰을 제공하면서 학습자의 개인차와 인지부하를 신뢰로우면서 타당하게 측정하는 방법에 대한 연구가 필요하다. 인지부하를 측정하는 방법에 대해서는 5장에서 살펴볼 것이다.

참고문헌

Anderson, J. R., Corbett, A. T., Fincham, J. M., Hoffman, D., & Pelletier, R. (1992). General principles for an intelligent tutoring architecture. In V. Shute & W Regian (Eds.), *Cognitive approaches to automated instruction* (pp. 81-106). Hillsdale, NJ: Erlbaum.

Atkinson, R. K., Derry, S. J., Renkl, A., & Wortham, D. W. (2000). Learning from examples: Instructional principles from the worked example research. *Review of Educational Research*, 70, 181-214.

Ayres, P (2005). Impact of reducing intrinsic cognitive load on learning in a mathematical domain. *Applied Cognitive Psychology*, 20, 287-298.

Azevedo, R., & Cromley, J. G. (2004). Does training on self-regulated learning facilitate students' learning with hypermedia? *Journal of Educational Psychology*, 96(3), 523-535.

Azevedo, R., Cromley, J. G., & Seibert, D. (2004). Does adaptive scaffolding facilitate students' ability to regulate their learning with hypermedia? *Contemporary Educational Psychology*, 29(3), 344-370.

Baddeley, A. D. (1986). *Working memory.* New York: Oxford University Press.

Bandura, A. (1997). *Self-efficacy: The exercise of control.* New York: Freeman.

Baumeister, R. E, Heatherton, T. F., & Tice, D. M. (1994). *Losing control: How and why people fail at self-regulation.* San Diego, CA: Academic Press.

Beishuizen, J. J., & Stoutjesdijk, E. T. (1999). Study strategies in a computer assisted study environment. *Learning and Instruction*, 9, 281-301.

Biemiller, A., Shany, M., Inglis, A., & Meichenbaum, D. (1998). Factors influencing children's acquisition and demonstration of self-regulation on academic tasks. In D. H. Schunk, & B. J. Zimmerman (Eds.), *Self-regulated learning: From teaching to self-reflective practice* (pp. 203-224). New York: Guilford Publications.

Carroll, J. (1993) *Human cognitive abilities.* New York: Cambridge University Press.

Chandler, P., & Sweller, J. (1991). Cognitive load theory and the format of instruction. *Cognition and Instruction*, 8, 293-332.

Chang, Y. K., Plass, J. L., & Homer, B. D. (2008). *Development and Validation of a Behavioral Measure of Metacognitive Processes (BMMP).* Featured Research presentation at the annual convention of the Association for Educational Communication and Technology (AECT) in October, 2008 in Orlando, FL.

Chi, M. T. H., Siler, S., & Jeong, H. (2004). Can tutors monitor students' understanding accurately? *Cognition and Instruction*, 22, 363-387.

Cooper, C., & Sweller, J. (1987). Effects of schema acquisition and rule automation on mathematical problem-solving transfer. *Journal of Educational Psychology*, 79(4), 347-362.

Cronbach, L. J., & Snow, R. E. (1977). *Aptitudes and instructional methods: A handbook for research on interaction.* New York: Irvington Publishers.

de Bruin, A. B. H., Schmidt, H. G., & Rikers, R. M. J. P (2005). The role of basic science knowledge and clinical knowledge in diagnostic reasoning: A structural equation modeling approach [Report]. *Academic Medicine*, 80(8), 765-773.

Eom, W, & Reister, R. A. (2000). The effects of self-regulation and instructional control on performance and motivation in computer-based instruction. *International Journal of Instructional Media*, 27(3), 247-260.

Etelapelto, A. (1993). Metacognition and the expertise of computer program comprehension. *Scandinavian Journal of Educational Research*, 37(3), 243-254.

Goldstein, M., Bretan, I., Sallnäs, E.-L., & Björk, H. (1999). Navigational abilities in audial voice-controlled dialogue structures. *Behaviour & Information Technology*, 18(2), 83-95.

Graesser, A. C., McNamara, D. S., & VanLehn, K. (2005). Scaffolding deep comprehension strategies through Point&Query, AutoTutor, and iSTART. *Educational Psychologist*, 40(4), 225-234.

Griffin, T. (2002). *Supportingstudents with low self-regulation through problem-based learning techniques in online education.* Unpublished doctoral dissertation, New York University.

Gyselinck, V., Cornoldi, C., Dubois, V., De Beni, R., & Ehrlich, M.-F. (2002). Visuospatial memory and phonological ioop in learning from multimedia. *Applied Cognitive Psychology*, 16, 665-685.

Hegarty, M., Shah, P, & Miyake, A. (2000). Constraints on using the dual-task methodology to specify the degree of central executive involvement in cognitive tasks. *Memory & Cognition*, 28(3), 376-385.

Hegarty, M., & Wailer, D. A. (2005). Individual differences in spatial abilities. In P. Shah, & A. Miyake (Eds.), *The Gainbridge handbook of visuospatial thinking* (pp. 121-169). New York: Cambridge University Press.

Hmelo, C., Nagarajan, A., & Day, R. (2000). Effects of high and low prior knowledge on construction of a joint problem space. *The Journal of Experimental Education*, 69, 36-56.

Homer, B. D., Plass, J. L., & Blake, L. (2006). *The effects of video on cognitive load and social presence in multimedia-learning.* Manuscript submitted for publication.

Jonassen, D. H., & Grabowski, B. L. (1993). *Handbook of individual differences, learning, and instruction.* Hillsdale, NJ: Erlbaum.

Kalyuga, S. (2005). Prior knowledge principle in multimedia learning. In R. Mayer (Ed.), *Cambridge handbook of multimedia learning* (pp. 325-337). New York: Cambridge University Press.

Kalyuga, S. (2006a). *Instructing and testing advanced learners: A cognitive load approach.* Hauppauge, NY: Nova Science Publishers.

Kalyuga, S. (2006b). Rapid cognitive assessment of learners' knowledge structures. *Learning & Instruction*, 16, 1-11.

Kalyuga, S. (2007). Expertise reversal effect and its implications for learner-tailored instruction. *Educational Psychology Review*, 19, 509-539.

Kalyuga, S., Ayres, P, Chandler, P., & Sweller, J. (2003). Expertise reversal effect. *Educational Psychologist*, 38, 23-31.

Kalyuga, S., Chandler, P, & Sweller, J. (1998). Levels of expertise and instructional design. *Human Factors*, 40, 1-17.

Kalyuga, S., Chandler, P, & Sweller, J. (2000). Incorporating learner experience into the design of multimedia instruction. *Journal of Educational Psychology*, 92, 126-136.

Kalyuga, S., Chandler, P., & Sweller, J. (2001). Learner experience and efficiency of instructional guidance, *Educational Psychology*, 21, 5-23.

Kalyuga, S., Chandler, P, Tuovinen, J., & Sweller, J. (2001). When problem solving is superior to studying worked examples. *Journal of Educational Psychology*, 93, 579-588.

Kalyuga, S., Plass, J. L., Homer, B., Milne, C., & Jordan, T. (2007). *Managing cognitive load in computer-based simulations forscience education.* Paper presented at the UNSW Cognitive Load Theory Conference, 24-26 March 2007 in Sydney, Australia.

Kalyuga, S., & Sweller, J. (2004). Measuring knowledge to optimize cognitive load factors during instruction. *Journal of Educational Psychology*, 96, 558-568.

Kalyuga, S., & Sweller, J. (2005). Rapid dynamic assessment of expertise to improve the efficiency of adaptive e-learning. *Educational Technology Research and Development*, 53, 83-93.

Kanfer, R., & Ackerman, P L. (1989). Motivation and cognitive abilities: An integrative aptitude-treatment interaction approach to skill acquisition. *Journal of Applied Psychology*, 74(4), 657-690.

Lee, H., Plass, J. L., & Homer, B. D. (2006). Optimizing cognitive load for learning from computer-based science simulations. *Journal of Educational Psychology*, 89, 902-913.

Leopold, C., den Elzen-Rump, V., & Leutner, D. (2007). Self-regulated learning from science texts. In M. Prenzel (Ed.), *Studies on the educational quality of schools. The final report on the DFG Priority Programme* (pp. 21-53). Münster, Germany: Waxmann.

Leutner, D. (1992). *Adaptive Lehrsysteme. Instruktionspsychologische Grundlagen und experimentelle Analysen* [Adaptive learning systems, instructional psychology foundations and experimental analyses]. Weinheim, Germany: PVU.

Leutner, D. (2004). Instructional-design principles for adaptivity in open learning environments. In N. M. Seel & S. Dijkstra (Eds.), *Curriculum, plans, and processes in instructional design: International perspectives* (pp. 289-308). Mahwah, NJ: Erlbaum.

Leutner, D., Leopold, C., & den Elzen-Rump, V. (2007). Self-regulated learning with a text-highlighting strategy: A training experiment. *Zeitschrift für Psychologie/Journal of Psychology*, 215(3), 174-182.

Leutner, D., & Plass, J. L. (1998). Measuring learning styles with questionnaires versus direct observation of preferential choice behavior in authentic learning situations: The Visualizer/Verbalizer Behavior Observation Scale (VV-BOS). *Computers in Human Behavior*, 14, 543-557.

Lohman, D. F. (1979). *Spatial ability: A review and reanalysis of the correlational literature (Stanford University Technical Report No. 8).* Stanford, CA: Aptitudes Research Project.

Lohman, D. F. (1986). Predicting mathemathanic effects in the teaching of higher-order thinking skills. *Educational Psychologist*, 21, 191-208.

Mayer, R. E. (2001). *Multimedia learning*. New York: Cambridge University Press.

Mayer, R., & Gallini, J. (1990). When is an illustration worth ten thousand words? *Journal of Educational Psychology*, 82, 715-726.

Mayer, R., Mautone, P, & Prothero, W. (2002). Pictorial aids for learning by doing in a multimedia geology simulation game. *Journal of Educational Psychology*, 94, 171-185.

Mayer, R. E., & Sims, V. K. (1994). For whom is a picture worth a thousand words? Extensions of a dual-coding theory of multimedia learning. *Journal of Educational Psychology*, 86, 389-401.

Mayer, R., Steinhoff, K., Bower, C., & Mars, R. (1995). A generative theory of textbook design: Using annotated illustrations to foster meaningful learning of science text. *Educational Technology Research and Development*, 43, 31-43.

Mayer, R., Stiehl, C., & Greeno, J. (1975). Acquisition of understanding and skill in relation to subjects' preparation and meaningfulness of instruction. *Journal of Educational Psychology*, 67, 331-350.

McNamara, D., Kintsch, E., Songer, N. B., & Kintsch, W. (1996). Are good texts always better? Interactions of text coherence, Background knowledge, and levels of understanding in learning from text. *Cognition and Instruction*, 14,1-43.

Miyake, A., & Shah, P. (1999). *Models of working memory: Mechanisms of active maintenance and executive control.* New York: Cambridge University Press.

Moreno, R. (2002). Who learns best with multiple representations? Cognitive theory predictions on individual differences in multimedia learning. *World Conference on Educational Multimedia, Hypermedia and Telecommunications* 2002(1), 1380- 1385.

Moreno, R., & Durán, R. (2004). Do multiple representations need explanations? The role of verbal guidance and individual differences in multimedia mathematics learning. *Journal of Educational Psychology*, 96, 492-503.

Moreno, R., & Plass, J. L. (2006, April). *Individual differences in learning with verbal and visual representations.* Paper presented at the Technology and Learning Symposium, New York.

Morgan, M. (1985). Self-monitoring of attained subgoals in private study. *Journal of Educational Psychology*, 77(6), 623-630.

Muraven, M., Tice, D. M., & Baumeister, R. F. (1998). Self-control as a limited resource: Regulatory depletion patterns. *Journal of Personality and Social Psychology*, 74(3), 774-789.

Nückles, M., Wittwer, J., & Renkl, A. (2005). Information about a layperson' s knowledge supports experts in giving effective and efficient online advice to laypersons. *Journal of Experimental Psychology: Applied*, 11, 219-236.

Pashler, H., McDaniel, M., Rohrer, D., & Bjork, R. (2009). Learning Styles: Concepts and Evidence. *Psychological Science in the Public Interest*, 9(3), 105-119.

Pintrich, P R., & de Groot, E. V. (1990). Motivational and self-regulated learning components of classroom academic performance. *Journal of Educational Psychology*, 82, 33-40.

Plass, J. L., Chun, D. M., Mayer, R. E., & Leutner, D. (1998). Supporting visual and verbal learning preferences in a second-language multimedia learning environment. *Journal of Educational Psychology*, 90, 25-36.

Plass, J. L., Chun, D. M., Mayer, R. E., & Leutner, D. (2003). Cognitive load in reading a foreign language text with multimedia aids and the influence of verbal and spatial abilities. *Computers in Human Behavior*, 19, 221-243.

Pollock, E., Chandler, J., & Sweller, J. (2002). Assimilating complex information. *Learning and Instruction*, 12, 61-86.

Putnam, R. T. (1987). Structuring and adjusting content for students: A study of live and simulated tutoring of addition. *American Educational Research Journal*, 24, 13-48.

Renkl, A. (2005, August). Finding and fixing errors in worked examples: Can this foster learning outcomes? Paper presented at the 11th Biennial Conference of the European Association for Research in Learning and Instruction, Nicosia, Cyprus.

Renkl, A., & Atkinson, R. K. (2003). Structuring the transition from example study to problem solving in cognitive skills acquisition: A cognitive load perspective. *Educational Psychologist*, 38, 15-22.

Renkl, A., Atkinson, R. K., Maier, U. H., & Staley, R. (2002). From example study to problem solving: Smooth transitions help learning. *Journal of Experimental Education*, 70, 293-315.

Schoenfeld, A. H. (1987). What' s all the fuss about metacognition? In A. H. Schoenfeld (Ed.), *Cognitive science and mathematics education* (pp. 189-215). Hillsdale, NJ: Erlbaum.

Shaft, T. M. (1995). Helping programmers understand computer programs: The use of metacognition. *Data Base Advances*, 25, 25-46.

Shah, P., & Miyake, A. (1996). The separability of working memory resources for spatial thinking and language processing: An individual differences approach. *Journal of Experimental Psychology: General*, 125(1), 4-27.

Shute, V. J. (1992). Aptitude-treatment interactions and cognitive skill diagnosis. In J. W. Regian & V. J. Shute (Eds.), *Cognitive approaches to automated instruction* (pp. 15-47). Hillsdale, NJ: Erlbaum.

Shute, V., & Towle, B. (2003). Adaptive e-learning. *Educational Psychologist*, 38, 105-114.

Snow, R. E. (1989). Aptitude-treatment interaction as a framework for research on individual differences in learning. In P L. Ackerman, R. J. Steinberg, & R. Glaser (Eds.), *Learning and individual differences. Advances in theory and research* (pp. 13-59). New York: Freeman.

Snow, R. (1994). Abilities in academic tasks. In R. Steinberg & R. Wagner (Eds.), *Mind in context: Interactionist perspectives on human intelligence* (pp. 3-37). Cambridge, MA: Cambridge University Press.

Snow, R., & Lohman, D. (1984). Toward a theory of cognitive aptitude for learning from instruction. *Journal of Educational Psychology*, 76, 347-376.

Snow, R. E., & Lohman, D. F. (1989). Implications of cognitive psychology for educational measurement. In R. Linn (Ed.), *Educational measurement* (pp. 263-331). New York: Macmillan.

Swelier, J. (2005). The redundancy principle in multimedia learning. In R. Mayer (Ed.), *Cambridge handbook of multimedia learning* (pp. 159-167). New York: Cambridge.

Sweller, J., Chandler, P., Tierney, P., & Cooper, M. (1990). Cognitive load and selective attention as factors in the structuring of technical material. *Journal of Experimental Psychology: General*, 119, 176-192.

Tarmizi, R., & Sweller, J. (1988). Guidance during mathematical problem solving. *Journal of Educational Psychology*, 80, 424-436.

Tuovinen, J., & Sweller, J. (1999). A comparison of cognitive load associated with discovery learning and worked examples. *Journal of Educational Psychology*, 91, 334-341.

van Merriënboer, J. J. G. (1990). Strategies for programming instruction in high school: Program completion vs. program generation. *Journal of Educational Computing Research*, 6, 265-287.

van Merriënboer, J. J. G., Kirschner, P A., & Kester, L. (2003). Taking the load off a learner' s mind: Instructional design principles for complex learning. *Educational Psychologist*, 38, 5-13.

Vohs, K. D., & Heatherton, T. F. (2000). Self-regulatory failure: A resource-depletion approach. *Psychological Science*, 11(3), 249-254.

Waller, D. (2000). Individual differences in spatial learning from computer-simulated environments. *Journal of Experimental Psychology: Applied*, 6, 307-321.

Ward, M., & Sweller, J. (1990). Structuring effective worked examples. *Cognition and Instruction*, 7, 1-39.

White, B., & Frederiksen, J. (2005). A theoretical framework and approach for fostering metacognitive development. *Educational Psychologist*, 40(4), 211-223.

Winne, P. H. (2001). Self-regulated learning viewed from models of information processing. In B. J. Zimmerman & D. H. Schunk (Eds.), *Self-regulated learningand academic achievement: Theoretical perspectives* (2nd ed., pp. 153-189). Mahwah, NJ: Erlbaum.

Yang, Y. C. (1993). The effects of self-regulatory learning skills and type of instructional control on learning from computer-based instruction. *International Journal of Instructional Media*, 20, 235-241.

Zimmerman, B. J. (1998). Developing self-fulfilling cycles of academic regulation: An analysis of exemplary instructional models. In D. H. Schunk & B. J. Zimmerman (Eds.), *Self-regulated learning: From teaching to self-reflective practice* (pp. 1-19). New York: Guilford.

Zimmerman, B. J., & Kitsantas, A. (1999). Acquiring writing revision skill: Shifting from process to outcome self-regulatory goals. *Journal of Educational Psychology*, 91, 241-250.

Zimmerman, B. J., & Schunk, D. H. (Eds.). (2001). *Self-regulated learning and academic achievement: Theoretical perspectives* (2nd ed). Mahwah, NJ: Erlbaum.

Part 2

주요 연구 결과

5

해결된 예제와 문제해결을 통한 학습

Alexander Renkl, Robert K. Atkinson

인지부하이론과 연관된 전통적인 교수방법의 효과 중 하나는 인지 기술 습득에 미치는 **해결된 예제의 효과**이다(2장과 3장 참조; Paas & van Gog, 2006). 해결된 예제는 공식, 해결 절차, 최종 답으로 이루어져 있다. 수학과 물리학 같은 구조화의 정도가 높은 과목에서는 가장 많이 사용되는 교수 자료의 형태이다(그림 5.1 해결된 예제 예시 참조). 인지부하이론 연구자들이 해결된 예제를 통한 학습을 논의할 때, 해당 과목의 한두 가지 원리(수학적 이론, 물리학 법칙 등)에 대한 소개 이후 해결된 예제를 제시하는 것을 의미한다. 따라서, 학습자들은 해결된 예제가 소개된 이론이나 원리에 공통적으로 적용되는 사례이어야 하므로, 한 가지 해결된 예제만이 아닌 여러 개의 해결된 예제에 노출되어야 한다. 이 분야의 연구자들은 학습자들이 예제를 통해 인지 기술을 습득하여 종국에는 자신이 학습하는 영역에서 유능해질 수 있음을 강조한다.

이 장에서는 인지 기술 습득의 여러 단계에서 문제해결과 해결된 예제를 통한 학습에 대한 연구를 포함한 이론적 가정과 실증적 발견 결과를 상세하게 다루고자 한다. 사례기반학습과 그것이 교수설계에 미치는 함의에 대한 광범위한 문헌 연구를 단순히 요약하는 것보다는(연구물에 대한 개관을 위해서는 Atkinson, Derry, Renkl, Worthan, 2000와 Renkl, 2005 참조) 다음과 같은 이슈를 설명하는 데 초점을 두고자 한다. (a) 해결된 예제를 통한 학습이 언제 가장 효과적인가? (b) 문제를 통한 학습이 언제 가장 효과적인가? (c) 위의 두 가지 학습방법 사이의 전환이 어떻게 구조화되어야 하는가?

지금부터는 인지부하이론의 관점에서 해결된 예제를 통한 학습의 효과를

문제

문제 5: 셔츠를 생산하는 공장에서, 서로 독립적인 두 가지의 불량이 발생할 수 있다. 재봉 영역에서는 10% 비율(확률 = 1/10)의 불량이 발생하며, 염색에서 20%(확률 = 1/5)의 불량이 발생한다. 여러분이 이 공장에서 생산된 셔츠를 무작위로 선택할 경우, 불량이 없는 것을 선택할 확률은 얼마인가?

첫 번째 문제해결 단계

재봉과 염색에서 불량이 발생할 확률:
1/10 × 1/5 = 1/50 = .02

두 번째 문제해결 단계

재봉이나 염색에서 불량이 발생할 확률:
= 1/10 + 1/5 − 1/50
= 5/50 + 10/50 − 1/50
= 14/50
= 7/25 = .28

세 번째 문제해결 단계

불량이 없는 셔츠를 선택할 확률:
1−7/25 = 18/25 = .72

정답: 이 공장에서 생산되는 셔츠를 무작위로 선택할 경우, 불량이 아닐 가능성은 18/25 혹은 .72이다.

다음 문제

[그림 5.1] 확률에 대한 해결된 예제

논의하고자 한다. 다음으로 해결된 예제를 통한 학습에서 문제 학습으로 언제 이동해야 하는가에 대한 이론적 고려사항을 기술하고자 한다. 마지막으로, 관련 실험을 요약하고, 교수설계 지침과 향후 연구에 대한 안건을 제안하며 결론을 맺고자 한다.

인지부하이론의 관점에서 해결된 예제의 효과성

Sweller와 Cooper(1985; Cooper & Sweller, 1987)는 해결된 예제 효과에 대해 시작점이 되는 연구를 수행하였다. 일련의 실험을 통해서, 여러 개의 해결된 예제를 제시하는 것이 단일한 해결된 예제만 제시하는 것보다 효율적이고(학습시간을 줄여줌) 구조적으로 동일한 문제에 대해서 더 잘 (낮은 전이: 동일한 해결 절차의 적용) 학습이 이루어진다는 결과를 발견하였다. 이러한 결과를 통해 해결된 예제는 구조가 동일하지 않은 문제를 풀거나 새로운 문제를 해결하기 위해 해결된 예제의 공식을 수정할 수 있는 높은 전이에 까지 긍정적 영향을 미치지 못함을 알 수 있다.

해결된 예제의 효과에 대한 전통적인 인지부하이론의 설명은 상당히 솔직하다(3장 참조). 인지 기술을 습득하는 초기 단계에서 학습자는 수단-목적 분석(means-ends analysis)과 같은 일반적인 전략을 사용하여 문제를 해결하고자 한다. 그 결과, 적절한 원리에 대한 스키마를 습득하기보다는 현재 제시된 문제와 해결해야 하는 목적 사이의 차이를 줄이기 위해 문제의 특징을 살피는 데 주의를 기울인다는 것이다. 무엇보다, 진술된 문제를 통해 차이를 줄이기 위한 과제가 학습자에게 하위 목표를 설정하고 각각의 해결 방법을 고려하도록 요구함으로써 결과적으로 인지부하를 과하게 발생시킨다는 것이다. 이러한 일반적인 전략과 연계된 활동들은 학습자가 향후 적절하게 문제의 구조적 특징을 탐색하고 해결 절차를 찾아내는 데 기여하는 생산적인 문제해결 스키마를 구성하지 못한다는 것이다.

요약하면, 인지 기술 습득의 초기 단계에 문제해결을 바로 요구하는 것은 학습에 직접 기여하지 못하는 상당량의 부하(외재적 부하)를 발생시킨다는 것이다.

이러한 시작점 연구가 발표된 이후, 인지부하이론과 해결된 예제 학습에 관한 연구가 왕성하게 이루어지기 시작하였다. 해결된 예제 효과에 관한 다음의 두 가지 관련 내용은 특별한 의미가 있다. 첫째, 문제 대신 해결된 예제를 제시함으로써 확보된 인지 용량의 여유분을 모든 학습자가 반드시 생산적인 방향으로 사용하지는 않는다는 것이다(Chi, Bassok, Lewis, Reimann, & Glaser, 1989; Pirolli & Recker, 1994). 사실, 대부분의 학습자는 수동적이고 피상적인 특징을 가지고 있다. 이렇게, 학습자가 여유로워진 인지 용량을 본유적 부하 활동(생산적인 활동)에 사용하도록 훈련시키고 촉진하는 것이 해결된 예제를 통한 학습의 효과를 향상시키는 데 매우 중요하다. 구체적으로는 학습자가 제시된 해결된 예제에 담겨있는 논리성을 이해할 수 있도록 스스로 설명해보도록 훈련시켜야 한다. 학습자의 해결된 예제에 대한 적극적인 자기설명이 낮은 전이뿐만 아니라, 높은 전이까지 고양시킬 수 있다(Atkinson, Renkl, & Merrill,

2003; Renkl, Stark, Gruber, & Mandl, 1998).

두 번째는 학습자가 인지 기술을 습득한 이후에는 해결된 예제의 효과가 사라진다는 것이다. 예를 들면, 학습자가 높은 수준의 인지 기술을 가지고 있을 경우, 문제해결을 바로 하는 것이 해결된 예제를 통해 학습하는 것보다 학습을 촉진한다는 것이다. 그리고, 첫 번째 인지 기술 습득을 위한 과정에서 학습자들은 해결된 예제를 통한 학습에서 문제해결로 옮겨가는 집중적인 노력이 필요하다. 이는 해결된 예제를 통한 지식 습득 학습이 계속 이루어질 경우 어느 정도 불필요한 활동이 될 수 있다는 것이다.

이는 소위 Kalyuga와 동료들(Kalyuga, Ayres, Chandler, & Sweller, 2003; Kalyouga, Chandler, Tuovinen, & Sweller, 2001; 4장 참조)에 의해 기술된 전문성 효과 사례에서처럼 해결된 예제 역효과라고 할 수 있다. 이는 인지부하이론에 의해 소개된 교수법의 효과가 사라지고 인지 기술 습득의 과정 중에 오히려 역효과가 나타날 수 있음을 함의한다. 즉, 예제를 통한 학습이 인지 기술 습득의 초기 단계에서는 생산적이지만 후기 단계에서는 해로울 수 있다는 것이다. 학습자가 지식을 충분히 습득해감에 따라, 문제해결에 있어서 독립성이 증가한다. 이러한 효과에 대한 맥을 이어, 4C/ID 이론(van Merriënboer, Clark, & de Crook, 2002; van Merriënboer & Kester, 2005; 6장 참조)은 학습 초기 단계에서는 높은 교수적 지원(해결된 예제와 같은)을 해주고, 학습자가 스스로 문제를 해결할 수 있을 때까지 점차 소멸시키는 것이(완성 문제, 불완전 해결된 예제 등; 그림 5.2 참조) 학습을 촉진시킨다고 가정하였다.

인지 기술 습득의 과정에서 해결된 예제와 문제를 통한 학습: 이론적 가정

인지 기술 습득 단계

인지 기술의 습득과 관련하여 심리학 이론에서는 세 단계를 구별하고 있다. VanLehn(1996)은 인지 기술 습득을 위해 초기, 중간, 후기로 구분하고 있다. 초기 단계에서 학습자는 습득된 지식을 활용해야 한다는 필요성을 갖지 않고

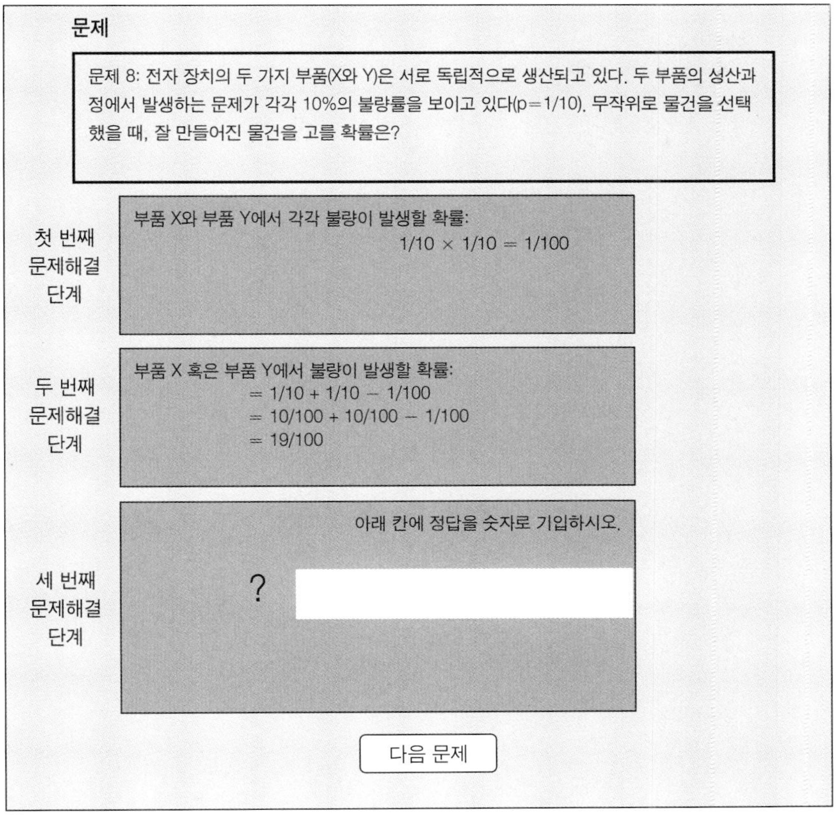

[그림 5.2] 부분적으로 해결된 예제(문제 완성)

해당 영역에 대한 기본 이해를 얻고자 한다. 중간 단계에서는 학습자가 문제를 해결하는 쪽으로 관심을 돌리게 된다. 학습자는 추상적인 원리를 활용하여 구체적인 문제를 해결하는 과정에 관심을 갖게 된다(스스로 설명하는 활동). 이러한 중간 단계의 잠재적 효과는 학습자가 잘못 습득했을 수 있는 기본 지식이 수정될 수 있다는 것이다. 마지막으로, 후기에는 학습자의 속도와 정확성이 연습에 의해 증가되는 단계이다. 이 단계에서는 자기설명과 같은 반성적 활동보다는 실제 문제해결이 중요하다.

이 장의 핵심 단계인 중간 단계와 관련하여, 건전한 지식의 구성은 해결된 예제와 문제해결에 의해 자동으로 따라오는 부산물이 아니라는 것을 인식하는 것이 중요하다.

오히려, 학습자는 해결된 예제의 풀이를 스스로가 적극적으로 설명해야 한다. 즉, 해결된 예제의 논리를 추론해야 한다는 것이다(Chi et al., 1989; Neuman & Schwarz, 1998; Renkl, 1997; VanLehn, 1996). Renkl과 동료들은 최근에 *학습자의 설명을 요구하는 학습*에 대한 교수법 개념을 만들었다(Schworm & Renkl, 2007).

인지 기술에 대한 또 다른 중요한 경고는 인지 기술 습득의 세 단계가 정확한 경계를 가지고 있지 않다는 것이다. 특히 여러 개의 하위 요소를 가지고 있는 복잡한 인지 기술의 경우에는 더욱 그렇다. 이러한 경우, 학습자는 초기와 중기 단계의 하위 인지 기술을 습득함과 동시에 후기 단계의 하위 요소를 습득하는 단계로 진입할 수 있다. 이렇게 학습자는 여러 하위 인지 기술이 속한 서로 다른 단계를 동시에 경험할 수 있다. 결과적으로 다양한 지식 요소에 따라 서로 다른 학습활동이 이루어지는 것은 당연한 것이며, 최적의 선택일 수 있다. 예를 들어, 학습자가 확률 계산 분야를 이해하기 위해 [그림 5.1]과 [그림 5.2]에 제시된 예시를 가지고 공부할 때, 곱셈 규칙을 어느 정도 이해할 수 있다(즉, 그림 5.1과 5.2에 제시된 예제의 첫 번째 단계에 해당). 그러나, 학습자들은 아직도 덧셈 규칙에 대한 이해가 부족할 수 있다(그림 5.1과 5.2에 제시된 예제의 두 번째 단계에 해당). 이런 경우에, 학습자는 자신의 곱셈 규칙과 관련하여 제시된 문제해결 단계로부터 자신만의 이해를 할 수 있다. 그러나, 덧셈 규칙과 관련하여서도 여전히 해결된 예제가 필요하다.

앞에서 언급한 것처럼, 해결된 예제를 통한 학습은 인지 기술 습득의 초기 단계에서는 선호할 만하지만, 후기 단계에서는 문제를 통한 학습이 효과적이라는 주장이 인지부하이론의 주요 골자인 **전문성 역효과**를 통해 설명되고 있다. 그러나, 이러한 개념에서 두 가지 한계점을 발견할 수 있다. 첫째, 학습 효과를 위한 실험에 참여하는 일반적인 학습자는 대체로 간단한 수업 개요를 통해 전문성을 얻을 수 없기 때문에 전문성이라는 용어의 사용에 문제가 있다(Moreno, 2006). 관련 분야의 전문가가 되기 위해서는 일반적으로 수년이 소요된다(Ericsson과 동료들, 그리고 Ericsson 7 Charness(2006)에서 주장한 10년 연습법칙). 따라서, 이러한 현상은 **지식습득 역효과**로 기술하는 것이 선호되기도 한다. 둘째, 해결된 예제 역효과는 학습할 때 사용되는 예제가 불필요한 부하(외재적 부하)를 발생시키는 잉여의 활동의 상황에서만 설명되는 것이다. 그러나, 이러한 현상과 관련하여 실제의 학습과정을 자세하게 설명하지는 않는다. 이러한 상황과 관련하여, 해결된 예제와 문제를 통한 학습의 과정에서 발생하는 지식습득 역효과를 실증적으로 관찰 가능하게 실험할 수 있는 정교한 설계가 필요하다(Renkl, 2005 참조)

지식습득 역효과

지식습득 역효과는 다음에 제시되는 가정들에 의해 설명될 수 있다. 학습자가 문제해결 단계에서 특정 영역의 지식이나 원리를 구체적으로 개념화하는 능력이 부족하다면, 숫자적 답을 찾기 위해서 문제를 해결하는 과정 동안 높은 수준은 아니지만 폭넓게 정보를 찾는 전략을 사용할 것이다.

예를 들면, 학습자들은 인지부하이론에서 해결된 예제의 효과를 강조한 것처럼, 수단-목적 분석과 같은 일반적인 찾기 전략을 사용할 것이다(3장 참조). 그러나, 학습자들은 핵심용어 전략(문제의 표현에 드러나는 핵심용어에 의한 절차를 선택하는 것), 모방-채택 전략(유사한 문제로부터 해결 절차를 모방하여 적용해보는 것; VanLehn, 1998)과 같은 일반적인 전략을 사용할 수 있다. 그러나, 원리에 대한 이해가 부족하므로, 학습되어야 할 원리와 관련된 내용 전략을 사용할 수가 없다(VanLehn et al., 2005 비교). 이러한 문제해결을 위한 일반적인 얕은 전략을 사용하는 것은 내용에 대한 이해를 깊이 있게 만들지는 못한다. 그래서 외재적 부하와 관련 있는 활동으로 분류된다(표 5.1의 우측 상단 참조).

예를 들어, 학습자가 [그림 5.2]에 제시된 문제에서처럼 확률 문제를 해결해야 하는 경우를 상상해보자. 그러나, 문제를 해결하기 위한 내용 관련 규칙인 곱셈 규칙과 그것의 응용된 내용을 모른다. 학습자는 곱셈 규칙에 익숙하지 않기 때문에, 이러한 원리가 첫 번째 문제해결 단계에서 적용되어야 하는지를 인식하지 못할 수 있다. 이 사례에서처럼, 가장 단순한 방법으로 첫 번째 해결 단계를 모방하고 모방한 해결 책을 숫자만 변경하여 현재의 문지에 적용함으로써, 해결된 예제를(그림 5.1의 사례) 반복해서 사용할 수 있다. 이러한 접근이 학습자로 하여금 문제를 올바른 순서로 해결하도록 하는 방향으로 이끌지는

〈표 5.1〉 지식습득 역효과의 교수적 함의

문제해결에 필요한 '기본원리' 가 어떻게 적용되는지에 대한 이해	전형적인 활동들…	
	…해결된 예제를 활용한 학습	…문제만 가지고 해결
이해가 부족할 경우	해결된 예제 단계를 읽기; 학습자의 자기설명 자극 제시 ➜ 생산적인 활동이 궁극적으로 이해의 습득을 발생시킴	문제에 대한 해결을 '기본 원리' 에 기반하지 않고, 일반적인 탐색 전략으로 접근 ➜ 비생산적인 활동
이해가 이미 되어 있는 경우	해결된 예제 단계나 학습자의 자기설명 자극이 중복 자극됨 ➜ 비생산적인 활동	원리에 기반하여 문제를 해결하고자 함; 문제에 봉착함; 지식의 차이를 극복하기 위해 노력; 문제해결의 규칙을 형성 ➜ 생산적인 활동

모르겠지만, 그들은 곱셈과 그것의 적용에 대한 내용은 거의 습득하기가 어렵다. 따라서, 인지 기술의 습득 초기 단계에서는 학습자가 스스로 설명하기를 요구하는 해결된 예제를 제공하는 것이 바람직하다. 학습자에게 스스로 설명을 요구하는 절차는 학습할 분야의 핵심 원리가 문제에서 어떻게 구체화되는지를 이해할 수 있도록 도와줄 수 있다. 수동적인 학습 행동을 극복하고 스스로 설명하는 활동을 보장하기 위해서는 자기설명과 관련된 자극이 사용될 수 있다(표 5.1의 좌측 상단 참조).

[그림 5.3]은 학습자가 첫 번째 해결 단계의 원리에 대해 생각할 수 있도록 자기설명 자극을 사용한 해결된 예제를 보여주고 있다.

그러나, 학습자가 일단 내용 원리에 대해 이해하고 그것의 구체화된 적용을 이해한 경우라면, 부가적인 자기설명 활동이 심화된 학습에 기여하지는 못한다는 것이다. (표 5.1의 좌측 하단 참조). 학습자가 문제해결 단계와 학습내용 사이의 관계를 이해할 수 있다면, 학습내용의 원리의 적용을 요구하는 풀이의 과정을 요구하는 것이 의미가 있다. 학습자가 내용을 완벽하게 이해하지 못했다 하더라도, 해결된 예제의 단계는 점차 사라져야 한다(그림 5.2의 3 단계). 일시적으로 어려움이 있더라도, 지식의 부족 부분은 보다 심도 있는 반성적 사고 활동(자기설명)을 통해서 회복될 수 있다. 성공적인 문제해결의 경우, 특정한

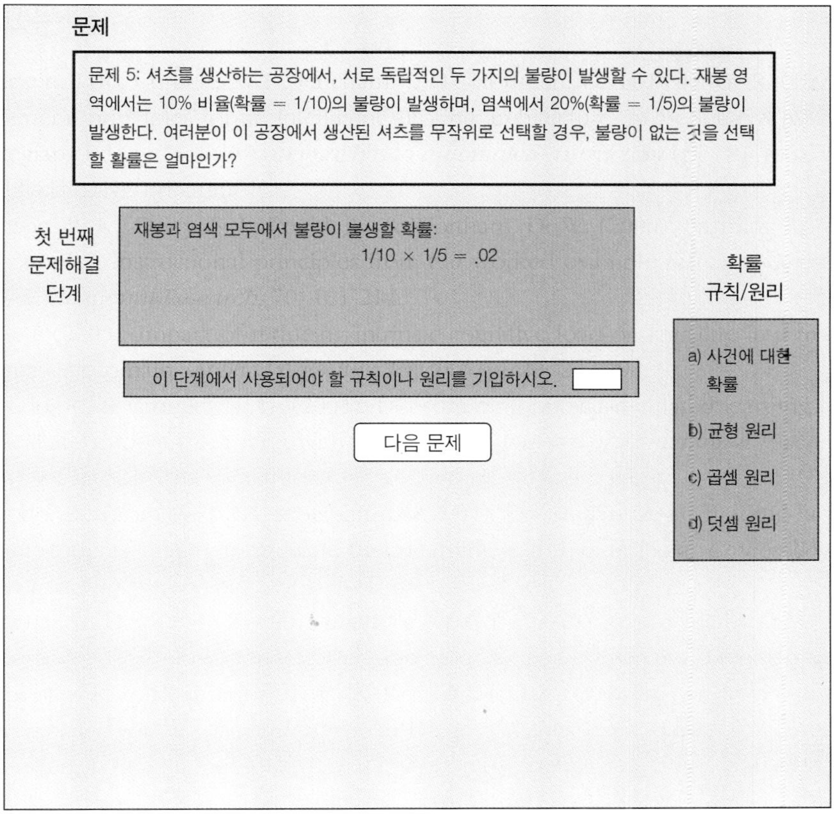

[그림 5.3] 자기설명 자극을 활용한 해결된 예제

생산 규칙(Anderson & Lebiere, 1998)이 형성될 수 있다(표 5.1의 우측 하단 참조).

이러한 지식습득 역효과 모델에 기반하여, 아래와 같은 교수활동의 함의를 제공할 수 있다(Renkl & Atkinson, 2003, 2007 참조). 첫째, 자기설명 자극과 함께 해결된 예제의 단계를 제공하라. 학습자가 내용을 이해하면(성공적인 자기설명을 보여줄 경우), 해결된 예제의 단계 제시를 멈추고, 문제를 직접 해결하도록 요구한다. 구체적으로 말하자면, 도움을 제거하는 방법(fading method)은 해결된 예제에서 문제만 제시하는 형태로 점진적으로 도움이 사라지는 단계를 계획하여야 한다. 도움을 제거하는 방법을 사용할 경우, 초기에는 완전한 해결된 예제를 제시한다. 학습자가 이해하기 시작하면, 한 단계의 도움 전략을

〈표 5.2〉 후방 해결된 예제 학습에서 문제해결학습으로 도움 제거 전략의 사용

해결된 예제/문제의 순서	문제해결 1단계	문제해결 2단계	문제해결 3단계
완전한 해결된 예제	제시	제시	제시
불완전한 해결된 예제	제시	제시	제거
불완전한 해결된 예제	제시	제거	제거
문제 제시	제거	제거	제거

제거한다. 그리고, 학습자는 다음 단계의 과제를 해결해야 한다. 불안전한 해결된 예제를 사용하여 문제를 해결한 후에, 학습자는 매 단계별 피드백을 받게 된다. 이어지는 단계에서는 문제를 해결하는 데 필요하지만 채워지지 않은 공란이 많아진다. 〈표 5.2〉는 세 단계의 해결 과정과 일련의 도움 제거 단계를 보여주고 있다. 이러한 도움 제거 절차는 해결된 예제 학습에서 불완전 예제 학습, 그리고 문제해결 단계로 이루어져 있다.

해결된 예제의 점진적 소거: 경험적 결과

점진적 소거 효과 수립

작은 규모의 현장 연구에서 도움제거 절차에 관하여 첫 검증을 시도하였다(Renkl, Atkinson, Maire, & Stalery, 2002; 실험 1). 많은 선행연구에서 해결된 예제와 문제가 쌍으로 이루어진 전략(완전한 해결된 예제를 제시하고, 뒤이어 동일한 유형의 문제를 제시하는 것)을 사용하였기 때문에, 본 연구에서도 해결된 예제-문제 집단과 도움제거 전략 사용 집단을 비교하였다. 2개 학급의 9학년 학생들을 대상으로 학업성취 결과를 비교하였다. 각각 '전기(electricity)' 에 관한 물리학 수업시간에 두 가지 전략을 사용해 실험이 진행되었다. 도움제거 집단에게 주어진 첫 번째 과제는 완전한 해결된 예제로 학습하는 것이다. 두 번째 과제는 마지막 문제해결 과정이 생략된 문제를 해결하는 것이다. 세 번째 과제는 마지막 두 단계의 문제해결 과정이 생략된 문제를 해결하는 것이다. 마지막으로, 세 단계의 모든 과정의 해결된 예제가 생략된 채 문제를 해결하는

것이다. 이러한 도움제거 방법은 해결된 예제의 뒤쪽부터 사라지는 전략으로 불린다. 수업 이틀 뒤에 치러진 성취도 검사에서 도움제거 집단이 해결된 예제-문제 집단에 비해 낮은 전이에서 유의하게 높은 성취결과를 보였지만, 높은 전이에서는 차이가 없었다. 이러한 결과에 기초하여, 도움제거 전략의 해결된 예제-문제 집단에 대한 유효성을 조사하기 위한 통제된 실험을 두 번 더 실시하였다.

첫 번째 실험에서는, 심리학과 학생들이 확률계산에 관한 해결된 예제와 문제로 학습을 하였다(Renkl et al., 2002; 실험 2). 학생들은 도움제거 집단과 해결된 예제-문제 집단에 무선할당되었다. 이 연구에서는 앞에서부터 해결 전략을 사라지게 하는 전략을 사용하였다(첫 번째 해결된 예제 생략, 다음으로 두 번째 해결된 예제를 생략하는 등등). 도움제거 전략(방법)은 분명히 낮은 수준의 전이를 촉진시켰다. 그러나, 여전히 높은 수준의 전이에는 효과가 없었다 낮은 수준의 전이결과는 학습과정 동안 발생한 실수량의 감소로 설명되었다.

비록 현장 연구와 실험실 연구가 학습자 특징(중등학교 학생 vs 대학생) 측면과 학습 내용(물리학 중 전기 vs 수학 중 확률계산), 학습환경(학교 수업 VS 실험실 컴퓨터 기반 학습), 도움제거 방향(후방 vs 전방) 등에서 서로 다르지만, 앞의 두 실험 결과를 통합하여 보았다. 결론은 서로 다른 맥락과 조건이라는 차이에도 불구하고 도움제거 방법의 효과성은 신뢰할 만하고 안정적이라는 해석이다.

서로 다른 유형의 도움제거 전략의 효과

앞의 두 실험에서 사용된 전방, 후방의 도움제거 전략에 대한 질문이 제기되었다. 연구가 진행된 상황과 맥락이 다르기 때문에, 위의 두 가지 방식에 대한 상대적 효과를 비교하기는 어렵다. 그러나, 어떤 유형의 도움제거 전략이 학업성취에 의미 있는 영향을 미치는가 혹은 적은 영향을 미치는가라는 질문에 대답을 찾는 것은 필요하다. 따라서, Renkl 등(2002; 실험 3)은 해결된 예제-문제 집단을 통제 집단으로 설정하고, 두 가지 유형의 도움제거 전략의 집단을 각각 실험집단으로 설정해 연구를 수행하였다. 학습자(교육심리학 수업의 수강생)

들은 세 집단 중 한 집단에 각각 무선할당되었다. 낮은 수준의 전이에 대한 효과가 다시 검증되었다. 이러한 효과는 또다시 학습을 수행하는 동안 발생한 감소된 실수에 의해 설명된다. 그러나 선행연구의 결과와는 달리, 후방 도움제거 집단이 높은 수준의 전이에서 유의한 효과를 보여주었다. 더불어, 뒤에서부터 해결된 예제를 제거하는 후방 방식이 전방 방식보다 전반적으로 더 효과적이었음을 보여주었다. 후방 도움제거 집단의 학습자는 전이가 일어나는 데 방해받지 않고 적은 시간을 소요하였다(Renkl et al., 2002 비교; Renkl & Atkinson, 2003 참조).

이어지는 연구에서, Renkl, Atkinson과 GroBe(2004)는 후방과 전방의 도움제거 전략에 따라 다르게 나타난 학업성취 결과의 차이를 설명하기 위하여, 도움제거 절차와 관련하여 학습과정을 분석하였다. 아마도 앞에서의 도움제거 방식에 따른 차이는 학습내용 원리에 있어서 해결된 예제와 문제에 적용된 특정 순서 때문일 수 있다. 첫 번째 실험에서 Renkl 등(2004; 실험 1)은 제거되는 도움의 위치가 학습 결과에 영향을 미치지 않음을 증명하였다. 대신에 학습자들은 도움이 사라진 후에 가장 많은 학습을 하였다; 전방과 후방의 논리가 학습결과의 차이로 이끌지는 못했다. 이러한 결과는 도움의 제거가 학습자의 자기설명 활동이 이루어지도록 이끌었다고 주장한다.

두 번째 실험에서, Renkl 등(2004; 실험 2)은 학습자들이 후방 도움제거 전략과 해결된 예제-문제 전략을 사용하여 상호작용하는 동안 사고의 과정을 표현하는 기록물을 더 즉각적으로 분석하였다. 첫째, 두 개의 집단을 비교한 결과, 도움을 제거한 집단이 낮은 전이와 높은 전이의 두 측면에서 모두 긍정적인 결과를 보여주었다. 둘째, 도움제거 전략에서는 자기설명 활동이 이루어지지 않는 비생산적인 학습이 적게 발생하였다.

도움제거 전략과 자기설명 자극의 결합

다음에 이루어진 실험에서 도움제거 전략을 최적화하기 위한 노력으로, 문제해결 과정에 몇 가지 자기설명 자극을 소개하였다(Atkinson et al., 2003). 이미 설명한 것처럼, 많은 학습자들은 해결된 예제의 과정이 학습자에게 생산적인 자기설명 활동을 할 수 있을 만큼 충분한 인지 용량을 허용한다고 할지라도 스스로 그러한 활동(본유적 부하 관련)을 하지는 않는다. 학습자의 자기설명활동은 선행연구에서 보여주었던 도움제거 전략이 높은 수준의 전이에 미쳤던 효과의 일부만을 설명할지도 모른다. 학습자에게 자기설명 활동을 하도록 하는 것은(모든 단계에 해당되는 것은 아님, Moreno & Mayer, 2005 참조) 도움제거 전략을 높은 수준의 전이와 관련해서 더 효과적으로 만들어줄 수 있다고 가정하였다. 구체적으로 살펴보면, 실험에서 확률에 관한 예제와 문제를 다시 사용하였으며, 학습자에게 각 해결의 단계마다 어떤 내용 원리를 적용하였는지 그 결정된 내용을 요구하였다(그림 5.3 참조). 실험에서 후방 도움제거와 자기설명 자극 제시 집단, 후방 도움제거와 자기설명 자극 제시를 받지 않은 집단, 해결된 예제-문제 제시와 자기설명 자극 제시 집단, 해결된 예제-문제 제시와 자기설명 자극 제시를 받지 않은 집단의 네 개 집단을 비교하였다(Atkinson et al., 2003; 실험 1). 결과는 낮은 전이와 높은 전이 양쪽에서 도움제거 전략과 자기설명 자극을 제시하는 것이 의미 있는 영향을 미쳤음을 발견하였다. 이어지는 실험에서 자기설명 자극 효과 실험을 반복하였다(Atkinson et al., 2003; 실험 2). 결론적으로, 인지 용량을 효과적으로 사용하도록 처치한 교수방법들은 낮은 전이와 높은 전이를 자극하는 데 특별히 효과가 있음을 보여주고 있다.

도움제거 예제가 문제해결에 대해 잘 지원된 학습보다 효과적인가?

앞에서 설명된 연구들이 자기설명 자극과 함께 제시된 도움제거 예제가 효과적인 학습을 이끈다고 주장하지만, 몇 가지 주의점이 남아있다. 보다 일반적인 수준에서, Koedinger과 Aleven(2007)은 해결된 예제를 통한 학습의 효과가 수정 피드백(Sweller & Cooper, 1985)을 제외한 어떠한 교수적 지원을 하지 않는 문제만 제시한 학습과 관련이 있음을 주장하였다. 이들은 잘 지원된 문제해결 과제가 제시된다면, 해결된 예제의 효과는 사라질 것이라고 주장한다. Koedinger과 Aleven(2007)의 연구의 결과가 인지부하이론의 틀에서 추론된 것은 아니지만, 그들의 주장이 인지부하이론과 잘 조화될 수 있다. 이 이론은 높은 수준의 지원은 초보 학습자에게 매우 중요하며, 해결된 예제는 그러한 높은 수준의 지원 중 한 가지에 해당한다는 것이다(3장 참조). 따라서, 해결된 예제를 통한 학습과 잘 지원된 문제해결 학습을 비교하는 실험 연구가 해결된 예제의 효과의 일반화를 평가하기 위해서 꼭 필요하다.

지금까지 도움제거 전략의 효과성은 해결된 예제 문제와 비교하여 연구되어 왔다. 자기설명 전략과 결합된 도움제거 예제 전략이 교실 수업에서의 교사나 튜터링 시스템에 의해 제공되는 잘 지원된 문제해결 학습보다도 효과적이라는 결과는 매우 의미 있을 것이다.

이러한 문제를 해결하기 위하여, **인지 튜터**(Cognitive Tutors; Schwonke, Renkl, Krieg, Wittwer, Aleven, & Salden, 2009)에 제거되는 해결된 예제를 포함시켰다. 인지 튜터는 수학과, 발생학 등 다양한 영역에서 학습에 효과적인 영향을 미친 것으로 증명되었다(Anderson, Corbett, Koedinger, & pelletier, 1995; Koedinger & Corbett, 2006). 학업성취 결과에 대한 실시간 평가에 기반하여, 인지 튜터는 문제해결에 대한 개별화된 지원을 제공한다. 특히, 튜터는 적절한 문제를 선택하고, 즉각적인 피드백을 제공하며, 또한 힌트를 제시한다. Aleven과 Koedinger(2002)는 각 단계의 문제해결을 위해 필요한 원리를 명확하게 자기설명하도록 하는 기제를 인지 튜터에 포함시켰다(2002). 이러한 교수방법은 인지 튜터를 더 효과적으로 만들었다(Aleven & Koedinger, 2002). 인지 튜터가 이미 자기설명 기제와 여러 지원적 특징을 포함하고 있지만, 학습자의 개념 이해가 점차 제거되는 해결된 예제에 의해 보다 깊이 있게 향상될 수 있을까를 조사하고 싶었다. 더불어, 해결된 예제가 효과가 있다는 결과는 학습자가 일반 수준의 해결된 예제를 제시하는 튜터보다는 풍부한 예제를 제공하는 튜터로 학습을 할 경우, 학습시간이 줄어들 수 있지 않을까라는 기대를 가지게 하였다(Sweller & Cooper, 1985 참조).

첫 번째 실험에서는 일반 수준과 풍부하게 제공된 예제 튜터 간에 학습결과에 있어 의미 있는 차이가 없었다(Schwonke et al., 2009; 실험 1). 그러나, 풍부한 예제를 제시한 튜터가 더 효율적이었다(학습 시간이 적게 소요되었음). 학습자가 풍부하게 제시된 해결된 예제 튜터를 사용하여 적절하게 많은 문제를 해결하는 것이 관찰되었다. 실험 2(Schwonke et al, 2009)에서 튜터를 사용하는 방법에 대한 설명을 부가적으로 제공하였다. 이 경우에, 학습자는 풍부한 해결된 예제 튜터와 학습을 하면서 깊이 있게 개념을 습득하였다. 그리그, 예측대로, 일반적인 튜터에 비해 시간을 적게 사용하였다. 이러한 결과는 튜터에 기반한 문제해결 교수전략과 해결된 예제 기반 학습이 생산적인 방향으로 결합될 수 있음을 보여주고 있다.

개별 학습자별로 도움제거 전략의 적용

도움제거 전략의 효과를 지지하는 연구가 상당히 많이 있지만, 그 전략이 더욱 발전될 수 있을 것이라고 믿는다. 복잡한 인지 기술을 습득할 때, 학습자는 시작 단계에 해당하는 경우(원리에 대한 이해가 필요한 경우)와 그 단계를 뛰어넘은 다음 단계(원리를 이미 이해한 경우)에 해당하는 경우가 있다. 교수적 관점에서 볼 때, 전자의 학습자는 구성 원리를 습득하고, 후자의 학습자는 문제해결 단계의 학습을 하는 것이 최선이다. 그러나, 현재의 도움제거 전략은 개별 학습자의 이해 수준을 고려하지 않는다. 도움제거 전략의 예제는 이미 구조화되었기 때문에, 학습자들 사이의 다양성을 고려하지 않은 채 전형적인 학습자를 가정하고 문제해결의 요구가 점차 증가하도록 되어 있다.

Kalyuga와 Sweller(2004, 실험 4)는 학습자가 대수 문제를 해결하는 학습을 할 때, 실시간 적절하게 도움이 제거되는 전략을 검증하였다. 학습자의 수준과 관련하여 수준을 진단하기 위하여, **속성 진단 평가**(rapid-assessment) 기술을 사용하였다(3장 참조). 이러한 기술에서 학습자는 (부분적으로 해결된) 과제를 부여받고, 다음 단계로 즉시 이동할 것을 요구받는다. 학습자의 정답 범위는 시도-실수 전략을 사용하는 것에서부터 해당 영역에 대한 스키마가 습득되었음을 보여주는 정답을 제공하는 단계에 걸쳐 있다. Kalyuga와 Sweller(2004)는 개별 학습자의 속성 진단 평가 결과에 따라 즉각적으로 해결된 예제를 제공하거나 도움을 제거하였다. 이러한 수준별 도움제거 전략의 사용을 한 집단에서 학습자는 고정된 전략을 사용한 집단보다 지식을 습득하는 데 더 높은 성취를 보여주었다.

Salden, Aleven, Renkl, Schwonke(2008)은 **인지 튜터** 기술을 사용하여 수준별 도움제거 전략을 적용하였다. 인지 튜터에서 사용하는 측정은 학습자의 자기설명 수행능력에 기반하여 이루어진다. 학습자가 특정 원리를 이해했음을 자기설명 수행을 통해 보여줄 경우, 그 원리를 포함한 지원 단계가 다음 단계에서 사라진다. 따라서, 학습자는 스스로 그 단계를 해결해야 한다. 이러한 수준별 도움제거 전략의 효과를 검증하기 위하여, 실험실과 교실 실험이 각각 진행되었다. 두 번의 연구는 일반수준의 인지 튜터와 두 가지의 풍부한 해결된 예제 인지 튜터(고정된 해결 예제 튜터와 수준별 도움제거 튜터)를 비교하였다. 그 결과, 수준별 도움제거 해결된 예제 전략이 다른 두 집단에 비해 높은 수준의 전이를 이끌었다.

교수설계를 위한 함의

앞에서 발견한 내용에 기초하여, 도움제거 해결된 예제를 사용하기 위한 교수설계 원리를 제안하고자 한다.

(1) **동일 구조의 해결된 예제를 사용할 것**. 원리를 먼저 제시한 후에, 해결된 예제가 제시되어야 한다. 학습자에게 문제를 해결하기 전에 해결된 예제를 제시하는 것은 해결된 예제학습에 대한 인지부하이론의 핵심 내용이다.

(2) **자기설명을 이끌어낼 것**. 해결된 예제나 단계를 제공하는 것은 학습자의 인지부하를 줄여준다. 그러나 대부분의 학습자는 자기설명과 같은 본유적 부하를 일으키는 활동에 인지부하 용량을 사용하지는 않는다. 이러한 결점을 보완하기 위해서, 자기설명 자극이 해결된 예제 단계에서 사용되어야 한다.

(3) **도움제거 단계**. 초기에는 완전히 해결된 예제를 제시한 후에, 도움제거 단계로서 불완전한 예제를 제시해야 한다. 학습자가 지식을 습득하고 있을 경우, 해결된 예제는 불필요한 도움이 된다. 이렇게 학습자가 완전히 혼자서 해결해야 하는 문제만 남을 때까지 점차적으로 도움의 제공이 줄어야 한다. 이러한 방식으로 해결된 예제의 사용에서 문제해결로

의 부드러운 전환이 이루어져야 한다.

(4) **개별적 도움제거 전략**. 수준을 고려하지 않은 도움제거 전략도 효과적이다. 그러나, 인지 기술 습득과 관련하여 개인의 수준을 고려한 전략을 제공할 경우, 그 효과가 훨씬 고양될 수 있다.

미래 연구를 위한 방향

요약하면, 인지 기술 습득은 자기설명과 도움제거 해결된 예제를 사용하여 강화될 수 있다는 증거들이 충분하다. 절차적 기술뿐만 아니라, 수정된 해결 절차를 필요로 하는 문제를 해결할 수 있는 전이적 지식과 개념적 지식 역시 강화될 수 있다는 것을 인식해야 한다. 이러한 성과에도 불구하고, 여전히 많은 문제들이 남아 있다. 지금까지 조사된 해결된 예제의 한 가지 결점은 전형적으로 잘 구조화된 영역, 즉, 절차적 구조를 가진 내용의 학습에 적합하다는 것이다. 예를 들어, 수학, 물리학, 프로그래밍의 경우에 직접적으로 최종 답으로 이끌어내는 해결 단계들을 제시할 수 있다. 협동학습, 효과적인 학습자료를 설계하는 일, 논쟁, 수학적 증명과 같은 활동에 대해서는 해결 단계를 기술하기가 어렵다. 앞에서 언급되었던 네 가지의 기술 유형에 관하여, 최근의 연구들은 비구조화된 교과 영역이나 공식이 없는 영역에까지 해결된 예제를 사용할 수 있는 범위를 확장하는 것이 가능함을 보여주었다(Hillbert, Renkl, Kessler, Reiss, 2008: 수학적 증명; Spada, & Hauser, 2006: 협동학습; Schworm & Renkl, 2007: 과학적 논쟁). 그래서, 이러한 연구들은 해결된 예제 기반 학습과 관련하여 인지부하이론의 개념이 다양한 학습영역에까지 적용될 수 있음을 보여주기 시작하였다. 그럼에도 불구하고, 해결된 예제로부터 학습하는 것에서 문제해결로 전이하는 것을 어떻게 구조적으로 설명할 것인가, 그리고 비구조화된 영역에서 도움제거 전략을 어떻게 만들어낼 것인가가 여전히 해결되어야 한다.

참고문헌

Aleven, V., & Koedinger, K. R. (2002). An effective meta-cognitive strategy: Learning by doing and explaining with a computer-based cognitive tutor. *Cognitive Science*, 26, 147-179.

Anderson, J. R., Corbett, A. T., Koedinger, K. R., & Pelletier, R. (1995). Cognitive tutors: Lessons learned. *The Journal of the Learning Sciences*, 4, 167-207.

Anderson, J. R., & Lebiere, C. (Eds.). (1998). *The atomic components of thought.* Mahwah, NJ: Erlbaum.

Atkinson, R. K., Derry, S. J., Renki, A., & Wortham, D. W. (2000). Learning from examples: Instructional principles from the worked examples research. *Review of Educational Research*, 70, 181-214.

Atkinson, R. K., Renkl, A., & Merrill, M. M. (2003). Transitioning from studying examples to solving problems: Combining fading with prompting fosters learning. *Journal of Educational Psychology*, 95, 774-783.

Chi, M. T. H., Bassok, M., Lewis, M. W., Reimann, P., & Glaser, R. (1989). Self-explanations: How students study and use examples in learning to solve problems. *Cognitive Science*, 18, 145-182.

Clement, L., & Bernhard, J. Z. (2005). A problem-solving alternative to using key words. *Mathematics Teaching in the Middle School*, 10, 360-365.

Cooper, C., & Sweller, J. (1987). Effects of schema acquisition and rule automation on mathematical problem-solving transfer. *Journal of Educational Psychology*, 79, 347-362.

Ericsson, K. A., & Charness, N. (1994). Expert performance: Its structure and acquisition. *American Psychologist*, 49, 725-747.

Ericsson, K. A., Krampe, R. Th., & Tesch-Romer, C. (1993). The role of deliberate practice in the acquisition of expert performance. *Psychological Review*, 100, 363-406.

Hilbert, T. S., Renkl, A., Kessler, S., & Reiss, K. (2008). Learningto prove in geometry: Learning from heuristic examples and how it can be supported. *Learning & Instruction*, 18, 54-65.

Kalyuga, S., Ayres, P., Chandler, P., & Sweller, J. (2003). The expertise reversal effect. *Educational Psychologist*, 38, 23-31.

Kalyuga, S., Chandler, P., Tuovinen, J., & Sweller, J. (2001). When problem solving is superior to studying worked examples. *Journal of Educational Psychology*, 93, 579-588.

Kalyuga, S., & Sweller, J. (2004). Measuring knowledge to optimize cognitive load factors during instruction. *Journal of Educational Psychology*, 96, 558-568.

Koedinger, K. R., & Aleven, V. (2007). Exploring the assistance dilemma in experiments with cognitive tutors. *Educational Psychology Review*, 19, 239-264.

Koedinger, K. R., & Corbett, A. T. (2006). Cognitive tutors: Technology bringing learning sciences to the classroom. In R. K. Sawyer (Ed.), *The Cambridge handbook of the learning sciences* (pp. 61-78). New York: Cambridge University Press.

Moreno, R. (2006). When worked examples don' t work: Is cognitive load theory at an impasse? *Learning and Instruction*, 16, 170-181.

Moreno, R., & Mayer, R. E. (2005). Role of guidance, reflection, and interactivity in an agent-based multimedia game. *Journal of Educational Psychology*, 97, 117-128.

Neuman, Y., & Schwarz, B. (1998). Is self-explanation while solving problems helpful? The case of analogical problem solving. *British Journal of Educational Psychology*, 68, 15-24.

Paas, F., & van Gog, T. (2006). Optimising worked example instruction: Different ways to increase germane cognitive load. *Learning & Instruction*, 16, 87-91.

Pirolli, P., & Recker, M. (1994). Learning strategies and transfer in the domain of programming. *Cognition & Instruction*, 12, 235-275.

Renkl, A. (1997). Learning from worked-out examples: A study on individual differences. *Cognitive Science*, 21, 1-29.

Renkl, A. (2005). The worked-out-example principle in multimedia learning. In R. Mayer (Ed.), *Cambridge handbook of multimedia learning* (pp. 229-246). Cambridge, UK: Cambridge University Press.

Renkl, A., & Atkinson, R. K. (2003). Structuring the transition from example study to problem solving in cognitive skills acquisition: A cognitive load perspective. *Educational Psychologist*, 38, 15-22.

Renkl, A., & Atkinson, R. K. (2007). An example order for cognitive skill acquisition. In E F. Ritter, J. Nerb, F. Lehtinen, & T. M. O' Shea (Eds.), *In order to learn: How the sequence of topics influences learning* (pp. 95-105). New York: Oxford University Press.

Renkl, A., Atkinson, R. K., & GroBe, C. S. (2004). How fading worked solution steps works – A cognitive load perspective. *Instructional Science*, 32, 59-82.

Renkl, A., Atkinson, R. K., Maier, U. H., & Staley, R. (2002). From example study to problem solving: Smooth transitions help learning. *Journal of Experimental Education*, 70, 293-315.

Renkl, A., Stark, R., Gruber, H., & Mandl, H. (1998). Learning from worked-out examples: The effects of example variability and elicited self-explanations. *Contemporary Educational Psychology*, 23, 90-108.

Rummel, N., Spada, H., & Hauser, S. (2006). Learning to collaborate in a computer-mediated setting: Observing a model beats learning from being scripted. In S. A. Barab, K. F. Hay, & D. T. Hickey (Eds.), *Proceedings of the Seventh International Conference of the Learning Sciences* (pp. 634-640). Mahwah, NJ: Lawrence Erlbaum.

Salden, R., Aleven, V., Renkl, A., & Schwonke, R. (2009). Worked examples and tutored problem solving: Redundant or synergistic forms of support? *Topics in Cognitive Science*, 1, 203-213.

Schwonke, R., Renkl, A., Krieg, K., Wittwer, J., Aleven, V., & Salden, R. (2009). The Worked-example effect: Not an artefact of lousy control conditions. *Computers in Human Behavior*, 25, 258-266.

Schworm, S., & Renkl, A. (2006). Computer-supported example-based learning: When instructional explanations reduce self-explanations. *Computers & Education*, 46, 426-445.

Schworm, S., & Renkl, A. (2007). Learning argumentation skills through the use of prompts for self-explaining examples. *Journal of Educational Psychology*, 99, 285-296.

Sweller, J., & Cooper, G. A. (1985). The use of worked examples as a substitute for problem solving in learning algebra. *Cognition & Instruction*, 2, 59-89.

VanLehn, K. (1996). Cognitive skill acquisition. *Annual Review of Psychology*, 47, 513-539.

VanLehn, K. (1998). How examples are used during problem solving. *Cognitive Science*, 22, 347-388.

VanLehn, K., Lynch, C., Schulze, K., Shapiro, J. A , Shelby, A., Taylor, D., et al. (2005). The Andes physics tutoring project: Five years of evaluations. *International Journal of Artificial Intelligence in Education*, 15, 1-47.

van Merriënboer, J. J. G., Clark, R. E., & De Croock, M. B. M. (2002). Blueprints for complex learning: The 4C/ID-model. *Educational Technology, Research and Development*, 50, 39-64.

van Merriënboer, J. J. G., & Kester, L. (2005). The four-component instructional design model: Multimedia principles in environments for complex learning. In R. E. Mayer (Ed.), *The Cambridge handbook of multimedia learning* (pp. 71-93). New York: Cambridge University Press.

6

복합적 학습 환경 설계에서 인지부하의 교수적 통제

Liesbeth Kester, Fred Paas, Jeroen J. G. Van Merriënboer

최근 교수설계 이론들(예: 사례 방법, 프로젝트 기반 교육, 문제 기반 학습 및 역량 기반 교육)은 복합적 학습을 위한 동인으로서 실생활의 경험을 바탕으로 하는 실제적 학습과제를 강조하는 경향이 있다(Merrill, 2002; van Merriënboer & Kirschner, 2001). 그러한 이론들에 의하면, 실제적 학습과제란 여러 가지 해결책을 가지고 있고, 생태학적으로 생동적이며, 한 번의 경험으로 숙달될 수 없고, 학습자의 인지체계에 매우 높은 부하를 일으킨다. 결과적으로, 복합적 학습은 독립된 기능들을 분리한 상태에서는 거의 이룰 것이 없고, 무엇보다 실생활의 과제 수행을 구성하는 분리된 기능들을 **조합하는**(coordinate) 학습을 다루고 있다. 따라서, 복합적 학습에서 전체는 단순한 부분의 합 그 이상이 되는데, 왜냐하면 그것은 그 부분들을 잘 결합하는 능력까지 포함하기 때문이다. 뿐만 아니라, 복합적 학습에서 효과적인 수행을 하기 위해서는 기능, 지식, 태도의 **통합**(integration), 즉 예를 들자면 문제해결과 논증을 위한 기능에 필요한 복잡한 지식 구조가 필요하고, 대인관계 능력이나 안전한 절차대로 수행하기 위해 필수적인 특별한 태도도 필요하다. 뿐만 아니라, 복합적 학습은 반드시 적용되어야만 하는 기능 요소들에 영향을 미치는 과제 특성들 간에 질적인 차이를 인식하는 **변별력**(differentiation)을 필요로 한다. [그림 6.1]은 직업교육에서 초보 전기수리공을 위한 실제적인 학습과제, 이름하여 전기 회로 문제해결을 위한 모의실험의 예를 보여준다.

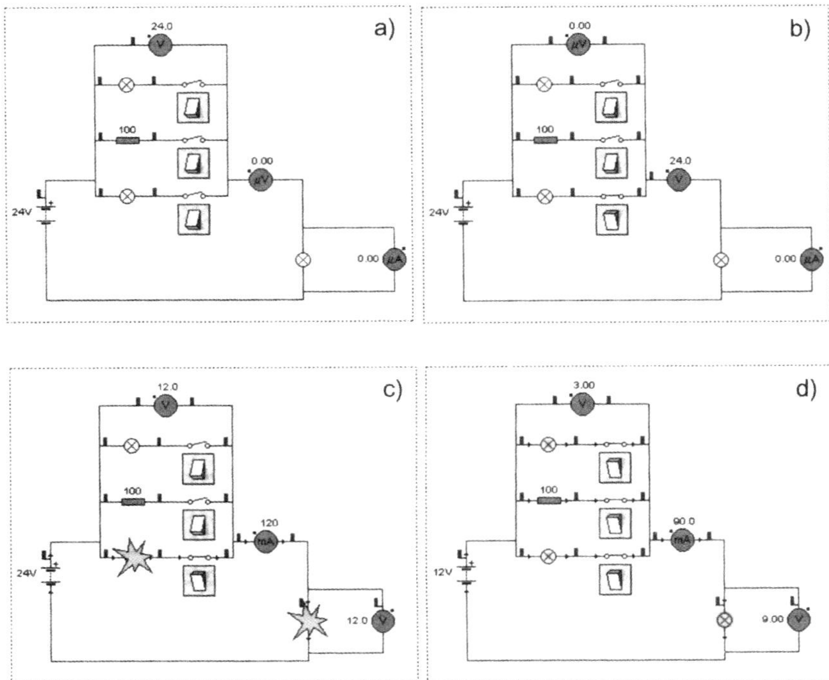

[그림 6.1] a: 고장난 전기회로를 보여준다. b: 스위치를 닫았을 때 나타나는 두 가지 문제, 즉 전압계와 전류계가 잘못 연결되어 있기 때문에 전류가 흐르지 않는다는 문제를 갖고 있다. c: 이렇게 고정되면 배터리의 전압이 너무 높아서 전구가 터진다. d: 학습자는 이 회로를 수리해야 하는데, 그러기 위해서는 그들의 문제해결 능력(예: 목표 판단, 현재 상태 진단, 조치할 사항 결정)과 회로 조작 기능(예: 그 조치사항을 수행하는 것)을 잘 결합해야 하고, 전기회로에 대한 지식과 문제해결 과제를 정확하게 수행하는 능력을 통합해야 하고, 현재는 그렇지 않지만 해결안에 도달하는 것과 관련된 전기회로의 특징을 인식할 수 있어야 한다. 이러한 기능들이 적절하게 수행되면 전기회로가 잘 작동하는 결과를 낳게 될 것이다.

어떤 기능요소들은 문제 상황(예: 바람직한 방향이나 진단한 상황과 같은 문제해결 기능)에 따라 다르게 다양한 방식으로 수행된다. 전문가들은 그러한 내용 영역에 대해 추론하고 문제해결을 위한 행동을 결정하는 데 도움이 되는 고도의 복잡한 인지체계를 가지고 있기 때문에 그러한 **비순환적**(non-recurrent) 기능들을 효과적으로 수행할 수 있다. 또 다른 기능 요소들로는 문제 상황(예: 전기 회로를 구성하거나 조작하는 것)에 따라 매우 일관된 방식으로 수행하는 영역일 것이다. 전문가들은 그들의 인지적 스키마 안에 어떤 특징적인 문제상황에 적용할 수 있는 특정한 조치를 바로 연상시키는 규칙들을 가지고 있기 때문에 그러한 **순환적**(recurrent) 기능들도 효과적으로 수행할 수 있다. 복합적 수행 중에 순환적 수행과 비순환적 수행에 대한 구분은 특히 중요한데, 그 각각의 수행과 관련된 학습 처리가 기본적으로 서로 다르게 구분되기 때문이다. 비순환적인 기능에 대한 학습 처리과정은 스키마 구성과 관련되는 것으로, 구체적인 경험과 새로운 정보의 정교화를 통해 귀납적으로 추론하거나 의도적으로 축약(mindful abstraction)하는 것을 포함한다. 순환적 기능을 위한 학습 처리과정은 스키마 자동화와 관련되는 것으로, 새로운 정보를 규칙과 컴파일화로 자동화하고 그러한 규칙들을 강화하는 제한된 부호화 혹은 절차화 과정을 포함한다.

이 장은 교수 방법의 사용을 위해서 교육에서 실제적 혹은 인지적 과제에 초점을 맞추는 인지적 시사점을 다룬다. 복합적 과제에서는 높은 인지적 과제가 핵심적인 특징이기 때문에, 복합적 과제를 위해서는 인지 구조와 함께 특정 교수방법이 적절히 병행될 경우에만 효과적인 학습이 시작될 수 있다(Paas, Touvinen, Tabers, & Van Gerven, 2003). 복잡한 인지적 과제의 학습을 위해서 교수방법을 선택하거나 설계할 때 인간의 인지 구조가 주요 고려대상이 된다는 생각은 인지부하이론의 핵심이다(Paas, Renke, & Sweller, 2003; Sweller, 1988; Sweller, van Merriënboer, & Paas, 1998; van Merriënboer & Sweller, 2005). 인지부하이론은 개별 학습자들이 학습 환경에서 효과적으로 배우려면 그들 자신의 인지체계의 구조, 학습 환경, 그리고 그 두 가지 요소 간의 통합에 대해 반드시 이해해야 하고, 적응해야 하며, 또한 그 두 가지가 잘 조화되어야 한다고 가정한다.

인지부하이론에 의하면, 잘 선택되거나 잘 설계된 교수방법은 최대 가능한 용량의 제한 범위 내에서 인지적 과부하를 예방하기 위해 학습에 불필요한 부하(예: 잘못 설계된 교수방법에 의해 발생하는 외재적 인지부하, 그림 6.2 참조)를 감소시키고, 학습에 직접적으로 기여하는 부하(예: 본유적 부하)를 최적화시킨다. 그러나, 이 장은 심지어 외재적 인지부하의 모든 원천을 제거하고 난 후에도 과제에서 요소 상호작용성을 다루는 것으로 인해 발생하는 내재적 과부하가 여전히 높아서 효율적인 학습을 어렵게 한다는 것을 의미하는 복합적 학습에 관한 것이다. 그리하여 인지부하이론은 교수설계자나 교수자들에게 비교적 단순한 과제와 혼용될 때, 즉 모든 상호작용적인 정보 요소들이 동시적

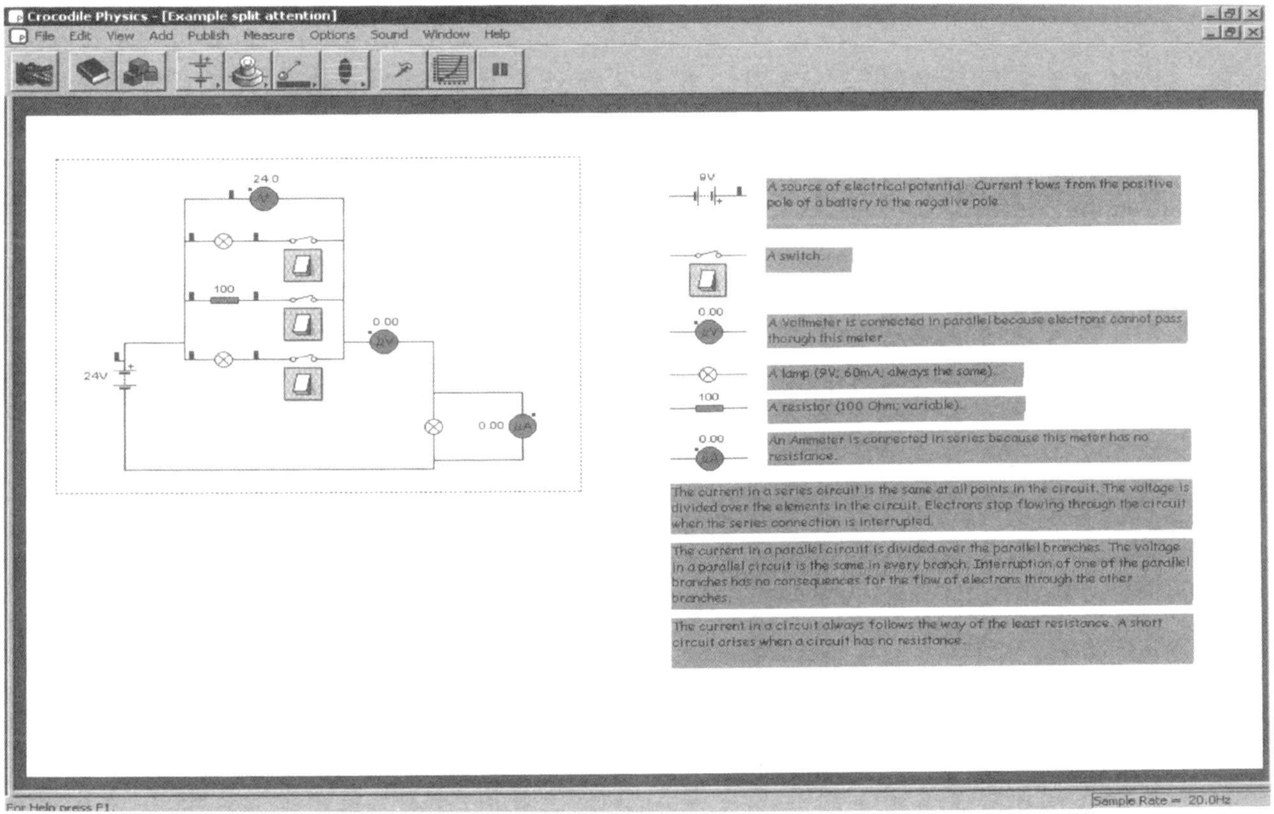

(a)

[그림 6.2] 이 그림은 텍스트와 전기회로의 시각적 검색이 필요하기 때문에 높은 외재적 인지부하를 가진 학습과제(a)와 그러한 검색이 필요 없기 때문에 낮은 외재적 부하를 포함하는 학습과제(b)를 대조하여 보여준다.

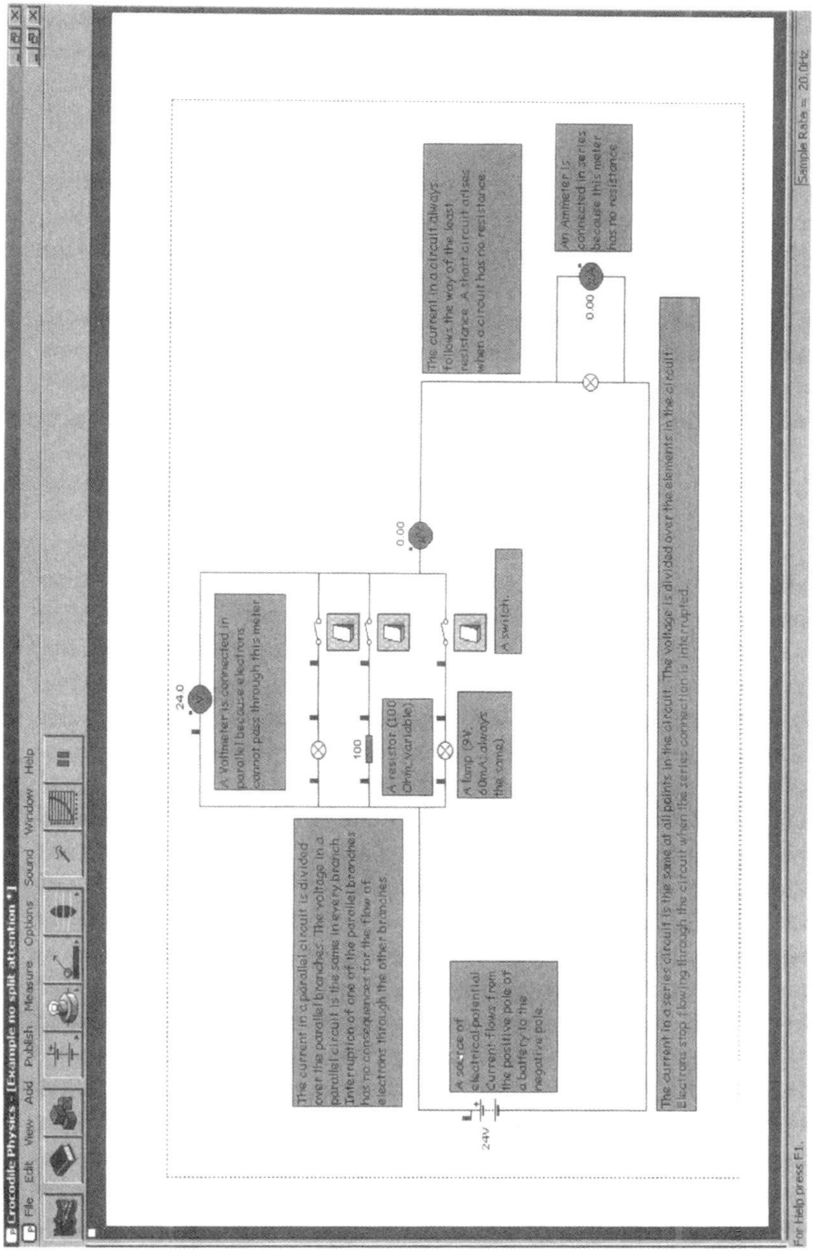
Crocodile Physics - [Example no split attention *]
File Edit View Add Publish Measure Options Sound Window Help
The current in a parallel circuit is divided over the parallel branches. The voltage in a parallel circuit is the same in every branch. Interruption of one of the parallel branches has no consequences for the flow of electrons through the other branches.
A Voltmeter is connected in parallel because electrons cannot pass through this meter.
A resistor (100 Ohm, variable)
A lamp (9V, 60mA; always the same).
A switch.
A source of electrical potential. Current flows from the positive pole of a battery to the negative pole.
The current in a circuit always follows the way of the least resistance. A short circuit arises when a circuit has no resistance.
An Ammeter is connected in series because this meter has no resistance.
The current in a series circuit is the same at all points in the circuit. The voltage is divided over the elements in the circuit. Electrons stop flowing through the circuit when the series connection is interrupted.
24V
24.0
100
0.00
0.00
For Help press F1.
Sample Rate = 20.0Hz

(h)

[그림 6.2] (계속)

으로 처리하는 과정에서 어느 정도 인지적 여우 용량이 남을 경우에만 본유적 부하를 발생시키는 방법을 사용하도록 추천하고 있다. 그러나 이 장에서 우리는 본유적 부하를 유도하는 방법이 복잡한 과제에서도 사용될 수 있다고 주장함으로써 그러한 접근 방법에 반대하는 입장이다. 그렇게 하기 위해서, 본유적 부하를 유도하는 방법을 사용하는 동안에 학습과제의 요소 상호작용성을 제한함으로써 내재적 부하와 본유적 부하가 반드시 균형을 이루도록 해야 한다. 첫째, 우리는 단순한 과제를 연습하는 데 사용되는 본유적 부하를 유도하는 교수방법은 복잡한 과제를 연습하는 데에는 학습 전이의 비용 측면에서 효과적이지 않다는 것을 살펴볼 것이다. 둘째, 본유적 부하를 증가시키기 위해서 복잡한 과제의 내재적 부하를 어떻게 관리하는지 설명할 것이다. 셋째, 복잡한 과제를 위한 세 가지 교수설계 모형에 근거해서, 교수설계이론을 위해 인지부하이론이 지향하는 학습에 대한 관점의 시사점에 대해 살펴볼 것이다. 그리고 주요 결론과 향후 연구 이슈를 제시하면서 이 장을 마무리하고자 한다.

과제 복잡성과 인지부하

선행 연구들은 단순한 과제를 학습하는 데 효과적이었던 교수방법들이 복잡한 과제에는 효과적이지 않고 그 반대의 경우 또한 마친가지라는 것을 지적하고 있다(Bainbrige, 1997; Wulf & Shea, 2002). 여기에서 우리는 단순한 과제와 복잡한 과제에서 본유적 부하를 유도하는 방법들이 다른 효과들을 나타낸다는 것, 즉 단순한 과제에서 사용된 방법들의 긍정적인 효과가 과제 복잡성이 높아짐에 따라 감소됨을 제시된다는 점에 대해 살펴볼 것이다. 둘째, 훈련의 **전이**가 되려면 본유적 부하를 유도하는 방법으로 복잡한 과제를 가르치는 것이 중요하다는 것에 대해 강조할 것이다.

본유적 인지부하를 유도하는 교수방법과 과제 복잡성

학습에 영향을 미치는 데 가장 중요한 본유적 인지부하를 유도하는 방법은 다양성을 연습하는 것, 특히, 연습 주기마다 다른 버전의 학습과제를 연습하도록 계획하는 방식이다. 가장 일반적인 특징은 낮은 맥락적 간섭과 높은 맥락적 간섭 간의 차이에 있다. 낮은 맥락적 간섭으로 구성된 연습(예: 구획화된 연습)에서는 한 가지 유형의 과제를 다른 유형의 과제가 제시되기 전에 반복적으로 연습한다. 높은 맥락적 간섭으로 계획된 연습(예: 무작위 연습)에서는 모든 유형의 과제가 섞여있어서 무작위 순서로 연습을 하게 된다. 맥락적 간섭은 과제의 표면적인 특징(예: 맥락, 표상; Quilici & Mayer, 1996)이나 과제의 구조적인 특징(예: 기본 과정)을 다양화함으로써 유도할 수 있다. 예를들면, 전기 회로에 사용된 배터리의 유형을 달리하는 것도 회로에 적용하는 물리학의 법칙에 영향을 미치지 않기 때문에 표면적 특징을 다양화하는 것이 될 수 있다. 반면, 회로 유형에 변화를 주는 것(예: 직렬 혹은 병렬)은 회로에 적용되는 물리학의 법칙에 영향을 미칠 수 있기 때문에 구조적 특징을 다양화하는 것이 될 것이다. 단순한 과제와 관련해 알려진 내용으로, 맥락적 간섭이 높은 것은 연습 도중의 수행은 효과적이지 않은 반면(예: 사전에 설정된 수행 수준에 도달하기 위해서 더 많은 시간과 시도가 필요함), 파지 검사(복습) 중에는 더욱 높은 수행을 보인다(Magill & Hall, 1990)는 것이다. 높은 맥락적 간섭의 이점으로 볼 수 있는 것은 다양한 과제의 버전이 작동기억에 함께 있어서 기억 속에 정교한 표상들을 생산하기 위해 서로 비교되고 대조되고(Shea & Zimmy, 1983), 그러한 높은 맥락적 간섭 조건이 결국 기억 속에 더 잘 접근할 수 있는 표상을 생산하는 재구성적인 활동들을 가능케 하는, 조치 계획의 반복된 망각이 되게 해준다는 것(Lee & Magill, 1985)이다. 이와 관련해서 제기되는 또 다른 설명은, 다양한 과제 유형을 무작위로 연습하는 것은 구획화된 연습을 하는 것보다 더 많은 노력을 요구하는 본유적 학습 과정을 유발하지만 나중에 전이 검사 수행을 향상시키는 인지적 표상을 발생시킨다고 하는 가정이 있다.

복잡한 과제에 대한 맥락적 간섭의 연구 결과는 좀 덜 명확한데, 그 이유는 학습자들이 과제의 그러한 표면적 특징과 구조적 특징을 구분하는 것을 어려워한다는 사실 때문일 것으로 일부 짐작이 된다(Ross & Kilbane, 1997). 복잡한 운동경기 과제에 대해서, 높은 맥락적 간섭의 긍정적인 효과는 전혀 발견되지 않거나 높은 전문가 학습자에게서만 나타나고 경험 수준이 낮은 학습자에게서는 발견되지 않는다(Hebert, Landin, & Solmon, 1996). Albaret과 Thon(1999)

은 그리기 과제를 이용해서 과제 복잡성(그려야 할 선의 수)을 확실하게 조작해서 맥락적 간섭의 효과에 대해 연구하였다. 예상대로 그들은 무작위 연습의 긍정적인 효과가 과제 복잡성이 증가됨에 따라 감소되고, 가장 복잡한 과제에서는 심지어 구획화된 연습이 무작위 연습보다 더 효과가 높아진 것을 발견하였다. 이러한 결과는, 복잡한 과제는 학습자들이 인지적 표상을 하도록 돕는 본유적 인지 처리를 위한 처리 용량이 남아있지 않다는 것을 짐작하게 한다.

연습 항목을 설계하는 것과 관련해서 본유적 인지부하를 유발하는 두 번째 방법은 제한된 안내 정보와 지연된 피드백을 제공하는 것이다. 간단한 과제를 위해서는 안내의 양을 줄이는 것이 보통 학습에 도움이 된다. 예를 들어, 운동 기능을 학습하는 데 있어서 신체적 안내(예: 수행자의 팔다리를 움직임면서 목표 자세를 가리키기 위해서 기계적으로 멈춤을 사용하는 것)는 많은 시도 횟수로 사용될 때보다 제한된 횟수의 시도로 사용될 때 더욱 효과적이고, 동작 자체의 세부적인 면들까지 강조하는 안내보다는 학습자가 외적인 목표 동작에만 주의집중하도록 강조하는 안내가 더 효과적이다(Schmidt, 1991). Paas, Camp, Rikers(2001)는 미로 학습과제에서 목표를 정교하게 묘사해서 안내를 제공해주는 것보다 목표를 느슨하게 제시함으로써(미로의 끝 지점) 제한된 안내를 제공하는 것이 더 효과적임을 제시하였다. 연구 결과들은, 간단한 과제를 위해서는 충분히 자세한 안내를 제공해줄 때 연습 중의 수행에 대해 강한 긍정적 효과를 발휘하지만, 검사 중에 그것이 제거되었을 때 자세한 안내를 연습한 학생들보다 적은 안내나 혹은 안내를 받지 않은 채 연습한 학생들이 더욱 잘 수행한다고 지적한다. 비슷한 것으로, 연습과제의 일부 혹은 수행의 서로 다양한 측면에 대해 피드백을 주는 것이 모든 과제 혹은 수행의 모든 측면에 대해 피드백을 주는 것보다 학습에 더욱 효과적인 것으로 결과가 나타났다. 뿐만 아니라, 약간 지연된 피드백이 동시적 혹은 즉시적 피드백보다 더 효과적이다(Balzer, Doherth, & O' Connor, 1989).

그러나, 복잡한 과제에 대한 안내와 피드백의 효과에 대한 연구 결과들은 다른 양상을 보인다. 운동경기에서 복잡한 동작을 위해서는, 충분히 자세한 신체적 조언이 제한된 신체적 조언보다 우세한 것으로 증명됐다(Wulf, Shea, & Whitacre, 1998). 주목할 만한 과제로, Guadagnoli, Dornier, Tandy(1996)는 타격과 관련된 과제에서 피드백을 담은 비교적 긴 요약문과 같은 지연된 피드백이 전문성이 낮은 학습자와 높은 학습자들에게 단순한 과제를 가르칠 때, 그리고 전문성이 높은 학습자들에게 복잡한 과제를 가르칠 때 가장 효과적인 반면, 전문성이 낮은 학습자에게 복잡한 과제(내재적 인지부하가 높은 상황)를 가르치는 데에는 단일 과제별로 피드백을 주는 것과 같은 즉각적 피드백이 가장 효과적임을 확실하게 증명해 보였다. 지금까지 살펴본 연구 결과들은 제한적으로 안내와 피드백을 주거나 혹은 과제의 측면들을 번갈아가면서 피드백을 주는 그 어떤 방법도 복잡한 과제를 학습하는 데에는 긍정적 효과가 없음을 시사하고 있다. 한편, 복잡한 과제로 인해 내포된 내재적 부하는 학습자들이 자신에 대한 내면적인 모니터링과 피드백 메커니즘을 발전시키거나 초기 학습 과정에서 서로 다른 과제의 속성들이 서로 어떻게 상호작용하는지에 대허 인지적 표상을 발전시키는 데 필요한 처리 용량을 충분히 남겨두지 못하게 한다.

전이 패러독스

단순한 인지적 과제와 복잡한 인지적 과제를 위한 교수설계에 대한 연구에 의하면, 복잡한 과제는 학습자들이 인지적 표상을 구축하도록 도와주는 본유적 인지 처리를 위한 처리 용량이 없다. 일반적으로, 연구결과들은 본유적 부하를 유발하는 방법(예: 무작위 연습, 제한된 안내, 지연된 피드백 등)의 긍정적 효과들이 과제 복잡성의 수준이 향상됨에 따라 감소된다고 지적한다. 따라서, 복잡한 인지적 과제에 대한 교수방법은 본유적 부하를 유발하는 방법을 사용해서는 안 되고, 학습자에게 인지적 처리의 일부를 수행하게 함으로써 우선적으로 수행을 촉진시키는 구조화된 방법(예: 구획화된 연습, 단계별 안내, 즉각적 피드백 등)을 사용해야 하는 것처럼 보인다. 그러나 우리는 그러한 방법에 동의하지 않는다. 매우 구조화된 방법은 습득 곡선과 파지 검사의 수행에는 실제로 긍정적인 효과가 있겠지만, 문제해결과 학습의 전이에는 효과를 기대할 수 없다. 대신, 주어진 학습목표에 국한되지 않은 수행을 보여주는 능력과 학습의 전이를 목표로 한다면 본유적 인지를 유발하는 방법이 필요하다고 우리는 믿는다. 특정 목표에 도달하는 데 가장 적합한 방법이 학습의 전이에는 최상의 방법이 아니라는 이러한 현상은 '전이 패러독스(transfer paradox)' 라는 말로 묘사되어 왔다(van Merriënboer, De Croock, & Jelsma, 1997; Eaton & Cottrell, 1999 참조). 이러한 현상은 복잡한 과제를 위한 교수방법을 선택하는 데 있어서 중요한 시사점을 지닌다.

학습의 전이를 명확하게 추구하는 본유적 부하 유도 방법은 전이의 두 가지 보완적 측면을 고려해야만 한다. 그 두 가지는 Selz의 전이에 대한 형태학적(Gestalt) 접근(Mandler & Mandler, 1964)과 Thorndike와 Woodworth(1901)의 전이에 대한 '동일 요소' 접근이다. 이 두 가지 방법은 전이에 대한 수월함과 어려움(Salomon & Perkins, 1989), 전이에서 혁신과 효율성(Schwartz, Bransford, & Sears, 2005), 그리고 스키마 기반의 전이와 규칙 기반의 전이(van Merriënboer, 1997) 등과 관련이 있다. 첫 번째 접근 방법은, 전이란 전이 상황에서 **해석될**(interpreted) 수 있는 일반적 혹은 추상적 지식에 의해 부분적으로 설명될 수 있다(예: 같은 일반적 지식의 다른 사용)는 점을 강조하고, 두 번째 방법은 전이란 연습 상황과 전이 상황에서 공유되는 지식 요소의 **적용**(application)에 의해 부분적으로 설명될 수 있다(예: 같은 지식의 같은 사용)는 점을 강조한다. 본유적 부하를 유도하는 방법은 그 두 가지 보완적인 차원에 대한 균형을 이루는데, 즉, 상황에 따라 매우 비슷한 복합적인 과제에 적용할 수 있는 앎(예: 전기 회로를 구성하고 조작하기, van Merriënboer, 1997)의 촉진뿐만 아니라 서로 다른 문제 상황의 복잡한 과제를 위해 적절하게 해석할 수 있는 앎(예: 고장난 전기 회로의 문제해결)도 촉진한다.

적응력 있는 전문가는 그러한 전이의 두 가지 측면이 균형을 잘 이루어서 그 두 가지 모두 점수가 높은 반면(Gentner et al., 1997), 그 중 한 가지 혹은 다른 한 가지를 명확히 목표로 하는 교수방법들은 또한 서로간에 갈등을 일으킬 수 있다는 사실을 기억해둘 필요가 있다. 핵심적인 문제는 앎의 실용적인 측면을 길러주는 데 좋은 매우 구조화된 방법(예: 반복적 규칙의 형성)은 이후 앎의 해석적 측면의 발달(예: 보편적 스키마의 구성)을 심각하게 방해할 수 있다는 것이다. 그러한 방법들은 학습자가 참여해서 활동하는 문제 공간을 제한하여, 그러한 활동을 하고 난 후에 학습자들이 창의적인 해결책이나 '틀을 벗어난 생각' 을 생성하기 어렵게 한다. 일례로 Schwartz, Martin, Pfaffman(2005)은 아동들이 분수 문제를 푸는 것을 돕기 위해 조각들을 조작하는 것을 배우는 상황을 제시하였다. 한 집단은 조각들이 전체의 부분들이라는 것이 쉽게 보이기 때문에 반복되는 규칙을 구성하는 데 집중해서 다양한 크기의 파이고양들을 가지고 학습하였고, 다른 집단은 조각들이 특정한 한 단위 요소들이 아니라 부분의 합으로 해석되어야 하기 때문에 해석에 집중해서 같은 크기의 타일 조각들을 가지고 학습하였다. 이어진 새로운 재료(콩, 막대 등)를 가지고 활동하는 문제해결 상황에서, 해석 집단이 새로운 재료를 가지고 잘 사용하였고, 더 나은 진전을 보였으며, 결국 규칙 구성 집단보다 더욱 효율적이었음을 발견하였다.

결론적으로, 구획화된 연습, 단계별 안내, 즉각적 피드백 등과 같은 매우 구조화된 방법들은 사전에 설정된 목표에 도달하는 것을 효율적으로 도와주지만, 학습 전이의 생산성은 낮다. 뿐만 아니라, 그러한 방법들은 이후의 두 번째 발달, 즉 전이의 해석적 차원의 발달을 차단할 수도 있다. 따라서, 복잡한 과제를 가르치기 위해서는 본유적 부하를 감소시키는 방법이 아니라 그와 대비되는 방법들, 즉 무작위 연습, 제한된 조언, 지연된 피드백 등을 사용해야 한다. 그러나 인지적 과부하를 피하기 위해서는 부가적인 방법이 사용되어야 한다. 복잡한 과제로 인한 내재적 부하와 교수방법으로 인한 본유적 부하가 과제 수행 중에 균형을 이루도록 하는 것이 중요하다. 오랫동안, 내재적 부하는 교수방법으로 어떻게 할 수 없는 것으로 여겨져왔지만, 최근 학습에 대한 내재적 부하를 줄이기 위한 다양한 접근 방법의 효과가 검증되고 있으며(Ayres, 2006), 어떠한 기법들은 내재적 부하를 줄이는 데 성공적인 것으로 기술되어 왔다 (Gerjet, Scheiter, & Catrabone, 2004; Pollock, Chandler, & Swekkerm 2002).

내재적 부하 관리하기와 본유적 부하 유도하기

인지부하이론에 의하면, 과제의 복잡성은 대개 요소 상호작용성의 수준에 의해 결정된다. 높은 요소 상호작용성 과제는 학습자가 과제를 학습하기 위해서 작용기억 안에서 몇 가지 요소와 그것들의 관계를 동시에 처리해야 한다. 낮은 요소 상호작용성 과제는 몇 가지 요소들만 동시에 연속적으로 처리하게 된다. 다음 절에서는 내재적 부하를 관리하는 방법과 본유적 인지부하를 유도하는 방법에 대해 살펴볼 것이다.

내재적 부하 관리하기

학습 및 훈련 중에 내재적 부하가 점차적으로 증가하도록 하는 교수적 접근 방법은 낮은 요소 상호작용성으로부터 높은 요소 상호작용성으로 학습과제들을 순서화하는 것을 기반으로 한다. 기본적으로, 그러한 순서화는 '부분에서 전체' 혹은 '전체에서 부분' 식의 접근 방법으로 운용될 수 있다(그림 6.3 참조). '부분에서 전체'로의 접근 방법에서는 과제를 단순화함으로써 초기에는 요소들 간의 요소의 수와 상호작용의 수를 줄였다가, 그 다음 점점 더 많은 요소들과 상호작용이 추가된다. '전체에서 부분'으로의 접근 방법은 요소들 간의 요소들과 상호작용의 수가 완전히 복잡한 수준 그대로 처음부터 제시되지만 학습자들이 과제를 수행할 때는 점점 더 많은 상호작용 요소들을 고려해가야 하는 것이다.

'부분에서 전체' 방법과 관련해서 연구들은 학습자들이 비교적 상호작용하는 요소가 적은 단순한 과제로부터 완전한 이해를 하는 데 필요한 모든 상호작용하는 요소들을 고려해야 하는 복잡한 수준으로 학습과제들을 순서화할 때 효과가 있었다고 제시한다. 예를 들어, Mayer와 Moreno(2003)는 학생들이 어떤 시스템을 구성하는 요소들을 먼저 공부하고 그 다음에 시스템이 작동하는

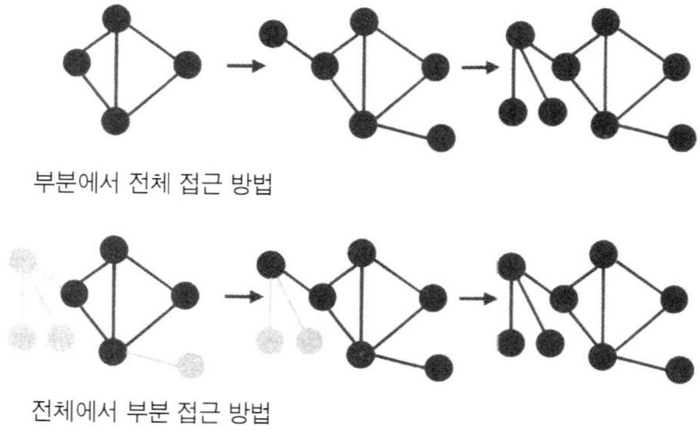

[그림 6.3] 복잡한 과제 제시를 순서화하는 두 가지 방법: 상호작용하는 요소의 수를 증가시키는 '부분에서 전체' 방법과 상호작용하는 요소들을 점점 더 많이 강조하는 '전체에서 부분' 방법

원리에 대해 공부할 때 전이 검사 수행에서 더 높은 성과를 보였다고 제시하였다. Kester, Kirschner, van Merriënboer(20041, 2004b, 2006)는 복잡한 과제를 해결하는 데 필요한 학습내용을 제시하는 방법의 효과에 대해 연구하였다. 그 연구에서 모든 내용을 한꺼번에 제시하지 않는 것이 전이 검사 수행에서 더 효과적인 것으로 나타났다. Pollock 등(2002)과 Clarke, Ayres, Sweller(2005)는 수학 학습과제를 대상으로 연구하였는데, 특히 전문성인 낮은 학습자와 높은 요소 상호작용성 과제에서는 처음에는 분리된 요소들을 제시하고, 그런 다음에 상호작용하는 요소들을 제시하는 것이 처음부터 상호작용하는 모든 요소들을 제시한 집단보다 더 높은 전이 검사 수행을 보였다는 것을 발견하였다. 마지막으로 Ayres(2006)도 수학 학습과제를 사용한 연구를 수행했는데, 특히 전문성이 낮은 학습자들에게는 초기에 요소 상호작용성을 줄인 학습자료가 효과적인 반면 전문성이 높은 학생들에게는 요소 상호작용성이 높은 자료를 처음부터 바로 사용하는 것이 효과적이었음을 발견하였다.

'전체에서 부분' 으로의 접근 방식은 복잡한 학습에 필요한 높은 요소 상호작용성 자료들을 처음부터 바로 제시하지만, 학습자들이 상호작용하는 요소 중 특정 부분에 집중하도록 하는 방식으로 학습과제를 사용하는 것이다. 학습과제의 다양하게 상호작용하는 요소들 중에 어느 부분을 강조하는 데 사용할 수 있는 한 가지 방법은 학습자들에게 다음 단계로 넘어가기 전에 문제해결의 특정 단계를 성공적으로 수행하도록 요구하면서, 전문가들이 하는 것처럼 행동하도록 유도하거나(Dufresne, Gerace, Thibodeau-Hardiman, & Mester, 1992) 완성된 예제 및 완성형 과제와 같은 특정한 과제 형태를 사용함으로써 학습자의 수행을 제한하는 것이다. 완성된 예제는 학습자의 주의를 정확한 해결 단계를 나타내는 요소에만 집중하도록 해서 과제해결과 관련이 없는 잠재적인 해결 단계들에 대해 신경을 쓰지 않도록 하는 것이다. 완성형 과제는 학습에 의해서 완료되어야만 하는 부분적인 해결안이 제시된다. 완성형 과제는 완성된 예제와 마찬가지로, 모든 가능한 해결책과 단계를 고려할 필요가 없기 때문에 학습자의 수행을 제한하는 형태가 된다. 많은 연구들의 결과는, 전문성이 낮은 학습자들은 전통적 과제에 준하는 과제를 가지고 독립적으로 수행하는 것보다는 완성된 예제나 완성형의 부분적 해결안을 가지고 공부할 때 더 많이 배운다는 것을 보여준다(Atkinson, Derry, Renke, & Wortham, 2000). 뿐만 아니라, Kalyuga, Chandler, Touvinen, Sweller(2001)는 그러한 효과가 전문성이 높은 학습자들에게는 역효과가 있다는 것을 발견하였다. 따라서, 연습 도중에 학습자의 향상되는 전문성 수준에 따라 적용하기 위해서, 낮은 요소 상호작용성 수준의 형태(완성된 예제, 완성형 과제)가 높은 요소 작용성 수준의 전통형 과제로 점차 대체되어야 한다. 자연스럽게 전환시키기 위한 한 가지 방법은 '완성형 전략' 으로 알려준 교수적 전략으로서 완성된 예제로 시작해서 완성형 과제로 지속하고 전통형 과제로 끝내는 방식을 사용할 수 있다(van Merriënboer, 1990; Renke & Atkinson, 2003 참조).

본유적 부하 유도 방법

내재적 부하를 낮추는 방법으로 낮은 요소 상호작용성에서 높은 요소 상호작용성으로 순서화하는 전략과 더불어서, 본유적 부하를 유도하는 방법을 동시에 실행함으로써 학습이 촉진되어야 한다(그림 6.4 참조). 초기에 언급한 바와 같이 무작위 연습, 제한된 안내, 그리고 지연된 피드백 등은 본유적 부하를 유도하는 데 적합한 방법들이다. Paas와 van Merriënboer(1994)는 완성된 예제를 가지고 혼합 구성한 무작위 연습에 대해 연구하였는데, 그 결과 무작위 완성된 예제로 순서화된 훈련 과제를 받은 학습자들이 구획화된 순서화로 완성된 예제를 받은 학생들보다 연습 시간이 적게 걸리고 정신적 노력을 덜 들인 것으로 조사되었다. van Merriënboer, Schuurman, De Croock, Paas(2002)는 비슷한 결과를 제시하였는데, 완성형 전략을 무작위 연습과 함께 혼합한 훈련 방법이 구획화된 연습과 혼합한 훈련 방법보다 전이 검사 수행에도 더 높은 효과를 얻었다.

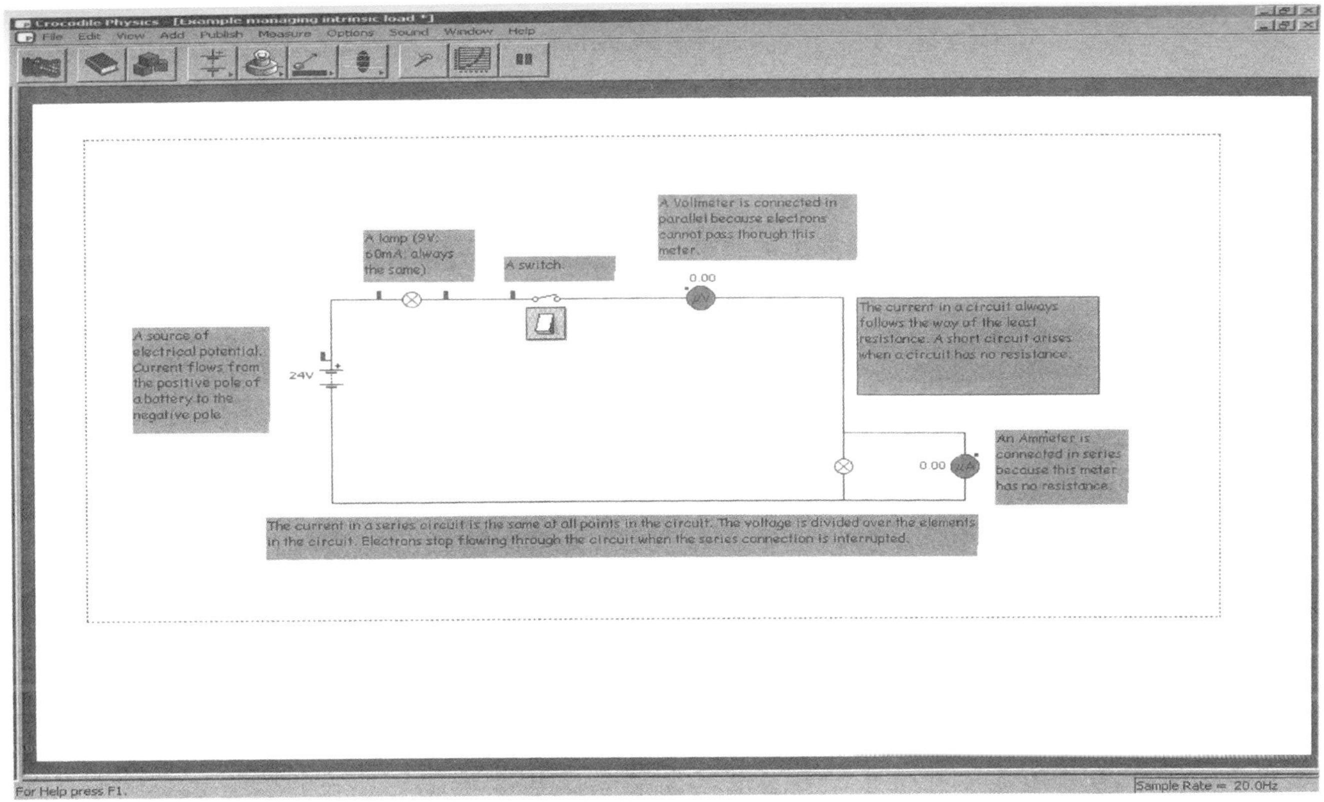

(a)

[그림 6.4] 이 예제에서 복잡한 학습(예: 전기회로의 문제해결)을 위한 두 가지 접근 방법은 모든 유형의 외재적 부하를 제거하고(그림 6.2b), 그런 다음 학습과제의 요소 상호작용성을 낮춤으로써 내재적 부하를 관리해서(a) 본유적 부하 유도 방법을 적용할 수 있도록 한다(b).

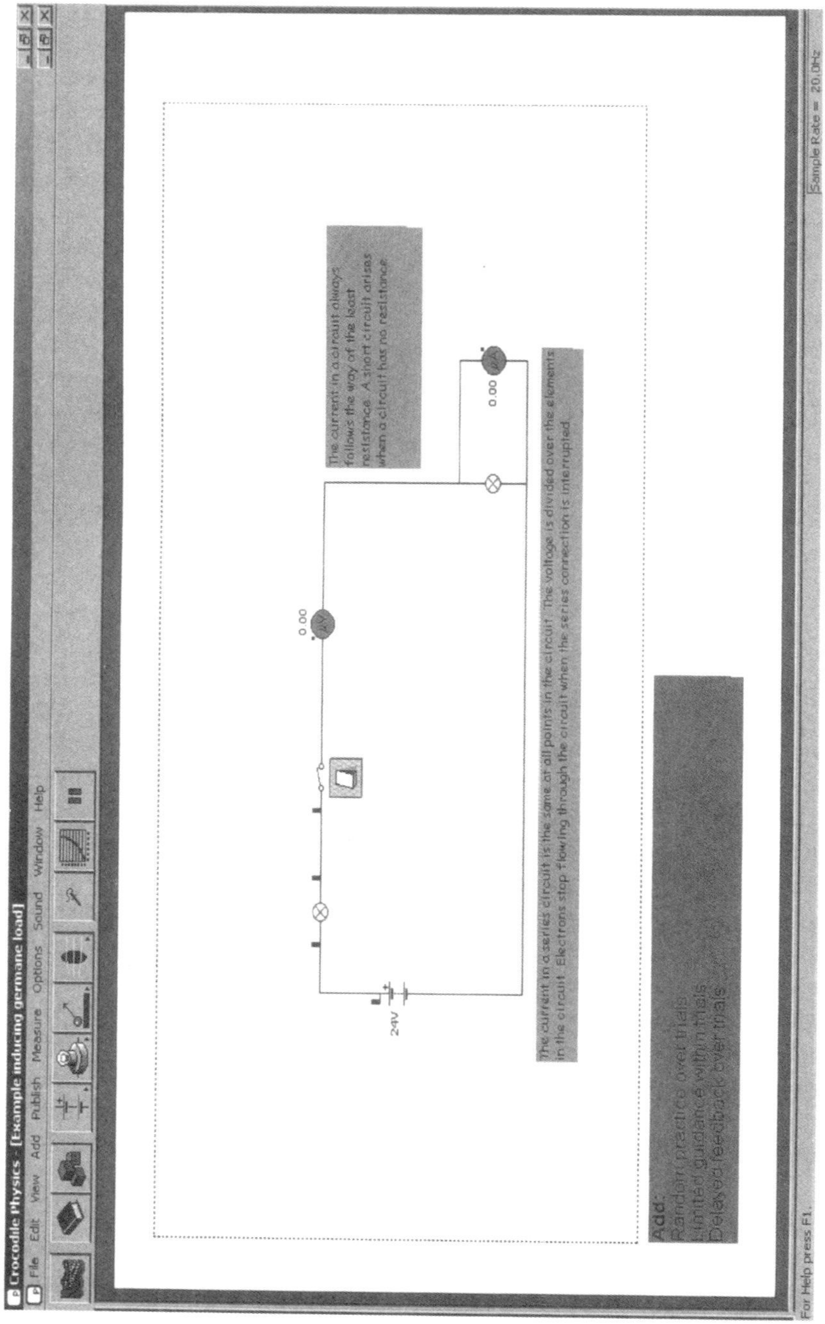
Crocodile Physics - [Example inducing germane load]
File Edit View Add Publish Measure Options Sound Window Help
The current in a circuit always follows the way of the least resistance. A short circuit arises when a circuit has no resistance
24V
0.00
0.00
The current in a series circuit is the same at all points in the circuit. The voltage is divided over the elements in the circuit. Electrons stop flowing through the circuit when the series connection is interrupted
Add:
Random practice over trials
Limited guidance within trials
Delayed feedback over trials
For Help press F1.
Sample Rate = 20.0Hz

(b)

[그림 6.4] (계속)

본유적 인지부하 유도 방법인 제한된 안내와 지연된 피드백과 관련하여, Renkl(2002)은 한 연구에서 완성된 예제 안에서 적용가능한 규칙의 최소한의 기술 형태로 안내를 사용하는 것이 학습에 긍정적인 효과를 거두었음을 지적하고 있다. 그에 더하여, Renkl과 Atkinson(2003)은 통계(확률) 영역에서 완성형 전략과 함께 스스로 설명하기 프롬프트를 사용하는 것에 대해 연구하였다. 완성된 예제를 공부하는 동안에, 그들은 학습자들에게 각 해결 단계에서 어떤 확률 규칙을 적용해야 하는지 물어봄으로써 학습자들을 안내하였다. 연구 결과, 스스로 설명하기 프롬프트를 받은 학습자들은 프롬프트를 받지 않은 학생들보다 전이 검사 수행 효과가 높은 것을 발견하였다. Robins와 Mayer(1993)는 학습 훈련 중에 유형별로 순서화되고 문제 유형을 설명하는 피드백이 수반된 해결된 예제 세트를 제시하였다. 그들은 지연된 피드백과 함께 해결된 예제들을 받은 학습자들이 전이 검사 수행에서 우세한 것을 발견하였다. 이러한 연구들은, 낮은 요소 상호작용성에서 높은 상호작용성을 사용하거나 수행 제한을 사용하는 것과 같이 학습자 경험의 기능으로 요소 상호작용성이 낮아짐으로써 일단 과제 복잡성이 줄었다면, 본유적 부하 유도 방법을 실행하는 것이 전이 검사 수행에 효과적인 영향을 줄 것이라고 제안하고 있다.

이 장에서 제시한 바와 같이, 복합적 학습을 진행하는 동안에 내재적 인지부하와 본유적 인지부하 간에 균형을 맞추기 위한 교수방법은 교수설계, 특히 프로젝트, 실생활의 문제나 사례 및 다른 복잡한 과제들에 기반을 둔 교육 프로그램에서 학습과제를 조직하는 데에 명확한 시사점을 제공한다. 여기서는 우선 특별히 복잡한 학습을 겨냥한 교수설계 모형의 세 가지 예를 소개하고자 한다. 첫째, 정교화 이론(elaboration theory)을 소개할 것이다. 이 이론은 단순한 것으로부터 복잡한 것으로 관여하도록 하는 것이 복잡한 학습을 위한 필수불가결한 경로라는 점을 강조한다. 둘째, 실세계에서의 적용과 학습의 전이의 중요성을 강조하는 목표 기반 시나리오(goal-based scenarios)에 대해 설명할 것이다. 셋째, 복잡한 학습의 모든 기본적인 원리들을 수행하고자 하는 이론의 예로서 4C/ID 모형(four-compoment instructional design)을 소개할 것이다.

교수설계의 시사점

Reigeluth의 정교화이론(Reigeluth, 1987, 1999; Reigeluth, Merrill, Wilson, & Spiller, 1980; Reigeluth & Stein, 1983; Van Patten, Chao, & Reigeluth, 1986)의 기본적인 원리는 교수(instruction)는 학습과제의 가장 단순한 표상으로부터 조직되어야 한다는 것(예: 구체적인 수준에서 가장 근본적이고 대표적인 아이디어를 포함하는 '정수'), 예를 들면 직렬 혹은 병렬로 연결된 간단한 전기회로에서 직렬과 병렬로 연결된 복잡한 전기회로와 같이 점점 더 복잡하고 정교화된 표상적 회로로 학습과제를 조직하는 것이다. 본래, 이 이론은 개념적 영역과 이론적 영역에서 교수-학습 내용의 순서화를 강조하였다. 가장 광범위하고 최선의 내용을 포함하는 개념들이 그것을 지원하는 내용(예: 관련 지식, 기능, 태도 등)을 포함하면서 우선적으로 가르쳐지고, 그 다음에 보다 좁고 구체적인 개념들이 그것을 지원하는 관련 내용과 함께 가르쳐진다. 이후, 정교화이론은 상호 관련이 있는 원리들을 순서화하는 것을 강조한다. 그러한 순서화는, 먼저 가장 광범위하고, 가능한 많은 것을 포함하면서 가장 일반적인 원리들을 그것을 지원하는 내용과 함께 가르치고, 그런 다음 범위가 좁고, 내용은 덜 포함하되 더 구체적이고 정교한 원리들과 그것을 지원하는 내용들을 가르치는 방향으로 진행하는 것이다.

정교화이론은 복잡한 학습의 특징적으로 제시된 원리들을 명확하게 반영한다. 순서화에 대한 정교화 접근은, 낮은 것에서 높은 요소 상호작용성으로 순서화하는 전략의 전체-부분 접근과 매우 비슷한 것으로, 단순한 것에서 복잡한 전체로 작동한다. 조직하는 내용(개념적, 이론적 내용)과 그것을 지원하는 내용은 복잡한 학습을 특징화하는 지식, 기능, 태도 등의 통합을 목표로 한다. 유의미한 전체의 아이디어를 손상시키지 않으면서 검토하고 종합(sysntesis)하게 해주는 교수-학습의 단위를 나타내기 위하여 '러닝 에피소드(learning episodes)' 라는 개념이 사용되는데, 이는 제한된 안내와 지연된 피드백을 통합하는 데에도 사용될 수 있다.

목표 기반 시나리오(goal-based scenarios; GBS)(Schank, 1993/1994; Schank, Fano, Bell, & Jona, 1993/1994)는 Shank의 행함으로서의 학습(learning-by-doing) 패러다임(Schank, Berman, & Macpherson, 1999)에서 학습의 핵심적인 줄기가 된다. 목표 기반 시나리오는 학생들이 목표 기능을 연습하거나 목표를 성취하는 데 도움이 되는 관련 지식을 사용함으로써 목표를 추구하는 방식으로 '일종의 행함으로서의 학습 시뮬레이션'을 나타낸다(Schank et al., 1999, p. 165). 정교화이론의 러닝 에피소드와 마찬가지로, 목표 기반 시나리오는 복잡한 학습의 특징인 유의미한 학습에서 지식, 기능, 태도 등을 통합할 기회를 제공한다. 그러나 정교화이론과는 다르게, 목표 기반 시나리오는 교수-학습의 순서화에 대해서는 거의 주의를 기울이지 않는다. 반면, 학습의 전이를 촉진하기 위하여 실제적 맥락에서 실세계 과제의 수행을 매우 중시한다. 이러한 점은, 매우 구체적인 학습 목표는 학습자들이 학습의 전이를 하지 못하도록 전략을 적용하게 하기 때문에, 보다 일반적인 목표(예: 통합된 목표)로 학습 과정을 이끌어야 한다는 점을 강조하는 전이를 위한 게스탈트(Gestalt) 접근과 상통한다(Machin, 2002).

van Merriënboer의 4C/ID(four-component instructional design) 모형(van Merriënboer, 1997; van Merriënboer, Clark, & De Croock, 2002; van Merriënboer et al., 2003)은 복잡한 과제를 위한 학습의 구성요소들은 항상 다음과 같이 네 가지 요소로 설명될 수 있다고 주장한다.

(1) **학습과제**. 실세계 과제에 기반을 두고 훈련 프로그램을 위한 줄기의 역할을 하는 과제.

(2) **지원적 학습내용**. 학습자들이 문제해결과 학습과제의 추론적 측면을 수행할 수 있도록 도와주는 학습내용. 그 학습 영역이 어떻게 조직되는지 그리고 그 영역의 문제가 어떻게 학습자에 의해 체계적으로 접근될 수 있는지에 관한 학습내용과 주로 관련된다.

(3) **절차적 학습내용**. 학습자들이 학습과제의 일상적으로 반복되는 측면을 수행하도록 도와주는 학습내용. 학습자에 의해서 특정 조치가 반드시 취해져야만 하는 조건하에 정교하게 구체적으로 명시되는 절차적 단계와 주로 관련된다.

(4) **부분 과제 연습**. 매우 높은 자동화 수준으로 개발될 필요가 있는 복잡한 과제의 반복적인 측면을 위해 학습자에게 제공되는 부가적인 연습과제.

4C/ID 모형의 세 가지 기본적인 전제는 이전 절에서 제시한 바 있는 주요 원리들과 일치한다. 첫째, 이 모형에서는 학습과제가 소위 과제 클래스로 순서화되어야 한다고 제안하는데, 즉, 초기에 제시되는 과제 클래스는 나중에 제시되는 과제 클래스보다 낮은 요소 상호작용성을 유지해야 한다는 것(예: 전체-부분 접근)이다. 가장 첫 번째 과제 클래스조차도, 학습자가 전체 과제에 대한 총체적 관점을 빨리 개발해서 후속되는 과제 클래스에 그것을 점점 더 잘 적용하도록 하기 위해서, 전체적이고 유의미한 과제들(예: 가장 본질적인 상호작용하는 요소들)을 포함한다. 둘째, 학습자가 새로운 복잡한 과제 클래스의 과제를 시작할 때, 학습을 위해 가장 중요한 요소에 처음부터 주의를 기울이는 것이 중요하다. 이는 처음에는 학습자의 수행을 제한시키고 그런 다음 다음 수행에 대한 제한을 늦추거나, 해결된 예제로 시작해서 완성형 과제로 지속하고 전통형 과제로 끝마치도록 함으로써 도달할 수 있다. 셋째 그리고 무엇보다 중요한 사항으로, 학습과제를 단순한 것에서 복잡한 과제 클래스로 순서화하는 것과 과제 클래스 안에서 학습자를 스캐폴딩하는 것을 혼합하면 본유적 인지부하를 일으키는 교수 방법의 사용이 가능하게 될 것이다. 따라서, 학습과제는 항상 훈련 프로그램의 시작부터 바로 제시되어야 하고, 무작위 연습으로 제시되어야 하며, 학습자에게 제한된 안내를 주고, 수행의 다양한 측면에 대해 지연된 피드백을 제공해야 한다.

4C/ID 모형의 다른 세 가지 구성요소들은 분명 두 가지 전이의 관점을 고려한다. 지원적 학습내용은 새로운 문제 상황을 해결하기 위해 과제 수행자에 의해 해석될 수 있는 보편적 혹은 추상적 학습내용으로 전이를 설명하는 게스탈트 접근과 관련이 있다. 절차적 학습내용과 부분 과제 연습은 주로 연습 상황과 전이 상황 간에 공유되는 지식 요소의 적용으로 전이를 설명하는 동일 요소 접근과 주로 관련이 있다.

논의

이 장에서, 우리는 교수설계 이론이 복잡한 '실세계' 과제의 사용에 대해 강조하는 것이 교수방법의 사용에 대한 중요한 시사점을 제공하고 있음을 역설하였다. 모든 유형의 외재적 부하가 제거된 이후에도, 그러한 과제들은 훈련 프로그램 초기부터 바로 전이를 향상시키는 교수방법을 사용하기 어려울 정도로 인지적인 부담을 부여한다. 우리는, 전이를 목적으로, 복잡한 과제에 의해 발생되는 내재적 부하와 교수방법에 의해 발생되는 본유적 부하 간에 어떻게 균형을 맞출지에 대해 설명하기 위해 인지부하이론을 사용하였다. 첫째, 내재적 부하는 학습과제의 요소 상호작용성을 조작함으로써 학습 초기에 줄일 수 있다. 그 다음, 학습과제는 무작위 연습, 제한된 안내, 지연된 피드백과 같이 본유적 인지부하를 발생시키는 방법과 함께 즉각적으로 사용될 수 있다. 우리는 그러한 교수방법이 정교화이론(Reigeluth, 1987, 1999), Schank의 행함으로서 학습하기 패러다임(Schan et al., 1999), 4C/ID 모형(van Merriënbcer, 1997)과 같은 현 시대의 복잡한 학습을 위한 교수설계 모형들로 쉽게 실행될 수 있음을 제시하였다.

우리가 제시한 분석결과는 향후 연구를 위하여 다음과 같이 세 가지의 중요한 방향을 제시하고 있다. 첫째, 내재적 부하 발생 방법과 본유적 부하 발생 방법 간의 기대되는 상호작용은 제한된 횟수의 구체적인 교수방법의 조건하에서만 경험적으로 확인되었다. 더욱 넓고 다양한 측면에서 상호작용이 일어나는 것을 제시할 수 있도록 더 많은 연구가 수행될 필요가 있다. 둘째, 생태학적으로 타당한 현장에서 고도로 복잡한 실생활의 과제가 수행되는 더 많은 연구가 필요하다. 예를 들면, 학습자들은 다양한 과제의 표면적 특징과 구조적 특징을 구별하는 것을 어려워하기 때문에, 과제의 다양성과 같은 특정한 교수방법을 적용하면 뜻밖의 효과를 거둘 수도 있을 것이다. 마지막으로, 인지부하의 측정을 고려한 연구진행이 이루어져야 한다. 연구자들이 인지부하의 변화를 내재적 인지부하의 변화 혹은 본유적 인지부하의 변화로 구분해낼 수 있도록 해주는 도구가 개발된다면 연구 결과에 대한 심층적인 분석에 특히 유용하게 도움이 될 것이다.

복잡한 과제의 훈련을 설계하는 데 있어서 중요하게 고려해야 할 점은 과제의 요소 상호작용성이나 내재적 부하는 학습자의 전문성에 따라 달라진다는 것, 즉 '전문성이 높으면 내재적 부하가 낮다'는 것이다. 달리 말해서, 한 개인 과제 수행자가 과제 영역의 전문성을 높이면, 그 과제상의 기능적인 복잡성은 감소한다는 것이다. 유연하고 적응적인 교육 프로그램에서는 적절한 과제를 선정할 때 개별 학습자들 간의 차이를 고려할 수 있어야 한다. 어떤 학생들은 중요하긴 하지만 다른 곳에서 습득되어야 하는 기능을 가진 학생들이 있는 반면, 어떤 학생들은 새로운 기능을 습득하는 능력이 높아서 다른 학생들보다 연습이 덜 필요한 학생들도 있다. 4C/ID 모형에서 이는 각각의 개별 학습자들에게 있어서, 어느 시점에서든 활동할 최선의 과제 클래스를 선택하는 것뿐만 아니라 그 선정된 과제에 적용되는 수행 제한의 수준까지도 선택할 수 있도록 해야 한다는 것을 의미한다. 결론적으로, 높은 능력 수준의 학습자는 과제 클래스에서 다른 과제 클래스로 빠르게 진행하고 거의 수행 제한이 없이 활동을 할 수 있는 반면, 낮은 능력 수준의 학습자는 교육 프로그램을 마치기까지 더욱더 많은 과제들이 필요하고 과제 클래스에서 다른 과제 클래스로 느리게 진행하며 상당히 많은 수행 제한을 가지고 활동할 수 있게 된다.

참고문헌

Albaret, J. M., & Thon, B. (1999). Differential effects of task complexity on contextual interference in a drawing task. *Acta Psychologica*, 100, 9-24.

Atkinson, R. K., Derry, S. J., Renkl, A., & Wortham, D. (2000). Learning from examples: Instructional principles from the worked examples research. *Review of Educational Research*, 70, 181-214.

Ayres, P. (2006). Impact of reducing intrinsic cognitive load on learning in a mathematical domain. *Applied Cognitive Psychology*, 20, 287-298.

Bainbridge, L. (1997). The change in concepts needed to account for human behaviour in complex dynamic tasks. *IEEE Transactions on Systems, Man and Cybernetics, Part A: Systems and Humans*, 27, 351-359.

Balzer, W. K., Doherty, M. E., & O' Connor, R. (1989). Effects of cognitive feedback on performance. *Psychological Bulletin*, 106, 410-433.

Clarke, T., Ayres, P., & Sweller, J. (2005). The impact of sequencing and prior knowledge on learning mathematics through spreadsheet applications. *Educational Technology, Research and Development*, 53, 15-24.

Dufresne, R. J., Gerace, W. J., Thibodeau-Hardiman, P., & Mestre, J. P. (1992). Constraining novices to perform expertlike problem analyses: Effects on schema acquisition. *The Journal of the Learning Sciences*, 2, 307-331.

Eaton, D., & Cottrell, D. (1999). Structured teaching methods enhance skill acquisition but not problem-solving abilities: An evaluation of the 'silent run through'. *Medical Education*, 33, 19-23.

Gentner, D., Brem, S., Ferguson, R. W., Markman, A. B., Levidow, B. B., Wolff, P., et al. (1997). Analogical reasoning and conceptual change: A case study of Johannes Kepler. *Journal of the Learning Sciences*, 6, 3-40.

Gerjets, P., Scheiter, K., & Catrambone, R. (2004). Designing instructional examples to reduce intrinsic cognitive load: Molar versus modular presentation of solution procedures. *Instructional Science*, 32, 33-58.

Guadagnoli, M. A., Dornier, L., & Tandy, R. D. (1996). Optimal length for summary knowledge of results: The influence of task-related experience and complexity. *Research Quarterly for Exercise and Sport*, 67, 239-248.

Hebert, E. P., Landin, D., & Solmon, M. A. (1996). Practice schedule effects on the performance and learning of low- and high-skilled students: An applied study. *Research Quarterly for Exercise and Sport*, 67, 52-58.

Kalyuga, S., Chandler, P., Tuovinen, J., & Sweller, J. (2001). When problem solving is superior to studying worked examples. *Journal of Educational Psychology*, 93, 579-588.

Kester, L., Kirschner, P. A., & van Merriënboer, J. J. G. (2004a). Information presentation and troubleshooting in electrical circuits. *International Journal of Science Education*, 26(2/6), 239-256.

Kester, L., Kirschner, P. A., & van Merriënboer, J. J. G. (2004b). Just in time presentation of different types of information in learning statistics. *Instructional Science*, 32, 233-252.

Kester, L., Kirschner, P. A., &van Merriënboer, J. J. G. (2006). Just-in-time information presentation: Improving learning and troubleshooting skill. *Contemporary Educational Psychology*, 31, 167-185.

Lee, T. D., & Magill, R. A. (1985). Can forgetting facilitate skill acquisition? In D. Goodman, R. B. Wilberg, & I. M. Franks (Eds.), *Differing perspectives on memory, learning and control* (pp. 3-22). Amsterdam, The Netherlands: Elsevier North Holland.

Machin, M. A. (2002). Planning, managing, and optimizing transfer of training. In K. Kraiger (Ed.), *Creating, implementing, and managing effective training and development* (pp. 263-301). San Francisco, CA: Jossey-Bass.

Magill, R. A., & Hall, K. G. (1990). A review of the contextual interference effect in motor skill acquisition. *Human Movement Science*, 9, 241-289.

Mandler, J. M., & Mandler, G. (1964). *Thinking: From association to Gestalt*. New York: Wiley.

Mayer, R. E., & Moreno, R. (2003). Nine ways to reduce cognitive load in multimedia learning. *Educational Psychologist*, 38, 43-52.

Merrill, M. D. (2002). First principles of instruction. *Educational Technology, Research and Development*, 50, 43-59.

Paas, F., Camp, G., & Rikers, R. (2001). Instructional compensation for age-related cognitive declines: Effects of goal specificity in maze learning. *Journal of Educational Psychology*, 93, 181-186.

Paas, F., Renkl, A., & Sweller, J. (2003). Cognitive load theory and instructional design: Recent developments. *Educational Psychologist*, 38, 1-4.

Paas, F., Tuovinen, J., Tabbers, H., & Van Gerven, P. W. M. (2003). Cognitive load measurement as a means to advance cognitive load theory. *Educational Psychologist*, 38, 63-71.

Paas, F., & van Merriënboer, J. J. G. (1994). Variability of worked examples and transfer of geometrical problem-solving skills: A cognitive load approach. *Journal of Educational Psychology*, 86, 122-133.

Pollock, E., Chandler, P., & Sweller, J. (2002). Assimilating complex information. *Learning and Instruction*, 12, 61-86.

Quilici, J. L., & Mayer, R. E. (1996). Role of examples in how students learn to categorize statistics word problems. *Journal of Educational Psychology*, 88, 144-161.

Reigeluth, C. M. (1987). Lesson blueprints based on the elaboration theory of instruction. In C. M. Reigeluth (Ed.), *Instructional theories in action: Lessons illustrating selected theories and models* (pp. 245-288). Hillsdale, NJ: Erlbaum.

Reigeluth, C. M. (1999). The elaboration theory: Guidance for scope and sequence decisions. In C. M. Reigeluth (Ed.), *Instructional design theories and models. A new paradigm of instruction* (1st ed., pp. 425-453). Mahwah, NJ: Erlbaum.

Reigeluth, C. M., Merrill, M.D., Wilson, B. G., & Spiller, R. T. (1980). The elaboration theory of instruction: A model for sequencing and synthesizing instruction. *Instructional Science*, 9, 195-219.

Reigeluth, C. M., & Stein, F. S. (1983). The elaboration theory of instruction. In C. M. Reigeluth (Ed.), *Instructional design theories and models: An overview of their current status* (pp. 335-381). Hillsdale, NJ: Erlbaum.

Renkl, A. (2002). Worked-out examples: Instructional explanations support learning by self-explanation. *Learning and Instruction*, 12, 529-556.

Renkl, A., & Atkinson, R. K. (2003). Structuring the transition from example study to problem solving in cognitive skill acquisition: A cognitive load perspective. *Educational Psychologist*, 38, 15-22.

Robins, S., & Mayer, R. E. (1993). Schema training in analogical reasoning. *Journal of Educational Psychology*, 85, 529-538.

Ross, B. H., & Kilbane, M. C. (1997). Effects of principle explanation and superficial similarity on analogical mapping in problem solving. *Journal of Experimental Psychology – Learning, Memory & Cognition*, 23, 427-440.

Salomon, G., & Perkins, D. N. (1989). Rocky road to transfer: Rethinking mechanisms of a neglected phenomenon. *Educational Psychologist*, 24, 113-142.

Schank, R. C. (1993/1994). Coal-based scenarios: A radical look at education. *Journal of the Learning Sciences*, 3, 429-453.

Schank, R. C., Berman, T. R., & Macpherson, K. A. (1999). Learning by doing. In C. M. Reigeluth (Ed.), *Instructional design theories and models. A new paradigm of instruction* (pp. 161-181). Mahwah, NJ: Erlbaum.

Schank, R. C., Fano, A., Bell, B., & Jona, M. (1993/1994). The design of goal-based scenarios. *Journal of the Learning Sciences*, 3, 305-345.

Schmidt, R. A. (1991). *Motor control and learning: A behavioral emphasis* (2nd ed.). Champaign, IL: Human Kinetics.

Schwartz, D. L., Bransford, J. D., & Sears, D. (2005). Efficiency and innovation in transfer. In J. Mestre (Ed.), *Transfer of learning from a modern multidisciplinary perspective*. Greenwich, CT: Information Age Publishing.

Schwartz, D. L., Martin, L., & Pfaffman, J. (2005). How mathematics propels the development of physical knowledge. *Journal of Cognition and Development*, 6(1), 65-88.

Shea, J. B., & Zimny, S. T. (1983). Context effects in learning movement information. In R. A. Magil (Ed.), *Memory and the control of action* (pp.345-366). Amsterdam, The Netherlands: Elsevier North Holland.

Sweller, J. (1988). Cognitive load during problem solving: Effects on learning. *Cognitive Science*, 12, 257-285.

Sweller, J., van Merriënboer, J. J. G., & Paas, F. (1998). Cognitive architecture and instructional design. *Educational Psychology Review*, 10(3), 251-296.

Thorndike, E. L., & Woodworth, R. S. (1901). The influence of improvement in one mental function upon the efficiency of other functions. *Psychological Review*, 8, 247-261.

van Merriënboer, J. J. G. (1990). Strategies for programming instruction in high school: Program completion vs. program generation. *Journal of Educational Computing Research*, 6, 265-285.

van Merriënboer, J. J. G. (1997). *Training complex cognitive skills: A four-component instructional design modelfor technical training*. Englewood Cliffs, NJ: Educational Technology Publications.

van Merriënboer, J. J. G., Clark, R. F., & De Croock, M. B. M. (2002). Blueprints for complex learning: The 4C/JD-model. *Educational Technology, Research and Development*, 50(2), 39-64.

van Merriënboer, J. J. G., De Croock, M. B. M., & Jelsma, 0. (1997). The transfer paradox: Effects of contextual interference on retention and transfer performance of a complex cognitive skill. *Perceptual and Motor Skills*, 84, 784-786.

van Merriënboer, J. J. G., & Kirschner, P. A. (2001). Three worlds of instructional design: State of the art and future directions. *Instructional Science*, 29, 429-441.

van Merrienboer, J. J. G., Kirschner, P. A., & Kester, L. (2003). Taking the load off a learners' mind: Instructional design for complex learning. *Educational Psychologist, 38*, 5-13.

van Merriënboer, J. J. G., Schuurman, J. C., De Croock, M. B. M., & Paas, F. (2002). Redirecting learners' attention during training: Effects on cognitive load, transfer test performance, and training efficiency. *Learning and Instruction*, 12, 11-37.

van Merriënboer, J. J. G., & Sweller, J. (2005). Cognitive load theory and complex learning: Recent developments and future directions. *Educational Psychology Review*, 17, 147-177.

Van Patten, J., Chao, C., & Reigeluth, C. M. (1986). A review of strategies for sequencing and synthesizing instruction. *Review of Educational Research*, 56, 437-471.

Wulf, G., & Shea, C. H. (2002). Principles derived from the study of simple skills do not generalize to complex skill learning. *Psychonomic Bulletin & Review*, 9, 185-211.

Wulf, G., Shea, C. H., & Whitacre, C. A. (1998). Physical guidance benefits in learning a complex motor skill. *Journal of Motor Behavior*, 30, 367-380.

7

멀티미디어 학습에서 외재적 인지부하 감소와 내재적 인지부하 관리 기법

Richard E. Mayer, Roxana Moreno

멀티미디어 학습이란?

온라인 백과사전을 열고 입력창에 'pumps'를 입력하고 검색 버튼을 클릭했다고 가정해보자. 컴퓨터는 펌프가 작동하는 원리를 나레이션과 함께 애니메이션으로 보여준다. 또는 당신이 새로운 행성으로 이주하여 그곳에서 살아가기 위해 행성을 설계해야 하는 교육용 과학 게임을 컴퓨터상에서 실행하고 있다고 가정해보자. 스크린상의 캐릭터는 당신을 안내하면서 뿌리, 줄기, 잎의 특성이 다양한 환경 조건과 어떻게 관련되는지를 설명해준다. 이들 두 사례(멀티미디어 수업과 에이전트 기반의 시뮬레이션 게임)는 모두 컴퓨터 기반의 멀티미디어 학습 환경이다. 그들이 언어(예: 문자언어 또는 음성언어)와 그림(예: 애니메이션, 비디오, 일러스트레이션, 또는 사진)을 포함하고 있기 때문이다. 또한 그들은 컴퓨터를 통해 제시되기 때문에 컴퓨터 기반의 학습 환경이다. 이 장의 목적은 컴퓨터 기반의 멀티미디어 학습을 위한 수업설계 원리를 탐색하는 것이다.

멀티미디어 학습에 대한 연구는 이론에 근거해야 하고, 교육적으로 유의미하며, 과학적으로 엄밀해야 한다는 전제로부터 시작한다. 이론 기반 연구에 대한 요청에 따라 멀티미디어 학습에 대한 연구는 인지부하이론에 근거를 두고 있다. 이 장은 인지부하이론(Paas, Renkl & Sweller, 2003; Sweller, 1999, 2005)에서 파생한 멀티미디어 인지이론을 기반으로 한다. 교육적으로 유의미한 연구에 대한 요청에 따라 멀티미디어 학습에 대한 연구는 실제적 학습상황 및 자료와 관련되어야 한다. 이 장은 나레이션이 포함된 애니메이션(short narrated animations) 설계 지침에 초점을 맞춘다. 나레이션이 포함된 애니메이션은 멀티미디어 백과사전이나 수업의 일부 또는 과학이나 수학과 관련된 주제를 다루는 교육용 시뮬레이션 게임에서 흔히 관찰할 수 있다. 과학적으로 엄밀한 연구에 대한 요청에 따라 멀티미디어 학습에 대한 연구는 적합한 연구방법을 사용해야 한다. 이 장은 학습에 영향을 미치는 요인을 밝히기 위해 잘 통제된 실험의 메타 분석에 초점을 맞춘다.

사람들은 멀티미디어 수업에서 어떻게 학습하는가?

사람들은 멀티미디어 프레젠테이션이나 시뮬레이션에서 어떻게 학습하는가? 인지과학 연구에서 제시하는 세 가지 주요 학습 원리는 다음과 같다.

이중 채널(dual channel): 인간은 시각/그림 정보와 청각/언어 정보를 처리하는 별개의 채널을 가지고 있다(Baddeley, 1999; Paivio, 1986).

제한된 용량(limited capacity): 인간은 각각의 채널에서 한 번에 처리할 수 있는 정보의 양이 제한되어 있다(Baddeley, 1999; Chandler & Sweller, 1991).

능동적 처리과정(active processing): 유의미한 학습은 학습과정(후속 처리과정을 위해 관련 정보를 선정하기, 선정된 정보를 논리적인 심적 표상으로 조직화하기, 새로운 정보를 기존 지식과 통합하기)에서 일어나는 능동적인 인지적 처리과정에 달려있다(Mayer, 2001; Wittrock, 1989).

다시 말해, 유의미한 학습이 이루어지기 위해서는 학습자가 매우 제한된 정보 처리 채널 내에서 새로 들어오는 정보를 능동적으로 처리해야 한다.

[그림 7.1]은 멀티미디어 학습과정을 보여준다. 그림 왼편에 제시된 바와 같이 나레이션이 포함된 애니메이션과 같은 멀티미디어 수업에서 글과 그림이 제시된다. 청각 정보는 귀로, 시각 정보는 눈으로 지각된다. 학습자가 새로 들어오는 정보에 주의를 기울이면 일부 언어적 정보는 작동기억으로 전달되고("글 선택" 화살표 참조), 일부 시각 정보는 작동 기억으로 전달된다("이미지 선택" 화살표 참조). 학습자는 작동기억에서 선택된 글을 언어모형("글 조직

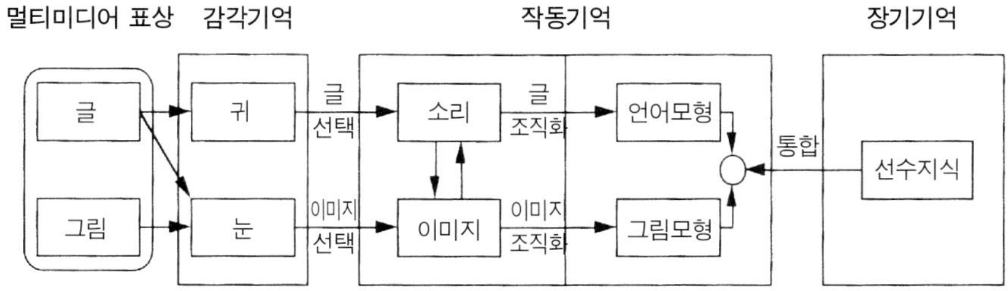

[그림 7.1] 멀티미디어 인지이론

화" 화살표 참조)로 조직화하고, 선택된 이미지를 그림모형("이미지 조직화" 화살표 참조)으로 조직화한다. 마지막으로 학습자는 언어적 정브와 이미지 정보를 선수지식("통합" 화살표 참조)과 함께 통합한다. 이러한 처리과정은 선수지식, 학습자의 목표, 학습자의 인지전략에 따라 조정된다.

[그림 7.1]에 제시된 멀티미디어 인지이론(CTML; Cognitive Theory of Multimedia Learning)은 보다 포괄적인 인지부하이론(인지부하이론; Cognitive Load Theory)에 기반을 두고 있다. 멀티미디어 인지이론이 보다 전문화된 이론(예를 들면, 학습을 글과 이미지로 나누기)이지만, 학습자의 인지 시스템에 과부하가 걸리지 않도록 수업을 설계하는 데 초점을 둔다는 점에서 인지부하이론의 주요 특성과 맥락을 같이한다.

인지부하이론과 멀티미디어 인지이론은 삼원인지부하이론(triarchic theory of cognitive load)이라 부를 수 있는 세 가지 주요 공통점이 있다. 삼원인지브하이론은 학습과정에서 세 가지 종류의 인지 처리과정을 요구한다.

외재적 인지부하(extraneous cognitive load)(CTML에서 비본질적인 인지적 처리과정에 해당됨)는 학습을 지원하지 않는 인지적 처리과정이다. 외재적 인지부하는 수업과 관련 없는 정보를 포함하고 있거나 부적절한 레이아웃으로 인해 발생된다.

내재적 인지부하(intrinsic cognitive load)(CTML에서 본질적인 처리과정에 해당됨)는 과제 자체의 복잡성(difficulty)으로 인해 발생하는 인지적 처리과정이다. 내재적 인지부하는 작동기억에서 동시에 너무 많은 요소들을 붙들고 있기 때문에 발생된다. CTML에 따르면, 본질적인 처리과정은 학습자가 관련 정보에 주의를 기울이도록 인지적 처리과정에 참여시킴으로써 새로운 정보의 초기 이해를 지원한다.

본유적 인지부하(germane cognitive load)(CTML에서 생성적인 처리과정에 해당됨)는 학습에 기여하는 인지적 처리과정이다. 본유적 인지부하는 학습자가 새로운 정보의 이해를 위해 노력하도록 동기를 부여하거나 자극함으로써 발생된다. CTML에 따르면, 생성적 처리과정은 조직과 통합의 인지적 처리과정에 참여시킴으로써 정보에 대한 학습자의 깊은 이해를 수반한다.

학습자가 동시에 정보를 처리할 수 있는 인지적 용량이 제한되어 있기 때문에 외재적, 본질적, 생성적 처리과정의 총량이 학습자의 인지적 용량을 초과할 때 문제가 발생하게 된다.

멀티미디어 학습환경 설계를 위한 세 가지 목표

〈표 7.1〉은 멀티미디어 학습환경 설계를 위한 세 가지 목표(외재적인 인지적 처리과정 감소, 본질적인 인지적 처리과정 관리, 생성적인 인지적 처리과정 촉진)를 제시하고 있다. 첫 번째 행은 멀티미디어 인지이론의 용어를 사용하여 목표를 기술하고 있다. 두 번째 행은 상응하는 인지부하이론의 용어를 사용하여 목표를 기술하고 있다. 세 번째 행은 세 가지 목표의 간략한 정의를 기술하고 있다.

외재적인 인지적 처리과정의 감소

멀티미디어 수업은 학습자에게 요구되는 외재적인 처리과정(학습을 지원하지 않는 처리과정)의 총량을 최소화해야 한다. 멀티미디어 학습에서 가장 일반적인 장애는 제시된 자료가 관련 없는 정보를 담고 있거나 레이아웃이 잘못 설계되어 있을 때 발생한다. 이러한 상황에서 학습자는 핵심 정보의 학습과 직접적으로 관련 없는 외재적인 인지적 처리과정에 참여하도록 선수지식을 제공받게 된다. 인지 자원은 한정되어 있기 때문에 학습자들이 외재적인 처리과정에 많은 용량을 투입하게 되면 유의미한 학습에 필요한 본질적인 처리과정과 생성

〈표 7.1〉 수업설계의 세 가지 목표

멀티미디어 인지이론	인지부하이론	인지적 처리과정
외재적인 인지적 처리과정 감소	외재적 인지부하 감소	인지적 처리과정은 필수적인 정보의 학습을 지원하지 않는다
본질적인 인지적 처리과정 관리	내재적 인지부하 관리	인지적 처리과정은 필수적 정보의 심적 표상을 목표로 한다.
생성적인 인지적 처리과정 촉진	본유적 인지부하 촉진	인지적 처리과정은 표상의 조직화와 선수지식의 통합을 목표로 한다.

적인 처리과정을 위한 인지 자원의 잔여 용량은 부족하게 된다. 이러한 상황을 **외재적 과부하**(extraneous overload), 즉 가용한 인지적 용량을 고갈시키는 불필요한 처리과정이라고 부른다.

본질적 처리과정의 관리

멀티미디어 학습은 학습자의 인지시스템이 과부하되지 않게 학습자가 본질적 처리과정을 관리하도록 지원해야 한다. 멀티미디어 수업에서 외재적인 정보와 부적절한 레이아웃을 제거한다면 학습자는 중요한 인지 자원을 외재적인 처리과정에 낭비할 필요가 없다. 대신에 본질적인 처리과정(본질적인 정보를 인지적으로 표상하기)과 생성적 처리과정(본질적인 정보를 인지적으로 조직하고 이를 선수지식과 통합하기)에 인지적 용량을 사용할 수 있다. 그러나 특정 상황에서는 본질적인 처리과정이 학습자의 인지적 용량을 초과하여 **본질적 과부하**(essential overload)를 초래할 수 있다(Mayer & Moreno, 2003; Mayer, 2005b).

본질적 인지부하는 본질적인 정보가 복잡하고, 낯설거나 빠른 속도로 제시될 때 발생할 수 있다. 첫째 많은 구성요소들이 서로 상호작용하고 있을 때 정보는 복잡하게 된다. 예를 들면, 번개에 대한 설명에는 상승기류, 하강기류, 음전하 입자, 양전하 입자, 따뜻한 공기, 차가운 공기 등과 같이 다양한 방식으로 상호작용하는 여러 핵심 요소들이 있다. Sweller(1999)는 복잡성을 **요소 상호작용성**(element interactivity; 상호작용하는 구성요소의 수와 상호작용의 속성)으로 정의한다. 둘째, 학습자가 관련된 선수지식이 부족할 때 제시되는 자료가 낯설게 된다. 선수지식은 효과적으로 인지부하를 줄이도록 입력 정보를 유의미한 단위로 묶는 데 사용될 수 있다. 예를 들면, 학습자가 더운 공기는 상승하고, 음전하와 양전하는 서로 끌어당긴다는 것을 알고 있다면 번개형성에 대한 설명을 의미단위로 묶는데 도움이 된다. Sweller(1999)는 장기기억에 있는 관련 선수지식을 **스키마**(schemas)라고 명명하였다. 셋째, 자료의 제시율이 학습자가 자료를 표상하기 위해 필요한 시간의 양보다 빠를 때 빠른 속도가 된다. 예를 들면, 번개형성에 대한 애니메이션에서 학습자는 다음 단계가 제시되기 전에 한 단계를 완전히 표상하지 못할 수 있다. 본질적인 처리과정 관리 기법은 이 장의 다음 절에서 다루기로 한다.

생성적 처리과정의 촉진

학습자가 가용한 인지적 용량을 생성적 처리과정에 투입하도록 외재적 처리과정을 제거하고 본질적인 처리과정을 관리하는 방식으로 멀티미디어 수업이 제공될 수 있는지 생각해보라. 어떻게 하면 가용한 인지적 용량을 초과하지 않고 생성적 처리과정을 촉진할 수 있는가? 이 문제는 8장에서 논의하기로 한다.

외재적 인지부하 감소 원리

멀티미디어 수업이 학습자의 정보처리 한계를 고려하지 않을 경우 중요한 수업설계 문제가 발생한다. 너무 많은 외재적 정보가 제시되거나 정보가 혼란스러운 방식으로 제시될 경우 인지부하가 발생할 수 있다. 이러한 상황에서는 학습자가 외재적 처리과정(본질적인 정보의 학습을 향상시키지 않는 인지적 처리과정)에 귀중한 인지적 용량을 사용함으로써 본질적 처리과정과 생성적 처리과정을 위한 인지적 용량을 부족하게 한다. 이 절에서 저자는 정보처리 한계에 대한 불감증 문제를 극복하기 위해 관련 연구에 근거하여 다섯 가지 원리, 즉 응집성 원리(coherence principle), 중복 원리(redundancy principle), 신호 원리(signaling principle), 공간적 인접성 원리(spatial contiguity principle), 시간적 인접성 원리(temporal contiguity principle)를 탐색한다. 〈표 7.2〉부터 〈표 7.6〉까지는 학습자의 문제해결 전이를 평가하여 이들 원리들을 지지해주는 연구결과들을 보여준다. 표에서 '실험' 뒤에 표시된 알파벳은 별개의 비교실험을 가리킨다.

응집성 원리

다음 상황을 가정해보자. 당신은 멀티미디어 백과사전을 열고 "lightning"을 입력하고 검색한다. 당신은 스크린에서 번개형성 단계를 묘사하는 140초짜리 애니메이션을 보면서 스피커를 통해 번개형성 단계에 상응하는 나레이션을 듣게 된다. 수업에 흥미를 더하기 위해 번개를 동반한 폭풍을 보여주는 10초짜리 비디오 클립 몇 개를 삽입할 수 있다. 또한 번개의 위험에 대해 흥미로운 사실을 알려주는 나레이션을 포함할 수 있다. 그러나 Mayer, Heiser, Lonn(2011, 실험 3)의 연구에서는 비디오 클립을 삽입하지 않았을 때보다 흥미로운 비디오 클립을 삽입했을 때 학습자들이 전이검사에서 낮은 점수를 얻은 것으로 나타났다.

수업에 흥미를 돋우기 위해 배경음악과 적절한 효과음(바람소리나 얼음 깨지는 소리)을 삽입할 수 있다. 그러나 Mayer와 Moreno(2000, 실험 1, 2)의 두 가지 상이한 과학수업에 대한 연구에서는 외재적인 소리가 포함되지 않았을 때 파지 검사와 전이 검사에서 높은 성취를 보인 것으로 나타났으며, 배경음악과 효과음이 함께 제시되었을 때 가장 낮은 성취결과가 나타났다. 파도의 형성을 설명하는 Mayer와 Jackson(2005, 실험 2)의 컴퓨터기반 수업 연구에서도 공식과 수치계산이 배제되었을 때 학습자들이 더 잘 학습한 것으로 나타났다.

〈표 7.2〉에 제시된 바와 같이, 네 가지 실험 검사 모두에서 학습자들은 상세한 설명보다 나레이션이 함께 제시되는 애니메이션에서 더 높은 성취를 나타냈다. 우리는 이러한 연구결과를 **응집성 원리**(coherence principle: 멀티미디어 수업에서 외재적인 정보를 제거하라)라고 부른다. 응집성 원리의 효과크기[6] 중앙값은 0.70이다. 인쇄기반 수업에서도 흥미롭지만 비본질적인 사실이나 삽화

6) 효과크기는 Cohen(1988)의 d 값에 기반하며, 효과크기가 0.2 이하이면 무의미하고, 0.2~0.5는 작은 효과크기, 0.5~0.8은 중간 효과크기, 0.8 이상은 큰 효과크기로 해석한다.

〈표 7.2〉 컴퓨터 기반 멀티미디어 학습에서 응집성 원리 관련 연구

출처	학습내용	효과크기
Moreno & Mayer (2000, 실험 1)	번개	1.49
Moreno et al. (2000, 실험 2)	브레이크	0.51
Mayer, Heiser, & Lonn (2001, 실험 3)	번개	0.70
Mayer & Jackson (2005, 실험 2)	파도	0.69
중앙값		0.82

가 제거되었을 때 학생들이 더 나은 수행을 보였다는 유사한 결과가 보고되었다(Harp & Mayer, 1997, 실험 1; Harp & Mayer, 1998, 실험 1, 2, 3, 4; Mayer, Dove, Bryman, Mars, & Tapangco, 1996, 실험 1, 2, 3).

응집성 원리는 어떻게 작동하는가? 인지처리용량은 제한되어 있으며 외재적, 본질적, 생성적 처리과정에 할당되어야 한다. 외재적 정보가 제거되거나 부적절한 레이아웃이 수정된다면 학습자는 외재적 처리과정에 적게 참여하게 된다. 이러한 결과는 본질적 처리과정과 생성적 처리과정(그림 7.1의 조직화와 통합 참조)을 위해 많은 인지적 용량을 남겨두게 되어 유의미한 학습 결과로 나아갈 가능성이 높아진다.

중복 원리

번개 형성을 설명하는 애니메이션을 개선하기 위한 다른 시도로서 화면 하단에 나레이션을 보여주는 자막을 추가할 수 있다. 예를 들면, 모든 자막은 해설자가 말하는 문장과 동일하게 구성할 수 있다. 자막 추가(예: 나레이션과 동일한 스크린상의 텍스트)는 사람들이 글을 수용하는 방식에서 자신이 선호하는 방식을 선택할 수 있게 해준다. 청각적 학습자는 나레이션을 듣고 시각적 학습자는 화면의 텍스트를 읽을 수 있다.

그러나 번개에 대한 애니메이션에서 나레이션과 중복되는 화면 텍스트가 추가될 때 학습자들은 전이검사에서 낮은 성취를 보였다(Craig, Gholson, & Driscoll, 2002, 실험 2; Mayer et al., 2001, 실험 1, 2; Moreno & Mayer, 2002a,

실험 2). 마찬가지로 식물의 성장을 설명하는 환경과학게임에서도 애니메이션에 나레이션과 자막을 함께 제공했을 때 학습자들은 낮은 성취를 보였다(Moreno & Mayer, 2002b, 실험 2a, 2b). Kalyuga, Chandler, Sweller(1999, 실험 1; 2000, 실험 1)는 일련의 유사한 연구에서 한 집단에는 컴퓨터 화면에 음성언어를 포함한 오디오 메시지와 일련의 전기 다이어그램을 제시하고(비중복 집단), 다른 집단에는 오디오 메시지와 동일한 자막을 전기 다이어그램과 함께 화면에 제시하였다(중복 집단). 선행 연구와 마찬가지로 비중복 집단의 학습자들이 중복 집단의 학습자들보다 후속 전이검사에서 높은 성취를 보였다.

여덟 가지 실험 검사 모두에서 학습자들은 화면에서 중복 텍스트가 제거되었을 때 더 높은 성취를 보였다. 연구 결과는 〈표 7.3〉에 요약되어 있으며, 효과크기의 중앙값은 0.79이다. 우리는 이러한 연구결과를 **중복 원리**(redundancy principle: 나레이션이 포함된 애니메이션에서 중복 자막을 제거하라)라고 부른다. Mousavi, Low, Sweller(1995, 실험 1, 2)가 실시한 수학 교과목의 인쇄기반 수업에서도 유사한 연구결과가 얻어졌다. 학습자가 외국인이거나 청력이 손상되었을 경우 또는 용어가 발음하기 어렵거나 전문적인 기술 용어일 경우 중복 자막이 교육적으로 의미 있는 상황들이 있을 수 있다.

중복 원리는 어떻게 작동하는가? 중복된 화면 텍스트는 학습자들이 유입되

〈표 7.3〉 컴퓨터 기반 멀티미디어 학습에서 중복 원리 관련 연구

출처	학습내용	효과크기
Kalyuga, Chandler, & Sweller (1999, 실험 1)	전기공학	1.38
Kalyuga, Chandler, & Sweller (2000, 실험 1)	전기공학	0.86
Craig, Cholson, & Driscoll (2002, 실험 2)	번개	0.67
Mayer, Heiser, & Lonn (2001, 실험 1)	번개	0.88
Mayer, Heiser, & Lonn (2001, 실험 2)	번개	1.21
Moreno & Mayer (2002a, 실험 2)	번개	0.72
Moreno & Mayer (2002b, 실험 2a)	환경과학게임	0.19
Moreno & Mayer (2002b, 실험 2b)	환경과학게임	0.25
중앙값		0.79

는 두 가지 언어적 흐름을 조화시키고, 화면 아래의 글에 상응하는 요소들을 찾기 위해 애니메이션을 살펴야 하기 때문에 외재적 처리과정을 유발한다. 화면에서 중복 텍스트가 제거되면 학습자들이 외재적 처리과정에 적게 참여하게 되기 때문에 여분의 인지적 용량을 본질적 처리과정과 생성적 처리과정(그림 7.1의 조직화와 통합 참조)에 사용할 수 있다.

신호 원리

컴퓨터 기반 수업에서 외재적 정보를 제거하는 것이 어려울 수 있으므로 효과적인 대안은 수업의 본질적인 정보에 학습자가 주의를 기울이도록 단서를 제공하는 것이다. 예를 들면, Mautone와 Mayer(2001, 실험 3a, 3b)는 사람들에게 비행기의 이륙방법에 대한 애니메이션을 나레이션과 함께 제시하였다. 신호 집단의 나레이션에는 주요 절의 개요, 각 절의 제목, 접속어(예: 이러한 이유로)를 강조하는 억양이 포함되었다. 비신호 집단에는 아무런 신호도 제공하지 않았다. 후속 전이검사에서 신호 집단이 비신호 집단보다 높은 성취를 나타냈다. 마찬가지로 예비교사 대상의 연구에서도 가상 교실의 다양한 학습자에 대해 부여한 상이한 신호가 학습자의 특정 요구에 부합하도록 수업을 조정하는 예비교사의 능력을 향상시킨 것으로 나타났다(Moreno & Abercrombie, 출간 중).

본 연구는 개요, 제목, 지시어(pointer word)와 같이 나레이션에 신호를 포함하는 **신호 원리**(signaling principle)의 근거를 제시한다. 두 실험 모두에서 신호는 수행의 전이를 향상시킨 것으로 나타났으며, 효과크기의 중앙값은 0.70이었다. 〈표 7.4〉는 이러한 연구결과를 요약해 제시하고 있지만 많은 후속 실증 연구들이 요구된다. Harp와 Mayer(1998, 실험 3a)의 번개 정보에 대한 인쇄기반 수업에서도 유사한 연구결과들이 얻어졌다.

신호 표시 원리는 어떻게 작동하는가? 수업에 외재적 정보가 포함될 때 학습자는 외재적 정보를 처리할 때까지 불필요한 처리과정에 인지적 자원을 투입해야 한다. 개요, 제목, 강조와 같은 신호는 학습자가 본질적인 정보에 주의를 기울이도록 함으로써 외재적인 처리과정을 감소시켜 준다(그림 7.1의 '선

〈표 7.4〉 컴퓨터 기반 멀티미디어 학습에서 신호 원리 관련 연구

출처	학습내용	효과크기
Mautone & Mayer (2001, 실험 3a)	항공기	0.60
Mautone & Mayer (2001, 실험 3b)	항공기	0.70
Mautone & Abercrombie (출간중)	교수원리	0.81
중앙값		0.70

택' 화살표 참조). 이는 본질적인 처리과정과 생성적인 처리과정에 사용할 용량을 많이 남겨두게 두어 유의미한 학습결과로 이끌게 된다.

시간적 인접성 원리

수업자료의 부적절한 레이아웃으로 외재적 처리과정이 발생할 수 있다. 예를 들어 전기자동차 매뉴얼에서 "브레이크" 항목을 클릭하면 화면에 스피커 아이콘과 동영상 아이콘이 나타난다고 가정해보자. 스피커 아이콘을 클릭하면 자동차 브레이크 시스템의 작동방법에 대한 나레이션을 듣게 되며, 동영상 아이콘을 클릭하면 자동차 브레이크 시스템의 작동방법에 대한 애니메이션을 나레이션 없이 보게 된다.

이 시나리오의 문제는 무엇인가? 이 시나리오는 애니메이션이 제시될 때까지 전체 나레이션을 작동기억에 보존하기 위해 많은 인지 자원을 사용해야 하기 때문에 외재적 처리과정이 발생하기 쉽다. 유의미한 학습을 위해 작동기억에서 그림과 이에 상응하는 글을 동시에 붙들고 있어야 한다면 나레이션과 애니메이션의 연속적인 제시는 학습자의 인지시스템에 과부하를 일으킬 수 있다.

예를 들면, Mayer와 Anderson(1991, 실험 1, 2a; 1992, 실험 1), Mayer와 Sims(1994, 실험 1)는 타이어 펌프 작동방법을 설명하는 짧은 나레이션과 애니메이션을 학생들에게 제시하였다. 일부 학생에게는 애니메이션과 이에 상응하는 나레이션을 동시에 제시하였고(동시집단), 일부 학생에게는 전체 애니메이션 전이나 후에 전체 나레이션을 제시하였다(연속집단). 후속 전이검사에서 동

시집단이 연속집단보다 높은 성취를 얻은 것으로 나타났다. 동일한 연구결과가 브레이크(Mayer & Anderson, 1992, 실험 2; Mayer, Moreno, Boire, & Vagge, 1999, 실험 2), 폐(Mayer & Sims, 1994, 실험 2), 번개(Mayer et al., 1999, 실험 1)에 대한 애니메이션과 나레이션 수업에서도 나타났다.

결국, 8개 실험 검사 모두에서 학습자는 애니메이션과 나레이션의 연속적인 제시보다 동시적인 제시에서 높은 전이 검사 점수를 얻은 것으로 나타났다. 연구결과는 〈표 7.5〉에 요약되어 있으며, 효과크기의 중앙값은 1.31이다. 우리는 애니메이션과 이에 상응하도록 나레이션을 동시에 제시하는 이러한 양식을 **시간적 인접성 원리**(temporal contiguity principle)라고 한다. Ginns(2006)는 13개의 실험 연구를 비교하여 시간적 인접성 원리를 뒷받침하는 가중평균 효과크기(d = 0.78)를 보고하였다.

시간적 인접성 원리는 어떻게 작동하는가? 학습자가 애니메이션이 제시될 때까지 또는 애니메이션 제시가 완료될 때까지 작동기억에 전체 나레이션을 보존하기 위해 인지 자원을 사용해야 한다면 외재적 인지부하가 발생하게 된다(그림 7.1의 "작동기억" 부분 참조). 애니메이션과 나레이션을 동시에 제시함으로써 학습자는 각 부분에서 언어 자료와 그림 자료를 인지적으로 통합할 수 있으며, 오랫동안 작동기억에 자료를 보존할 필요가 없게 된다.

〈표 7.5〉 컴퓨터 기반 멀티미디어 학습에서 시간적 인접성 원리 관련 연구

출처	학습내용	효과크기
Mayer & Anderson (1991, 실험 1)	타이어 펌프	0.92
Mayer & Anderson (1991, 실험 2a)	타이어 펌프	1.14
Mayer & Anderson (1992, 실험 1)	타이어 펌프	1.66
Mayer & Anderson (1992, 실험 2)	브레이크	1.39
Mayer & Sims (1994, 실험 1)	타이어 펌프	0.91
Mayer & Sims (1994, 실험 2)	폐	1.22
Mayer, Moreno, Boire, & Vagge (1999, 실험 1)	번개	2.22
Mayer, Moreno, Boire, & Vagge (1999, 실험 2)	브레이크	1.40
중앙값		1.31

공간적 인접성 원리

부적절한 레이아웃 때문에 발생하는 외재적 처리과정의 다른 사례는 화면에 글과 그림이 서로 가까이 배치되어 있지 않은 경우이다. 예를 들어 여러분이 번개형성에 대한 애니메이션을 본다고 가정해보자. 한 집단은 화면 하단에 각 단계를 기술하는 문장을 제시하고(분리집단) 다른 집단은 그들이 기술하는 효과 바로 가까이에 문장을 제시한다(통합집단). 여러분은 두 집단 모두 동일한 정보가 제시되기 때문에 두 집단의 학습자들이 동등하게 수행하리라고 가정할 수 있다. 그러나 분리제시 집단의 학습자들은 화면 하단의 자막이 언급하는 대상을 찾기 위해 화면을 훑어보는 외재적인 처리과정에 참여하게 된다. 반대로 통합제시는 학습자가 화면에서 시선이 향해야 할 곳으로 안내하기 때문에 외재적 처리과정이 최소화된다.

Moreno와 Mayer(1999, 실험 1)의 연구는 텍스트를 화면 하단에 배치했을 때보다 상응하는 애니메이션 요소 가까이에 배치했을 때 학습자들이 전이검사에서 높은 성취를 얻은 것으로 나타났다. 화면에서 상응하는 요소 가까이에 텍스트를 배치하는 이러한 양식을 **공간적 인접성 원리**(spatial contiguity principle)라고 한다. 이러한 조사 결과는 한 실험에 기반하고 있으며, 〈표 7.6〉에 제시된 바와 같이 효과크기는 0.82로 나타났다. 그러나 유사한 결과가 브레이크 작동방법(Mayer, 1989, 실험 1), 번개(Mayer, Steinhoff, Bower, & Mars, 실험 1, 2, 3), 전기공학(Chandler & Sweller, 1991, 실험 1; Tindall-Ford, Chandler, & Sweller, 1997, 실험 1)에 대한 인쇄기반 수업에서도 도출되었다. Ginns(2006)는 공간적 인접성과 관련된 37개의 실험 연구를 비교하여 공간적 인접성 원리를 뒷받침하는 가중평균 효과크기(d = 0.72)를 보고하였다.

공간적 인접성 원리는 어떻게 작동하는가? 학습자가 분리된 제시를 제공받게 되면 글에 상응하는 그래픽의 해당 부분을 찾기 위해 화면을 훑어보아야 한다. 이는 그래픽의 해당 부분 가까이에 글을 배치하면 제거될 수 있는 외재적인 처리과정이며, 많은 인지 자원을 본질적 처리과정과 생성적 처리과정에 사용할 수 있게 해준다(그림 7.1의 "통합" 화살표 참조).

〈표 7.6〉 컴퓨터 기반 멀티미디어 학습에서 공간적 인접성 원리 관련 연구

출처	학습내용	효과크기
Moreno & Mayer (1999, 실험 1)	번개	0.82

내재적 인지부하 관리 원리

비본질적인 정보를 삭제하고 사려 깊게 프리젠테이션을 설계함으로써 외재적 처리과정의 필요성을 제거할 수 있다. 이는 학습자가 모든 인지 자원을 본질적 처리과정(본질적인 정보를 인지적으로 표상하는 처리과정)과 생성적 처리과정(본질적인 정보를 선수지식과 인지적으로 조직하고 통합하는 처리과정)에 사용하게 해준다. 그러나 외재적 처리과정이 제거되거나 감소되더라도 본질적 처리과정의 요구가 너무 커서 심화 학습을 위한 인지 자원이 부족하거나 전혀 남아 있지 않을 수도 있다. 예를 들면, 본질적인 정보(essential material)가 복잡하고, 제시 속도가 빠르고, 학습자에게 생소할 경우 과중한 내재적 인지부하가 발생한다. 이 절에서는 내재적 인지부하를 관리함으로써 난이도 문제를 극복할 수 있는 세 가지 원리 즉, 분절화 원리(segmenting principle), 사전훈련 원리(pretraining principle), 감각양식 원리(modality principle)를 탐색한다. 〈표 7.7〉, 〈표 7.8〉, 〈표 7.9〉는 학습자의 문제해결 전이검사에서 이들 원리를 지지하는 근거를 제시하고 있다. 실험 번호 뒤의 알파벳은 서로 다른 실험을 의미한다.

분절화 원리

초보자에게 전기모터 작동방법에 대한 간략한 애니메이션을 학습하도록 요구했다고 가정해보자. 전기모터는 상호작용하는 여러 부분들로 구성되어 있으며, 모터의 작동은 전기장치와 자석장치의 복합연쇄에 기반하고 있다. 만약 학습자들이 입력 정보를 조직하는 데 필요한 선수지식을 가지고 있지 않다면, 정보를 인지적으로 표상하는 과정에서 인지부하를 경험하기 쉽다. 어떻게 하면 내재적 인지부하의 위험을 극복할 수 있을까? 한 가지 방법은 제시내용을 학습

자가 통제할 수 있는 작은 의미단위로 나누는 **분절화**(segmenting)이다.

예를 들면, Mayer, Dow, Mayer(2003, 실험 2a, 2b)는 일부 학생들에게 전기모터가 작동하는 방법을 설명하는 애니메이션을 나레이션과 함께 연속적으로 제시하였다(연속집단). 다른 학생들에게는 전기모터의 특정 부분을 클릭하거나 질문 목록을 선택하면 유의미한 단위의 애니메이션을 나레이션과 함께 볼 수 있도록 제시하였다(분절화집단). 모든 학습자들이 동일한 나레이션이 포함된 애니메이션을 시청하였다. 하지만 분절화집단은 자신의 학습속도에 맞추어 작은 의미단위로 애니메이션을 시청하였다. 후속 전이검사에서 분절화집단이 연속집단에 비해 높은 성취를 나타냈다. 관련 연구에서 Mayer와 Chandler(2001, 실험 2)는 일부 학생들에게 번개형성에 대한 애니메이션과 나레이션을 제시하였다(연속집단). 다른 학생들에게는 화면 오른쪽 아래에 "**다음**(CONTINUE)" 버튼을 클릭하여 16개로 분절화된 애니메이션과 나레이션을 학습하도록 제시하였다(분절화집단). 비록 두 집단 모두 동일한 순서로 동일한 애니메이션과 나레이션을 제공받았지만, 분절화집단은 다음 부분으로 진행하기 전에 내재적 인지부하를 관리하면서 한 부분을 완전히 이해할 때까지 정지할 수 있었다. 예상한 대로 분절화집단이 연속집단에 비해 높은 성취를 나타냈다. 동일한 방법으로 실시한 Moreno(2007)의 연구에서도 교수원리를 분절화된 사례 비디오(실험 1) 또는 애니메이션(실험 2)으로 학습할 때 새로운 교수장면에 더 잘 전이하는 것으로 나타났다.

결국 5개 실험 검사 모두에서 분절화가 수행 전이에 긍정적인 효과를 나타냈다. 연구결과는 〈표 7.7〉에 요약되어 있으며 효과크기의 중앙값은 0.82였다. 이러한 결과는 **분절화 원리**(segment principle: 애니메이션이나 비디오를 학습자가 통제할 수 있는 단위로 나누어라)를 지지해준다. Lee, Plass, Homer(2006)는 하나의 화면을 두 개의 화면으로 분절화하여 이상 기체 법칙에 대한 과학 시뮬레이션의 복잡성을 감소시킴으로써 보완효과(complementary effect)를 얻었다.

분절화 원리는 어떻게 작동하는가? 시스템을 실제보다 쉽게 학습하도록 할 수는 없지만, 프레젠테이션을 작은 의미단위로 분절화함으로써 학습자의 이해를 도울 수는 있다. 이러한 방식으로 학습자는 다음 부분으로 나아가기 전에

〈표 7.7〉 컴퓨터 기반 멀티미디어 학습에서 분절화 원리 관련 연구

출처	학습 내용	효과크기
Mayer & Chandler (2001, 실험 2)	번개	1.13
Mayer, Dow, & Mayer (2003, 실험 2a)	발전기	0.82
Mayer, Dow, & Mayer (2003, 실험 2b)	발전기	0.98
Moreno (2007, 실험 1)	교수원리	0.39
Moreno (2007, 실험 2)	교수원리	0.61
중앙값		0.82

시스템의 한 부분을 인지적으로 표상할 수 있다(그림 7.1의 "작동기억" 부분 참조). Moreno(2007)의 연구에서는 분절화된 동적 시각 표현물로 학습한 집단의 인지부하율이 연속집단보다 유의미하게 낮은 것으로 나타났다. 이러한 연구결과는 비디오나 애니메이션의 분절화가 인지부하를 감소시킨다는 사실을 지지해준다(실험 1, $d = 0.64$, 실험 2, $d = 1.00$).

사전훈련 원리

내재적 인지부하를 관리하기 위한 다른 접근 방법은 학습자들이 애니메이션의 처리과정에 필요한 선수지식을 습득하게 하는 것이다. 예를 들면, 자동차의 브레이크 시스템이 어떻게 작동하는지를 설명하는 애니메이션과 나레이션을 시청할 때 학습자들은 시스템의 구성요소 모델(예: 마스터 실린더의 피스톤은 전진 또는 후진할 수 있다)과 인과모델(예: 한 부분의 변화가 다른 부분의 변화에 영향을 미친다)을 구축해야 한다. 만약 학습자가 자동차와 친숙하지 않다면 각각의 부품을 확인하는 과제가 요구되며 이에 따라 인과모델 구축을 위한 인지 자원은 거의 남아있지 않게 된다. 이러한 문제의 해결책은 구성요소의 이름, 위치, 동작을 포함하여 학습할 시스템의 주요 구성요소에 대해 사전훈련을 제공하는 것이다.

예를 들면, Mayer, Mathias, Wetzell(2002, 실험 1, 2)은 학생들에게 자동차의 브레이크 시스템 작동 방법을 설명하는 애니메이션과 나레이션을 제시하였

다. 애니메이션을 제시하기 전에 일부 학생들은 브레이크 시스템 그림에서 어느 부분을 클릭할 수 있으며, 부품의 이름과 부품의 동작에 대한 설명(예: 마스터 실린더의 피스톤은 전진 또는 후진할 수 있다)을 볼 수 있는지에 대해 간단히 사전훈련을 받았다. 사전훈련 집단이 사전훈련을 제공하지 않은 집단보다 전이검사에서 우수한 성취를 보였다. Mayer 등(2002, 실험 3)은 한 집단에는 각 부분(예: 흡입 밸브와 출구 밸브)의 이름, 위치, 동작을 강조하는 사전훈련 후에 타이어 펌프 작동 방법을 설명하는 애니메이션과 나레이션을 제공하였고, 다른 집단에는 사전훈련을 제공하지 않았다. 후속 전이검사에서 사전훈련 집단이 사전훈련을 제공하지 않은 집단보다 우수한 성취를 보였다. 전기공학에 관한 컴퓨터기반 수업(Pollock, Chandler, & Sweller, 2002, 실험 1, 3)과 컴퓨터기반 지질학 시뮬레이션 게임(Mayer, Mautone, & Prothero, 2002 실험 2, 3)에서도 유사한 연구결과가 보고되었다

결국, 7개 실험 검사 모두에서 핵심 구성요소의 이름, 위치, 동작의 사전훈련이 수행 전이에 긍정적인 효과를 나타냈다. 이러한 연구결과는 〈표 7.8〉에 요약되어 있으며, 효과크기의 중앙값은 0.92이다. **사전훈련 원리**(pretraining principle)는 어렵고, 제시속도가 빠르고, 생소한 애니메이션과 나레이션을 제공할 경우, 학습자에게 미리 핵심 구성요소의 이름, 위치, 동작에 대한 사전훈련을 제공하도록 요구한다.

사전훈련 원리는 어떻게 작동하는가? 작동기억 속의 지식은 학습자가 입력 정보를 청킹하도록 지원하는 데 사용될 수 있다. 이를 통해 학습자는 인지부하를 효과적으로 감소시킬 수 있다. 이것은 멀티미디어 수업 처리과정에서 유능한 학습자들이 가지고 있는 이점이다. 사전훈련은 장기기억과 관련된 지식을 제공함으로써 학습자들이 새로운 투입 정보에 적은 처리과정을 할당하게 한다(그림 7.1의 "선수지식" 참조).

감각양식 원리

가장 중요한 멀티미디어 설계원리는 **감각양식 원리**(modality principle: 애니메이션과 자막보다 애니메이션과 나레이션을 제공하라)이다. 감각양식 원리는

〈표 7.8〉 컴퓨터 기반 멀티미디어 학습에서 사전훈련 원리 관련 연구

출처	학습내용	효과크기
Pollack et al. (2002, 실험 1)	전기공학	1.22
Pollack et al. (2002, 실험 3)	전기공학	1.15
Mayer, Mathias, & Wetzell (2002, 실험 1)	브레이크	0.79
Mayer, Mathias, & Wetzell (2002, 실험 2)	브레이크	0.92
Mayer, Mathias, & Wetzell (2002, 실험 3)	타이어 펌프	1.00
Mayer, Mathias, & Prothero (2002, 실험 2)	지질학 시뮬레이션 게임	0.57
Mayer, Mathias, & Prothero (2002, 실험 3)	지질학 시뮬레이션 게임	0.85
중앙값		0.92

어렵고 생소한 정보가 빠른 속도로 제시되는 상황에서 특히 중요하다. 이러한 상황에서는 학습자들이 애니메이션과 자막 사이에 시각적 처리과정을 배분해야 하기 때문에 애니메이션과 자막 제시는 주의를 분산시킬 수 있다(Ayres & Sseller, 2005). 이러한 경우, 학습자는 본질적 처리과정(또는 Sweller(1999)는 내재적 인지부하[7]라고 명명함)의 요구에 압도될 수 있다. 이 문제에 대한 해결책은 글의 처리과정을 시각 채널에서 언어 채널로 넘기도록 동시 자막보다 동시 나레이션으로 제시하는 것이다.

예를 들면, 4개의 실험에서 번개형성에 대한 애니메이션과 나레이션으로 학습한 집단이 나레이션과 동일한 자막과 애니메이션으로 학습한 집단보다 전이검사에서 높은 성취를 나타냈다(Craig et al., 2002, 실험 2; Mayer & Moreno, 1998, 실험 1; Moreno & Mayer, 1999, 실험 1, 2). 또한 Moreno와 Mayer(1999, 실험 2)의 연구에서는 동일한 애니메이션과 동일한 글이 제시되었을지라도 브레이크에 대해 애니메이션과 자막으로 학습한 집단보다 애니메이션과 나레이션으로 학습한 집단이 깊이 있게 학습한 것으로 나타났다. 컴퓨터 기반의 전기공학 수업(Kalyuga et al., 1999, 실험 1; Kalyuga et al., 2000, 실

7) Mayer(2005a)는 *The Cambridge Handbook of Multimedia Learning*에서 내재적인 인지적 처리과정 관리 방법으로 감각양식 원리를 제시한 반면, Low와 Sweller(2005)는 외재적 인지부하와 관련하여 감각양식 원리를 기술하고 있다.

험 1)과 수학 문제해결(Jeung, Chandler, & Sweller, 1997, 실험 1, 2, 3)에서도 유사한 결과가 보고되었다.

Mayer 등(2003, 실험 1)은 전기모터 작동방법에 대한 상호작용적 시뮬레이션에서 애니메이션과 나레이션으로 학습한 집단이 애니메이션과 자막으로 학습한 집단보다 높은 성취를 나타냈다고 보고하였다. 또한 O' Neil 등(2000, 실험 1)의 항공기 연료 계통 장치(aircraft' s fuel system)에 대한 가상현실 시뮬레이션 연구에서도 애니메이션과 나레이션으로 학습한 집단이 애니메이션과 자막으로 학습한 집단보다 높은 성취를 나타냈다. 환경과학을 가르치기 위해 개발된 컴퓨터 시뮬레이션 게임에서도 동일한 연구결과가 발견되었다. 식물의 성장에 대한 설명을 애니메이션과 나레이션으로 학습한 집단이 애니메이션과 자막으로 학습한 집단보다 높은 성취를 나타냈다(Moreno & Mayer, 2002b, 실험 1a, 1b; Moreno et al., 2001, 실험 4a, 5a, 5b).

21개 실험 모두에서 애니메이션과 자막으로 학습한 집단보다 애니메이션과 나레이션으로 학습한 집단이 전이검사에서 높은 성취를 나타냈다. 이러한 결과는 〈표 7.9〉에 요약되어 있으며, 효과크기의 중앙값은 0.97이었다. **감각양식 원리**(modality principle: 음성언어 형태로 글을 제공하라)는 두 개의 정보처리 채널에 인지적 처리과정을 분산시킴으로써 본질적 처리과정의 관리를 지원할 수 있다. 감각양식 원리는 정보가 복잡하고, 생소하거나 빠른 속도로 제시될 때 가장 효과적이다.

Ginns(2005)는 43개의 최근 실험연구를 비교하여 감각양식 원리를 지지하는 가중 평균 효과크기(d = 0.72)를 보고하였다. 또한 감각양식 효과는 감각양식에 대한 Penny(1989)의 과거 연구와도 일치한다. Brünken, Plass, Leutner(2004)는 감각양식의 결합으로 인해 발생하는 인지부하를 측정하기 위해 이중 과제 방법론(dual-task methodology)을 개발했다.

감각양식 원리는 어떻게 작동하는가? 학습자는 시각채널(과부하된 채널)에서 언어채널(과부하되지 않은 채널)로 인지적 처리과정의 일부를 떠넘길 수 있다. [그림 7.1]에서 "글"에서 "눈"으로의 화살표는 "글"에서 "귀"로 이어진 화살표로 변경됨으로써 학습자는 "이미지 선택" 화살표 하나에서 "글 선택"과 "이미지 선택" 모두를 사용할 수 있게 된다.

〈표 7.9〉 컴퓨터 기반 멀티미디어 학습에서 감각양식 원리 관련 연구

출처	학습내용	효과크기
Jeung et al. (1997, 실험 1)	수학문제	0.87
Jeung et al. (1997, 실험 2)	수학문제	0.33
Jeung et al. (1997, 실험 3)	수학문제	1.01
Mayer & Moreno (1998, 실험 1)	번개	1.49
Mayer & Moreno (1998, 실험 2)	브레이크	0.78
Kalyuga et al. (1999, 실험 1)	전기공학	0.85
Moreno & Mayer (1998, 실험 1)	번개	1.02
Moreno & Mayer (1998, 실험 2)	번개	1.09
Kalyuga et al. (2000, 실험 1)	전기공학	0.79
O' Neal et al. (2000, 실험 1)	항공기 시뮬레이션	1.00
Moreno, Mayer, Spires, & Lester (2001, 실험 1)	환경과학 게임	0.60
Moreno et al. (2001, 실험 4b)	환경과학 게임	1.58
Moreno et al. (2001, 실험 5a)	환경과학 게임	1.41
Moreno et al. (2001, 실험 5b)	환경과학 게임	1.71
Craig et al. (2002, 실험 2)	번개	0.97
Moreno & Mayer (2002b, 실험 1a)	환경과학 게임	0.93
Moreno & Mayer (2002b, 실험 1b)	환경과학 게임	0.62
Moreno & Mayer (2002b, 실험 1c)	환경과학 게임	2.79
Moreno & Mayer (2002b, 실험 2a)	환경과학 게임	0.74
Moreno & Mayer (2002b, 실험 2a)	환경과학 게임	2.24
Mayer, Dow, & Mayer (2003, 실험 1)	발전기	0.79
중앙값		0.97

어느 방향으로 나아가야 하는가?

이 장에 제시된 연구결과는 실제적이고 이론적인 시사점을 제공해준다. 실제적 관점에서 저자는 연구에 기반하여 컴퓨터 기반 멀티미디어 수업 설계를 위한 여덟 가지 가이드라인을 제시할 수 있다. 많은 연구가 실험실 상황에서 대학생을 대상으로 단기간에 수행되었다는 제한점을 갖고 있다. 실제적 학습환경에서 제시한 원리들이 적용되는지를 검증하는 후속 연구가 필요하다. 또 다른 제한점은 본 연구가 수학과 과학의 몇몇 주제에 초점을 맞추고 있다는 점이다. 후속 연구는 폭넓게 교육과정을 다루어야 한다.

이론적 관점에서 원리들은 멀티미디어 인지이론 및 인지부하이론과 일치한다. 본 연구는 인지부하가 수업설계의 핵심이라는 전제와 일치한다. 특히 수업설계자의 핵심 과제는 외재적 인지부하를 줄이고 내재적 인지부하를 관리하는 것이다. 이는 심층적 처리과정을 위해 필요한 인지 자원을 제공해준다. 이론을 정교화하기 위해 다음과 같은 후속 연구가 필요하다. (1) [그림 7.1]에 제시된 다섯 가지 인지적 처리과정에서 선수지식의 역할은 무엇인가? (2) 각 채널에서 학습자가 경험한 인지부하를 어떻게 측정할 수 있는가? (3) 제시 정보의 복잡성 수준을 어떻게 측정할 수 있는가? (4) 컴퓨터 프레젠테이션에서 요구되는 외재적 처리과정과 본질적 처리과정의 총량을 어떻게 측정할 수 있는가? (5) 언어 정보와 그림 정보를 통합함으로써 생성되는 심적 표상(mental representation)의 특성은 무엇인가?

결국, 멀티미디어 학습에 대한 연구는 지난 15년간 유의미한 진전을 이루어냈다. 후속 연구는 실제적 요구(멀티미디어 수업설계자를 위한 가이드 제공)와 이론적 요구(사람들이 글과 그림으로부터 어떻게 학습하는지에 대한 인지이론 확립)에 부합하도록 진행되어야 한다.

저자 노트

이 장은 *The Cambridge Handbook of Multimedia Learning*(Mayer, 2005a, 2005b)의 11장과 12장에 기반하고 있다. 이 장은 또한 "Research-Based Principles for Instructional Games and Simulations" 에 대한 The Office of Naval Research의 승인을 얻어 작성하였다.

참고문헌

Ayres, P., & Sweller, J. (2005). The split-attention principle in multimedia learning. In R. E. Mayer (Ed.), *Cambridge handbook of multimedia learning* (pp. 135-146). New York: Cambridge University Press.

Baddeley, A. D. (1999). *Human memory*. Boston: Allyn & Bacon.

Brünken, R., Plass, J. L., & Leutner, D. (2004). Assessment of cognitive load in multimedia learning with dual-task methodology: Auditory load and modality effects. *Instructional Science*, 32, 115-132.

Chandler, P., & Sweller, J. (1991). Cognitive load theory and the format of instruction. *Cognition and Instruction*, 8, 293-332.

Cohen, J. (1988). *Statistical power analysis for the behavioral sciences* (2nd ed.). Mahwah, NJ: Erlbaum.

Craig, S. D., Gholson, B., & Driscoll, D. M. (2002). Animated pedagogical agents in multimedia educational environments: Effects of agent properties, picture features, and redundancy. *Journal of Educational Psychology*, 94, 428-434.

Ginns, P. (2005). Meta-analysis of the modality effect. *Learning and Instruction*, 15, 313-331.

Ginns, P. (2006). Integrating information: A meta-analysis of the spatial contiguity and temporal contiguity effects. *Learning and Instruction*, 16, 511-525.

Harp, S. F., & Mayer, R. E. (1997). The role of interest in learning from scientific text and illustrations: On the distinction between emotional interest and cognitive interest. *Journal of Educational Psychology*, 89, 92-102.

Harp, S. F., & Mayer, R. E. (1998). How seductive details do their damage: A theory of cognitive interest in science learning. *Journal of Educational Psychology*, 90, 414-434.

Jeung, H., Chandler, P., & Sweller, J. (1997) The role of visual indicators in dual sensory mode instruction. *Educational Psychology*, 17, 329-343.

Kalyuga, S., Chandler, P., & Sweller, J. (1999) Managing split-attention and redundancy in multimedia instruction. *Applied Cognitive Psychology*, 13, 351-371.

Kalyuga, S., Chandler, P., & Sweller, J. (2000). Incorporating learner experience into the design of multimedia instruction. *Journal of Educational Psychology*, 92, 126-136.

Lee, H., Plass, J. L., & Homer, B. D. (2006). Optimizing cognitive load for learning from computer-based science simulations. *Journal of Educational Psychology*, 98, 902-913.

Low, R., & Sweller, J. (2005). The modality principle in multimedia learning. In R. F. Mayer (Ed.), *The Cambridge handbook of multimedia learning* (pp. 147-158). New York: Cambridge University Press.

Mautone, P. D., & Mayer, R. E. (2001). Signaling as a cognitive guide in multimedia learning. *Journal of Educational Psychology*, 93, 377-389.

Mayer, R. E. (1989). Systematic thinking fostered by illustrations in scientific text. *Journal of Educational Psychology*, 81, 240-246.

Mayer, R. E. (2001). *Multimedia learning*. New York: Cambridge University Press.

Mayer, R. E. (2005a). Principles for managing essential cognitive processing in multimedia learning: Segmenting, pretraining, and modality principles. In R. E. Mayer (Ed.), *Cambridge handbook of multimedia learning* (pp. 169-182). New York: Cambridge University Press.

Mayer, R. E. (2005b). Principles for reducing extraneous processing in multimedia learning: Coherence, signaling, redundancy, spatial contiguity, and temporal contiguity principles. In R. E. Mayer (Ed.), *Cambridge handbook of multimedia learning* (pp. 183-200). New York: Cambridge University Press.

Mayer, R. E., & Anderson, R. B. (1991). Animations need narrations: An experimental test of a dual-coding hypothesis. *Journal of Educational Psychology*, 83, 484-490.

Mayer, R. E., & Anderson, R. B. (1992). The instructive animation: Helping students build connections between words and pictures in multimedia learning. *Journal of Educational Psychology*, 84, 444-452.

Mayer, R. E., Bove, W., Bryman, A., Mars, R., & Tapangco, L. (1996). When less is more: Meaningful learning from visual and verbal summaries of science textbook lessons. *Journal of Educational Psychology*, 88, 64-73.

Mayer, R. E., & Chandler, P. (2001). When learning is just a click away: Does simple user interaction foster deeper understanding of multimedia messages? *Journal of Educational Psychology*, 93, 390-397.

Mayer, R. E., Dow, G., & Mayer, S. (2003). Multimedia learning in an interactive self-explaining environment: What works in the design of agent-based microworlds? *Journal of Educational Psychology*, 95, 806-813.

Mayer, R. E., Heiser, H., & Lonn, S. (2001). Cognitive constraints on multimedia learning: When presenting more material results in less understanding. *Journal of Educational Psychology*, 93, 187-198.

Mayer, R. E., & Jackson, J. (2005). The case for coherence in scientific explanations: Quantitative details can hurt qualitative understanding. *Journal of Experimental Psychology: Applied*, 11, 13-18.

Mayer, R. E., Mathias, A., & Wetzell, K. (2002). Fostering understanding of multimedia messages through pre-training: Evidence for a two-stage theory of mental model construction. *Journal of Experimental Psychology: Applied*, 8, 147-154.

Mayer, R. E., Mautone, P., & Prothero, W. (2002). Pictorial aids for learning by doing in a multimedia geology simulation game. *Journal of Educational Psychology*, 94, 171-185.

Mayer, R. E., & Moreno, R. (1998). A split-attention effect in multimedia learning: Evidence for dual processing systems in working memory. *Journal of Educational Psychology*, 90, 312-320.

Mayer, R. E., & Moreno, R. (2003). Nine ways to reduce cognitive load in multimedia learning. *Educational Psychologist*, 38, 43-52.

Mayer, R. E., Moreno, R., Boire, M., & Vagge, S. (1999). Maximizing constructivist learning from multimedia communications by minimizing cognitive load. *Journal of Educational Psychology*, 91, 638-643.

Mayer, R. E., & Sims, V. K. (1994). For whom is a picture worth a thousand words? Extensions of a dual-coding theory of multimedia learning? *Journal of Educational Psychology*, 86, 389-401.

Mayer, R. E., Steinhoff, K., Bower, G., & Mars, R. (1995). A generative theory of textbook design: Using annotated illustrations to foster meaningful learning of science text. *Educational Technology Research and Development*, 43, 31-43.

Moreno, R. (2007). Optimizing learning from animations by minimizing cognitive load: Cognitive and affective consequences of signaling and segmentation methods. *Applied Cognitive Psychology*, 21, 1-17.

Moreno, R., & Abercrombie, S. (in press). Promoting awareness of learner diversity in prospective teachers: Signaling individual and group differences within virtual classroom cases. *Journal of Technology and Teacher Education.*

Moreno, R., & Mayer, R. E. (1999). Cognitive principles of multimedia learning: The role of modality and contiguity. *Journal of Educational Psychology*, 91, 358-368.

Moreno, R., & Mayer, R. E. (2000). A coherence effect in multimedia learning: The case for minimizing irrelevant sounds in the design of multimedia messages. *Journal of Educational Psychology*, 92, 117-125.

Moreno, R., & Mayer, R. E. (2002a). Verbal redundancy in multimedia learning: When reading helps listening. *Journal of Educational Psychology*, 94, 156-163.

Moreno, R., & Mayer, R. E. (2002b). Learning science in virtual reality multimedia environments: Role of methods and media. *Journal of Educational Psychology*, 94, 598-610.

Moreno, R., Mayer, R. E., Spires, H. A., & Lester, J. C. (2001). The case for social agency in computer-based teaching: Do students learn more deeply when they interact with animated pedagogical agents? *Cognition and Instruction*, 19, 177-213.

Mousavi, S. Y., Low, R., & Sweller, J. (1995). Reducing cognitive load by mixing auditory and visual presentation modes. *Journal of Educational Psychology*, 87, 319-334.

O' Neil, H. F., Mayer, R. E., Herl, H. E., Niemi, C., Olin, K., & Thurman, R. A. (2000). Instructional strategies for virtual aviation training environments. In H. F. O' Neil & P. H. Andrews (Eds.), *Aircrew training and assessment* (pp. 105-130). Mahwah, NJ: Erlbaum.

Paas, F., Renkl, A., & Sweller, J. (2003). Cognitive load theory and instructional design: Recent developments. *Educational Psychologist*, 38, 1-4.

Paivio, A. (1986). *Mental representations: A dual coding approach.* New York: Oxford University Press.

Penney, C. G. (1989). Modality effects and the structure of short-term memory. *Memory & Cognition*, 17, 398-442.

Pollock, E., Chandler, P., & Sweller, J. (2002). Assimilating complex information. *Learning and Instruction*, 12, 6i-86.

Sweller, J. (1999). *Instructional design in technical areas.* Camberwell, Australia: ACER Press.

Sweller, J. (2005). Implications of cognitive load theory for multimedia learning. In R. E. Mayer (Ed.), *Cambridge handbook of multimedia learning* (pp. 19-30). New York: Cambridge University Press.

Sweller, J., Chandler, R, Tierney, P., & Cooper, M. (1990). Cognitive load and selective attention as factors in the structuring of technical material. *Journal of Experimental Psychology: General*, 119, 176-192.

Tindall-Ford, S., Chandler, P., & Sweller, J. (1997). When two sensory modalities are better than one. *Journal of Experimental Psychology: Applied*, 3, 257-287.

Wittrock, M. C. (1989). Generative processes of comprehension. *Educational Psychologist*, 24, 345-376.

8

멀티미디어 학습에서 생성적 처리 과정을 증진시키는 기법: 인지부하 연구에서 미결의 연구문제들

Roxana Moreno, Richard E. Mayer

7장에서는 멀티미디어 학습을 정의하고, 멀티미디어인지이론(Cognitive Theory Multimedia Learning; CTML)에 따라 학습자가 언어적 정보와 회화적 정보로부터 어떻게 학습하는지를 설명한 후(Mayer, 2005), 멀티미디어인지이론과 인지부하이론의 관계를 조망해보았다(Sweller, 1999). 특히 인지부하이론에서 학습하는 동안 발생하는 세 종류의 인지처리 과정으로 외재적, 본질적, 생성적 처리 과정을 살펴보았다. 외재적 처리 과정은 새로운 내용을 이해하는 데 불필요한 인지과정이고, 본질적 처리 과정은 새로운 내용을 정신적으로 선별하여 작업기억에 표상하는 데 필요한 인지과정이며, 생성적 처리 과정은 새르운 내용을 하나의 일관된 구조로 정신적으로 조직화한 후 만들어낸 새로운 지식 표상과 선수지식을 통합하는 인지과정을 말한다.

앞 장에서 설명한 대로 세 가지 인지적 노력의 서로 다른 속성은 멀티미디어 학습 환경을 설계하는 데 있어서 세 가지 목적을 시사하는데, 이는 외재적 인지처리 과정을 줄이고, 본질적 인지처리 과정을 관리하고, 생성적 인지처리 과정을 촉진하는 데에 있다. 이 장에서는 이러한 여러 목적들 중 세 번째 목적에 초점을 두고, 멀티미디어 학습에서 생성적 처리 과정을 증진하는 데 목적을 둔 기법들을 검토하고자 한다. 7장에서와 마찬가지로 이 장에서 검토한 방법들은, 매체 설계와 관련된 측면들이 지식 획득에 영향을 주는 인지과정들과 어떻게 연관되는지를 더 잘 이해시키는 데 목표를 두고 있는 Mayer와 Moreno의 연구로부터 도출된 것이다.

멀티미디어인지이론의 능동적 처리 원리에 따르면 특정 학습 환경이 불필요한 처리 과정을 배제하고 학습해야 할 특정 내용들의 복잡성을 줄이도록 세심히 설계되었을 때조차도 교육 프로그램이 학습자들로 하여금 지식을 구성하는 데 인지적 노력을 쏟도록 하는 방법들을 포함하고 있지 않다면 학생들은 학습에 실패할 수 있다고 한다. 인지부하이론에서 생성적 처리 과정은 본유적 인지부하를 높이는데, 이 부하는 스키마를 획득하고 자동화하는 과정들과 관련된 인지 활동들의 결과이다. 인지부하이론에 따르면 본유적 인지부하는 학습 과정에서 높여야 하는 유일한 인지부하 유형인데, 이는 "학습을 방해하기보다 기여"하기 때문이다(Sweller, van Merreinboer, & Paas, 1998, p.264). 본유적 인지부하는 특정 학습 내용을 이해하기 위해 노력을 기울인 결과이다. 따라서 본유적 인지부하는 관련된 수업 내용들을 조직하여 통합하는 인지적 과정들에 적극적으로 참여한 결과일 것이다. 인지부하이론은 내재적, 외재적, 본유적 인지부하가 합산된다고 가정하기 때문에 생성적 처리 과정 또한 전체 인지부하를 높이는 결과를 가져와야 한다. 학습 자료를 적극적으로 조직하여 통합하는 데 참여한 학습자들은 더 높은 인지부하 수준을 경험할 것인가? 이 장에서는 생성적 처리 과정에 대한 연구 결과들을 요약한 후 질문에 답을 줄 수 있는 향후 인지부하 연구 방향을 제안하였다.

지금껏 우리는 행동주의적 활동과 인지주의적 활동의 차이점을 강조하였다(Moreno & Mayer, 2005, 2007). 이 차이는 생성적 처리 방법에 대한 논의와 관련된다. 멀티미디어인지이론에 따르면 심층적 학습 여부는 수업에서 관련 내용을 선택하고 이를 하나의 일관된 구조로 조직한 후 만들어진 새로운 지식을 기존의 지식과 통합하는 것과 같은 인지주의적 활동에 달려있다고 한다. 이와 대조적으로 행동주의적 활동은 멀티미디어인지이론에서의 심층적 학습을 달성하는 데 반드시 필요한 조건이나 충분한 조건은 아니다. 다음 절에서 살펴보겠지만 학습자들의 행동주의적 활동이 이들로 하여금 인지적으로 적극적이도록 설계되었을 때에만 학생들의 행동이 심층적 학습을 수반한다. 즉, 직접 해보는(hands on) 활동은 마음(minds on)의 활동과 결합될 필요가 있다. 따라서 Moreno와 Mayer의 연구에서 중요한 목표는 학습자로 하여금 학습하면서 행동적으로 적극적이도록 요구하는, 즉 상호작용적인 멀티미디어 환경이 적절한 인지처리 과정을 촉진하도록 설계하는 것이다(Moreno & Mayer, 2007). 이 장에서는 비상호작용적인 학습 환경과 상호작용적인 환경에서 생성적 처리 과정을 촉진하는 다섯 가지 방법에 대해 살펴보고자 한다.

멀티미디어 학습에서 생성적 처리 과정을 어떻게 촉진할 수 있는가?

멀티미디어로 된 어떤 학습 프로그램의 화면이 학습자의 외재적 처리 과정을 제거하고 본질적 처리 과정을 관리하는 방법으로 제시되어서 학습자가 생성적 처리 과정에 참여하는 것이 가능한 인지 용량을 가지게 되었다고 가정해보자. 학습자로 하여금 그들의 사용가능한 인지 용량을 초과하지 않으면서 생성적 처리 과정을 하도록 어떻게 장려할 수 있을까? 이 절에서는 생성적 처리 과정을 증진하는 데 사용될 수 있는 연구에 기반을 두고 도출된 다섯 가지 설계 원리인 멀티미디어, 의인화, 안내된 활동, 피드백, 성찰 원리를 탐색해보고자 한다. 표 8.1부터 표 8.5는 Moreno와 Mayer의 연구에서 나온 학생들의 문제해결 전이점수를 보여주면서 각각 원리가 입증됨을 보여주고 있다. 숫자 뒤에 오는 각각의 알파벳들은 서로 다른 실험 연구임을 나타낸다. 각 원리들을 살펴본 후 해당 연구를 하는 집단 외의 다른 연구자들이 수행한 각각의 연구들에 의해 지지되는 추가적인 증거들을 인용한 후 각 원리들의 이론적 해석 및 연구의 제한점을 논의한 후 향후 인지부하 연구에 대한 시사점을 제시하고자 한다.

멀티미디어 원리

다음의 시나리오를 생각해보자. 번개 형성 과정에 대해 가르치는 선생님이 학생들에게 번개 형성과 관련된 현상을 이끄는 사건들의 인과관계를 1페이지 분량으로 담은 설명문을 제공하였다. 텍스트로 된 내용을 공부한 후 몇몇 학생들은 "구름에서 빙점은 어디에 있는가?, 구름 속에 있는 양전하와 음전하가 어떻게 상호작용하는가?, 계단형선도(step leader)가 지면까지 이어지는 것이 가능한가?"와 같은 질문을 제기하였다. 이러한 학생들의 질문은 이들이 텍스트로 설명되는 요소들을 조직화하는 데 어려움을 겪고 있다는 것을 시사하는데, 다시 말하면 이것은 새로운 내용을 지식에 의미롭게 통합하는 가능성이 낮아질 것이라는 것이다. 교사는 조직화와 통합화라는 인지과정을 장려하기 위해 번개 형성의 각 단계와 현상에 포함된 요소들(구름, 온도, 전하, 계단형선도)이 다른 요소들과 어떻게 상호작용하는지를 설명하는 컴퓨터 애니메이션을 학생들에게 보여주는 방법을 선택했다. 9개의 실험연구 중 9개의 연구에서 Mayer 등의 연구자들은, 텍스트와 삽화 혹은 내레이션과 애니메이션의 형태로 제공받아 과학을 공부한 대학생들이 텍스트만 혹은 내레이션만 각기 따로 제공받아 공부한 학생들보다 전이점수가 더 높음을 찾아내었다(Mayer, 2001). 이 연구결과는 텍스트와 그림을 함께 제공받은 학생들이 텍스트만 혹은 그림만 제공받은 학생들보다 전이 검사에서 높은 성과를 보인 실험과 동일한 결과를 보여주고 있다(Moreno & Valdez, 2005). 뿐만 아니라 Moreno 등의 연구자들은 교사 교육과 예술 교육에서도 유사한 결과를 확인하였다. 4개의 실험 연구 중 3개 연구에서 숙련된 교사가 교육 현장에서 어떻게 학습 원리를 적용하는지를 동영상 혹은 애니메이션으로 설명하는 멀티미디어 프로그램으로 배운 예비 교사들이 내레이션이 나오는 동일한 프로그램으로 학습한 예비 교사들보다 전이 검사 점수가 높게 나왔다(Moreno & Ortegano-Layne, 2008; Moreno & Valdez, 2007). 이에 더하여 최근 연구에서 중학생들이 거장의 그림을 학습할 수 있도록 이들을 세 집단으로 나눈 후 한 집단(시각 집단)은 예술 작품을 모사하게 하였고, 다른 집단(언어 집단)에게는 예술 작품의 설명을 제공하였으며, 나머지 집단에게는 둘 다 제공하였다. 두 가지 다 제공받은 집단이 다른 두 집단보다 전이 과제 점수가 높게 나왔다(Moreno & Morales, 2008). 다른 연구들도 이 연구들과 유사한 결과들을 보고하고 있는데, 회화적 정보와 언어적 정보를 함께 제공하는 것이 독해력(Duquette & Painchaud, 1996; Kost, Foss, & Lenzini, 1999)과 제 2 외국어 학습(Al-Seghayer, 2001; Chun & Plass, 1996)에 긍정적인 영향을 준다고 한다.

단독으로 언어적 내용만을 제시하는 것보다 언어와 회화적 형태로 지식을 표현한 교육 프로그램이 좀 더 유의미한 학습을 수반한다는 연구 결과들의 유형을 **멀티미디어 원리**(multimedia principle)로 명명하고자 한다(Fletcher & Tobias, 2005; Mayer, 2005). 〈표 8.1〉은 Mayer와 Moreno가 수행한 14개의 실

〈표 8.1〉 컴퓨터 기반 멀티미디어 학습에서 멀티미디어 원리에 관한 증거

문헌	학습내용	효과크기
Mayer & Anderson(1991, 실험 2a)	펌프	2.43
Mayer & Anderson(1991, 실험 1)	펌프	1.90
Mayer & Anderson(1991, 실험 2)	브레이크	1.67
Mayer 등(1996, 실험 2)	번개	1.39
Mayer & Gallini(1990, 실험 1)	브레이크	1.19
Mayer & Gallini(1990, 실험 2)	펌프	1.00
Mayer & Gallini(1990, 실험 3)	발전기	1.35
Mayer(1989b, 실험 1)	브레이크	1.50
Mayer(1989b, 실험 2)	브레이크	1.71
Moreno & Valdez(2005, 실험 1a)	번개	0.73
Moreno & Valdez(2005, 실험 1b)	번개	1.27
Moreno & Valdez(2007, 실험 1)	학습원리	1.01
Moreno & Valdez(2007, 실험 2)	학습원리	1.15
Moreno & Ortegano-Layne(2008, 실험 1)	학습원리	1.95
Moreno & Morales(2008)	그림 그리기 기법	1.57
중앙값		1.39

험 연구들에서 각각의 비교 집단마다 언어와 그림을 제공받은 집단(멀티미디어 집단)과 언어만 받은 집단(언어 집단)으로 나뉜 학생들의 전이 점수를 비교하여 효과크기 평균을 보여주고 있다. 각각을 비교했을 때 멀티미디어 집단이 언어 집단보다 전이 검사에서 더 높은 점수를 보인다. 표에서 보듯이 효과크기의 중앙값이 1.39로 이는 중간 정도에서 큰 효과크기이다(Cohen, 1988).

멀티미디어 원리가 어떻게 효과가 있는 것인가? 멀티미디어 원리는 이중 부호화 이론이나 서로 다른 부호화 시스템(언어와 그림과 같은 것들)이 서로를 강화시킨다는 주장에 근거한다(Pavio, 1986). 멀티미디어인지이론의 이중 채널 가정에 따르면 인간은 회화적 자료와 언어적 자료를 처리하는 데 있어서 분리된 채널을 가지고 있다고 한다(Mayer & Moreno, 2003). 학습자들은 배워야 하는 특정 시스템이 언어 및 회화로 표현된 것을 제공받았을 때 인지적으로 더

적극적이게 되는데 이는 학습자들이 각각의 표상을 조직한 후 이 둘을 연결해야 하기 때문이다. 언어적 표상과 회화적 표상을 연결하려는 행동은 개념적 이해에 있어서 중요한 단계이다(Schnotz, 2005; Seufert, Janen & Brünken, 2007). 따라서 잘 구성된 멀티미디어 프로그램을 제공받은 학생들은 언어적 설명만 제공받은 학생들보다 이해도를 측정하는 전이검사에서 높은 점수를 받는다. 학생들의 흥미도 점수를 포함하고 있는 실험 연구들이 멀티미디어 프로그램을 제공받은 집단에 유리하게 일관적으로 유의미한 차이를 보여준다는 점은 주목할 만하다. 이 연구결과는, 멀티미디어 집단에서 향상된 전이점수는 이중부호화만 아니라 최소한 어느 정도는 학생의 증가된 흥미에 의해서도 영향을 받음을 제시함으로써 미디어 활용 학습의 인지-정의적 이론(CATLM: Cognitive-Affective Theory of Learning with Media; Moreno, 2005, 2006, 2009)을 지지하고 있다. CATLM은 정의적 요인과 초인지적 요인들이 보다 전통적이면서 인지적 모형인 멀티미디어인지이론(CTML)에 통합되어야 함을 제안하고 있다.

향후 인지부하 연구의 제한점 및 시사점. 이러한 강력한 연구 결과에도 불구하고 멀티미디어 원리는 4장에서 살펴본 개인차의 견지에서 재고되어야 한다. 예를 들면 Mayer와 Gallini(1990)의 연구에서, 멀티미디어와 텍스트로만 표현된 내용 간에 선수지식 수준이 낮은 학생들에게서는 멀티미디어 원리가 지지되었지만 높은 학생들에게서는 수행에서 별 차이가 보이지 않았다. 이 연구결과는 멀티미디어 원리가 특히 학습자가 어떤 영역에서 선수지식이 거의 혹은 전혀 없을 때(초보 학습자일 때) 학습을 촉진한다는 점에서 중요하다고 할 수 있다. 인지부하이론에 따르면 높은 수준의 선수지식을 가진 학생들은 멀티미디어 프로그램에서 제공하는 언어적 정보를 이해하는 데 도움을 주기 위해 인출될 수 있는 적절한 스키마 형태의 지식 구조를 장기기억고에 이미 가지고 있다. 결과적으로 멀티미디어 프로그램에서 시각 자료를 부가적으로 제공하는 것은 숙련된 학습자의 심층적 이해를 장려하는 데 불필요할 수 있다. 반면 선수지식의 수준이 낮은 학생들은 새로운 내용을 처리하는 데 도움을 주는 적절한 스키마를 가지고 있지 않다. 부가적인 시각 자료를 포함한 교육 프로그램은 작업기억고에서 내용을 구조화하는 데 도움을 주는데, 이것이 학생들에게 가지고 있지 않은 스키마들을 대체해주기 때문이다. 그런데 모든 초보 학습자들이 멀티미디어 프로그램에서 똑같이 효과적이지 않다는 것에 주의해야 한다. 특히 Mayer와 Sims(1994)는 공간 능력이 높은 학생들이 그렇지 않은 학생들보다 애니메이션과 내레이션이 동시에 제시되는 내용에 좀 더 유의미하게 효과적이었음을 알아내었다. 이러한 연구 결과는 낮은 공간 능력을 가진 학생들이 역동적인 시각 자료들을 처리하는 데에 지원해주는 부가적 도움이 필요할 수 있음을 시사한다.

지금까지 살펴본 연구는 인지부하이론의 가정들을 검증하기 위해 설계된 것이 아니라는 점에 주목해야 한다. 각 실험 조건에서 학생들에게 나타나는 인지부하의 양이나 유형을 측정하지 않았기 때문에 인지부하이론의 함의는 제한적이며, 측정치도 학생들의 학습 결과로부터 간접적으로 도출된 것이다. 다라서 향후 멀티미디어 원리에 대한 인지부하 연구는 학생의 선수지식, 공간능력, 인지부하간의 관계를 알아보는 것이어야 한다. 뿐만 아니라 향후 연구는 멀티미디어 프로그램의 효과가 정말로 정보의 두 가지 소스들을 부호화하는 동안 더 많은 노력을 쏟은 결과라는 가설을 검증해보아야 한다. 이 가설이 인지부하이론의 주장과 일맥상통하고, 학생들이 멀티미디어로 학습할 때 더 높은 흥미를 보인다고 하는 연구 결과들에 의하여 입증된 것이긴 하지만, 그러한 전이의 이점 혹은 멀티미디어 학습이 학습된 체계에 대한 단일 표상이라기보다는 이중 표상에 의해 만들어진 더 강력한 인출의 결과라는 대립 가설을 설정하여 검증되어야 한다(Paivio, 1986).

의인화 원리

여러분이 '식물 디자인하기(Design a Plant)'라는 과학 분야의 교육용 게임을 하고 있는 학생이라고 가정해보자. 여러분은 비행해 간 새로운 행성에서 생존할 수 있는 어떤 식물을 디자인해야 한다. 화면상의 교육용 에이전트는 뿌리, 줄기, 잎의 특징이 여러 환경 조건들과 어떻게 연관되는지에 대한 힌트, 피드백, 설명을 여러분에게 제공하면서 상호작용한다. 이 게임의 비(非)의인화된 버전이라면 에이전트는 형식적이면서 독백조로 관찰자인 여러분에게 말할 것

〈표 8.2〉 컴퓨터 기반 멀티미디어 학습에서 의인화 원리에 관한 증거

문헌	학습내용	효과크기
Moreno & Mayer(2000, 실험 1)	번개(내레이션)	1.05
Moreno & Mayer(2000, 실험 2)	번개(텍스트)	1.61
Moreno & Mayer(2000, 실험 3)	식물학(내레이션)	1.92
Moreno & Mayer(2000, 실험 4)	식물학(텍스트)	1.49
Moreno & Mayer(2000, 실험 5)	식물학(내레이션)	1.11
Moreno & Mayer(2004, 실험 1a)	식물학(내레이션)	1.58
Moreno & Mayer(2004, 실험 1b)	식물학(나레이션, 가상현실)	1.93
Mayer 등(2004, 실험 1)	허파(내러이션)	0.52
Mayer 등(2004, 실험 2)	허파(내러이션)	1.00
Mayer 등(2004, 실험 3)	허파(내레이션)	0.79
중앙값		1.30

이다. 의인화된 버전이라면 에이전트는 비형식적이면서 대화체로 여러분과 학습 경험을 공유하듯이 말할 것이다. 예를 들면, 비의인화된 버전의 게임인 경우 에이전트는 "이 프로그램의 목적은 폭우가 내리는 환경에서조차 우거질 정도로 생존할 수 있는 식물을 디자인하는 것입니다. 잎사귀는 폭우에 의해 해를 입지 않을 정도로 유연해야 합니다."라고 말할 것이다. 의인화된 버전의 게임이라면 에이전트는 "여기에서 여러분이 달성해야 하는 목적은 폭우가 내리는 환경에서조차 우거질 정도로 생존할 수 있는 식물을 디자인하는 것입니다. 여러분이 디자인한 잎사귀는 폭우에 의해 해를 입지 않을 정도로 유연해야 합니다."라고 말할 것이다. 〈표 8.2〉에서 제시한 10개의 실험 연구 모두 내레이션 혹은 문자 언어로 된 의인화 메시지를 제공받은 학습자가 비의인화 메시지를 제공받은 학습자들보다 전이 검사에서 높은 점수를 받았다. 이러한 연구 결과들은 의인화 메시지를 포함한 교육 프로그램은 비의인화 메시지를 포함한 프로그램보다 더 유의미한 학습을 더 잘 이끌 수 있다고 보는데, 이를 통칭하여 **의인화 원리**(personalization principle)라고 한다(Moreno & Mayer, 2000, 2004). 의인화의 긍정적인 효과가 독해력(Reeder, McCormick, & Esselman, 1987)과 서술형 수학 문제의 이해(Anand & Ross, 1987; d' Ailly, Simpson, &

MacKinnon, 1997; Davis-Dorsey, Ross, & Morrison, 1991)에서까지 확인되고 있다.

〈표 8.2〉는 Moreno와 Mayer가 수행한 10개의 실험 연구마다 의인화 및 비의인화 메시지를 제공받은 학습 조건에서 학습한 전이 점수를 비교한 결과로, 효과크기의 평균을 보여주고 있다. 각 비교에서 의인화된 집단이 비의인화된 집단보다 더 높은 수행을 보인다. 표에서와 같이 효과크기의 중앙값은 1.30으로 중간에서 큰 점수이며 일관되게 나타나고 있다.

의인화 원리가 어떻게 효과가 있는 것인가? 실험심리학에서 찾아볼 수 있는 또 다른 자기참조 효과들(Symons & Johnson, 1997)의 경우와 유사하게 의인화 원리는 의인화가 학생들로 하여금 학습 자료와 자기 스스로를 관련시킴으로 새로운 내용을 더 적극적으로 처리하도록 장려하기 때문에 학습 경험을 더 심층적으로 기억하게 만든다는 가정에 근거한다고 여겨지고 있다. 이에 더하여 학생들이 교육 프로그램에서 제공하는 특정 학습 경험에 관찰자보다 참여자로 믿도록 유도될 때 이들은 학습 자료들을 이해하는 데 더 잘 참여하게 된다고 해석된다. 이 해석은 동기 및 정의적 요소가 가용한 인지적 자원 중 어느 정도를 학습과제에 할당될 수 있을지를 결정한다고 주장하는 CATML과 일맥상통한다(Moreno, 2005; Moreno & Mayer, 2007). 따라서 의인화 메시지는 학생들로 하여금 학습과제에 더 많은 노력을 기울이는 데 영향을 줌으로써 학습에 도움을 줄 수 있다(Pintrich & Schunk, 2002).

향후 인지부하 연구의 제한점 및 시사점. 의인화 원리는 시각 및 청각 메시지, 비상호작용적 및 상호작용적 멀티미디어 학습 환경, 그리고 데스크톱 화면과 가상현실을 보여주는 화면에서 그 효과가 입증되고 있다. 그런데 멀티미디어 원리와 유사하게 의인화 원리에 관한 연구에서도 인지부하 측정을 거의 포함하지 않았다. 최근 실험 중 하나에서 의인화 메시지를 제공받은 학생들이 비의인화 메시지를 제공받은 학생들보다 자신들이 지각한 인지부하의 수준을 유의미하게 낮게 보고하였다(Moreno & Mayer, 2004; 효과크기 $d = 0.67$, 중간 정도에서 큰 효과). 그러나 학생들이 인지부하를 지각하는 데 기반을 이루는 메커니즘에 대한 연구가 더 필요하다. 자기참조가 왜 학생들로 하여금 학습 경험에 적극적으로 참여하게 하면서 동시에 인지부하를 더 낮게 지각하게 하는지에 대해 명확하지 않기 때문이다. 자기참조에 대한 이전 연구들의 주장처럼 의인화가 학습 자료들의 정교화를 장려하는지(Symons & Johnson, 1997) 혹은 "의인화 메시지는 일상 대화에서 의사소통하는 데 있어서 우리의 스키마와 좀 더 일치해서 이를 처리하는 데 인지적 노력을 좀 덜 필요로 하게 한다" (Moreno & Mayer, 1999, p.725)는 주장도 가능한 것인가? 내레이션 이해에 관한 수많은 연구들은 이야기식 대화가 격식을 갖춘 형식적 대화보다 이해 및 기억하기가 더 수월함을 주장한다(Graesser, Golding, & Long, 1998). 의인화 원리에 관한 향후 인지부하 연구는 이러한 주장들을 입증하기 위해 내재적, 외재적, 본유적 인지부하에 대한 측정을 구분해야 한다.

안내된 활동 원리

복잡한 시스템이 어떻게 작동하는지를 가르치기 위해 멀티미디어로 설명하는 것의 대안은 학생들로 하여금 교육용 에이전트와 주도권을 나눠 갖고 문제해결을 하도록 요청하는 것으로 이루어질 수 있다(Lester et al., 1999). 안내된 활동(guided activity)은 학습자들이 멀티미디어 환경에서 상호작용하면서 학습하는 동안 자신들이 내린 조치에 대한 안내를 받을 수 있을 때 일어난다. 따라서 안내된 활동 원리의 핵심은 상호작용성과 피드백이라는 두 가지 개념에 있다. 최근 연구에서 상호작용성을 조작하기, 대화하기, 통제하기, 검색하기, 내비게이션하기 등의 다섯 가지 공통유형으로 구분하였다(Moreno & Mayer, 2007). 해당 장에서 살펴볼 안내된 활동 원리는 이 유형들 중에서 주로 조작하기와 대화하기에 초점을 두고 있다. 조작하기에 의한 상호작용성은 학습자들이 자신이 설정한 가설을 검증하기 위해 시뮬레이션을 돌려보기 전에 매개 변수를 설정할 때처럼 학습 자료로 실험하는 것을 말한다. 대화하기에 의한 상호작용성이란 학습자들이 질문을 하고 답을 받거나 답을 하고 피드백을 받는 것을 말한다.

Moreno와 Mayer는 두 개의 교육 프로그램들로 안내된 활동 원리를 검증해 보았다. "식물 디자인하기(Design A Plant)"라는 학습 환경을 사용하여 세 개의 실험 연구를 수행하였는데, 세 개 실험 모두에서 식물들이 서로 다른 날씨 조건에서 살아남는 데 필요한 특징들에 대해 선택하게 해 본 학습자들이 직접 교수법으로 수업 받은 학습자들보다 높은 성과를 보였다(Moreno, Mayer, Spires, & Lester, 2001). 첫 번째와 두 번째 실험 연구에서 직접 교수법으로 공부한 중학생(실험1)과 대학생(실험2)은 안내된 활동 조건처럼 뿌리, 줄기, 잎으로 구성된 동일한 세트를 볼 수 있고, 동일한 수업 내용을 제공받았으나 "식물 디자인하기" 프로그램에서 제공되는 설명을 듣고 난 후에야 식물을 디자인할 수 있게 하였다. 세 번째 실험에서는 대학생들이 두 가지 조건(직접 교수 對 안내된 활동)에서 화면상의 교육용 에이전트로부터 교육용 메시지를 제공받은 것을 제하고 두 번째 실험과 동일하다. 후속 연구에서 초등학생들이 정수의 가감을 혼자 연습할 때 화면상의 에이전트가 제공하는 언어적 안내를 받으면서 학습하는 것이 안내 없이 학습하는 것보다 전이 점수가 월등히 높음을 제시하였다(Moreno & Duran, 2004).

다른 연구에서도 학생들에게 안내된 활동을 제공하는 것에 대한 효과에 더해 입증하고 있다. 예를 들면 초창기 연구에서 학생들이 규칙들과 원리들을 학습할 때 안내된 발견 학습이 순전히 발견 학습을 하는 것보다 유의미하게 더 잘 배우고(Shulman & Keisler, 1966), 유치원생들이 성인의 도움을 제공받을 때 이야기 과제를 성공적으로 해결할 수 있다는 것을 입증하였다(Gelman, 1969). LOGO 프로그래밍 언어를 안내 없이 다양하게 직접 조작하면서 배우고자 한 학생들이 프로그래밍 경험이 없는 학생들과 사전 검사에서 별반 차이가 나지 않았는데(Pea & Kurland, 1984), 발견학습은 안내된 발견 학습과 비교했을 때 프로그래밍 수행을 방해한다(Fay & Mayer, 1994; Lee & Thompson, 1997). Sweller와 그 동료들은 학생들이 연습문제 뒤에 오는 해결된 문제를 제공받았을 때에 안내 없이 전통적 방법으로 문제해결을 하는 것보다 문제해결 방법을 유의미하게 잘 학습하는 것을 증명하였다(Mwangi & Sweller, 1998). 최근의 연구들은 학생들이 내용의 서로 다른 소스들을 연결 짓도록 안내받았을 때 혹은 여러 소스들을 적극적으로 통합하도록 안내받았을 재 학습이 향상되었음을 알아내었다(Bodemer, Plotzner, Bruchmuller, & Hacker, 2005).

〈표 8.3〉은 안내된 활동을 제공받으면서 공부한 학생들과 제공받지 않은 통제집단의 학생들의 전이 점수를 비교한 결과로 각 실험 연구들의 효과크기

〈표 8.3〉 컴퓨터 기반 멀티미디어 학습에서 안내된 활동 원리에 관한 증거

문헌	학습내용	효과크기
Moreno 등(2001, 실험 1)	식물학	0.95
Moreno 등(2001, 실험 2)	식물학	1.20
Moreno 등(2001, 실험 3)	식물학	0.70
Moreno & Duran(2004)	수학	0.50
중앙값		0.83

평균을 제시하고 있다. 두 집단을 비교한 각 연구에서 안내된 활동 집단이 통제 집단보다 전이 검사에서 높은 점수를 받았다. 이러한 연구 결과를 **안내된 활동 원리**(guided activity principle)라고 한다. 학생들로 하여금 학습 자료들과 대화하기 및 조작하기를 통하여 상호작용하게 한 수업은 이를 허락하지 않은 발견학습 내지 직접 교수로 한 수업보다 유의미 학습을 더 잘 이끄는 것으로 보인다. 〈표 8.3〉에서 확인할 수 있듯이 효과크기의 중앙값은 0.83으로 중간 정도에서 큰 효과크기이다.

안내된 활동 원리가 어떻게 효과가 있는 것인가? 여기에서 제안하는 안내된 활동 원리의 이론적 근거는 학생들로 하여금 새로운 내용을 선택하여 조직한 후 기존의 지식에 통합하는 데 적극적으로 참여하도록 유도하는 것은 본질적 및 생성적 인지 처리를 장려한다는 것이다. 안내된 활동을 제공받은 학생들은 동일한 교육 자료를 가지고 수동적으로 처리한 학생들보다 더 심층적으로 이해하였다(Mayer & Moreno, 2003). 그러나 교육 자료를 조작하는 상호작용 능력이 학생에게 있음에도 불구하고 이들에게 발견 학습과 같이 교육용 에이전트와 대화하는 상호작용에 참여하는 기회를 제공하지 않는다면 유의미 학습은 일어나지 않을 수 있다(Mayer, 2004). 발견 학습은 학생들로 하여금 가설들을 탐색, 조작, 검증해보도록 하기 때문에 적극적 학습을 촉진하는 한 방법이라고 주장되고 있으나(Bruner, 1961; Piaget, 1954; Wittrock, 1966) 초보 학습자가 교육용 에이전트로부터 피드백을 제공받지 못한다면 이들은 상심하고 좌절하기도 하며, 이러한 혼동은 기존의 오개념을 강화시키거나 더 악화시킬 수 있다(Brown & Campione, 1994; Garnett, Garnett, & Hackling, 1995). 요컨대 안내

된 활동은 적절한 스키마가 부족한 학습자들로 하여금 새로운 내용을 성공적으로 선택하여 조직하는 가능성을 높여준다(Mayer, 2004). 인지부하이론은 학생들의 제한된 인지적 자원을 더 효율적으로 사용하게 해주는 안내의 긍정적 효과를 설명하고 있다(Sweller, 1999). 특히 안내받지 못한 채 의미를 탐색하는 것은 학생들의 인지적 용량의 상당한 부분을 차지하기 때문에 상대적으로 새로운 스키마를 개발하는 데 있어서 가용한 용량이 거의 없게 된다(Sweller, van Merriënboer, & Paas, 1998). "인지부하이론은 이러한 탐색이 학습을 방해하는 외재적 인지부하를 가중시킨다고 주장한다" (Tuovinen & Sweller, 1999, p.335).

향후 인지부하 연구의 제한점 및 시사점. 흥미롭게도, 〈표 8.3〉에서 보고된 첫 번째 실험부터 세 번째 실험까지 통틀어 안내된 활동을 제공받아 공부한 참여자들은 직접 교수법으로 공부한 참여자들과 인지부하 측정값에서 차이가 나지 않았다. 따라서 이러한 당혹스러운 연구 결과들은 생성적 학습 활동들로 인해 본유적 인지부하가 높아진 결과로 학생들이 자신의 인지부하 수준을 더 높게 지각할 것이라는 연구 가설을 뒷받침하지 못하고 있다. 이 연구 결과의 가능한 해석은 연구에서 사용한 자기보고 측정값이 인지부하 연구에서 전형적으로 사용됨에도 불구하고 인지부하의 차이를 잡아낼 정도로 민감하지 않을 수 있다는 것이다. 그러나 안내된 활동이 외재적 인지부하를 낮춤과 동시에 본유적 인지부하를 높일 수 있다는 가능성을 배제해서는 안 된다. 이 대립 가설에 따르면 외재적 인지부하 및 본유적 인지부하 효과가 상쇄되어 안내된 수업에서나 안내되지 않은 수업에서 전체 인지부하 양을 따졌을 때 서로 비슷한 수준이 나온다. 향후 연구에서 안내, 활동, 그리고 세 가지 인지부하 유형들 간의 관계에 대해 더 면밀하게 조사해보아야 한다.

피드백 원리

앞에서 살펴보았듯이 학생들이 자신의 이해 수준에 대한 적절한 피드백을 제공받지 못한다면 유의미 학습은 일어나지 않을 수 있다. 예를 들면 Azevedo와 Bernard(1995)는 컴퓨터 기반 수업에서 피드백의 효과를 메타분석하였는데 그 결과, 피드백 메시지가 효과적이기 위해서는 심층적 이해를 하는 데 필요한 특정 인지과정을 자극해야 한다고 주장하였다. 멀티미디어를 기반으로 한 발견학습 상황에서 피드백 역할에 대해 알아본 네 개의 실험 연구(표 8.4)가 있다. 첫 번째 실험 연구인 Moreno와 Mayer(1999)의 연구에서 중학생들로 하여금 네 번의 훈련 기간 동안 가감 연습 문제 64 세트를 풀어보도록 하였고, 두 종류의 피드백을 제공하였다. 첫 번째 피드백은 교정적 피드백(CF; corrective feedback)으로, 학생들의 응답의 맞고 틀림에 대한 정보를 담고 있으며, 두 번째 피드백은 교정적 피드백과 설명적 피드백(EF; explanatory feedback)을 함께 제공하였는데, 이것은 계산 절차와 배워야 하는 절차를 시각적 메타포로 표현한 것을 연관시켜 이를 언어적으로 설명한 것이다(Lakoff & Nunez, 1997). 교정적 피드백과 설명적 피드백을 제공받은 학생들은 교정적 피드백만 제공받은 학생들보다 어려운 문제를 더 잘 해결하였다(Moreno & Mayer, 1999).

Moreno(2004), Moreno와 Mayer(2005)는 실험에서 "식물 디자인하기"라는 학습 프로그램을 사용하였다. 우선 Moreno(2004)의 실험 1과 2에서 식물을 공부할 때 교정적 피드백과 설명적 피드백을 제공받은 학생들이 교정적 피드백만 제공받은 학생들보다 전이 점수가 더 높았으며, 학습 프로그램을 덜 어려워하였다. Moreno와 Mayer(2005)의 실험에서 설명적 피드백을 제공받으며 공부한 학생들은 교정적 피드백만으로 공부한 학생들보다 전이 점수가 더 높게 나왔으며 시간이 지남에 따라 오개념이 상당히 줄어들었다(효과크기, d = 1.88). 교실이든 기술에 기반을 둔 환경에서든 많은 다른 연구에서 설명적 피드백과 교정적 피드백을 함께 제공하는 것이 교정적 피드백만 제공하는 것보다 낫다고 지지해주고 있다(Butler & Winne, 1995; Hattie & Timperley, 2007; Kulhavy & Wager, 1993; Mory, 2004; Pashler, Cepeda, Wixted, & Roher, 2005).

〈표 8.4〉는 네 개의 실험 연구마다 설명적 피드백과 교정적 피드백을 제공하는 학습 조건에서 공부한 학생들의 전이 점수를 비교한 결과로 나온 효과크기의 평균을 보여준다. 효과크기는 중간 정도에서 큰 정도이며, 중앙값은 1.24로 큰 효과라 할 수 있다. 이러한 연구 결과를 **피드백 원리**(feedback principle)라 하는데, 초보 학습자들이 학습하는 동안 설명적 피드백을 제공받았을 때 더

〈표 8.4〉 컴퓨터 기반 멀티미디어 학습에서 피드백 원리에 관한 증거

문헌	학습내용	효과크기
Moreno & Mayer(1999)	수학	0.47
Moreno(2004, 실험 1)	식물학	1.16
Moreno(2004, 실험 2)	식물학	1.58
Moreno & Mayer(2005)	식물학	1.31
중앙값		1.24

잘 학습한다고 한다.

피드백 원리가 어떻게 효과가 있는 것인가? 멀티미디어인지이론에 따르면 멀티미디어 학습의 효과성은 특정 시스템에서 제공하는 피드백의 양과 학생들의 선수지식의 관계에 달려있을 것이라 한다(Mayer, 2004). 설명적 피드백은 가용한 정신적 모형이 없는 학생들에게 새로운 내용을 선택하여 조직하도록 안내해주어 본질적 및 생성적 처리를 하도록 장려한다(Schauble, 1990). 해당 절에서 검토한 연구들이 정의적 측정치를 포함하고 있지 않지만 학생들에게 설명적 피드백을 제공함으로써 얻어지는 잠재적인 동기 효과를 배제할 수 없다. 학생들에게 그들의 수행이 어떻게 개선될 수 있는지에 대한 정보를 제공하는 피드백은 수행에 대한 피드백보다 훨씬 더 많은 내재적 동기, 과제 관리, 지구력을 가져온다(Pressley et al., 2003). 따라서 미디어 활용 학습의 인지-정의적 이론(CATLM)에 따르면, 피드백 원리는 최소한 어떤 부분에 있어서는 높아진 동기가 학습에 영향을 준다는 촉진 효과에 달려있다(Moreno, 2009). 그러나 이 가설은 향후 연구에서 실증적으로 검증되어야 한다.

향후 인지부하 연구의 제한점 및 시사점. 피드백 원리와 관련된 대부분의 연구에서 학습하는 동안에 학생들의 인지부하를 직접 측정하지 않았기 때문에, 해당 원리가 인지부하이론에 기여하는 점은 제한적이라 할 수 있다. 단 두 연구만이 학생들이 자신의 인지부하 정도를 자기 보고한 값을 포함하는데, 이는 설명적 피드백이 학생들 내부 혹은 외부에서 도움을 주는 스키마(guiding schema) 없이 공부할 때 야기되는 어려움을 경감해주어 학생들에게 도움이 됨을 시사하고 있다(설명적 피드백 제공 집단은 교정적 피드백 제공 집단보다 낮

은 인지부하를 보고하였다). 그럼에도 불구하고 본유적 인지부하를 높이는 것을 목적으로 하는 여러 방법들 중에 피드백 원리를 선택하였는데, 이는 멀티미디어인지이론과 인지부하이론에 따르면 원리 기반 설명이 스키마 구성에 필요한 인지과정들에 학습자를 참여케 하여 학습을 촉진하기 때문이다. 두 개의 대립 가설('설명적 피드백은 외재적 인지부하를 줄인다' 對 '설명적 피드백은 본유적 인지부하를 높인다')을 검증하는 데에는 각 인지부하 유형별로 타당하고 신뢰로운 측정치가 요구될 것이다. 게다가 동기가 학습에 영향을 끼친다는 잠재적인 매개 효과 때문에 향후 연구는 학습을 측정한 값뿐만 아니라 동기에 대한 자기보고 및 행동 측정치도 포함시켜야 한다(Moreno, 2009).

향후 연구가 필요한 영역은 서로 다른 유형의 피드백으로 공부할 때 학생들의 개인차의 역할을 면밀히 검토하여 피드백 원리를 확장시키는 것이다. 예를 들면 높은 선수지식을 가진 학생들은 3장에서 살펴본 대로 전문성 역효과를 경험할 것이고 문제를 해결하는 동안에 더 정교화된 피드백보다 비교적 덜 정교화된 피드백을 제공받을 때 수행을 더 잘 할 것이다. 앞으로 검증되어야 하는 인지부하 가설은 전문가들이 설명적 피드백을 제공받을 때 더 높은 외재적 인지부하를 겪고 교정적 피드백만 제공받을 때는 더 높은 본유적 인지부하를 겪을 것이라는 것이다. 마찬가지로 자기조절적 학생들은 그렇지 않은 학생들보다 자신이 부족한 지식을 상쇄하기 위해 초인지 기술을 사용하기 때문에 시스템으로부터 피드백을 덜 필요로 할 것이다. 디디어 활용 학습의 인지-정의적 이론(CATLM)에 따르면 학생들이 자신의 지식, 전략, 동기의 강점과 한계점을 인식할 때 그들이 이해에 필요한 인지 처리들을 계획하고 모니터링함으로써 자신들만의 학습 과정을 더 잘 조절할 수 있다(Moreno, 2005, 2006, 2009). 종합하면 향후 연구는 피드백, 인지 처리 활동에 영향을 줄 수 있는 개인차, 그리고 세 개의 인지부하 유형 간의 관계들을 면밀히 검토해야 한다.

성찰 원리

성찰은 멀티미디어 학습 환경들에서 다양한 방법들로 실행될 수 있다. 예를 들어 독해력을 증진시키는 데 유명한 성찰 방법 중 하나로 **정교적 질문**(elaborative interrogation)이 있다. 이 방법은 학생들에게 방금 읽은 내용에 대해 "왜(why)"라는 질문을 던지는 것으로 구성되어 있다. 또 다른 성찰 방법으로 수학과 과학 학습에 사용될 수 있는 **자기설명**(self-explanation)이 있다. 이 방법은 학습하는 동안 문제들을 풀면서 답한 것에 대해 설명해보도록 요청하는 것으로 구성되어 있다(Chi, de Leeuw, Chiu, & La Vancher, 1994). 통틀어 성찰 방법들은 멀티미디어 학습 환경에 안내된 활동 원리들 및 피드백 원리들이 반영되어 설계되었다손 치더라도 여기에서 학생들 자신이 내린 조치들과 제공받은 피드백을 성찰하여 인지적 자원들을 투자하는 정도에 심층적 학습 여부가 달려있을 것이라는 아이디어에 바탕을 두고 있다.

멀티미디어 학습에서 성찰의 역할을 검증하기 위해 "식물 디자인하기" 프로그램을 사용하여 다음의 두 가지 실험을 수행하였다. 첫 번째 실험에서는 2요인 설계를 하였는데, 학생들에게 자신들의 선택에 대한 설명적 피드백을 제공받거나 받지 않으면서 공부하도록 하였고(피드백 요인) 정교적 질문을 하거나 하지 않으면서(성찰 요인) 공부하도록 하였다. 정교적 질문을 받으면서 공부하는 조건에서 학생들은 식물학 원리들을 발견하고자 할 때 특정 선택을 한 것에 대한 하나의 근거를 제공하도록 요청받았다. 예를 들면, 해당 조건에서 어떤 학생에게 "이 환경에서 왜 뿌리깊은 식물을 선택했는가?"와 같은 질문이 주어졌다. 이 실험에서는 성찰이 전이에 끼치는 영향은 없었으며, 성찰과 피드백 간의 상호작용도 없었다(Moreno & Mayer, 2005, 실험 1). 문학작품의 독해력 연구에서 나타난 효과와 유사하게 해당 실험에서도 성찰 효과가 기대됨에도 불구하고 정교적 질문으로 인한 성찰 효과들이 게임 기반의 식물학 학습 프로그램에서 줄어들 것이라는 가설을 설정하였다. 왜냐하면 학생들이 프로그램 내에서 어떤 특정한 식물의 디자인에 대한 의사 결정을 하도록 요청받았을 때 이들은 이미 인지 활동에 적극적으로 참여하고 있을 수 있기 때문이다. 이러한 가설을 검증하기 위해 추수 연구를 수행하였는데, 학생들에게 특정 수업 자료들을 조작 혹은 조작하지 않도록(안내된 활동 요인) 요청하고, 그들이 자신들의 식물 디자인에 기반이 되는 특정 원리들을 성찰 혹은 성찰하지 않도록(성찰 요인) 요청하였다. 예상대로 연구 결과들에서 두 요인 간 유의미한 상호작용이 나타났다(Moreno & Mayer, 2005). 수업 자료들의 조작이 허락되지 않은 집단들에서, 교육용 에이전트가 제공한 해결된 예들을 성찰하도록 유도된 학생들이 유도받지 못한 학생들보다 높은 전이 점수를 받았다. 두 번째 실험도 첫 번째 실험 결과와 유사했는데, 수업 자료를 조작해보도록 한 집단들에게 성찰 및 비성찰 처치를 하였을 때 이들 간 전이 검사 점수에 유의미한 차이가 없었다(Moreno & Mayer, 2005, 실험 2). 세 번째 실험 연구에서 성찰 활동이 효과적이기 위해서는 학생들에게 새로운 내용의 정확한 모형들에 대해 성찰하도록 요청해야 함이 밝혀졌다(Moreno & Mayer, 2005, 실험 3). 특히 성찰의 긍정적 효과는 학생들이 만들어낸 정교화의 질에 달려있다는 가설을 검증하기 위해 자기설명 방법을 사용했다. 실험 결과로 정확한 해결책들 즉 해결된 예들을 성찰해보도록 요청받은 학생들은 제시된 에러에 대한 해결책들을 성찰해보도록 요구받은 학생들보다 높은 전이 검사 점수를 받았다.

학생 성찰을 장려하는것의 긍정적 효과는 다양한 방법들에서도 반복해 나타나고 있다. 예를 들면 공부한 원리와 이를 애니메이션에 적용해보도록 언어적으로 유도받은 학생들은 그렇지 않은 학생들보다 특정 애니메이션을 공부하는 데 시간이 덜 들었고, 전이 검사에서 더 높은 점수를 받고, 높은 동기 수준을 보였다(Moreno, 2009). 하이퍼미디어 시스템에서 각 내비게이션 단계를 선택한 이유들을 설명하도록 유도받은 학생들은 성찰을 유도받지 못한 학생들보다 전이 검사 점수가 높았다(Bannert, 2006). 또한 5장에서 살펴본 해결된 예를 보고 자기설명 활동을 한 학생들은 근전이 및 원전이 점수가 높았다(Atkinson, Renkl, & Merrill, 2003; Renkl, Stark, Gruber, & Mandl, 1998; Schworm & Renkl, 2007).

성찰 원리가 어떻게 효과가 있는 것인가? 성찰은 멀티미디어인지이론에서 생성적 인지 처리에 대한 가정의 핵심이다. 학생들로 하여금 사고에 대해 원리기반 설명(principle based explanation)을 하도록 격려하는 것은 새로 배우는 내용과 이것의 선수지식과의 조직 및 통합을 장려하기 때문이다. 더욱이 이러한 연구 결과들은 상호작용적이지 않은 학습 환경일 때 학생들로 하여금 좀 더 정신적으로 적극적이도록 유도하는 게 필수적일 수 있음을 보여주는데, 이는 미디어 활용 학습의 인지-정의적 이론(CATLM)의 초인지 매개 가정을 입증하는 것으로 해석된다(Azevedo, 2005; Moreno, 2009). 그러나 후속 연구에서는 어느 정도 상호작용적인 학습 환경이 의도하지 않게 장려되어 잠재적으로 일어날 수 있는 비사고적 처리(mindless processing)[8]에 대해 경고하고 있다(Moreno & Valdez, 2005). 특히 상호작용적인 멀티미디어 프로그램에서 학생들에게 사건들의 어떤 인과관계에 해당하는 특정 단계들을 조직해보도록 하는 것은 이미 조직화된 인과관계를 학습하게 하는 것과 비교하여 특정 주제에 대한 이해도 향상에 도움이 되지 않았다. 학생들이 피드백을 받기 위해 응답을 제출하기 전에 이들로 하여금 자신의 응답을 평가해보도록 유도하는 멀티미디어 프로그램에서만 학생들의 전이가 잘 일어나게 된다(Moreno & Valdez, 2005, 실험 3). 유사한 현상이 공학 교육 분야의 최근 연구에서 일어났다(Moreno, Rwisslein, & Ozogul, 2009). 5장에서 다룬 일시적으로 유행하는 방법은 학생들로 하여금 해결된 예에서 제시하는 해결책과 자신이 구안한 해결책을 비교하여 성찰하도록 할 때까지는 전이 장려에 실패하였다.

종합하면 학생들의 상호작용을 설계할 때 수업 내용을 피상적 혹은 심층적으로 처리하도록 장려하는지 여부를 면밀히 검토하는 것이 가장 중요하다(Bangert-Drowns, Kulik, Kulik, & Morgan, 1991). 〈표 8.5〉는 학생들이 공부할 때 성찰 방법을 포함했는지 여부에 따라 이들의 전이 점수를 비교한 결과로 나온 평균 효과크기를 보여준다. 네 개의 비교 연구 모두 전이 점수에 있어서 성찰을 한 집단이 통제 집단보다 더 나은 수행을 보였는데, 효과크기의 중앙값은 0.77이 나왔다. 이러한 연구 결과를 총칭하여 **성찰 원리**(reflection principle)

〈표 8.5〉 컴퓨터 기반 멀티미디어 학습에서 성찰 원리에 관한 증거

문헌	학습내용	효과크기
Moreno & Mayer(2005, 실험 2)	식물학	0.98
Moreno & Mayer(2005, 실험 2)	식물학	0.80
Moreno & Mayer(2005, 실험 2)	식물학	0.71
Moreno, Reisslein, & Ozogul(2009)	전기 공학	0.74
중앙값		0.77

8) 사고적 처리(thoughtful processing)의 반대(Abelson, 1976)

라 하는데, 학생들이 정확한 해결책에 대한 성찰을 유도하는 수업은 그렇지 않은 수업, 특히 학습 환경이 상호작용적이지 않은 수업보다 유의미 학습을 더 잘 이끄는 것으로 보인다.

향후 인지부하 연구의 제한점 및 시사점. 지금까지 언급한 원리들과 비슷하게 성찰 원리도 인지부하이론에 기여하는 바가 제한적인데, 이는 보고된 대부분의 연구들이 인지부하 가정들을 직접적으로 검증하도록 설계되지 않았기 때문이다. 그나마 네 개 연구 중 두 연구는 인지부하를 자기보고식으로 직접 측정하고 있다(Moreno & Valdez, 2005, 실험3; Moreno et al., 2009). 그러나 두 연구에서 성찰적 처치와 비성찰적인 처치를 받은 학생들은 학습하는 동안에 지각한 인지부하에서 차이를 보이지 않았다. 따라서 성찰 원리는 향후 인지부하 연구를 발전하게 만드는 또 다른 연구 문제들을 제공한다. 예를 들면 학생들이 자신의 학습 과정을 성찰하거나 평가하도록 유도하는 것과 같은 본유적 인지 처리 과정을 장려하는 것에 목표를 둔 방법이 그렇지 않을 때보다 훨씬 더 많은 본유적 인지부하를 초래하는지는 아직 미결의 문제이다. 이러한 연구를 확장하는 영역으로 자기조절 능력에 있어 학생들의 개인차의 역할을 면밀히 검토하는 것이 있다. 성찰 원리가 자기조절 학습자에게 적용되지 않을 것이라는 흥미로운 가설은 검증되어야 한다. 이런 유형의 학습자는 자신의 학습 과정을 계획하고, 모니터링하는 것부터 수행을 평가하는 것까지 모든 측면을 통제하는 능력을 이미 가지고 있기 때문이다(Bruning, Schraw, Norby, & Ronning, 2004). 따라서 인지부하이론에 따르면 성찰 프롬프트는 자기조절 능력이 있는 학습자들에게 불필요한 기능이기 때문에 학습을 장려하기보다 외재적 인지부하를 높여 방해할 것이다. 종합하면 향후 연구는 성찰 방법, 자기조절, 세 개 인지부하 유형 간의 관계를 검토해야 한다.

요약 및 결론

이론적 및 실제적 함의

8장에서 살펴본 연구들이 제공하는 이론적 · 실제적 함의는 7장에서 논의된 함의와 크게 다를 바 없다. 실제적 측면에서는 컴퓨터 기반의 멀티미디어 교육 프로그램을 설계하기 위한 연구에 기반을 둔 다섯 개의 설계 원리들을 제안하였다. 8장의 목적은 언어적 · 회화적 내용으로 학습할 때 생성적 인지처리를 촉진하는 잠재성을 가진 방법들에 대한 연구를 요약한 후 인지부하 연구의 향후 방향을 제안하는 데 있다.

이론적 측면에서는 설계 원리들이 멀티미디어인지이론(CTML; Mayer, 2005)과 보다 최근 이론인 미디어 활용 학습의 인지-정의적 이론(CATLM)과 일맥상통하는데, 이 이론들이 미디어로 학습하는 데 있어서 정의, 동기, 초인지의 역할에 대한 가정들을 통합하고 있기 때문이다(Moreno, 2009). 특히 이와 관련된 여러 실증적 연구들이 7장에서 정의한 능동적 인지처리 원리를 입증해 주는데, 이는 유의미한 학습이 학습과정 중에 심층적 처리를 위해 관련된 내용을 선택하고, 선택된 내용을 하나의 일관된 정신적 표상으로 조직화한 후, 이를 기존 지식에 통합하는 등의 적극적인 인지처리에 달려있기 때문이다(Mayer, 2001; Wittrock, 1989). 생성적 인지 처리는 다음과 같은 원리에 의해, 즉, (1) 학생들에게 언어 표상과 회화적 표상 간의 참조 연결을 하도록 요청함으로써(멀티미디어 원리), (2) 학생들을 학습 환경에서 관찰자보다 참여자로 느끼도록 유도함으로써(의인화 원리), (3) 상호작용적인 게임을 탐색하도록 스캐폴딩함으로써(안내된 활동 원리), (4) 학생들의 응답에 원리 기반 피드백을 제공함으로써(피드백 원리) (5) 학생들에게 자신이 이해한 것을 설명하고 평가하도록 함으로써(성찰 원리) 유도될 수 있다.

한편 앞에서 언급하였듯이 검토된 대부분의 연구들이 학생들의 인지부하를 측정하지 않았기 때문에 인지부하이론을 위한 강력한 이론적 함의를 끌어내기가 힘들다. 몇몇 연구들이 전체 정신적 노력을 신뢰로운 자기보고식 방법으로 측정하고 있음에도 불구하고(Paas, Tuovinen, Tabbers, & Van Gerven, 2003) 이 측정 방법은 서로 다른 인지부하 원천들을 구별해주지 않는다. 게다가 어떤 연구에서는 능동적 인지처리 방법으로 학습한 학생들이 수동적으로 학습한 학생들과 인지부하 수준이 유사하거나 심지어 더 낮게 평정하였다고 보고하였다. 이러한 연구 결과는 본유적, 외재적, 내재적 부하가 합산이라는 인지부하 이론의 가정과 정반대된다.

본유적 인지부하와 생성적 인지 처리의 향후 연구 방향

인지부하 연구의 향후 과제는 학생들이 생성적 인지 처리를 할 때 어떤 유형의 인지부하가 영향을 받는지 규명하는 것이다. 따라서 생산적인 향후 연구 방향은 세 가지 인지부하 유형을 타당하고 신뢰롭게 측정하는 방법을 사용하여 이미 검토된 실험 연구들의 일부를 반복하는 것이다. 이 측정 방법은 대안적인 이론 모형들이 제시한 특정 해석들에 반(反)하여 8장에서 제시한 특정 해석들을 검증해봄으로써 교수설계이론이 발전하도록 도움을 줄 것이다.

그럼에도 불구하고 8장에서 살펴본 생성적 방법은 제한적이어서 향후 이루어질 연구들에서 학생들이 새로운 내용을 능동적으로 선택하고 조직화한 후 이를 선수지식과 통합하도록 장려하는 다른 방법들로 현재 연구를 확장해야 한다. 본유적 인지부하와 관련된 이슈를 더 연구하도록 하는 유망한 환경은 탐구기반학습 및 문제중심학습 시나리오인데, 이러한 학습 환경은 학생들에게 교수 자료들을 선택하여 조작해보고, 다중 표상을 떠올려보고, 가설을 검증하고, 학습 과정을 스스로 평가해보고, 지식 구성 결과를 성찰하는 등의 기회를 제공하기 때문이다. 이러한 환경은 매우 복잡하기 때문에 외재적 인지부하와 본유적 인지부하의 잠정적 원천들은 두 부하 간의 상호작용과 학습 효과를 보다 분명히 하기 위해 조작될 수 있다. 예를 들면 탐구기반 환경에서 실시한 어떤 실험 연구는 공간적 혹은 시간적 불연속성으로 인해 유도되는 외재적 인지부하와 생성적 인지처리 방법으로 유도되는 본유적 인지부하의 조건을 낮은 외재 · 낮은 본유, 높은 외재 · 낮은 본유, 낮은 외재 · 높은 본유, 높은 외재 · 높은 본유적 인지부하로 구성하고 있다.

이에 더하여 인지부하이론에서 서로 다른 전문성과 능력 수준을 가진 학습자들은 서로 다른 학습 결과와 인지부하 결과를 가져온다고 예측되기 때문에, 기존에 검토된 각 방법을 다양한 학습자들을 대상으로 검증해보는 것이 중요하다. 예를 들어 인지부하이론에 따르면, 학습자들의 선수지식 수준을 내재적, 외재적 혹은 본유적 인지부하들을 포함시키는 교수 자료 및 방법 등으로 분류하는 식으로 정교하게 진단하여서, 그에 따라 학습 결과를 예측하는 것이다 (Sweller, van Merriënboer, & Paas, 1998).

그러나 능동적 학습 증대에 목표를 둔 학습 방법의 이점들은 학생의 선수지식에만 좌우되지 않는다. 이런 점에서 미디어 활용 학습의 인지-정의적 이론(CATLM)에 기반을 둔 능동적 인지 처리 원리는 다음의 세 가지 가정에 달려있음을 강조한다(Moreno, 2005, 2006, 2009). 첫째, 학습자는 생성적 인지처리에 참여할 수 있는 충분한 용량을 가지고 있다고 가정한다. 둘째, 학습자는 요구되는 정신적 활동에 성공하는 데 필요한 기술들을 가지고 있다고 가정한다. 셋째, 학습자는 생성적 인지 처리하는 데에 자신의 가용한 인지적 자원들과 관련된 기술들을 쓰려고 한다고 가정한다. 그러나 이러한 가정들은 모든 학습자들에게 적용되지 않을 수 있다. 사실 최근 연구에서 본유적 부하를 높이고자 추가된 인지적 활동이 반드시 학생의 학습 능력을 향상시키지는 않는다고 하였다(Moreno, 2006). 이러한 현상을 보이는 몇 가지 예를 살펴보자. 어떤 학습자들은 예 정교화하기(example elaboration) 혹은 비교하기와 같은 본유적 인지 활동들에 자발적으로 참여하지 않으며(Chi, Bassok, Lewis, Reimann, & Glaser, 1989; Gerjets, Scheiter, & Catrambone, 2004), 학습자들마다 특정 학습 환경에서 요청받은 정교화의 정도가 다르고(Renkl, Atkinson, Maier, & Staley, 2002), 학습자들은 좀 더 능동적인 인지처리 방법들로 학습에 임하였으나 정작 자신의 정신적 노력의 척도를 좀 더 낮게 매기고 학습 향상이 전혀 없었다고 보고하는 "이해 착각"을 보일 수 있다(Renkl, 2002). 이러한 연구 결과들은 학습자의 불충분한 인지적 자원 때문인지 아니면 기술, 동기 혹은 초인지로 인한 것인지는 인지부하 분야에서 앞으로 연구해보아야 할 문제이다. 종합하면 생성적 인지처리 방법들로 학습하는 학습자들과 그 방법에 대한 현재 연구 수준을 발전시키기 위해 학생의 개인차에 영향을 미치는 특정 매개변수들, 특히 학생들의 능력, 동기, 자기조절과 관련된 것들을 규명해야 한다(Moreno, 출판중).

마지막으로 7장에서 살펴본 연구들과 유사하게 8장에서 언급된 연구들은 피험자를 선수지식이 낮은 대학생들을 대상으로 하고, 실험실 상황에서 단기간 내에 수행되었다. 향후 연구는 검토된 원리들이 좀 더 실제적인 학습 환경과 다양한 학습자와 내용 영역에 적용되는지 여부를 면밀하게 검토해야 한다.

저자 노트

8장은 전미과학재단의 연구비를 지원받아 수행된 것이다(과제번호 0238385). 해당 장에서 언급된 모든 견해와 연구 결과 등은 저자의 것이며 연구지원기관과는 무관하다. 교신저자의 주소와 이메일은 다음과 같다. Educational Psychology Program, Simpson Hall 123, Univ. of New Mexico, Albuquerque, NM 87131, moreno@unm.edu

참고문헌

Al-Seghayer, K. (2001). The effect of multimedia annotation modes on L2 vocabulary acquisition: A comparative study. *Language Learning and Technology*, 5, 202-232.

Anand, P., & Ross, S. M. (1987). Using computer-assisted instruction to personalize math learning materials for elementary school children. *Journal of Educational Psychology*, 79, 72-79.

Atkinson, R. K., Renkl, A., & Merrill, M. M. (2003). Transitioning from studying examples to solving problems: Combining fading with prompting fosters learning. *Journal of Educational Psychology*, 95, 774-783.

Azevedo, R. (2005). Computer environments as metacognitive tools for enhancing learning. *Educational Psychologist*, 40, 193-197.

Azevedo, R., & Bernard, R. M. (1995). A meta-analysis of the effects of feedback in computer-based instruction. *Journal of Educational Computing Research*, 13(2), 111-127.

Bangert-Drowns, R. L., Kulik, C. C., Kulik, J. A., & Morgan, M. T. (1991). The instructional effect of feedback in test-like events. *Review of Educational Research*, 61(2), 213-238.

Bannert, M. (2006). Effects of reflection prompts when learning with hypermedia. *Journal of Educational Computing Research*, 35(4), 359-375.

Bodemer, D., Plötzner, R., Bruchmüller, K., & Häcker, S. (2005). Supporting learning with interactive multimedia through active integration of representations. *Instructional Science*, 33, 73-95.

Brown, A. L., & Campione, J. C. (1994). Guided discovery in a community of learners. In K. McGilley (Ed.), *Classroom lessons: Integrating cognitive theory and classroom practice* (pp. 229-272). Cambridge, MA: MIT Press.

Bruner, J. S. (1961). The art of discovery. *Harvard Educational Review*, 31(1), 21-32.

Bruning, R. H., Schraw, G. J., Norby, M. M., & Ronning, R. R. (2004). *Cognitive psychology and instruction.* Upper Saddle River, NJ: Prentice-Hall.

Butler, D. L., & Winne, P. H. (1995). Feedback and self-regulated learning. *Review of Educational Research*, 65, 245-281.

Chi, M. T. H., Bassok, M., Lewis, M. W., Reimann, P., & Glaser, R. (1989). Self-explanations: How students study and use examples in learning to solve problems. *Cognitive Science*, 13, 145-182.

Chi, M. T. H., de Leeuw, N., Chiu, M. H., & La Vancher, C. (1994). Eliciting self-explanations improves understanding. *Cognitive Science*, 18, 439-477.

Chun, D., & Plass, J. (1996). Effects of multimedia annotations on vocabulary acquisition. *The Modern Language Journal*, 80(2), 183-198.

Cohen. J. (1988). *Statistical power analysis for the social sciences* (2nd ed.). Hillsdale, NJ: Erlbaum.

d' Ailly, H. H., Simpson, J., & MacKinnon, G. E. (1997). Where should "you" go in a math compare problem? *Journal of Educational Psychology*, 89, 562-567.

Davis-Dorsey, J., Ross, S. M., & Morrison, G. R. (1991). The role of rewording and context personalization in the solving of mathematical word problems. *Journal of Educational Psychology*, 83, 6i-68.

Duquette, L., & Painchaud, G. (1996). A comparison of vocabulary acquisition in audio and video contexts. *The Canadian Modern Language Review*, 54(1) 143-172.

Fay, A. L., & Mayer, R. E. (1994). Benefits of teaching design skills before teaching LOGO computer programming: Evidence for syntax independent learning. *Journal of Educational Computing Research*, 11, 187-210.

Fletcher, J. D., & Tobias, S. (2005). The multimedia principle. In R. E. Mayer (Ed.), *Cambridge handbook of multimedia learning* (pp. 117-133). New York: Cambridge University Press.

Garnett, P. J., Garnett, P. J., & Hackling, M. W (1995). Students' alternative conceptions in chemistry: A review of research and implications for teaching and learning. *Studies in Science Teaching*, 25, 69-95.

Gelman, R. (1969). Conservation acquisition: A problem of learning to attend to relevant attributes. *Journal of Experimental Child Psychology*, 7, 167-187

Gerjets, P., Scheiter, K., & Catrambone, R. (2004). Designing instructional examples to reduce intrinsic cognitive load: Molar versus modular presentation of solution procedures. *Instructional Science*, 32, 33-58.

Graesser, A. C., Golding, J. M., & Long, D. L. (1998). Narrative representation and comprehension. In R. Barr, M. L. Kamil, P. B. Mosenthal, & P. D. Pearson (Eds.), *Handbook of reading research* (Vol. II, pp. 171-205). White Plains, NY: Longman Publishing Group.

Hattie, J., & Timperley, H. (2007). The power of feedback. *Review of Educational Research*, 77, 81-112.

Kost, C., Foss, P., & Lenzini, J. (1999). Textual and pictorial gloss: Effectiveness on incidental vocabulary growth when reading in a foreign language. *Foreign Language Annals*, 32(1), 89-113.

Kulhavy R. W., & Wager, W. (1993). Feedback in programmed instruction: Historical content and implications for practice. In J. V. Dempsey & G. C. Sales (Eds.), *Interactive instruction and feedback* (pp. 3-20). Engelwood Cliffs, NJ: Educational Technology.

Lakoff, G., & Nunez, R. E. (1997). The metaphorical structure of mathematics: Sketching out cognitive foundations for a mind-based mathematics. In L. D. English (Ed.), *Mathematical reasoning: Analogies, metaphors, and images* (pp. 21- 89). Mahwah, NJ: Erlbaum.

Lee, M., & Thompson, A. (1997). Guided instruction in LOGO programming and the development of cognitive monitoring strategies among college students. *Journal of Educational Computing Research*, 16, 125-144.

Lester, J. C., Stone, B. A., & Stelling, J. D. (1999). Lifelike pedagogical agents for mixed-initiative problem solving in constructivist learning environments. *User Modeling and User-Adapted Interaction*, 9, 1-44.

Mayer, R. E. (2001). *Multimedia learning*. New York: Cambridge University Press.

Mayer, R. E. (2004). Should there be a three-strikes rule against pure discovery learning? *American Psychologist*, 59, 14-19.

Mayer, R. E. (2005). Cognitive theoryof multimedia learning. InR. Mayer (Ed.), *The Cambridge handbook of multimedia learning* (pp. 31-48). New York: Cambridge University Press.

Mayer, R. E., & Anderson, R. B. (1991). Animations need narrations: An experimental test of a dual-coding hypothesis. *Journal of Educational Psychology*, 83, 484-490.

Mayer, R. E., & Anderson, R. B. (1992). The instructive animation: Helping students build connections between words and pictures in multimedia learning. *Journal of Educational Psychology*, 84, 444-452.

Mayer, R. E., Bove, W., Bryman, A., Mars, R., & Tapangco, L. (1996). When less is more: Meaningful learning from visual and verbal summaries of science textbook lessons. *Journal of Educational Psychology*, 88, 64-73.

Mayer, R. E., Fennell, S., Farmer, L., & Campbell, J. (2004). A personalization effect in multimedia learning: Students learn better when words are in conversational style rather than formal style. *Journal of Educational Psychology*, 96, 389-395.

Mayer, R. E., & Gallini, J. K. (1990). When is an illustration worth ten thousand words? *Journal of Educational Psychology*, 82, 715-726.

Mayer, R. E., & Moreno, R. (2003). Nine ways to reduce cognitive load in multimedia learning. *Educational Psychologist*, 38, 43-52.

Mayer, R. E., & Sims, V. K. (1994). For whom is a picture worth a thousand words? Extensions of a dual-coding theory of multimedia learning? *Journal of Educational Psychology*, 86, 389-401.

Moreno, R. (2004). Decreasing cognitive load for novice students: Effects ofex-planatory versus corrective feedback on discovery-based multimedia. *Instructional Science*, 32, 99-113.

Moreno, R. (2005). Instructional technology: Promise and pitfalls. In L. PytlikZilhg, M. Bodvarsson, & R. Bruning (Eds.), *Technology-based education: Bringing researchers and practitioners together* (pp. 1-19). Greenwich, CT: Information Age Publishing.

Moreno, R. (2006). When worked examples don' t work: Is cognitive load theory at an impasse? *Learning and Instruction*, 16, 170-181.

Moreno, R. (2009). Learning from animated classroom exemplars: The case for guiding student teachers' observations with metacognitive prompts. *Journal of Educational Research and Evaluation*, 15(5), 487-501.

Moreno, R. (in press). Cognitive load theory: More food for thought. *Instructional Science*. Advance online publication. doi: 10.1007/s11251-009-9122-9.

Moreno, R., & Durán, R. (2004). Do multiple representations need explanations? The role of verbal guidance and individual differences in multimedia mathematics learning. *Journal of Educational Psychology*, 96, 492-503.

Moreno, R., & Mayer, R. E. (1999). Multimedia-supported metaphors for meaning making in mathematics. *Cognition and Instruction*, 17, 215-248.

Moreno, R., & Mayer, R. E. (2000). Engaging students in active learning: The case for personalized multimedia messages. *Journal of Educational Psychology*, 92, 724-733.

Moreno, R., & Mayer, R. E. (2004). Personalized messages that promote science learning in virtual environments. *Journal of Educational Psychology*, 96, 165-173.

Moreno, R., & Mayer, R. E. (2005). Role of guidance, reflection, and interactivity in an agent-based multimedia game. *Journal of Educational Psychology*, 97, 117-128.

Moreno, R., & Mayer, R. E. (2007). Interactive multimodal learning environments. *Educational Psychology Review*, 19, 309-326.

Moreno, R., Mayer, R. E., Spires, H. A., & Lester, J. C. (2001). The case for social agency in computer-based teaching: Do students learn more deeply when they interact with animated pedagogical agents? *Cognition and Instruction*, 19, 177-213.

Moreno, R., & Morales, M. (2008). Studying master paintings to promote painting skills: The role of visualization, copying from memory, and spatial ability. *Empirical Studies of the Arts*, 27(2), 131-154.

Moreno, R., & Ortegano-Layne, L. (2008). Using cases as thinking tools in teacher education: The role of presentation format. *Educational Technology Research and Development*, 56, 449-465.

Moreno, R., Reisslein, M., & Ozogul, G. (2009). Optimizing worked-example instruction in electrical engineering: The role of fading and feedback during problem-solving practice. *Journal of Engineering Education*, 98, 83-92.

Moreno, R., & Valdez, A. (2007). Immediate and delayed learning effects of presenting classroom cases in teacher education: Are video cases or case narratives more effective? *Journal of Educational Psychology*, 99, 194-206.

Moreno, R., & Valdez, A. (2005). Cognitive load and learning effects of having students organize pictures and words in multimedia environments: The role of student interactivity and feedback. *Educational Technology Research and Development*, 53, 35-45.

Mory, E. H. (2004). Feedback research revisited. In D. H. Jonassen (Ed.), *Handbook of research on educational communications and technology* (2nd ed., pp. 745-783). Mahwah, NJ: Erlbaum.

Mwangi, W, & Sweller, J. (1998). Learning to solve compare word problems: The effect of example format and generating self-explanations. *Cognition and Instruction*, 16, 173-199.

Paas, F., Tuovinen, J. E., Tabbers, H., & Van Gerven, P. W. M. (2003). Cognitive load measurement as a means to advance cognitive load theory. *Educational Psychologist*, 38, 63-71.

Paivio, A. (1986). *Mental representations: A dual coding approach*. New York: Oxford University Press.

Pashler, H., Cepeda, N. J., Wixted, J. T., & Roher, D. (2005). When does feedback facilitate learning of words? *Journal of Experimental Psychology, Memory, and Cognition*, 31, 3-8.

Pea, R. D., & Kurland, D. M. (1984). On the cognitive effects of learning computer programming. *New Ideas in Psychology*, 2, 137-168.

Piaget, J. (1954). *The construction of reality in the child*. New York: Basic Books.

Pintrich, P., & Schunk, D. (2002). *Motivation in education: Theory, research, and applications* (2nd ed.). Upper Saddle River, NJ: Prentice-Hall.

Pressley, M., Dolezal, S. E., Raphael, L. M., Welsh, L. M., Bogner, K., & Roehrig, A. D. (2003). *Motivating primary-grade students*. New York: Guilford.

Reeder, G. D., McCormick, C. B., & Esselman, E. D. (1987). Self-referent processing and recall of prose. *Journal of Educational Psychology*, 79, 243-248.

Renkl, A. (2002). Worked-out examples: Instructional explanations support learning by self-explanations. *Learning and Instruction*, 12, 529-556.

Renkl, A., Atkinson, R. K., Maier, U. H., & Staley, R. (2002). From example study to problem solving: Smooth transitions help learning. *The Journal of Experimental Education*, 70, 293-315.

Renkl, A., Stark, R., Gruber, H., & Mandl, H. (1998). Learning from worked-out examples: The effects of example variability and elicited self-explanations.

Contemporary Educational Psychology, 23, 90-108.

Schauble, L. (1990). Belief revision in children: The role of prior knowledge and strategies for generating evidence. *Journal of Experimental Child Psychology*, 49, 31-57.

Schnotz, W. (2005). An integrated model of text and picture comprehension. In R. E. Mayer (Ed.), *Cambridge handbook of multimedia learning* (pp. 49-69). New York: Cambridge University Press.

Schworm, S., & Renkl, A. (2007). Learning argumentation skills through the use of prompts for self-explaining examples. *Journal of Educational Psychology*, 99, 285-296.

Seifert, T. L. (1993). Effects of elaborative interrogation with prose passages. *Journal of Educational Psychology*, 85, 642-651.

Seufert, T., & Brünken, R. (2006). Cognitive load and the format of instructional aids for coherence formation. *Applied Cognitive Psychology*, 20, 321-331.

Seufert, T., Jänen, I., & Brünken, R. (2007). The impact of intrinsic cognitive load on the effectiveness of graphical help for coherence formation. *Computers in Human Behavior*, 23, 1055-1071.

Shulman, L. S., &Keisler, E. R. (1966). *Learning by discovery*. Chicago: Rand McNally.

Sweller, J. (1999). *Instructional design in technical areas*. Camberwell, Australia: ACER Press.

Sweller, J., van Merriënboer, J. J. G., & Paas, F. W. C. (1998). Cognitive architecture and instructional design. *Educational Psychology Review*, 10, 251-296.

Symons, C. S., & Johnson, B. T. (1997). The self-reference effect in memory: A meta-analysis. *Psychological Bulletin*, 121, 371-394.

Tuovinen, J. E., & Swelter, J. (1999). A comparison of cognitive load associated with discovery learning and worked examples. *Journal of Educational Psychology*, 91, 334-341.

Wittrock, M. C. (1966). The learning by discovery hypothesis. In L. S. Shulman & E. R. Keislar (Eds.), *Learning bydiscovery:A critical appraisal*(pp. 33-75). Chicago: Rand McNally.

Wittrock, M. C. (1989). Generative processes of comprehension. *Educational Psychologist*, 24, 345-376.

Part 3

이슈와 전망

9

인지부하 측정

Roland Brünken, Tina Seufert, Fred Paas

인지부하 측정의 문제: 인지부하를 측정하는 지표의 정확성

앞 장에서는 인지부하이론을 위한 이론적 기본 가정을 개관하였고(2장), 인지부하가 스키마 습득의 과정에 어떻게 영향을 미치는지에 대하여 기술하였으며(3장), 4장에서는 학습자의 개인차가 지식을 구성하는 과정에 어떤 역할을 하는지에 대하여 논의하였다. 인지부하이론에 의해 명확해진 핵심 문제는 인지처리에 요구되는 총량이 인간의 작동기억의 제한된 용량을 초과하게 될 경우 학습이 완전하게 이루어지지 않는다는 것이다. 학습이란 활용 가능한 인지 자원들이 기능하는 것이라는 기본 가정과 더불어, 인지부하이론은 활용 가능한 인지 자원, 인지적 요구, 그리고 학습 간의 관계에 관한 몇 가지 가정을 규정한다. 이러한 가정의 첫 번째는 교수설계 혹은 방법에서 유용하거나(본유적 부하) 유용하지 않은(외재적 부하) 소비를 포함하고 있다는 것이다. 두 번째 가정은 인지부하가 해결해야 할 과제의 복잡성에 따라 다를 수 있다는 것이다(내재적 부하는 과제를 구성하는 요소의 상호작용 정도에 의해 정의된다). 인지부하와 학습결과에 영향을 미치는 요소들 사이의 관계를 분석함으로써 인지부하이론을 타당화시키는 실증 연구가 상당수 존재한다. 예를 들어, 실증적으로 검증된 교수설계 원리(Mayer, 2005)는 이 책의 다른 장(7장과 8장)에서 논의되는 연구들과 맥을 같이하고 있다. 그러나, 인지부하이론의 가정들은 직접적으로 증명될 수 있는 것인가? 학습자의 인지 자원과 요구, 그리고 학습의 복잡한 상호작용을 검증할 타당하고 신뢰로운 방법이 존재하는가? 본 장에서는 현재 사용되고 있는 다양한 인지부하 측정 방법을 살펴보고자 한다.

과거 15년 동안 인지부하 연구는 인지부하를 측정하는 몇 가지 방법과 접근을 소개하고 있다. 그러나, 인지부하를 측정하는 단일의 표준화된 측정도구나 일반적인 측정 모델은 만들어지지 않았다. 다음에서는 인지 자원을 소비하는 분류에 근거해서 현재 사용되는 접근 방법을 소개하고자 한다.

인지부하의 측정

인지부하 측정에 대한 기본 질문은 인지부하를 측정하는 데 있어서 타당하고, 신뢰로우면서 측정가능한 방법이 존재하는가이다. 일반적으로 인지부하를 측정하는 데 두 가지 접근법이 사용되고 있다: 첫째는, 학습자가 본인의 인지부하를 주관적으로 인식하여 평가하는 것이다. 둘째는 물리적 측정 도구로서 인지부하를 객관적으로 측정하는 것이다. 위의 두가지 접근에 대한 측정도구를 구체적으로 살펴보면 다음과 같다.

인지부하에 대한 주관적 측정도구

인지부하를 측정하는 가장 흔한 방법은 학습자가 스스로 인식하는 과제의 어려움 정도를 묻는 질문과 정신적 노력을 스스로 평가하여 보고하는 질문을 사용하는 것이다. 이러한 방식의 장점과 단점은 다음에서 논의하고자 한다.

정신적 노력에 대한 주관적 평가

인지부하를 측정하는 주관적 평가에서, 학습자는 "나는 정신적 노력을 …투자했다" 와 같은 문항에 대하여 본인이 인식한 인지부하를 평가하여 응답하도록 요구받는다. 이때 학습자들은 "매우매우 낮음" 부터 "매우매우 높음" 까지 의미론적으로 다르면서 넓은 범위의 측정단위에 응답하여야 한다(Paas & van merriënboer, 1993, 1994; Paas, Tuovinen, Tabbers, & Van Gerven, 2003). 이러한 방법은 학습자가 특정 상황에서 본인의 부하량을 신뢰롭고 타당하게 추정할 수 있다고 가정하고 있다.

주관적 측정방법을 사용한 연구들은 인지부하이론을 타당화하는 데 이러한 방법을 사용하는 것이 유용하다는 것을 보여준다. 일반적으로 학습자는 학습자료를 서로 다르게 설계한 경우에 각각 다른 인지부하량을 보고한다(Paas et al., 2003 참고). 이러한 측정에는 몇 가지 측정 단위가 사용되는데(Whelan, 2005), 대부분은 7점에서 9점의 리커트 척도를 사용한다. 무엇보다 주관적 측정은 일반적으로 인지부하와 간접적으로 관련이 있는 주관적 측정변수(예를 들면, 피곤함과 같은)를 결합하여 다양한 측정 도구를 형성한다. 그러나, 서로 다른 측정 변수들은 대부분 매우 높은 상관관계를 가지고 있으므로, 단일의 측정 변수만으로 인지부하를 타당하고 신뢰롭게 측정할 수 있다(Paas & van Merriënboer, 1994). 주관적 평가방법으로 인지부하를 측정하는 가장 분명한 장점은 편리성이다. 그러나 그러한 방법은 심각한 한계를 가지고 있다. 첫째, 주관적 평가방법은 학습과제에서 부과되는 인지부하를 단 한 번의 평가로 측정한다는 것이다. 일반적으로 학습자는 학습과제를 수행한 후에, 자신들이 경험한 인지부하를 평가하도록 요구받는다. 그래서 결과로서의 평가는 학습상황과 학습과제의 다양한 부분들을 전반적으로 평가하게 된다. 이러한 결과는 학습상황의 어떤 특정한 부분이 인지부하의 결과에 영향을 미쳤는지 정확히 알기가 어렵다. 반면에, 이러한 문제점이 주관적 평가방법의 주요 한계로 보이지는 않는다. 왜냐하면, 주관적 평가방법은 학습상황 동안 반복적으로 측정이 가능하기 때문이다(예를 들어, 멀티미디어 학습환경에서 팝업창을 사용). 이렇게 학습이 이루어지는 동안 반복해서 측정을 할 때, 특정 과제나 학습자료에 대한 부하가 쉽게 측정될 수 있다(Tabbers, Martens, & van Merriënboer, 2004).

주관적 평가방식의 더 심각한 문제는 다음에 제시되는 두 번째 문제이다. 인지부하의 어떤 부분을 측정하는지와 이러한 측정이 학습과 어떻게 관련되는지의 문제로서, 측정 도구의 내용 타당도와 관련이 있다. 비록 학습자가 자신의 인지과정을 성찰하고 학습하는 동안 발생하는 부하를 인식하여 양적으로 표현해낼 수 있다 하더라도(Paas et al., 2003), 이러한 측정은 어떠한 과정이 인지부하를 인식하는 데 영향을 미쳤는지에 대한 정보를 제공해줄 수 없다는 점이다. 무엇보다, 인지부하의 세 가지 서로 다른 유형 중 어떤 유형이 보고된 인지부하와 관련이 있는지를 설명할 수가 없다. 외재적 부하(좋지 않은 교수설계) 때문인가? 본유적 부하(학습자의 문제해결 활동)인가? 혹은 두 가지의 결합인가? 아니면, 단순히 학습자료의 어려움에서 발생하는 내재적 부하 때문인가? 최근에 Ayres(2006)가 수행한 연구가 과제의 어려움을 질문함으로써 내재적 부하를 주관적으로 측정하는 방법을 사용하였다. 그 연구 설계에서는 과제의 어려움에 대한 인식은 내재적 부하에서만 기인할 수 있음을 주장한다. 근거로는 본유적 부하는 학습자가 새로운 지식을 배우는 것이 아니라 기존 지식을 사용하도록 요구함으로써 통제할 수 있다는 것이다. 그리고 외재적 부하는 학습자료에 의해 통제될 수 있기 때문이라는 것이다. 그럼에도 불구하고, 서로 다른 유형의 인지부하가 새로운 정보를 학습하는 경우 측정될 수 있는가는 중요한 문제이다. 왜냐하면, (이 책의 앞 장들에서 정의되었듯이) 인지부하의 서로 다른 유형은 서로 다른 방식으로 학습과 관련이 있기 때문이다. 따라서, 앞으로의 연구에서 인지부하와 학습이 어떻게 관련되어 있는지를 더 자세하게 분석할 필요가 있다.

과제의 어려움에 대한 주관적 평가

앞서 언급하였듯이, 인지부하의 평가는 과제의 어려움에 대한 측정과 종종 결합되어 사용된다(Paas et al., 2003). 만약 동일한 내용을 서로 다른 제시 방식에 따라 학습자가 더 어렵거나 더 쉽게 느낀다면, 인지부하이론의 외재적 부하를 위한 부가적 지표로서 사용할 수 있다. 그러나, 과제의 복잡성에 대한 측정은 학습자료의 내재적 부하를 위한 지표이다. 혹자는 주장할 수도 있다. 과제의 복잡성은 제시된 개념 내에서 상호관련된 요소의 양에 의해 영향을 받는다(요소의 상호작용성, 2장 참조). 무엇보다 요소의 상호작용성은 제시된 학습자료의 기능일 뿐만 아니라, 학습자료와 학습자의 선수지식 사이의 상호작용 기능이기도 하다. 이러한 가정에 근거하여, 학습자의 전문성 수준에 따라 과제의 복잡성에 대한 각자의 인식이 다를 수 있다는 것을 기대할 수 있다. 실제로, 최근 연구에서 학습자의 인지부하 측정에서 두 가지 요소(내재적 & 외재적)를 발견하였다. Seufert, Jänen, Brünken(2007)이 142명의 고등학생을 대상으로 수행한 연구에서 선수지식을 기준으로 학습자를 두 집단으로 나누어 서로 다른 학습자료를 제시한 후 학습 결과를 비교하였다. 과제의 복잡성에 대하여 선수지식과 학습자료의 제시 형태 각각 서로 영향을 미쳤지만, 두 변수 간의 상호작용은 발견되지 않았다. 이상의 결과는 과제의 복잡성 평가에 대한 두 가지의 변수를 분명하게 보여주었다. 이것은 인지부하의 두 가지 서로 다른 측면들을 반영하고 있다: 내재적 부하(높은 선수지식을 가진 집단에서 낮은 점수를 제시)와 외재적 부하(선수지식과는 독립적으로 내용을 제시하는 방식에 의한 차이). 종합적으로 과제의 어려움에 대한 평가는 정신적 노력을 측정할 때의 장점과 문제점과 일치한다. 즉, 주관적 측정을 보완할 수 있는 객관적 측정도구의 부가적 사용이 필요하다는 것이다.

인지부하의 객관적 측정

주관적 측정 방법 외에, 인지부하를 측정하는 몇 가지 객관적인 지표를 관련 연구에서 소개하고 있다. 그러한 지표는 결과변수(학업성취 결과), 투입변수(과제 난이도), 과정상의 행동변수(신체적 변수 혹은 과제 수행 시간) 등으로 구별될 수 있다.

인지부하 측정 변수로서 학업성취 결과

인지부하의 수준을 나타내는 가장 객관적인 지표는 학업성취 결과이다. 인지부하이론은 특정 상황에서 부과되는 인지부하의 양에 따라 학업성취 결과가 달라질 것이라고 예언한다. 따라서, 통제된 학습 상황에서 그러한 차이를 발견한다면, 우리는 그 차이가 인지부하의 차이에 의해서 발생한 것이라고 가정할 수 있다(7장과 8장 참조). 이러한 주장이 인지부하 연구 초창기에 가장 흔하게 사용된 방법이긴 하지만, 최근에 대부분의 연구자들은 이러한 접근에 심각한 문제가 있음을 인식하고 있다. 우리가 실험설계와 절차에 있어서 실수가 없을 것이라고 가정할 경우에만, 독립변수(교수설계)가 종속변수(학습결과)에 영향을 미친 것이라고 설명할 수 있다. 그러나, 실험설계의 변화가 인지부하량에 영향을 미쳤는지와 학습과 관련된 다른 변수(흥미와 동기)에 영향을 미치지 않았는지를 확신할 수가 없다. 따라서, 이론의 타당성 측면에서, 학업성취 결과가 인지부하이론에서 제안하는 것처럼 인지부하의 차이에서 기인하는 것인지를 검토하는 작업이 필요하다. 비록, 교수활동의 효과를 평가하는 주요 변수임에도 불구하고, 학업성취 결과를 인지부하 연구에서 핵심적 지표로 만드는 것은 인지부하를 타당하게 측정하지 못하는 것이다. 그러나, 인지부하를 측정하는 다른 변수들과의 조합을 통해 통합적 타당성을 확보할 가능성이 있다.

인지부하 측정 지표로서 과제의 복잡성

인지부하를 측정하는 또 다른 지표는 과제의 복잡성(과제를 해결하기 위해 상호작용하는 요소들의 수량에 의해 정의될 수 있음) 혹은 과제의 난이도(과제를 해결할 가능성의 정도에 의해 정의될 수 있음)이다. 과제의 복잡성은 인지 과정에 영향을 미친다. 과제가 복잡할수록, 더 많은 인지 자원이 필요하다. 대부분의 인지부하 연구에서 과제의 복잡성 수준에 따른 성취 결과가 측정된다. 일반적으로 과제들은 정보 기억(retention), 문제해결(problem solving), 전이(transfer) 능력을 요구하는 수준으로 분류될 수 있다(Mayer, 2001). 이러한 변수와 관련된 일반적인 패턴은 과제가 복잡해짐에 따라 인지부하의 설명력(effect size)이 강해진다는 것이다(Ginns, 2005). 인지부하이론에 의하면, 학습과제가 복잡해질수록 학습자에게 부과되는 내재적 부하가 높아진다. Ayers(2006)의 연구에서 내재적 부하는 주관적 평가로 측정되었다. 그러나, 과제의 복잡성과 내재적 부하의 정확한 관계는 아직까지 분명하게 해결되지 않았다. 최근의 인지부하 연구는 내재적 부하를 객관적으로 측정하지 않는다. 그러나, 학습목적이 복잡한 기술시스템의 기능을 이해하는 것일 때, 학습목적이 그러한 기술시스템의 요소를 구성하는 요소의 이름을 외우는 것일 때보다 내재적 부하가 높아질 것이라는 주장은 논리적 설득력이 있다. 따라서, 내재적 부하를 요소의 복잡성보다는 학습목적을 수행하는 데 필요한 정보의 양에 의한 영향으로 정의하는 것이 유용할 수 있다.

학습하는 동안 인지부하를 측정하는 행동변수

인지부하의 **결과** 변수로서 학업성취 결과와 **투입** 변수로서 과제 난이도 외에, 학습자의 행동은 학습의 **과정**과 더 직접적으로 관련이 있다. 신경생리의 변화 변수, 과제별 투입 시간, 정보 습득패턴, 이중과제에 의한 인지 자원 소비 측정과 같은 인지부하 지표 등이 이에 해당된다.

인지부하에 대한 신경생리 변화 측정. 인지와 관련된 신경과학의 연구는 인지 자원의 소비와 관련된 직접적이고 기본적인 측정을 제공한다. 현재 빠른 속도로 변화하는 이 분야의 연구에서 가장 흔하게 사용되는 기법은 fMRI(functional magnetic resonance imaging), 인간의 뇌에서 물질이 변화하는 내용을 기술하는 기법 등이다. 이러한 방법들은 변화 활동이 이루어지는 장소에 대한 질적인 정보를 제공하거나 활동량을 이미지화하는 기술 등이다. 문헌연구에 기반하여 Whelan(2007)은 fMRI를 활용한 연구가 인지부하의 다른 유형들을 측정할 수 있다고 주장한다. 그러나, 그러한 기법들을 사용하기 위해서는 복잡한 기술적 장비를 사용해야 한다. fMRI를 사용하기 위해서는 특별한 실험실이 필요한데, 이러한 실험실에서는 전형적인 학습이 이루어지기에 적합하지 않다. 다른 생리적 변수들도 인지부하를 측정하는 지표로 사용될 수 있다. 심리학적 접근에서는 심박동수, 피부반응, 시선추적 등의 변수에 대해 잠재적 가능성을 제안한다.

행동변수를 사용하여 인지부하를 측정하는 연구가 많지는 않다(Paas et al , 2003 참조). Paas와 Merriënboer(1994)는 인지부하의 틀 내에서 인지부하를 측정하는 생리적 방법을 소개한다. 심박동의 변화는 인지적 기능이 생리적 기능에 반영될 것이라는 가정에 기인한다. 이러한 심박동의 변화는 정신적 노력의 강도를 측정하는 것이다. 이러한 분석은 특정 기간 동안의 신호의 변화를 조사하는 것이다. Aasman, Mulder, Mulder(1987)의 연구와 Mulder(1992)의 연구는 이러한 기법을 타당화시키는 작업을 하였다(다양한 측면에서의 분류와 문장 이해). 비록 이러한 연구가 10Hz의 심장박동 변화는 서로 다른 과제에 기울인 정신적 노력을 신뢰롭게 반영한다고 제안하지만(Tattersall & Hockey, 1995), 심장박동의 변화는 인지부하의 미묘한 변화에 예민하게 반응하지 않는다고 보고한다. Van Gerven, Paas, van Merriënboer, Schmidt(2004)는 나이의 차에 따라 눈의 동공 반응으로 인지부하의 차이를 측정하였다. 그 결과는 젊은 세대의 경우 동공팽창이 인지부하의 변화를 보여주었다는 것이다(Beatty & Lucero-Wagoner, 2000).

앞에서 논의된 대부분의 생리적 변화를 측정하는 기법들은 매우 신뢰롭다. 그러나, 구성타당도의 문제가 있다. 예를 들어, 시각적으로 제시되는 정보를 응시하고 그 지속 기간에 대해서 현대의 시선추적 카메라를 통해 정확하게 관찰할 수 있다. 만약 차이가 발견되면, 정보의 복잡성이나 흥미, 가독성 등의 원인이 있을 수 있다. 인지부하의 주관적 측정에서 논의했듯이, 인지부하에 대한 전체적인 측정은 다양한 원인이 있을 수 있다는 문제가 있다. 적어도 실험상황에서조차도 다양한 요인이 발생할 수 있다. 따라서, 생리학적 변수를 분석할 경우, 실험설계를 엄격하게 관리해야 신뢰성과 타당성을 확보할 수 있다.

인지부하이론에 관하여, '시선추적은 어떤 종류의 인지부하를 측정하는 데 유용한가' 라는 질문을 할 수 있다. 시선추적이 다양한 시각자료를 통합하는 행동을 관찰하는 데 유용할지라도, 다양한 정보의 제시형태(**멀티미디어 효과**, **감각양식 효과**)에 의해 발생하는 인지부하의 차이를 파악하기에는 유용하지 않을 수도 있다. 그러나, 민감한 실험환경에서 관찰되는 행동자료가 인지부하이론의 가정과 관련되어 있다는 결과를 제공하기도 한다. 예를 들어, Folker, Ritter, Sichelschmidt(2005)는 세포 생물학 분야의 학습자료를 멀티미디어로 제시하는 두 가지 형태(칼라와 흑백)를 비교하였다. 인지부하적 측면에서, 칼라는 제시된 정보를 어떻게 인지적으로 통합해야 하는지에 대한 도움을 제공함으로써 정보를 일관되게 조직화하여 습득하는 데 도움을 줄 수 있으므로, 외재적 부하를 줄일 수 있다. 시선추적 관찰을 통해, Folker 등은 두 가지 학습 조건에 대한 서로 다른 시선 응시의 유형을 발견하였다. 칼라 코딩의 환경에서 텍스트 자료와 그림자료를 응시할 때 변화가 적게 나타나는 것을 발견하였다. 이는 칼라 환경에서 학습자가 정보를 통합하는 데 적게 노력한다고 제안할 수 있다. 이러한 인지부하의 상대적 감소를 일으키는 적은 양의 시선응시 변화는 학습자료에 의해서 발생되는 인지부하의 직접적인 지표로 해석될 수도 있다. 이러한 경우, 지식습득의 양에 영향을 미칠 수 있다.

인지부하 측정으로서 과제 투입 시간. 모든 인지적 과정은 시간을 필요로 한다. 문제를 해결하는 데 필요한 시간은 몇 가지 요소의 영향을 받는다. 과제의 복잡성, 학습자의 선수지식, 정보를 찾는 데 필요한 시간 등이 허당된다. 시간 변수는 인지처리 과정에 직접적으로 관련이 있다. 앞에서 제시한 시간 관련 요소들은 정확히 측정을 하거나 혹은 실험 참여자를 무선할당함으로써 통제가 가능하다. 이렇게 통제함으로써, 서로 다른 시간을 일으키는 인지적 처리 변수를 밝힐 수 있다. Tabbers 등(2004)의 최근 연구에서는 이러한 문제를 제기했다. 실험에서 학습자가 자료 제시의 통제 기회를 가지게 될 경우(나레이션과 그림으로 학습하는 경우보다 텍스트와 그림으로 학습하는 경우 시간이 더 많이 소요됨) 멀티미디어 학습(Mayer & Moreno, 1998)에서 감각양식 효과는 사라진다는 사실을 발견하였다. 이러한 결과는 교수설계에 의해 발생하는 학습 결과의 차이가 부가적 시간 제공에 의해 상쇄될 수 있다는 사실을 보여줌으로써, 인지부하 연구에 흥미로운 결과를 제공했다. 이러한 결과는 인지부하이론에서 가정한 것처럼 교수설계와 인지처리 과정의 관계를 강조하고 있다. 언어 자료가 서로 다른 모드(시각과 청각)로 제시될 때, 동일한 학습결과를 위해서는 학습시간이 다르게 요구된다. 이는 인지부하이론에서 설명하는 학습이 이루어지는 것과 관련이 없는 교수설계에 의해 발생하는 인지적 자원의 부가적 소비인 외재적 부하에 대한 근거이다. 그러나, 과제소요시간과 인지부하에 대한 이론적 관계는 직접적이지 않은 것으로 이해되고 있다. 인지적 처리과정에서 발생하는 시간은 효용성에 영향을 미치기 때문이다. 무엇보다 시간과 인지부하 사이에 정확히 어떤 관련이 있는지에 대해 알려진 바가 매우 적다. 일반적으로 선형적 관계가 있을 것이라고 기대할 수 있다(시간이 더 많이 필요할 경우, 학습자료에 의해 발생하는 부하가 많을 것이라고). 그러나, 학습자료가 너무 어려워서 인지부하가 높을 경우에 학습자가 노력을 포기하여 매우 적은 양의 시간을 투입할 가능성이 있음을 주장하기도 한다.

인지부하 측정으로서 정보회상 행동. 학습자가 정보를 검색하고 선택하는 방식도 학습과정 내에서 인지부하를 표현하는 한 가지 지표로 해석할 수 있다. 예를 들어, 하이퍼텍스트 환경에서 정보검색 방법에 대한 분석결과는 스키마를 형성하는 지표로서 여겨진다. 왜냐하면, 그러한 검색방식이 개인이 정보를 검색하는 방법을 보여주는 것이며, 이는 학습자의 선수지식과 관련이 있기 때문이다(Möller & Möller-Kalthoff, 2000). 어렵고 복잡한 의학 분야의 정보를 담고 있는 방대하고 잘 구조화된 하이퍼텍스트 환경이 있다고 가정해보자. 그러한 내용에 대해 초보 학습자의 경우 기본 정보가 담긴 페이지를 검토하고 시작할 수 있다. 그러나, 그러한 내용에 대한 전문가의 경우, 진단 전략이나 대체의학과 같은 특정 정보로 직접 찾아갈 것이다. 이러한 결과는 선수지식의 차이에 의해서 발생하는 전형적인 검색방식의 차이이다. 따라서, 특정 과제에 관해서, 검색방식은 학습자가 내용에 대해서 알고 있는 인지 구조를 파악할 수 있게 도와준다. 다른 사례로는 도움을 구하는 횟수나 부가적 설명의 도움을 얼마나 받느냐 등이 해당된다(Wallen, Plass, & Brünken, 2005). 이러한 사례는 도움의 양이 얼마나 필요한지의 차이를 알 수 있는 것으로서, 인지부하를 간접적으로 측정할 수 있는 지표라고 주장한다. 그러나 다시 언급하지만, 이러한 정보검색방식과 인지부하의 관계는 완전히 직접적으로 관련이 있지는 않다. 정보검색방식의 차이는 다양한 원인에 기인하기 때문이다. 인지부하와 관련이 없는 요소들을 엄격하게 통제하는 실험설계가 필요하다. 그러나, 이러한 측정도구들이 관리하기 쉽고, 객관적이며, 신뢰로운 점수를 제공한다고 할지라도, 테크놀로지 기반 학습환경에서 사용하는 경우 관련 문헌을 찾기가 쉽지 않다(Paas et al., 2003 참조).

이중과제 측정. 최근에 Brünken 등(2003)이 사용한 객관적인 행동자료 분석에 기반한 인지부하 측정 방법은 이중과제를 사용하는 것이다(Chandler & Sweller, 1996; van Gerven, Paas, van Merriënboer, & Schmidt, 2006). 이러한 접근은 인지부하이론의 "제한된 인지 용량에 대한 가정"에 기반하고 있다(2장과 3장 참조). 학습자가 특정 시간에 사용할 수 있는 인지의 총량이 제한적이라면, 해당 시간에 과제를 해결하기 위한 인지처리 활동에 모든 인지량을 사용해야 한다. 만약 학습자가 두 가지 서로 다른 과제를 동시에 수행해야 한다면, 또한 인지의 총량을 요구하는 경우라면, 한 가지 과제의 수행 정도가 다른 과제를 수행하는 데 부과된 인지 자원 소비량을 측정하는 지표가 될 수 있다. 이러한 두 가지 과제가 인지 자원을 완전히 사용한다는 가정은 이중과제 연구에서는 매우 중요하다. 이때 두 번째 과제는 측정하기에 용이하고 신뢰성을 가지고 있어야 한다(Wickens, 1984).

두 집단의 학습자가 이중과제 환경에서 동일한 학습내용을 서로 다르게 제시한 학습환경에서 학습하는 것을 상상해보자. 만약 교수설계의 차이로 인해 학습환경이 다르다면, 요구되는 인지량이 다를 것이다. 동시에 처리되어야 하는 두 번째 과제 또한 그 수행 결과가 다를 것이다. 일련의 연구(Brünken, Plass, & Leutner, 2004; Brünken, Steinbacher, Plass, & Leutner, 2002)에서, 인지부하를 직접 측정하는 도구로서 이중과제 방법의 사용이 유용하다는 것을 보여주었다. 다른 연구(Renkl, Gruber, Weber, Lerche, & Schweitzer, 2003)에서도 이러한 결과를 확인시켜 주었다. 이상의 연구들에서 보여준 결과는 인지부하이론에서 주장하는 내용과 일치하고 있다.

그러나, 이중과제의 방법도 몇 가지 심각한 한계를 가지고 있다. 첫째, 이는 서로 다른 교수설계가 부과하는 인지부하를 비교하여 측정하는 데는 한계가 있다. 즉, 인지적 자원을 사용했다는 절대적 추정치를 제공하는 데는 실패하였다. 그러나, 이는 이중과제에서만 발생하는 문제가 아니다. 우리는 이 문제를 다음 장에서 논의하고자 한다. 둘째, 이중과제 측정을 위한 실험설계의 복잡성으로 인해, 실험실 환경에서만 가능하다는 것이다. 가장 문제가 심각한 셋째는 인지적 자원을 공유한다는 측면에서 둘째 과제가 첫째 핵심 과제(학습이 되어야 하는)를 방해할 수 있다는 것이다. 이중과제 연구에서 논의된 마지막 문제는 둘째 과제의 특정 감각양식(시각 혹은 청각)의 문제이다. 선행 연구들은 인지 자원이 각각의 감각양식에 특정한 소비를 한다고 보여주었다. 그러나, 이중과제의 경우 사용되는 감각양식에 따라 영향을 받을 수 있다는 것이다(Brünken et al., 2002, 2004). 예를 들어, 1차 과제가 시각적 정보라면, 2차 과제가 청각적 정보로 제시될 경우 외재적 부하를 측정하기가 쉽지 않을 수 있다. 왜냐하면, 주의분산효과(split-attention effect)가 일어나기 때문이다. 그러나, 멀티미디어 환경에서 이러한 것들을 고려한 실험 설계가 이루어진다면, 이중과제 방식이 매우 강력한 인지부하 측정도구가 될 것이다.

인지부하 측정을 위한 여러 가지 조합(효율성)

Paas와 van Merriënboer(1993)의 연구에서 정신적 노력과 수행 사이의 관계를 모형화한 접근을 소개하였다(Paas et al., 2003 참조). 동일한 내용에 대해 서로 다른 교수설계를 사용하는 두 집단이 있다고 가정하자. 첫 번째 집단은 정신적 노력을 조금만 기울였다고 응답하였지만, 두 번째 집단은 지식을 습득하는 데 있어서 첫 번째 집단을 압도하였다. 어떠한 교수설계가 더 좋은 것인가? 이런 질문은 쉽게 대답하기가 어렵다. 왜냐하면 구체적인 학습의 내용과 다른 대안들이 모두 고려되어야 하기 때문이다. 예를 들어, '중요한 기술시스템을 검토하는 과제'에서, 실수를 예방하는 것이 결정적이다. 이때 인지부하의 발생은 중요하지 않을 수 있다. 왜냐하면, 사용자가 매우 심한 인지부하 상태에서도 실수를 예방할 수 있어야 하기 때문이다. 새로운 지식을 초보자들에게 소개하는 경우에는 지나친 인지부하는 피하는 것이 바람직하다. 이러한 관계들을 해결하기 위해서, Paas와 Merriënboer(1993)는 정신적 노력과 수행의 두 측면을 결합하는 접근을 제안하였다. 그러한 방법은 정신적 노력과 수행의 두 변수를 비교 가능한 척도(표준점수)로 변환해야 한다는 것과 수식을 사용하여 두 변수의 관계를 계산할 것을 제안한다. 이러한 계산의 결과는 효율성 점수를 보여준다: 점수는 수행 결과에 비추어 예상된 인지부하보다 낮을 경우 높은 효율성을, 그리고 수행결과에 비추어 예상된 인지부하보다 높을 경우 낮은 효율성을 의미한다.

최근에 Tuovinen과 Paas(2004)는 처음 소개된 두 가지 측면의 효율성 척도를 확장하는 연구를 수행하였다. 이 연구에서는 노력을 두 가지로 측정하여(학습을 위한 노력과 시험을 위한 노력) 시험 성과와 결합하였고, 또한 한 가지 노력 변수와 시간, 시험성과를 결합하여 분석하였다. 이러한 통합적 비교 분석은 교수설계에서 효율적 측면과 비효율적 측면을 파악하는 데 유용하다.

효율성 관련 접근은 계산이 용이하고(Paas et al., 2003; van Gog & Paas, 2008), 인지부하와 수행성과를 측정하는 특정 방법으로부터 독립적이라는 장점이 있다. 무엇보다 공식에 가중치를 부여함으로써 특정 변수의 중요성을 통제할 수 있다는 장점이 있다. 그러나, 이러한 접근은 동일 자료에 대한 교수설계의 다양성이 미치는 효과를 비교하는 데 한계가 있으며, 조사된 변수의 상대적 효율성만을 제공한다. 새로운 변수가 측정될 때마다, 효율성이 다시 계산되어야 하고, 변수 간의 관계가 변한다. 무엇보다, 효율성이 인지부하와 수행성과에 의해서만 영향을 받는 것인가라는 문제가 제기될 수 있다. 학습과 관련된 다른 변수들, 투입시간이나 학습동기 등도 계산에 포함되어야 한다는 문제를 제기할 수 있다는 것이다(Paas et al., 2003). 효율성을 개념화하는 문제가 중요하지만, 효율성 계산의 원리가 문제 되지는 않다. 개념적으로는 모든 관련 변수들(타당성과 신뢰성이 확보된다면)이 효율성 계산 공식에 포함될 수 있다. 이는 교수설계의 조건이 학습자의 동기에 영향을 미치는가를 계산하기 위하여 정신적 노력과 수행성과 변수를 결합하였던 Paas, Tuovinen, van Merriënboer, Darabi(2005) 연구에서 최근 다시 소개하고 있다. 이론적 측면에서 교수설계의 효율성에 관한 논의는 인지부하 측정의 광범위한 것들을 포함한다. 효율성과 인지부하이론의 관계나 인지부하에 영향을 미치는 내적 혹은 외적 요소들의 영향 등이 해당된다. 이 부분은 다음 장에서 설명될 것이다. 〈표 9.1〉은 지금까지 살펴본 인지부하를 측정하는 방법들의 분류를 요약한 것이다.

요약적으로, 인지부하이론에 관하여 이루어진 최근 실증 연구의 대부분은 학습성과의 측정 다음으로 인지부하가 교수설계의 효과를 평가하는 도구임을 보여주었다. 그러나, 대부분의 연구에서 주관적 평가도구가 실용적인 이유로 사용되지만, 객관적인 평가 도구에 대한 관심이 증가하고 있다. 특히 멀티미디어나 시뮬레이션기반 학습환경에서는 객관적인 측정도구를 사용하는 것에 대한 관심이 증가하고 있다. 또한, 효율성에 대한 계산은 교수설계를 평가하기 위한 지표로 점점 관심을 받고 있다.

논의: 개방형 질문과 향후 방향

지금까지는 인지부하가 다소 사용하기 쉬운 주관적 평가와 학습자의 행동을 관찰하는 객관적 방법들을 사용함으로써 다양하게 측정될 수 있음을 보여주었다. 그러나, 객관성과 실용성이라는 측면에서 각각 다양한 특징을 가지고 있기 때문에 어떤 측정 도구가 가장 좋은 것인지를 묻는 것은 바람직하지 않다. 모든 측정 도구는 장점과 단점을 가지고 있으며, 그것의 사용에 대한 결정은 연구문제의 특징에 따라 선택되어야 할 것이다.

〈표 9.1〉 인지부하 측정도구에 대한 분류

인지부하 측정유형	측정도구	주요 연구 질문	연구 사례
주관적	주관적 평가	과제 해결에 대한 학습자의 주관적 인식	Paas & van Merriënboer, 1993
객관적	학업성취 결과	교수설계와 지식 습득 사이의 관계	Mayer, 2005; Mayer & Moreno, 1998
	과제 투입 시간	학습과정에 대한 학습자의 노력 투자	Tabbers 외, 2004
	학습활동 방식, 도움 요청	학습자가 필요로 하는 정보	Möller & Möller-Kalthoff, 2000
	과제의 복잡성	학습자의 전문성, 교수설계, 지식 습득과의 관계	Seufert 외, 2007
	물리적 자료 (심장 박동수, 동공 확대)	종합 vs 특수 학습과정에서 학습자의 물리적 반응신호	Van Gerven 외, 2004
	2차 과제 분석	1차 과제에서 발생하는 부하	Brünken 외, 2002
	시선추적 분석	정보처리과정에 대한 항동자료 분석과 학습결과의 관계	Folker 외, 2005
주관적+ 객관적	효율성 측정	투입된 노력과 학업성취결과의 관계를 계산하여 최적의 교수 설계 결정	Paas 외, 2003

인지부하를 측정하기 위한 개방형 질문

인지부하이론의 초기 개념으로 돌아가면, 측정의 시각에서 인지부하를 다시 개념화해야 한다. 인지부하는 제시되는 과제와는 독립적인 작동기억 내에서 처리되는 전체 과정과 관련이 있다. 인지부하는 우리의 정신활동 중에 인지적 자원의 소비를 일으키는 자동화되지 않은 활동이 일어나는 것을 의미한다. 이러한 정의는 아주 사소한 것이라고 주장할지도 모르지만, 인지 자원이 제한되었다는 점에서 바라볼 때, 정신활동에서 발생하는 것들이 특별한 목적과 관련이 있는지 없는지는 매우 중요하다. 다음에서는 학습과정 중에 발생하는 인지부하의 측정에 대한 최근의 변화를 살펴보고자 한다.

학업성취 결과와 관련한 인지부하의 불명확성

인지부하이론에 의하면, 인지부하는 학습을 방해할 수도 있고 촉진할 수도 있다. 학습과 직접 관련이 있다는 이러한 시각은 실제 인지활동이 학습하는 과제와 관련이 있다는 것이다. 인지부하는 과제 관련(본유적 부하) 또는 과제와 관련이 없는(외재적 부하) 인지 자원 소비이다. 그러나 위의 두 가지 유형의 부하는 심각한 측정의 문제를 발생시키는 동일한 자원을 소비하는 것이다. 왜냐하면, 그 두 가지 유형의 부하를 구별하지 않고서는 인지부하가 학습에 미치는 영향을 설명할 수 없기 때문이다.

학습자의 특성에 의존하는 인지부하

인지부하의 상세한 개념을 살펴보게 되면, 심각한 측정의 문제를 발생시키는 인지부하의 또 다른 특징에 직면하게 된다. 그것은 상대성의 특징이다. 인지부하는 학업성취 결과와 관련해서도 모호할 뿐만 아니라, 몇 가지 부분에서 상대적인 특징을 지니고 있다. 첫째, 인지부하는 과제의 특성에 따라 달라진다. 과제가 복잡할수록, 과제를 해결하기 위한 인지 용량이 더 많이 요구된다. 이는 인지부하이론의 내재적 부하와 관련된다. 일반적으로 내재적 부하는 특정 과제를 해결하기 위해 동시에 머릿속에서 처리해야 하는 개념 요소의 수와 관련이 있다. 그러나, 이러한 개념은 내재적 부하가 과제의 특성에만 의존한다고 가정하기 때문에 의문이 존재한다. 이러한 개념을 자세하게 살펴보면, 학습에 있어서의 성공하느냐 하지 못하느냐의 차이는 학습자가 보유하고 있는 선수지식에 따라 달라질 수도 있다는 것이다. 인지부하이론에 대하여, 선수지식을 학습자가 과제를 해결하기 위해 사용할 수 있는 이미 형성된 자원으로 정의한다. 따라서, 내재적 부하는 학습자료를 이해하기 위해 요구되는 요소의 수뿐만 아니라, 학습자가 습득하지 못한 요소의 수와 관련이 있다. 내재적 부하가 학습자의 선수지식에 의존한다는 사실은 인지부하가 학습자 특성에 기인함을 의미한다(Seufert, Jänen, & Brünken, 2007).

이러한 생각에 대한 가장 확실한 증거는 **전문성 역효과**(Kalyuga, Ayres, Chandler, & Sweller, 2003)이다. 이와 비슷하게 기억 용량, 정보처리 속도, 언어 능력, 공간지각 능력 등의 학습자의 개인차가 인지부하에 영향을 미칠 수 있다. 몇몇 실증연구의 결과가 이러한 주장을 뒷받침해주고 있다(Mayer & Sims, 1994; Plass, Chun, Mayer, & Leutner, 1996; Wallen et al., 2005). Paas, Camp, Rikers(2001)의 연구와 Paas, Van Gerven, Tabbers(2005)의 연구는 인지부하와 학업성취 결과가 학습자 연령과 매우 높은 상관이 있음을 보여주었다. 인지 연령에 관한 연구에 의하면, 사람이 연령이 높아질수록 작동기억 용량이 쇠퇴하고, 처리 속도가 감소하며, 통제와 통합능력이 줄어든다는 것이다. 결과적으로 작동기억의 처리가 연령이 높은 사람의 경우 비효율적이라는 것을 의미한다. Paas와 동료들(2001)은 20세의 젊은 사람들과 65세의 노인들을 대상으로 미로 학습의 차이를 연구하였는데, 인지부하이론의 교수설계 원리를 반영한 교수설계로서 이러한 연령의 차이를 극복할 수 있음을 보여주었다. 구체적으로 살펴보면, 65세의 노인들에게 불규칙적으로 세부 목표를 제공했을 때, 20세 젊은 사람들과 비슷한 수준의 학습과 전이가 이루어졌다. 이러한 결과에 기반하여, 내재적 부하의 개념을 정의할 때뿐만 아니라, 인지부하를 측정할 때에도 학습자의 특성과 개인차가 고려되어야 할 것이다.

학습 시 인지부하의 항상성이 유지되지는 않는다

학습과제에 몰두하는 정도는 일정치가 않다. 학습동기나 자의식과 같은 정서적 요인에 따라 달라질 수가 있다. 지금까지는 이론적인 부분에서나 실증적인 연구에 있어서나 인지부하 개발과 관련하여 이러한 요인을 고려하지는 않았다. 이는 현재 인지부하이론의 한계점이다. 현재까지 인지부하이론은 학습과 관련한 요소만을 분석하였다. 그러나, 인지부하의 측정과 관련하여, 인지적 몰입은 특정 상황에서 특정 과제에 할애될 수 있는 인지적 자원의 총량을 가정한다. 마지막으로 언급하지만 결코 간과할 수 없는 것은 인지부하는 학습상황에 의해 부과되는 부하와 활용가능한 인지 자원이라는 두 가지 측면에서 볼 때 다양해질 수 있다는 것이다(이러한 부분에 대한 개념적 논의는 Paas 외, 2003 참조). 인지부하의 이러한 변동 가능한(transient) 특성은 측정 목적에 따라 고려되어야 한다.

인지부하 측정을 위해 어떤 유형의 도구를 사용할 것인가는 인지부하가 학습자료나 설계와 같은 객관적인 특성에만 의존하는 항상적인 요소가 아닐 수 있다는 점을 분명히 고려해야 한다. 인지부하의 측정은 상대적이다. 학습 상황의 효율성은 적절한 개인과 환경적 변인의 관점에서 고려되어야 한다. 그러나, 인지부하의 측정은 앞에서 논의된 관점들에 민감할 수 있다. 예를 들어, 일정 기간 동안에 발생한 인지부하는 단 한 번의 측정이나 학습 이후의 측정보다는 실제 학습이 이루어지는 동안 반복되는 측정에 의해 조사될 수 있다. 학습자 특성이 미치는 영향은 학습자 특성과 처치의 상호작용 분석 혹은 현장과 실험 연구의 상관관계 분석을 통해 연구될 수 있다(Cronbach & Snow, 1977). 인지부하와 학습자 특성의 관계를 연구하는 것뿐만 아니라, 이러한 잠재적 상호작용을 찾아낼 수 있는 측정을 할 수 있도록 실험을 설계해야 할 것이다. 현재까지 논의된 중요한 이슈는 지식과 역량, 동기, 혹은 과제에 대한 시간 소요 등의 차이를 가져오는 인지부하와 투자된 정신적 노력 사이의 관계를 살피는 것이다.

인지부하 측정에 대한 향후 방향

인지부하 측정 방법 분야의 연구는 현재 두 가지 이슈와 관련이 있다. 첫째는 인지부하의 세 가지 다른 측면에 대한 측정이고, 둘째는 인지부하에 추가되는 가정이다.

내재적, 외재적, 본유적 부하의 측정

인지부하이론은 인지부하가 발생하는 원인과 과제 수행에 미치는 결과와 관련해서 세 가지 서로 다른 측면의 인지부하를 설명한다. 이는 내재적, 외재적, 본유적 부하이다. 그러나, 현재까지는 이러한 서로 다른 측면의 인지부하를 구별하여 측정할 방법이 없다. 향후 이러한 각 측면의 인지부하와 학습 성과 사이의 관계를 정확히 설명하는 것이 측정과 관련된 연구 분야의 가장 큰 도전이 될 것이다. 물론 인지부하와 학습성과에 대한 관계는 한 가지 정의 이상으로 다양하다. 이러한 관계는 사용되는 측정방법에 따라 달라질 수 있기 때문에 각각의 측정 방법에서 요구하는 고려사항들이 존재한다. 예를 들어, 서로 다른 인지부하는 한 가지 측면의 척도 혹은 한 가지 측정 값으로 동시에 모두 측정될 수 없다는 것이다. 다차원적 측정은 여러 개의 주관적 측정문항을 사용하여 가장 쉽게 측정할 수 있다. 이때 측정문항들은 각각의 인지부하와 관련이 있어야 한다. 예를 들어, "학습환경을 사용하여 얼마나 쉽거나 어려웠는가?"는 외재적 부하와 관련이 있을 수 있다. 혹은, "특정 학습 내용이 쉽거나 어려웠는가?"는 내재적 부하와 관련이 있다. 그리고, "특정 개념이 이해하기에 쉬웠는가 혹은 어려웠는가?"는 본유적 부하와 관련이 있다.

이러한 질문문항의 측정 구조가 요인분석을 사용하여 평가될 수 있을지라도, 보다 근본적인 질문은 학습자가 학습을 하는 동안 각각의 인지부하의 서로 다른 기여를 구별해낼 수 있느냐의 문제이다. 예를 들어, 학습자가 타당하고 신뢰로운 방법으로 자신의 본유적 부하를 평가할 수 있을까? 학습스타일 검사 연구에서 자기평가 방식의 사용을 장려하지 않는다(Leutner & Plass, 1998). 학습전략을 얼마나 많이 사용했는지를 평가하기 위해 질문지를 사용하는 것이 가능해 보일지라도(Wild & Schiefele, 1994), 전략 사용의 수준과 질을 측정하는 것은 어렵다. 이러한 초인지 부족의 문제는 스스로 평가한 전략과 학습성과 사이에 매우 낮거나 "0"에 가까운 상관을 보이는 결과가 설명해주고 있다(Leutner & Plass, 1998). 그러나, 학습전략의 사용은 인지부하이론과 관련하여 본유적 부하를 일으키는 인지활동과 관련이 있어 보인다.

위의 내용을 쉽게 조사하는 방법은 전체적인 전략을 언급하는 대신에 학습하는 데 필요한 정보와 직접적으로 관련된 활동을 구체화시킴으로써 가능할 수 있다. 예를 들어, "현재 학습하는 자료에서 x라는 개념에 밑줄을 그었는가?"의 질문은 "얼마나 자주 당신은 밑줄을 긋습니까?"라는 질문보다 적합할 수 있다. 비슷한 예로, 개인의 전문성 수준의 측면에서 인지부하를 측정하기 위해, 학습자에게 전체적인 학습에 대한 어려움을 평가하도록 하기보다는 특정 개념에 대한 어려움을 인식한 정도를 평가하게 하는 것이다. 이러한 방법은 학습하는 동안 인지부하를 반복하여 측정해야 함을 전제한다.

학습상황에서 인지부하를 지속적으로 관찰하는 것은 이중과제 분석이나 시선추적 등의 객관적 측정도구를 적절히 사용함으로써 가능할 수 있다. 그러나, 이러한 방법은 현재까지는 사용되어 본 적이 없는 '시간차 분석(time series)' 등의 통계적 방법의 활용과 학습에 대한 방해를 적게 하는 측정도구의 개발을 필요로 한다.

합산의 가정

현재까지 인지부하 측정과 관련한 연구에서 논의된 적이 없지만, 실증적으로 증명되지 않은 인지부하이론의 두 번째 이슈는 합산의 가정이다. 이러한 가정에 의하면, 서로 다른 측면의 인지부하(내재적, 외재적, 본유적 부하)를 합산하면 특정 학습상황에 의해 부과되는 전체 인지부하량이 된다는 것이다. 이러한 가정은 특정 인지부하가 줄거나 늘어날 경우, 자동으로 전체 인지부하량이 줄거나 늘어나는 것을 함의하기 때문에 매우 중요한 문제이다. 예를 들어, 내재적 부하의 감소가 학습처리와 관련이 있는 본유적 부하를 위해 사용될 수 있도록 인지적 자원을 확보하는 것이다(Pollock, Chandler, & Sweller, 2002; 2장 참조). 그러나 최근 연구는 이러한 일이 항상 발생하지는 않음을 보여준다(Seufert & Brünken, 2006). 특히, 외재적 부하가 감소할 경우, 항상 학습의 성과로 이어지는 것은 아니다. 무엇보다, 합산의 가정은 이론적 측면에서 의심의 여지가 있다. 첫째, 많은 연구들이 학습자가 본인의 이해수준을 과대평가함으로써 특정 개념을 완전히 이해하기 전에 지식습득을 멈추는 '이해에 대한 착각' 현상과 관련을 가지고 있다(Glenberg, Wilkinson, & Epstein, 1982; Renkl & Atkinson, 2003). 무엇이 이러한 착각을 일으키게 하는가? 가능한 대답은 외재적 부하를 줄이는 교수설계가 '쉬운 과제' 로 인식하게 만들 수 있고, 그 결과 인지과정에 몰입을 감소시킨다는 것이다. 이는 Salomon의 미디어 효과에 관한 초기 연구에서 알 수 있다(Salomon, 1984). 그러나 외재적 부하를 많이 일으키는 복잡한 과제는 매우 도전적으로 느껴질 수 있다. 따라서, 학습자는 보다 많은 정신적 노력을 기울이게 된다. 둘째, 외재적 부하와 내재적 부하가 독립적이라는 가정에 문제가 있을 수 있다. 전문성 수준이 다른 학습자들에게 특정한 교수설계가 동일하게 외재적 부하를 부과하는가? 전문성 역효과는 그렇지 않다고 제안한다

(Kalyuga et al., 2003). 어떤 교수자료는 초보자에게 유리하지만, 동일한 자료가 전문가에게는 중복성을 가짐으로써 지식습득을 감소시키는 결과를 낳는다는 것이다. 합산적 가정과 관련하여 이러한 질문은 각각 서로 다른 방식으로 측정되는 인지부하 유형의 관련성에 대한 혁신적인 연구를 필요로 한다.

정리하면, 인지부하의 측정은 아직까지 시작 단계이다. 가장 최근에 사용된 인지부하 측정도 학습자의 인지부하 총량을 완벽하게 측정하지 못하고 있다. 그러나, 이러한 불완전한 측정도구도 교수설계, 인지 과정, 학습성과의 총체적 관계를 위한 실증적 증거를 제공함으로써 인지부하이론에 기여하고 있다. 정확한 인지부하의 측정도구의 개발은 교수설계에 활용되거나 인지부하이론에 기여할 것이다. 그럼에도 불구하고, 인지부하에 대한 세 가지 기본 개념(각 인지부하의 상대적 특성, 세 가지 인지부하 유형 사이의 의존도, 인지부하 측정의 범위)은 인지부하이론의 기본 개념을 명확히 하거나 측정 기법을 최적화하기 위해서 반드시 고려되어야 한다.

참고문헌

Aasman, J., Mulder, G., & Mulder, L. J. M. (1987). Operator effort and the measurement of heart-rate variability. *Human Factors*, 29, 161-170.

Ayres, P. (2006). Using subjectivemeasures to detect variations of intrinsic cognitive load within problems. *Learning & Instruction*, 16, 389-400.

Beatty, J., & Lucero-Wagoner, B. (2000). The pupillary system. In J. T. Cacioppo, L. G. Tassinary, & G. G. Berntson (Eds.), *Handbook of psychophysiology* (2nd ed., pp. 142-162). Cambridge, MA: Cambridge University Press.

Brünken, R., Plass, J. L., & Leutner, D. (2003).Direct measurement of cognitive load in multimedia learning. *Educational Psychologist*, 38, 53-61.

Brünken, R., Plass, J. L., & Leutner, D. (2004). Assessment of cognitive load in multimedia learning with dual-task methodology: Auditory load and modality effects. *Instructional Science*, 32, 115-132.

Brünken, R., Steinbacher, S., Plass, J. L., & Leutner, D. (2002). Assessment of cognitive load with in multimedia learning by the dual task methodology. *Experimental Psychology*, 49, 109-119.

Chandler, P., & Sweller, J. (1996). Cognitive load while learning to use a computer program. *Applied Cognitive Psychology*, 10, 151-170.

Cronbach, L. J., & Snow, R. E. (1977). *Aptitudes and instructional methods*. New

York: Irvington.

Folker, S., Ritter, H., & Sichelschmidt, L. (2005). Processing and integrating multimodal material. The influence of color-coding. In B. G. Bara, L. Barsalou, & M. Bucciarelli (Eds.), *Proceedings of the 27th annual conference of the Cognitive Science Society 2005* (pp. S. 690-695). July 21-23. Stresa, Italy.

Ginns, P. (2005). Meta-analysis of the modality effect. *Learning and Instruction*, 15, 313-331.

Glenberg, A. M., Wilkinson, A. C., & Epstein, W. (1982). The illusion of knowing: Failure in the self-assessment of comprehension. *Memory & Cognition*, 10, 597-602.

Kalyuga, S., Ayres, P., Chandler, P., & Sweller, J. (2003). The expertise reversal effect. *Educational Psychologist*, 38, 23-31.

Leutner, D., & Plass, J. L. (1998). Measuring learning styles with questionnaires versus direct observation of preferential choice behavior in authentic learning situations: The visualizer/verbalizer behavior observation scale (vv-bos). *Computers in Human Behavior*, 14, 543-557.

Mayer, R. E. (2001). *Multimedia learning. Cambridge*, UK: Cambridge University Press.

Mayer, R. E. (2005). (Ed.). *The Cambridge handbook of multimedia learning.* Cambridge UK: Cambridge University Press.

Mayer, R. E., & Moreno, R. (1998). A split-attention effect in multimedia learning: Evidence for dual processing systems in working memory. *Journal of Educational Psychology*, 90, 312-320.

Mayer, R., & Sims, V. (1994). Forwhom is a picture worth a thousandwords? *Journal of Educational Psychology*, 86, 389-401.

Möller, J., & Müller-Kalthoff, T. (2000). Lernen mit Hypertext: Effekte von Navigationshilfen und Vorwissen [Learning with hypertext: The impact of navigational aids and prior knowledge]. *Zeitschrift für Pädagogische Psychologie [German Journal of Educational Psychology]*, 14, 116-123.

Mulder, L. J. M. (1992). Measurement and analysis methods of heart rate and respiration for use in applied environments. *Biological Psychology*, 34, 205-236.

Paas, F., Camp, G., & Rikers, R. (2001). Instructional compensation for age-related cognitive declines: Effects of goal specificity in maze learning. *Journal of Educational Psychology*, 93, 181-186.

Paas, F., Tuovinen, J., Tabbers, H., & Van Gerven, P. W. M. (2003) Cognitive load measurement as a means to advance cognitive load theory. *Educational Psychologist*, 38, 63-71.

Paas, F., Tuovinen, J., van Merriënboer, J. J. G., & Darabi, A. (2005). A motivational perspective on the relation between mental effort and performance: Optimizing learner involvement in instruction. *Educational Technology, Research & Development*, 53, 25-33.

Paas, F., VanGerven, P. W. M., & Tabbers, H. K. (2005). The cognitive aging principle in multimedia learning. In R. Mayer (Ed.), *Cambridge handbook of multimedia learning* (pp. 339-354). New York: Cambridge University Press.

Paas, F., & van Merriënboer, J. J. G. (1993). The efficiency of instructional conditions: An approach to combinemental-effort and performance measures. *Human Factors*, 35, 737-743.

Paas, F., & van Merriënboer, J. J. G. (1994). Variability of worked examples and transfer of geometrical problem-solving skills:Acognitive-load approach. *Journal of Educational Psychology*, 86, 122-133.

Plass, J. L., Chun, D. M., Mayer, R. E., & Leutner, D. (1998). Supporting visual and verbal learning preferences in a second language multimedia learning environment. *Journal of Educational Psychology*, 90, 25-35.

Pollock, E., Chandler, P., & Sweller, J. (2002). Assimilating complex information. *Learning and Instruction*, 12, 61-86.

Renkl, A., & Atkinson, R. K. (2003). Structuring the transition from example study to problem solving in cognitive skills acquisition: A cognitive load perspective. *Educational Psychologist*, 38, 15-22.

Renkl, A., Gruber, H., Weber, S., Lerche, T., & Schweitzer, K. (2003). Cognitive Load beim Lernen aus Lösungsbeispielen [Cognitive load during learning from worked-out examples]. *Zeitschrift für Pädagogische Psychologie* [*German Journal of Educational Psychology*], 17, 93-101.

Salomon, G. (1984). Computers in education: Setting a research agenda. *Educational Technology*, 24, 7-11.

Seufert, T., & Brünken, R. (2006). Cognitive load and the format of instructional aids for coherence formation. *Applied Cognitive Psychology*, 20, 321-331.

Seufert, T., Jänen, I., & Brünken R. (2007). The impact of intrinsic cognitive load on the effectiveness of graphical help for coherence formation. *Computers in Human Behavior*, 23, 1055-1071.

Tabbers, H. K., Martens, R. L., & van Merriënboer, J. J. G. (2004). Multimedia instructions and cognitive load theory: Effects of modality and cueing. *British Journal of Educational Psychology*, 74, 71-81.

Tattersall, A. J., & Hockey, G. R. (1995). Level of operator control and changes in heart rate variability during simulated flight maintenance. *Human Factors*, 37, 682-698.

Tuovinen, J., & Paas, F. (2004). Exploring multidimensional approaches to the efficiency of instructional conditions. *Instructional Science*, 32, 133-152.

Van Gerven, P. W. M., Paas, F., van Merriënboer, J. J. G., & Schmidt, H. G. (2004). Memory load and task-evoked pupillary responses in aging. *Psychophysiology*, 41, 167-175.

Van Gerven, P. W.M., Paas, F., van Merriënboer, J. J. G., & Schmidt, H. G. (2006). Modality and variability as factors in training the elderly. *Applied Cognitive Psy-*

chology 20(3), 311-320.

van Gog, T., & Paas, F. (2008). Instructional efficiency: Revisiting the original construct in educational research. *Educational Psychologist*, 43, 16-26.

Wallen, E., Plass, J. L., & Brünken, R. (2005). The function of annotations in the comprehension of scientific texts? Cognitive load effects and the impact of verbal ability. *Educational Technology, Research & Development*, 53, 59-72.

Whelan, R. R. (2005). The multimedia mind: Measuring cognitive load in multimedia learning. Unpublished doctoral dissertation. New York University, New York.

Whelan, R. R. (2007). Neuroimaging of cognitive load in instructional multimedia. *Educational Research Review*, 2, 1-12.

Wickens, C. D. (1984). Processing resources in attention. In R. Parasuraman & D. R. Davies (Eds.), *Varieties of attention* (pp. 63-102). London: Academic Press.

Wild, K., & Schiefele, U. (1994). Lernstrategien im Studium: Ergebnisse zur Faktorenstruktur und Reliabilität eines neuen Fragebogens [Learning strategies during studies: Results on factoral structure and reliability of a new questionnaire]. *Zeitschrift für Differentielle und Diagnostische Psychologie* [*German Journal of Differential and Diagnostical Psychology*], 15, 185-200.

10

신행동주의에서 신경과학으로: 인지부하 연구의 기원과 향후 전망

Richard E. Clark, Vincent P. Clark

인지부하 연구와 이론에 대한 역사적 관점

유럽과 미국의 심리학은 George Miller(1956)가 반 세기 전에 작동기억 용량에 대한 고전적 연구를 발표하기 전까지는 인지부하이론의 발전을 방해하거나 지연시키는 방향으로 발달해온 것 같다. 20세기 초반이자 인지과학 영역에 대한 Miller의 연구가 시작되기 50년 전에, Charles Hubbard Judd(1908)는 학습의 전이에서 정신적 노력의 역할에 관한 Edward Thorndike(1903)와의 중요한 논쟁에서 지고 말았다. 그러한 결과는 인지적 처리를 제쳐두고 행동주의를 강조하는 방향으로 심리학이 나아가게끔 하였다. 19세기 말에 라이프찌히에서 Wilhelm Wundt의 학생이었던 미국인 Judd는 내재적 인지 처리와 외재적 교수 전략이 다양한 문제 상황과 환경에서 지식을 전이하는 데 필수적인 정신적 활동을 지원한다는 가설을 설정하였다. Judd는 의식, 문제해결, 사고, 선풍적인 감각을 중시하는 과학적 형태의 심리학을 강조했던 Wundt로부터 배웠다. Judd(1908)의 유명한 활과 화살 실험은 충분한 노력을 들인 인지적 처리는 물의 회절적(diffractive)[9] 속성에 관한 원리 생성을 지원함으로써 사람들이 다른 지점에 있는 것처럼 보이는 수중 목표물을 적중할 수 있도록 자신의 목표점을 조절할 수 있게 해준다는 것을 보여주었다. Thorndike(1903)는 동물들이 미로

9) 〈물리〉 파동의 전파가 장애물 때문에 일부가 차단되었을 때 장애물의 그림자 부분에까지도 파동이 전파하는 현상. 장애물의 크기와 파장이 같은 정도일 때 뚜렷이 나타난다. 음파, 전자기파, 빛, 엑스선 외에 전자선, 중성자선 따위의 입자선에서도 그 양자 역학적인 파동성 때문에 이 현상이 일어난다. [비슷한 말] 에돌이. 출처: 네이버 백과사전.

를 빠져나가는 방법을 학습하는 과정에 대한 연구를 집중적으로 수행하여 학습과 전이를 가능하게 한 것은 인지 처리가 아니라 정적인 강화였다고 주장하는 "동일 요소" 전이 이론을 제시하였다. Thorndike는 그의 연구를 지지하는 William James의 수제자였기 때문에 Judd의 이론과 증거들은 거의 무시되었다.

Thorndike가 전이를 보는 관점에 대한 William James의 지지는 심리학에서 하나의 전환점으로 기록되었다. James는 초기 연구에서, 예를 들면 주의집중을 "동시에 보이는 사물이나 동시에 일어나는 일련의 사고들 중에서 한 가지를 명확하게 생생한 형태로 마음에 담아두는 것이다. 주의집중에서 중요한 것은 의식의 초점화와 집중화다. 즉, 집중하여 효과적으로 다루기 위하여 관련 없는 것들을 제외시켜야 한다는 의미이다." (James, 1890, pp.403-404)라고 묘사함으로써 인지활동에서 정신적 노력의 역할을 강조하였다. 1898년 James는 존스홉킨스 대학 강의에서 최근 John Sweller가 주장하는, 인간 작동기억의 한계로 인한 의식의 진화론적 자연선택설과 유사한 "의식은 진화의 기능을 가지고 있다. 그렇지 않으면 인간에 의해 자연적으로 선택되지 않았을 것이다."라고 주장하였다.

몇 년 후에, James(1904)는 " '의식' 은 존재하는가?" 라는 제목의 논문에서 스스로 입장을 바꾸어 강한 의혹을 표현하였다. Judd(1910)는 후에 이의를 제기하고 의식에 대한 선택적 편향을 위해 항변하였으나, 그와 동시에 Thorndike(1903)와 다른 학자들은 학습은 '통찰적인 것이 아니라' 점진적으로 증가하는 것이라는 주장을 더욱 성공적으로 펼쳐나가고 있었다. Thorndike의 주장은 학습이나 문제해결에서 작동기억이나 의식을 위한 그 어떤 중요한 역할도 본질적으로 부인하였다.

많은 역사학자들은 James와 Thorndike의 시대에 발생한 심리학에서의 전환의 큰 이유는 미국 대중들이 물리학과 생물학의 발달에 관심이 커지고 있는 것과, 심리학에서의 회고적 접근방법과 모호한 심리학적 연구방법에 대한 불신 때문인 것으로 보았다. 그 당시 James, Thorndike 등의 미국 심리학자들은 1904년 노벨상 수상자인 Ivan Pavlov의 학습연구에 매료되어, 의학연구에서 흔히 적용되는 동물실험과 관찰가능하고 측정가능한 사태에 대한 주의 깊은 통제를 강조한 것이 이유가 되었을 것이다. 동물학습과 연합주의에 대한 그러한 전적인 관심이 실험연구뿐만 아니라 회고적인 방법, 의식에 대한 게슈탈트 연구, 생물학, 실험, 사례연구 방법 등에도 끊임없이 관심을 가졌던 유럽의 심리학자들에게는 나타나지 않았다. 유럽의 학자들이 보다 유연한 방법을 취했던 것은 인지부하이론의 견인차 역할을 한 초기 학자들이 유럽의 심리학적 전통의 환경에서 공부했기 때문이었을 것이다. 아이러니한 것은 행동주의가 측정, 교수방법 변인의 구체화, 정교한 실험 방법 등에서 중요한 진전을 이루어낸 반면, 학습과 전이 과정에서의 인지처리에 바탕을 둔 가정들을 보류시켰다는 것이다. 그러한 인식이 비로소 신행동주의학자들로 하여금 복합적 학습을 설명하기 위해 내적인 인지처리를 가정하도록 하였다.

행동주의가 단순한 학습과제에만 초점을 맞추었던 것에 대한 불만을 다루기 위한 최초의 시도 중 하나는 캐나다인 심리학자 Daniel Berline(1060)에 의해 수행되었던 복잡성에 대한 신행동주의적 연구였다. 1960년대에 정보처리이론이 개발되고, Berline은 불확실성과 초보성을 다루기 위해 필요했던 인지처리를 설명하기 위하여 인지적 자극과 반응을 나타내는 모델을 제공하였다. 그는 문제의 불활실성과 학습 간의 관계에 대한 연구를 진행하는 데 도움을 주는 어떤 자극과 가정에 대한 개별적인 불확실성을 측정하는 방법을 제안하였다. 그의 국제주의(internationalism)와 신행동주의 이론은 북아메리카에서 행동주의가 적극적으로 수용된 이래 인지과학에 대한 초기 시도를 만들어냈다. 이 시기에, 인지과학은 천천히 발전하면서 변화를 거부하는 강력한 행동주의에 맞서 부상하게 되었다. Miller(1952)의 “매직 넘버 세븐” 논문 외에, Ulric Neisser(1967)의 책 「인지심리학(Cognitive Psychology)」 또한 인지부하이론의 발달에 중요한 영향을 미쳤다. Neisser는 컴퓨터 프로세싱 메타포를 제시하고, 심리학자들에게 일상의 활동에서 작동기억의 기능을 연구하도록 촉구하였다. 많은 심리학자들이 지금은 인지와 관련하여 강한 컴퓨터 메타포를 적용하지는 않지만, 교육 심리학의 형성기에는 그러한 논리로부터 많은 도움을 받았다. Neisser의 책이 출간된 지 10년 후, Schneider와 Shiffrin(1977)에 의해 출간된 통제되고 자동화된 처리에 관한 논문은 복잡한 학습, 기억, 문제해결 등에 대한 관점에 매우 큰 영향을 주었다. 위와 같은 사건들을 배경으로 다시 10년 후 「인지과학(Cognitive Science)」에서 John Sweller(1988)의 연구가 인지부하이론의 초석이 되었다.

위에 제시한 바와 같이 심리학의 역사로부터 배울 수 있는 중요한 교훈은 교육과 심리학은 이론적 · 방법적인 접근에 있어서 반드시 다양성을 수용해야 한다는 것이다. 간학문적인 접근을 했더라면 우리는 인지부하이론을 50년 전에 개발하고 이 분야에 더욱더 괄목할 만한 진전을 이뤄냈을 것이다. 그러나, 또한 행동주의 이론의 득세로 인해 야기된 역사적 지연의 장점 중 하나는 실용적인 수업 연구의 발달이다. B. F. Skinner와 같은 행동주의 학자들은 심리학자들에게 학교에서 주의 깊게 수업 연구를 수행하도록 독려하였다. 인지부하이론 연구자들은 교수-학습에 대한 행동주의적인 강조점을 유지해왔으며, 그 결과 인지부하이론은 교수설계에 의미 있는 기여를 해왔다.

교수설계에 대한 인지부하이론의 기여와 변화

수업에 대한 연구결과를 응용하는 데 있어서 강조할 것은 다양한 학습과제, 학습자, 전달 매체를 위한 가장 효율적이고 효과적인 교수설계를 선택하고 실행하는 데 필요한 조건들을 이해하는 것이다. 이와 관련해서 최소한 두 가지 방식으로 교수설계에 도움을 주었다. 첫째, 우리는 더 이상 이론적 통찰에 의해 지원되지 않는 실증적 연구나 학습에 대한 서술적 이론으로부터 유추하면서 어떻게 학습을 지원해야 하는지 서둘러 추론하고 싶어하지 않는다. 학습이란 자신의 경험 위에 그림을 그리고 과제에 대해 새로운 정보와 함께 그것을 혼합함으로써 새로운 지식을 구성하는 과정으로 설명할 수 있다(Mayer, 2004). 우리는 또한 학생들에게 가이드라인을 가지고 반드시 배워야만 하는 것을 구성하도록 요구하는 것이 과제를 수행하거나 문제를 어떻게 해결하는지 보여주는 해결된 예제를 가지고 학습하는 것보다 덜 효과적이고 효율적이라는 명확한 증거를 가지고 있다(Mayer, 2004; Kirschner, Sweller, & Clark, 2006). 인지부하이론은 학생들이 문제를 해결하거나 복잡한 과제 수행 방법을 발견하거나 구성하도록 요구받을 때, 인지적 노력이 작동기억에서 가장 흔히 과부화되어 초보자인 학생들이 중급 수준의 적절한 선수지식을 갖추지 못하게 한다고 분명하게 예측한다. 이 책의 대부분의 장들과 이 책에 앞서 제시된 교수설계를 위해 인지부하이론을 사용한 연구들은 모든 연령과 경험 수준의 학습자들에게 모든 유형의 교수자료를 설계 및 개발하여 제시하는 사람들을 도와주는 데 초점이 맞추어져 있다. 최근에 출판된 책의 예로는 Richard Mayer(2001, 1005) 편의 멀티미디어 설계 안내서, Richard Mayer와 Ruth Colvin Clark(2007)의 이러닝 수업설계에 관한 책, 그리고 Jeroen van Merriënboer와 Paul Kirschner(2007)의 복잡한 지식의 교수-학습을 위한 체제적 교수설계 전략 등이 있다. 이러한 개발서들은 일반적인 교수적 처치들이 과부화를 일으키는 많은 방식들을 규명하고, 그것을 막기 위한 구체적이고 체계적인 방식을 제안하기 의하여 인지부하이론을 사용하는 시도로 간주될 수 있다. 인지부하이론 발전을 위해 노력하는 연구자들 중 많은 사람들이 교수설계에도 관심을 두고 있기 대문에 가장 중요한 교육적 기여 중 일부는 교수방법의 역할을 규명하고 명확히 하도록 힘쓰는 것이다.

인지부하이론과 교수방법

인지부하이론의 발달에 앞선 행동주의의 또 다른 중요한 장점은 인지부하이론가들이 "교수설계"에 대해 구체적인 증거 기반의 조작적 정의를 제공하기 위하여 목표를 적용하고, 본유적 인지부하를 최대화하기 위해 다양한 방법들이 어떻게 작동하여 더 나은 학습을 이끌어내는지를 설명하는 것을 환영한다는 것이다. 대부분의 교수설계 시스템은 효과적인 방법에 대한 정의, 설계, 혹은 선정에 대한 적절한 안내 정보도 제시하지 않은 채 그저 수업을 개발하는 사람들이 "적절한 교수 방법을 선택해야 한다"고 제시한다.

1970년대에 초창기 인지과학이 발달할 때, Lee Shulman은 다음과 같은 유명한 불만을 토로했다. 학습이론에서 적성에 대한 지나친 강조로 인해 "현미경으로 적성을 재고 수맥 찾는 막대기로 교수방법을 점치는 한 무의미한 문구로 남을 수 있는" 상황으로 교수방법을 이끌었다(Shulman, 1970, p. 374)는 것이다. Cronbach와 Snow(1977)는 거의 40년 동안 수행된 수업(instruction)에 관한 연구들을 고찰하고, 교수방법을 이해하는 데 훨씬 더 큰 주안점을 두어야 한다고 권장하였다.

인지부하이론이 있기까지, 교수방법의 구체성과 예상되는 인지 기능에 대한 적절한 주의를 기울이지 못한 것이 교수 심리학의 가장 부끄러운 실패 중 하나로 지속되었다. 교수적 실험에는 전형적으로 강의, 토의, 협동 그룹, 그래픽 조직자, 사례연구, 컴퓨터 프로그램, 비디오와 텍스트 자료 등으로 묘사되는 처치들을 적용한다. 위에 기술된 것(그리고 흔히 연구보고서에서 그에 수반하는 조작적 정의) 중 어느 것도 학습 결과물에서 측정상의 차이를 만들어내거나 그렇지 않을 수도 있는 수업상의 "적극적인 유효변수"를 부각시키지 못한다(Clark & Estes, 1999; Clark, 2001). 본질적으로 학습에 기여하는 것과 외재적으로 학습을 방해하고 저해하는 교수방법의 요소에 대한 인지부하이론의 강조는 교수 심리학에 있어서 그야말로 엄청난 기여를 한 것이다. 초보 학습자를 지원하기 위하여 인지부하이론에 의해 제안된 방법의 예에는 내용에 대한 그림과 구어적 설명이 통합된 표현을 강조한 수업내용의 설정(이 책의 3장과 7장) 그리고 "해결된 예제"에서 어떻게 과제를 수행하는지 혹은 문제를 해결하는지를 시범 보여주기(15장)가 포함된다. 인지부하이론 연구는 그러한 방법들이 학습을 지원하는 데 필요한, 장기기억 속에 정교화하고 저장되어야만 하는 과제 내용들을 위해 작동기억에서 처리하는 시간을 최대화하고, 외재적 인지적 노력을 최소화하는 강력한 지침들을 제공한다. 인지부하이론 옹호자들은 또한 그러한 방법들이 선수지식이 거의 없는 학습자들에게 사용가능한 제한적인 수행적 학습 기능을 위한 효과적인 지원을 제공한다고 제안한다(2장). 인지부하이론 교수방법의 장점에 대한 그러한 설명은 발견학습, 문제기반학습, 탐구학습, 구성주의 학습의 실패를 보여주는 50년간의 연구에 대한 설명에 도움이 된다(Kirschner et al., 2006).

인지부하이론에서 영감을 얻은 교수설계로의 도전

인지부하이론은 매우 빠르게 발달해왔지만, 다른 이론과 마찬가지로 해결되지 않은 많은 질문을 안고 있고 현재의 이론적 설명과 측정방법으로는 적절하지 않은 영역도 많다. 여기에서는 두 가지 당면 문제들을 검토하고, 생물학, 생리학, 신경과학 연구의 중요성을 재고하면서 기대할 수 있는 가능성에 대해 논하고자 한다. 인지부하이론에 대해 더욱 깊게 들어가기 전에 반드시 다루어야 하는 두 가지 중요한 문제는 인지부하를 측정하는, 지나치지 않으면서 신뢰로운 방법을 아직 찾지 못했다는 것과 과연 어떤 특정 인지부하 원천이 수업 동안 개별 학습자에게 생산적일지를 찾아낼 필요가 있다는 것이다.

학습 중 인지부하 측정하기. 자기보고와 2차 과제(Megaw, 2005)와 같은 전체적인 정신적 작업부하 측정방법이 시도되어 왔다(Gimino, 2000). 자기보고식 측정방법은 투입된 정신부하의 양이라기보다는 과제의 어려움에 대한 개인적 판단이 혼합되어 나타난다. 2차 과제 방법은 과제 수행 중에 무작위로 중단시켜 개별 학습자가 반응하는 데 걸리는 시간을 측정하는 것이다. 이러한 잠재적인 방법은 학습자의 주의를 과제로부터 바꾸어서 다양하고 지저분한 혼합물을 소개하는 꼴이 된다(Iqbal, Adamczyk, Zhengn, & Bailey, 2005 참조). Brünken, Seufert, Paas(9장)는 다양한 해결안들에 대해 검토하고 "인지부하 측정방법은 아직 유아기에 머물고 있다"고 결론짓는다(p. 199). 과거 교육적 맥락에서 인지부하의 정의를 제공하기 위한 시도들은 과제 수행에 필요한 단계들 간의 단계 및 상호작용의 수, 즉 대부분 "내재적" 부하라고 부르는 것에 초점을 맞추어왔다(Sweller, 2006). 낮은 수준의 내재적 부하와 높은 수준의 내재적 부하 간의 차이로 자주 제시되고 있는 한 가지 예는 외국어로 어휘를 공부하는 것과 외국어를 말하는 법을 배우는 데 필요한 것으로 짐작되는 높은 부하 간의 차이다(Sweller, 2005). 그러나, 내재적 부하라는 구인은 불필요한 것이고 환경과 직접적으로 관찰가능한 것에 대한 행동주의식 강조로 돌아가도록 하는 것이라는 논란이 있어왔다(Clark & Elen, 2006). 부하는 환경에 의한 것인가 아니면 개별적인 선행경험의 차이에 따라 과제를 성취하는 그 누구든 개별 학습자에게 필요한 정신적 작업의 양이라는 기능을 의미하는가, 아니면 그 두 가지 요인들의 어떤 조화에 의한 것인가?

인지부하에 대한 대부분의 정의들은, 과제를 완수하기 위해 주어진 개인에 의해 결집되어야만 하는 비자동화된 인지적 조작을 강조한다(Clark & Elen, 2006; Clark, Howard, & Early, 2006; Lohman, 1989; Salomon, 1983; Snow, 1996). 어떤 한 개인이 과제를 위해 들이는 자동화된 선수지식의 양에 따라 더떤 과제에 필요한 인지부하에 큰 개인차가 있음을 기대할 수 있다. Brünken, Seufert, Paas(이 책의 9장)는 학습자의 선수지식이 부하에 영향을 미친다고 하고, 자동화된 선행학습을 측정하는 적절한 방법을 갖고 있지 않다고 제시한다. 우리는 학습자들이 교수-학습에 들이는 자동화된 지식의 양을 규명하고 학습의 단위를 성취하기 위해 반드시 투입해야만 하는 정신적 부하를 신뢰롭게 계량화하기 위하여 정신적 작업부하에 대한 생리학적 측정방법의 탐색에 더욱 많은 노력을 할 것을 제안한다.

선수지식과 본유적 인지부하. 인지적 관점에서, 어떤 과제든 그것을 수행하는 동안에 경험한 작업상의 부하는 일부(혹은 전체적으로) 개인이 그 과제와 관련해서 가지고 있는 선행경험에 의해 결정된다(이 책의 2장). 과제에 성공하기 위해 필수적인 본유적 부하는 필요한 선수지식의 자동화 수준에 반비례한다(Clark & Elen, 2006). 다른 것들은 비례하는데, 새로운 과제를 학습할 때 필요한 선수지식 수준이 낮으면, 과제 수행을 지원하는 새로운 인지적 조작을 구성하기 위해 더 많은 정신적 노력을 사용해야만 한다. 선수지식이 더 자동화되었다면, 학습하는 동안에 적용하기 위해 필요한 인지적 노력이 더 적어진다. 예를 들어, 아동이 더욱 자동화된 덧셈과 뺄셈 기능을 보유하고 있다면, 나누기를 배우기 위해 필요한 본유적 인지부하의 양이 적어진다. 최근에 덧셈과 뺄셈 규칙을 배웠고 연습과 자동화를 위한 시간이 없었던 아동이라면, 연습시간이 더 길었던 아동들보다 곱셈에 정신적 노력을 더 많이 투입할 필요가 있을 것이다(Clark & Elen, 2006). 과제를 학습하기 위하여 생산적인 접근방법을 결집하고 수행하도록 지원하는 의식적인 인지적 처리는 학습과 관련하여 필요한 인지부하의 원천이다. 새로운 과제 해결을 위해 성공적인 접근 방법으로 사용되는 해결된 예제를 자동화된 선수지식 보유자에게 제공할 경우, 문제해결을 위해 요구되는 인지부하를 최소한으로 줄여주게 된다.

사전의 과제 경험은 작동기억의 공간을 소비하지 않고 조작을 하게 할 것으로 짐작되는, 암묵적인(자동화된, 다분히 무의식적인, 절차적인) 과제 관련(과제 수행을 위해 필요한) 인지적 처리과정의 발달을 촉진함으로써(Woltz, 2003) 작동기억에 대한 부담을 줄여준다. Lohman(1989)은 "한 사람에게 낯선 것이 다른 사람 혹은 심지어 다른 시간대의 같은 사람에게는 낯설지 않을 수 있다. … [따라서] 대상자들이 더 높은 처리과정이 필요한 문제들을 어떻게 해결하는가에 대한 추론은 개연적일 수밖에 없는데, 각 [문제]에 대한 낯선 정도는 각각의 사람에 따라 다르기 때문이다" (p. 348에서 인용)라고 인용하면서 어떤 과제에 대한 개인들의 선행경험 측정방법으로 인지부하의 양을 추정하는 것에 대한 문제점을 설명하였다. Brünken, Seufert, Paas(이 책의 9장)는 이 문제에 대해 논의하고 개별 학습자들의 인지부하에 대한 정교한 측정방법을 아직 발견하지 못했음을 인정한다. Kalyuga와 Sweller(2005)는 암묵적 지식을 측정하는 한 가지 방법을 제안하였는데, 그것은 학생들에게 문제와 함께 그 문제를 해결하기 위해 필요한 초기 몇 단계를 제시하고 나서 그들에게 다음에 반드시 수행되어야만 하는 것을 설명하게 하는 것이다. 그러나 이 방법은, 과제에 대한 매우 자동화된 지식을 가지고 있는 사람이 과제는 수행할 수 있지만 자신이 따라야 하는 단계를 정확하게 혹은 완전하게 설명할 수 없다는 데서 문제점이 나타난다 (Feldeon & Clark, 2006의 비평 참조). 선수지식 자동화에 대한 다양한 수준이 Kalyuga와 Sweller(2005)의 실험에서 보고된 몇 가지 오류에 대한 설명이 될 수 있을 것이다. 일반적으로, 자동화된 본유적 선수지식에 대한 신뢰롭고 효율적인 측정방법의 부재가 인지부하이론에서 심각한 문제가 되고 있다. 인지부하이론의 우선적인 목표는 모든 학습 단계의 각각의 학습자들을 위해 학습과 관련된 인지부하를 최적화하고 학습과 무관한 인지부하를 최소화할 구체적인 교수방법을 제시하는 것이다. 따라서, 학습이나 문제해결 과제에서 어떤 개인에 의해 경험된 인지부하의 총량을 결정했을 때, 그 다음에 해야 할 것은 그 총합을 다시 경험한 본유적(학습과 관련된) 부하와 외재적(학습과 무관한) 부하의 비율로 나누는 것이다. 그러나, 어떤 학습자가 학습 도중에 경험한 부하의 합은 자신이 가지고 있는 선수지식의 양과 그 지식을 가지고 사용하는 것이 얼마나 자동화되어 있는가에 의해 영향을 받기 때문에, 정신적 작업부하의 유형과 근원을 규명하는 것은 문제가 많다.

본유적 인지부하와 외재적 인지부하 구별하기. 전반적 부하의 측정과 관련된 문제이면서 또한 Brünken, Seufert, Paas(이 책의 9장)에 의해 지시된, 두 번째로 시급한 문제는 정신적 작업이 생산적인 정신적 활동에 투입되었는지 혹은 비생산적인 활동에 투입되었는지를 신뢰롭게 결정할 수 있는 방법을 아직 발견하지 못했다는 것이다. 인지부하이론은 "외재적" 혹은 학습과 무관한 부하(학습 목표를 지원하지 않은 활동에 투입되는 정신적 노력)와 "본유적" 혹은 학습과 관련된 부하(학습과 문제해결을 지원하는 정신적 노력)를 구분하는 데 바탕을 두고 있다. 그런데, 아직 이 두 가지 핵심 구인들은 다른 유형의 부하들보다 어떤 한 가지 부하가 제공하는 것으로 짐작되는 다양한 처치들을 수행하여 나온 학업점수들 간의 차이로부터 사후에 추정될 뿐이다. 이러한 문제들을 보완하기 위하여 이제부터는, 인지적으로 처리되고 있는 지표이자 따라서 외재적 부하의 지표로 사용될 수 있는 눈의 움직임과 응시 방향 기술을 소개하고자 한다. 한 사람이 경험하고 있는 다양한 부하의 유형들을 구분하는 어려운 문제를 다루기 위해서는 먼저 전반적인 정신 작업부하를 측정하는 방법에 대한 문제를 해결해야 할 것이다. 다음 절에서는 인지부하이론이 직면하고 있는 구인 규명과 측정의 문제를 다루고 그러한 문제들을 해결하기 위한 방법으로 신경과학 연구 방법을 소개하고자 한다.

인지부하이론에서 정신적 노력 측정을 위한 신경과학 연구의 가능성

최근의 신경과학 연구는 학습과 문제해결 중에 두뇌 기능에 대한 이해를 돕는 방향으로 의미 있는 발전을 해왔다(Szucs & Goswami, 2007). 학습 중에, 모든 정보는 두뇌에서 인지주의 심리학자들이 가정하는 표상의 기저가 되는 시냅스의 활동 형태로 부호화된다. 신경과학과 인지과학의 조화로 고차원적인 인지적 표상(인지부하이론에서 가정하고 있는 구인들과 관계 등)과 두뇌와 감각 기관에서 일어나는 신경 및 생리적 기능과 관련된 저차원적인 데이터 간의 연계를 구성하는 보편적이고 통합적인 프레임워크의 개발이 가능해지고 있다(Szucs & Goswami, 2007). 이러한 통합의 최종 목표는 어떻게 두뇌 기능과 생물작용이 학습과 문제해결의 도중에 정신적 기능을 일으키는지를 예측하고 설명할 수 있는 우리의 능력을 부여하는 것이다. 이러한 통합은 우리에게 완전한 설명을 제공하고 또한 지난 세기에 왜곡했던 몇 가지 역사적 오류를 바로잡을 수도 있을 것이다. 비록 신경과학이 교수설계자나 교수자들에게 아직 직접적으로 많은 도움을 주지는 못하지만, 연구자들은 두뇌와 감각처리에 대한 정교한 측정방법에 주의를 기울임으로써 도움을 받을 수 있을 것이다. 정신적 작업부하와 동공확대에 관한 신경과학 연구에서도 한 가지 흥미로운 가능성을 발견할 수 있다.

정신적 작업부하 측정방법: 동공확대와 혈관수축

인지부하에 대한 신경과학적 측정방법으로, 동공측정법(pupillometrics; Megaw, 2005)과 말초혈관수축측정법(peripheral vasoconstriction; Iani, Gopher, & Lavie, 2004; Marshall, 2007)이라는 두 가지 물리적 측정 기술을 적용할 수 있을 것이다. 동공측정법의 경우 학습자가 응시하는 방향과 기간에 따라 동공이 팽창되는 양을 측정하는 장치들이 개발되어 있다. 혈관수축측정법은 혈류의 변화를 측정하는 한 손가락에 장치를 착용해야 한다.

동공확대와 정신적 노력. 상당히 많은 연구들이 동공확대가 학습과 문제해결 도중에 들이는 정신적 노력과 매우 상관이 높다는 주장을 지지한다(Beatty, 1982; Beatty & Wagoner, 1978; Iqubal et al., 2005; Iqubal, Zheng, & Bailey, 2005; Kahneman & Beatty, 1966; Recarte & Nunes, 2003). Kahneman과 Beatty (1966)는 다양한 부호화, 처리, 인출 과제를 비교하고, 동공의 지름이 필요한 정신적 작업부하와 비례하여 증가한다는 것을 발견하였다. 숫자 저장과 회상 과제에서, 동공의 너비가 부호화되는 숫자의 개수에 비례하여 증가하였으며, 보고를 하고 난 후에는 줄어들었다. 또 다른 실험에서는 같은 일련의 숫자들의 변형을 통해 수의 부호화를 비교하였다. 부호화가 진행되기 전에 수가 추가되면 동공의 너비가 커졌다. 연구자들은 또한 코스웍을 통해서 과제가 반복될수록, 즉 과제 난이도가 감소함에 따라 동공의 지름이 작아진다는 것을 발견하였다. 이 연구는 Bearry와 Wagoner(1978)에 의해 확장되었는데, 그들은 단순한 물리적(외형적) 비교로부터 이름에 따른 비교, 그 다음 범주에 따른 비교 등과 같이 복잡성이 증가되는 일련의 편지들을 비교하는 과제를 통해 동공의 지름을 검사하였다. 결과는 다시 과제 복잡성이 증가함에 따라 동공의 지름이 증가하였다. Beatty(1982)는 동공확대와 노력에 대한 실험적 데이터들을 검토하고,

그 관계가 대안적인 설명이 된다고 결론지었다.

이러한 연구 결과에 대한 한 가지 논란은, 다양한 심층 피질하부 영역과 뇌간에 위치해서 동공의 지름을 통제하는 것으로 생각되는 신경회로가, 우선적으로 배외측 전전두피질(dorsolateral prefrontal cortex; DLPFC)[10] 영역에 위치한 작동기억과 연관된 회로망과 밀접하게 연합되지 않는다는 것이다. 상당히 많은 연구들이, 정신적 작업의 필요성으로 인해 유발되는 것으로 예상되는(어떤 자극의 영향으로 인해 일어나는 각성 현상과 같은) 변화를 통해, 증가하는 인지부하가 동공의 지름에 간접적으로 영향을 준다는 주장을 지지하는 것으로 보인다(Kehnman & Beatty, 1966; Iqbal et al., 2004; Recarte & Nunes, 2003). 그런데 아직, 동공확대는 분명 어떤 영향 기반의 환기에 의해 매개되는 것이기 때문에 우리는 그러한 각성(arousal), 작동기억, 정신적 노력 간의 관계 특성에 대해 더욱 많이 공부해야 할 필요가 있다는 점을 명심해야 한다. 어떤 신경과학자들이 제안했듯이(Iqbal et al., 2004), 만약 정신적 작업이 항상 각성으로 인해 일어난다면, 동공확대는 작업부하 측정을 위한 매우 신뢰로운 방법이 될 수 있을 것이다. 만약 지속적으로 일어나는 선행과제 지식에 따라 일어나는 각성에서 의미 있는 개인차를 발견하게 된다면, 우리는 정신적 노력에 대한 측정방법으로 동공확대를 정착시키는 데 관심이 없어질 것이다. 이 책의 앞에 제시된 연구들에서 정서적인 느낌(emotionality)은 정신적인 노력만큼 동공확대에 영향을 미치지 못하는 것으로 보는 경향이 있다. Simpson(2006)의 논문에서는 대상자들에게 친근한 느낌과 친근하지 않는 느낌을 줄 수 있는 추상적인 단어와 구체적인 단어를 사용하였는데, 예상한 바와 같이 추상적인 단어에서 동공확대가 더 크게 나타났다. 그러나, 친근한 단어와 비친근한 단어에서 확대의 차이는 없었다. 이는 동공확대에서 개인차 및 집단차에 대해 더 많은 연구의 필요성을 시사하기는 하지만, 여기서 드러난 불명확성이 인지부하 측정방법으로서 동공확대의 유용성에 대한 가치를 감소시키지는 못하고 있다.

동공확대에서 개인차와 집단차. 지속적인 과제를 적용하면서 동공확대에 대한 개인차 및 집단차이를 검증한 연구들이 있다. 예를 들면, Van Gerven, Paas,

10) 두뇌 영역 관련 용어는 이 장의 뒤쪽에 수록된 그림 정보 참조.

van Merriënboer, Schmidt(2004)는 젊은 사람과 노인들을 대상으로 고전적인 Stenberg 메모리 과제를 사용해서 여섯 가지 수준의 기억부하를 검증하는 연구를 수행하였는데, 연구 결과 동공확대에 집단차가 있음을 발견하였다. 연구자들은 동공확대 측정이 노인들의 정신적 노력을 측정하기에는 항상 좋은 방법은 아닐 수 있다고 결론지었다. Gillian, Hood, Troscianko, Macrae(2006)는 관찰자를 응시하거나 외면하고 있는 얼굴 사진들을 보면서 나이를 예측하는 과제를 통해, 성별에 따라 직접적인 얼굴 응시에 대한 분석을 수행한 결과 남성보다 여성 참가자들에게서 더 많이 그리고 오랫동안 지속했음을 보고하였다. 연구자들은, 여성들이 얼굴의 성별에 상관없이 사회적으로 무관한(외면한 응시) 얼굴보다 사회적으로 관련된(직접 바라보는 응시) 얼굴에 더 많은 처리 노력을 투입했다고 결론지었다. Heotz, Schrock, Payne, Engle(2003)은 더 높은 작동기억 범위를 가진 집단과 낮은 작동기억 범위를 가진 집단을 대상으로 메모리 과제에 참여시킨 실험에 대해 설명하였다. 연구자들은, 비록 높은 작동기억 범위를 지닌 참가자들이 높은 점수를 획득하기는 했지만, 비슷한 정신적 노력을 필요로 하는 과제를 수행하는 동안에 두 집단이 같은 수준의 동공확대를 보였다고 보고하였다. 이러한 연구 결과는, 정신적 노력이 작동기억에 있어서 개인차를 설명하는 데는 좋은 방법이 아니지만 정신적 작업에 대한 좋은 지침은 될 수 있음을 시사한다.

과제 선수지식 자동화에 대한 개인차는 모든 인지부하 연구에 있어서 중요한 문제다(Clark & Elen, 2006). 과제 혹은 과제의 중요한 요소들을 가지고 경험한 연습이 많을수록, 과제와 관련된 학습을 하는 데 혹은 더욱 복잡한 기능들을 위해 과제 요소들을 결집시키는 데 필요한 정신적 노력이 적게 든다. 선수지식을 가지고 있지 않은 사람보다는 자동화된 선수지식을 가지고 더 많은 경험을 한 학습자에게서 인지부하는 적을 것이다. 만약 학생들에게 배워야 할 과제 유형의 샘플과 그것의 학습을 위해 반드시 선수지식이 필요한 과제로 구성된 사전테스트 과제를 시킨다면, 자동화된 선수지식의 양은 사전검사 문제를 해결하는 도중에 측정된 동공확대의 양과 (문제해결 속도 및 정확성 등과 같은) 결과 측정치 간의 상관관계를 통해 알 수 있게 된다. 동공을 많이 확대하고, 속도가 느리고, 정확성이 덜한 학생들이 자동화된 선수지식 수준이 낮거나 관련된 지식에 접근하지 못함으로써 성공을 위해 더 많은 노력을 투입할 필요가 있을 것이다. 선수지식이 부족하거나 지식의 자동화 수준이 낮으면, 모든 외재적 부하를 제거한 교수자료를 제공하고 과제해결 방법을 배울 수 있도록 하나의 해결된 예제로 핵심적인 단계들만 제공할 필요성이 높아진다. Carswell(2005)은 외과 레지던트들이 새로운 복강경을 이용한 수술법을 연습할 때 정신적 작업부하를 확인하기 위하여 동공확대를 사용하였다. 그는 교수자료를 향상시키기 위한 것뿐만 아니라 수술을 위한 대안적인 기법을 검사하기 위한 새로운 방법을 찾고 있었다. 그는 선수지식과 기법 변인이 정신적 작업부하에 어떻게 기여하는지를 밝혀내기 위하여 다양한 사전 경험 수준을 가진 외과의 사들을 대상으로 전통적인 기법과 복강경을 사용한 기법을 적용해서 검사를 실시하였다. Recarte와 Nunes(2003)는 동공측정법을 사용한 연구를 제시하였는데, 여기에서는 비슷한 과제 조건에 대해 보여준 각기 다른 개인들의 반응을 가지고 사전 자동화의 다양한 수준으로 해석할 수 있음을 보여주었다. 최종적으로 van Gog, Paas, van Merriënboer(2008)는 전기장치의 고장문제를 해결하는 과제에 대해 다른 경험수준을 갖고 있는 사람들의 눈 움직임을 연구하였다. 연구자들은 전문가들이 오류와 관련된 장비들을 탐색하는 데 초보자보다 더 많은 시간을 사용했다고 보고하였으나, 동공확대는 측정하지 않았다. 그들은 또한 전문성 역효과를 발견하였는데(Kalyuga, Ayres, Chandler, & Sweller, 2003), 이는 문제해결에 관한 개념적 지식이 전문성을 학습하면서 방해받는 것으로, 그러한 지식이 초보자에게는 본유적 부하로 작용하지만 전문가에게는 외재적 부하로 작용하기 때문일 것이다. 이 연구를 본따서 van Gog와 동료들(예: Nievelstein, van Gog, Boshuizen, & Prins, 2008)에 의해 수행된 다른 연구들에서 문제해결 도중에 전문가와 초보자에 의해 투입된 정신적 노력의 상대적인 양적 데이터를 수집한 것이 흥미롭다. 일반적으로, 정신적 노력에 대한 측정방법인 동공확대, 눈의 움직임과 기간 등의 조합은 전문성 수준이 다양한 대상자와 복잡성 수준이 다양한 과제 등과 함께 조화롭게 사용되어야 한다.

동공확대: 학습 도중에 외재적 부하를 측정하기 위한 방법. 대부분의 인지부하이론 연구자들에게 중요한 것은 학습 도중에 외재적(학습과 무관한) 부하의 발생과 그 양을 측정하는 신뢰로운 방법을 개발하는 것이다. 교수목표는 외재적

부하의 모든 원천을 예측하고 제거해서 작동기억 처리가 가능하도록 효율적이게 하는 것이다. Recarte와 Nunes(2003)는 운전하는 동안 '핸즈프리' 전화로 대화하는 운전자들이 경험하는 외생적(학습과 무관한) 정신부하의 양을 검사하고, 그것을 차 안에서 함께 동석한 사람과 같은 내용으로 "실제" 대화하면서 경험한 부하를 비교하기 위하여, 동공확대와 눈의 움직임 추척 기술을 혼합하는 창의적인 방법을 고안하였다. 연구자들은, 운전자들이 중요한 단서들을 덜 인지했는지를 파악하기 위하여 그들이 대화에 참여하는 동안 예상치 못한 응급 교통신호와 같은 시각적 단서를 사용하였다. 눈의 움직임을 추적한 것과 동공확대에 의한 측정에 따라 핸즈프리 전화와 실제 대화한 집단 모두 대화 중 인지부하의 양이 같았다는 흥미롭지만 놀랍지 않은 결과가 나왔다. 핸즈프리와 실제 대화 집단 모두에서 대화 도중 응급신호의 인식을 30% 감소시킨 결과를 낸 대화에 포함된 외재적 부하가 또한 눈의 움직임 추적과 행동관찰에서도 나타났다. 외재적 부하에 관한 다른 연구에서, Verney, Granholm, Marshall (2004)은 목표물을 감지하는 문제를 해결하기 위해 주의집중을 방해요소를 극복해야 하는 백워드마스킹(Backward masking) 과제를 수행하는 대학생의 수행결과에서 차이를 검증하기 위하여 동공확대를 사용하였다. 분석 결과, SAT 점수가 낮은 학생들은 과제에서 방해요소에 주의를 집중하면서 낭비적인 노력을 더 많이 투입한 것으로 나타났는데, 이는 사회-경제적인 차이와 사전 목표 감지 정확성으로 설명될 수 있는 것들이다. Marshall(2007)이 제시한 세 가지 문제해결 관련 연구에서는, 휴식과 작업, 본유적 노력과 외재적 노력, 그리고 휴식을 취한 상태와 피곤한 상태 간에 동공확대가 신뢰성 있게 구별되었다.

동공확대 측정을 위한 장치. 현재, 컴퓨터 화면이나 다른 고정된 디스플레이 기술을 사용해서 학습 중에 개별 학습자의 동공확대를 측정하고 분석하는 많은 장치들을 사용할 수 있다(Recarte & Nunes, 2003). Iqbal 등(2004)은 "동공크기 측정법은 사용자가 진행하고 있는 활동을 방해하지 않고, 사용자의 정신적 작업부하에 관한 실시간 정보를 제공해주며, 심장박동이나 뇌전도(EEG; electroencephalogram)와 같은 다른 물리적 측정법보다 덜 구속적이기 때문에 정신적 작업부하를 위한 가장 좋은 단일 측정법이다"(p. 1477)라고 결론지었다. 눈의 응시와 동공확대 측정을 위해서는 종종 머리 움직임을 방지하기 위해

(눈 검사할 때 사용하는 것과 비슷한) 감금장치 같은 틀 안에 연구대상자의 머리를 위치시킬 필요가 있다. 그러나 최근에는 Marshall(2007)이 소개한 것과 같이 대상자가 착용하는 가벼운 머리띠 위에 카메라가 장착된 것과 같이, 비교적 가볍고 구속적이지 않은 장비가 개발되기 시작하고 있다. 머리띠를 사용하는 동공확대 측정법은 머리를 고정시키는 장치나 2차적(잠재적) 측정보다 당연히 훨씬 덜 걸리적거릴 것이다.

동공측정법은 인지부하의 양에 대한 측정방법을 발전시킬 수 있고, 동공확대를 응시방향 및 응시기간 등과 함께 사용하면 경험하고 있는 부하의 적합성 문제를 해결하는 데도 도움이 될 것이다. 비구속적인 정신부하 측정방법의 가능성을 제공해줄 수 있으면서 아직 연구되지 않은 또 다른 기술로 혈관수축측정법이 있다.

혈관수축과 정신적 노력. Iani 등(2004)은 손가락 혈관수축 측정이 공감적인 신경계 활성화에 대한 측정법으로, 정신적 노력을 측정하는 신뢰로운 방법이 될 수 있을 것이라고 보고하였다. 그들은 과제 난이도와 학습자들이 그 과제에 참여하는 개입 수준을 달리하여 두 가지 실험을 수행한 결과, 증가된 혈관 수축(손가락에 감소된 혈류)은 과제 수행과 매우 상관이 있고(휴식할 때보다 작업할 때 수축이 큼), 난이도가 낮은 과제보다 더 어려운 과제에서 더욱 커졌다고 보고하였다. 연구자들은 또한 혈관수축과 동공확대 사이에 강한 상관관계가 있음을 보고하였다. Iani, Gopher, Grunwald, Lavie(2007)는 과제 난이도 조절이 가능한 컴퓨터 기반 항공 시뮬레이터를 이용해서 비행 수행 중의 혈관수축을 검사하였다. 이 실험에서 쉬운 과제보다 어려운 과제에서 수축이 커짐을 발견하였다. 일반적으로 혈관수축은 전반적인 인지부하 측정을 위한 대안적 방법을 제공할 수 있을 것으로 보이지만, 아직 측정되고 있는 부하의 원천을 판별하는 방법이 될 수 있을 것 같지는 않다. 현 시점에서, 정신부하와 그 부하의 원천을 측정하는 가장 좋은 방법은 눈의 응시방향 및 기간과 함께 동공확대를 캡처하는 기술을 사용하는 것으로 보인다.

인지부하의 변화 모니터링을 위한 영상기법

동공확대(pupil dilation)가 인지부하의 기저가 되는 신경 인지 활동(neuro-cognitive activity)의 변화와 관련하여 매우 흥미로운 근거를 제공해주기는 하지만, 보다 직접적인 두뇌 기능 측정방법을 사용할 수 있다. 수많은 두뇌 영상 연구들이 작동기억을 조사해오고 있다. 작동기억은 인지적 처리과정을 지원하는 임시 저장고를 제공한다. 일반적으로 작동기억의 용량은 인지부하와 밀접하게 관련되어 있다. 과제 수행에 요구되는 인지부하가 높을수록 작동기억에 대한 요구도 커진다. 작동기억을 지원하는 신경 활동을 조사하기 위해 다음 절에서 논의되는 시각화 방법이 사용될 수 있다. 영상기법(imaging method)은 인지부하의 변화가 두뇌 기능에 어떤 영향을 미치는지를 보여줄 수 있다.

작동기억의 처리과정은 중앙집행장치에 대한 논란(Swell, 2004 참조)에도 불구하고, 기본적으로 청각 정보와 언어 정보 유지를 위한 뇌 신경망, 시각 정보와 공간 정보의 유지를 위한 분리된 신경망, 작동기억에서 정보들을 조작하고 주의를 통제하기 위한 중앙집행장치(central executive network)의 세 가지로 구분된다(Baddeley, 1986). 작동기억은 순차적으로 일어나는 부호화(encoding), 유지(maintenance), 인출(retrieval)의 세 가지 처리과정 활동을 포함한다. 각각의 처리과정은 상이한 두뇌 활동 패턴을 수반하며, 인지부하의 변화에 따라 서로 다르게 영향을 받을 수 있다. 처리과정은 시간의 차이에 따라 구분될 수 있다. 예를 들면, 부호화는 검색 전에 일어나야 한다. 시간에 기반한 이들 처리과정의 분리는 뇌의 신경 활동으로 발생되는 두뇌 표면의 작은 전압 파동을 기록하는 사건관련전위(ERPs; Event-Related Potentials)를 사용하여 이루어질 수 있다. 이 방법은 사건의 시간을 추론하기 위해 사용될 수는 있지만 공간분해능이 낮기 때문에 뇌의 어느 부분에서 처리과정이 이루어지는지에 대한 정보를 얻는 데는 부적합하다. 반대로 기능적 자기공명영상(fMRI; functional Magnetic Resonance Image)이나 양전자방사단층촬영(PET; Positron Emission Tomography)과 같이 혈류역학 측정(hemodynamic measure)에 의존하는 영상기법은 두뇌 기능의 변화와 관련된 산소화(oxygenation)나 혈류(blood flow)의 변화를 측정한다. 혈류역학 측정 방법은 ERP에 비해 작동기억의 상이한 처리과정을 지원하는 두뇌 신경망의 해부학적 위치를 명료하게 확인할 수 있도록 우수한 공간분해능을 제공한다. 그러나 혈류의 변화는 비교적 느리기 때문에 두뇌 활동의 빠른 변화를 확인하는 데 이러한 방법을 사용할 수 없다. 사건관련 기능적 자기공명영상법(event-related fMRI)은 짧은 시간 동안 작은 신호 변화에 초점을 맞춤으로써 공간분해능과 시간분해능 간의 균형을 유지하기 위해 사용될 수 있는 방법이다(Clark, 2002; Clark, Maisog & Haxby, 1998). 이들 방법들은 데이터가 어떻게 획득되고 분석되는지에 따라 10만분의 1초 간격으로 일어나는 신경 활동의 변화를 구분할 수 있다.

작동기억에 대한 ERP 연구

앞서 기술한 바와 같이, 작동기억은 인지부하를 지원하는 중요한 기능을 담당한다. 작동기억을 지원하는 신경 활동을 검사하고, 인지부하의 변화가 뇌의 기능에 어떻게 영향을 미치는지를 검사하는 데 사건관련전위(ERPs; Event-Related Potentials)를 사용할 수 있다. 많은 신경과학 연구들이 작동기억을 연구하기 위해 지연반응과제(delayed response task)를 사용하고 있다. 지연반응과제는 반응하기 전에 일정 시간 동안 정보를 작동기억에 유지하도록 요구한다. 이것은 기억 속에 유지해야 하는 단어, 물건, 장소 또는 감각이 될 수 있다. 지연반응과제는 반응하기 전에 기억 속에 한 가지 혹은 몇 가지 아이템들을 보존한 상태에서 추후 제시되는 다른 아이템과 비교하도록 요구한다. 지연반응과제는 수반성음성변동(隨班性陰性變動, CNV; contingent negative variation)으로 불리는 음전위를 불러일으킨다. CNVs는 작동기억에 저장된 정보가 유지되는 동안 발생한다(Tecce, 1972). CNVs는 작동기억고에 정보를 유지하기 위해 신경 활동(synaptic activity)이 증가될 때 발생하기 쉽다. 작동기억 과제는 다양한 뇌 영역의 활동을 야기한다. Gevins, Smith, Le(1996)는 언어적 작동기억 과제와 공간적 작동기억 과제 수행에서 고해상유발전위(high-resolution evoked potentials)를 사용했다. 이 연구에서는 각각의 검사 자극 사이에 그리고 자극 전에 시간적 속성과 공간적 속성이 비교되었다. 모든 자극이 CNV를 유발했으며, 과제의 특정 요구에 따라 여러 구성요소들의 진폭이 달라진 것으로 나타났다. 연구자들은 작동기억이 분산 신경 체제(distributed neural systems)의 기능을 수행하며, 이들뿐 아니라 다른 ERP 구성요소들도 작동기억 처리과정을 연구하는 데 사용될 수 있다고 주장하였다.

그러나 후속 연구들은 작동기억을 연구하기 위한 ERP 구성요소에 대한 해석이 우리가 전형적으로 가정하는 것보다 훨씬 복잡할 수 있음을 보여준다. Kok(2001)은 사후자극에서 300~500msec의 양성파 진폭도(amplitude of positive components)는 주의집중과 작동기억의 공동작업(joint operation)으로 통제되는 사건 범주화 뇌 신경망(event-categorization brain network)에서 구성요소들의 활성화를 반영한다고 주장했다. 이것은 주의집중과 작동기억 모두에서 나타나는 변화가 이들 진폭도에 영향을 미칠 수 있기 때문에 인지부하나 처리용량의 측정도구로 이들 요소를 사용하는 것을 경계한다. Luck, Woodman, Vogel(2000)은 여러 연구들이 주의집중과 작동기억을 혼동하고 있다고 주장함으로써 이러한 관점을 지지했다. 그들은, 두뇌체계가 과부화될 때 주의집중이 작동기억을 지원하는 두뇌망과 다른 처리과정들의 조절을 조작하고, 그리하여 더 높은 인지부하 조건에서 초과된 정보를 처리하기 위한 두뇌 능력의 조절을 조작하며, 따라서 수행을 최적화할 것이라고 제안하였다. 끝으로, Wager와 Smith(2003)는 작동기억에 저장되어 있는 특정 자극에 대한 선택적 주의집중은 작동기억고에서 활성화 패턴들을 분리하도록 이끈다고 주장했다. 선택적 주의집중(selective attention)은 특정한 자극 특성에 기반하여 후속 처리를 위해 특정 대상이나 자극들이 선정되는 처리과정이다. 이들 특성의 본질(예: 색, 형태, 공간)에 따라 상이한 두뇌 반응 패턴이 관찰되며, 이러한 반응 패턴은 이들 특성에 따라 고유한 것이다. 따라서 상호관련된 신경과 인지체계의 역동적 속성은 인지부하와 같은 고유의 특성을 정량화하는 측정도구로 사용하기 어렵게 한다. 이러한 한계에도 불구하고, 주의깊게 설계된 연구는 두뇌가 인지부하의 변화를 어떻게 처리하는지에 대해 많은 것들을 밝혀줄 수 있다.

인지부하에 관한 fMRI 연구

인지부하 효과에 관한 대부분의 fMRI 연구는 작동기억의 서로 다른 측면을 지원하는 두뇌 영역의 구별을 검증한다. 이러한 연구들은 보통 매개변수에 의한 설계[11)]를 사용한다. 이러한 설계기법은, 인지부하의 수준이 반복되는 측정으로 변화될 때 활동이 변화되는 영역을 구별해냄으로써 작동기억 부하에 관한 신경학적 상관성을 밝혀내준다. 이 방법은, 인지부하가 부가되면 그에 비례하는 식으로 뇌의 반응을 증가시킬 것이며, 그렇지 않으면 순수 삽입 가설(pure insertion hypothesis)과 같이 알려지지 않은 가설을 증가시킬 것이다(Raichle, 1994). 이러한 방법을 사용한 많은 출간된 연구들은 작동기억을 지원하는 두뇌 연결망의 특징과, 어떻게 이들 연결망이 인지부하로 변화되는지에 대해서 밝혀왔다. N-back 훈련은 대상자들에게 현재의 자극을 어떤 연속상황 내에서 한 두 항목 이전에 제시된 자극들과 비교해보도록 요구하는, 한 연속상황 안에서 자극들을 제시하는 것과 관련된 설계방법이다. 하나의 자극 지연일 경우, N-back 훈련은 지연반응과제와 비슷하다. 그러나, 하나 이상의 자극 지연일 경우, N-back 훈련은 비교되고 있는 두 가지 자극 간에 제시된 개입하는 자극들의 사용이라는 점에서 지연반응과제와 다르다. 비교되기 위한 첫 번째 항목과 두 번째 항목 간에 증가하는 지연과 함께, 과제를 수행하기 위해 작동기억 안에서 처리되어야 하는 연관되는(intervening) 항목의 수가 증가하고, 그것이 차례로 인지부하를 증가시킨다. 그러한 과제들은 또한 N-back 훈련 내에서 제시되는 대부분의 자극들에 대해 두 가지 비교가 만들어진다는 차이가 있는데, 첫째는 N 자극 이전에 제시되는 자극과의 비교이고 그 다음은 N 자극 이후에 제시되는 자극과의 비교이다. Callicott 등(1999)은 매개변수를 이용한 N-back 작동기억 과제를 사용해서 작동기억 용량의 특성을 규명하기 위하여 fMRI를 사용하였다. 이 연구에서, 항목 수가 증가할수록 과제 수행이 감소하였다. 인지부하가 증가할 때, 몇 개의 두뇌 영역은 역자형 U곡선[12)]이 발생하는 활동으로 변

---

11) 파라메트릭 디자인(parametric design)이라고도 한다. AutoCAD 및 FA 용어로 제품 또는 그 부분에 대하여 모양을 유형화하고, 치수 등을 파라미터로 부여함으로써, 컴퓨터 내부의 모델을 간단히 만드는 설계 방법이다. 이를 두뇌연구에서는 뇌의 영역에 매개변수를 부여하고, 어떤 자극에 대한 반응이 어느 영역에서 일어나는지 구별하는 데 활용한다.

12) 역U자형 커브라고도 한다. 특히 인간은 개개인에게 주어진 최적의 자극량이 존재하는데 자극의 정도가 특정 임계점을 지나게 되면 소위 '자극과잉(overstimulation)' 이 되고 임계점에 미치지 못해서는 '자극부족(under-stimulation)' 상황에 놓이게 된다. 예컨대 심리학의 고전적인 '감각박탈 실험' 은 인간에게 자극이 박탈될 때 극드의 불안과 불쾌감이 주어진다는 것을

화를 나타냈다. 전운동피질의 좁은 영역과 함께, 배외측 전전두피질, 상측 두정엽, 시상의 넓은 영역들이 활동 중에 변화를 보였다. 저자들은, 이러한 패턴이 용량이 제한된 반응과 일치한다고 결론지었다. 더 낮은 부하 수준에서는 작동기억 처리를 돕기 위해 더 적은 활동이 필요하다. 중간 수준에서는 같은 수준의 수행을 처리하기 위해서 더 많은 활동이 필요하다. 매우 높은 부하 수준에서는 감소된 활동과 감소된 수행을 보이면서 네트워크의 수행에 오류가 발생하게 된다. 이러한 결과는 과제가 점차 어려워지는 시점(상황)에서 선수지식으로 정신적 노력을 예측할 수 있다는 인지적 교수심리학의 연구결과(예: Clark, 1999; Clark & Ellen, 2006; Gimino, 2000; Salomon, 1983)를 반영한다.

이러한 결과들은, 작동기억을 지원하는 두뇌망(brain networks)의 비율은 인지부하의 변인에 민감한 반면 다른 두뇌망의 비율은 인지부하에 민감한 것으로 나타나지 않음을 보여준다. Jeaggi 등(2003)은 시각과 청각 자료를 사용해서 난이도 4 수준의 N-back 훈련을 적용했는데 같은 역자형 U곡선의 관계를 발견하지 못했다. 이 연구에서 참가자들의 과제는 이중과제와 같이 따로따로 혹은 동시에 수행되었다. 따로따로 수행될 경우, 기억부하의 기능으로서 전전두피질의 활성화가 지속적으로 증가한다. 가장 난이도가 어려운 상황에서 인지부하가 과도할지라도, 감소된 행동적 수행이 가리키는 바와 같이 전전두피질 활성화의 증가는 이중과제에서도 관찰되었다. 이러한 결과는, 이중과제에서 과도한 처리 요구가 반드시 두뇌 활동의 감소를 수반하는 것은 아님을 제시한다. 최근, O' Hair, Lu, Houston, Bookheimer, Sowell(2008)은 부하 수준 3으로 구성된 Sternberg 작동기억 과제를 사용해서 이러한 두뇌망의 발달을 검증하였다. Sternberg 과제는 대상자들에게 일련의 자극들(예: 1, 3과 9)을 부호화하게 하고, 후에 일련의 자극들을 제시하면서 그 자극들 간에 어떤 자극이 부호화된 것과 연결되는지 그리고 어떤 자극이 새로운 것인지 가리키도록 한다.

분명하게 보여준 바 있으며 또 일련의 복수 작업수행(multi-tasking) 실험들은 과제량(또는 정보량, 자극량)이 과도할 때(high cognitive load) 역시 적합한 정보처리에 실패하고 좌절감을 느끼게 됨을 증명한 바 있다. 이러한 자극에 따른 심리적 반응의 패턴은 소위 '역자형 U커브(inverted U shape)' 관계로 설명되는데 각종 인간적 변인(만족, 업무효율 등)은 특정 지점에서 최적의 효과를 발휘하며 다른 지점에서는 효과가 저하되는 모습을 보여주게 된다.

부호화되는 자극 세트가 클수록 인지부하가 커진다. 7세에서 28세에 해당하는 연령대에서, 참가자들의 나이에 따라 두뇌망이 활성화됨이 발견되었다. 청소년과 성인들은 전두엽, 두정엽, 소뇌 부위에서 인지부하 효과가 나타난 반면 어린 아동들은 좌측의 복내측 전전두피질에서만 비슷한 효과가 나타났다. 이러한 결과는 부하가 증가하면 아동기에서 성인기에 걸쳐 서로 다른 두뇌망의 반응이 발생됨을 보여준다. 결과적으로, 학습 도중에 어린 아동들과 어른들이 인지부하를 처리하는 방식에서 발달적인 차이를 발견할 수 있다.

연구들 간에 발견된 몇 가지 차이점은 학습과제 내의 변인으로부터 도출될 수 있다. fMRI를 사용하면, 작동기억은 흔히 전전두피질, 즉 전형적으로 브로드만 영역의 6, 9, 44, 46번에서 증가되는 활동과 연합된다(Cabeze & Nyberg, 2000). 전두피질 내에 위치한 6번 영역에서, 활성화가 구어적 과제, 공간적 과제, 문제해결 과제를 포함한 과제들에 걸쳐서 공통적으로 발견되었고 따라서 이는 다른 감각 혹은 과제의 인지적 특징과 연합되지 않는 일반적인 작동기억 조절과 관련될 것이다. 반면, 다른 두뇌 영역 내의 정확한 활성화 패턴은 사용된 과제의 구체적인 성격과 연관이 있다. 외측 전두피질(lateral frontal cortex) 내 6번 영역 옆에 위치한 44번 영역 안에서 증가된 활동은 음운고리 처리(phonological processing)와 관련이 있을 것으로 보이는 시공간적 과제와 비교되는 구어적 과제 및 수리적 과제에서 발견된다. 전두극(frontal pole) 위에 위치한 9번과 46번 영역 내의 활성화는 작동기억 안에서 항목의 유지만이 필요한 과제와 비교해서 작동기억 내용물의 조작이 필요한 과제에서 더욱 강하다(Owen, 1997; Petrides, 1994, 1995). 45번과 47번 영역을 포함하는 복외측 전두 부위(ventrolateral frontal regions)는 작동기억 안에서 일어나는 정보의 선정 및 비교와 연관되는 반면, 9번과 46번 영역이 포함되는 전두 중심부와 앞면 부위(medial and anterior frontal regions)는 다중 정보 조각들을 조작하는 것과 관련된다. 몇몇 연구들은, 객체 정보에 관한 작동기억이 복내측 전전두 부위(vental prefrontal regions)와 연관되는 반면, 공간적 위치 정보에 대한 작동기억은 배외측 전전두 부위(dorsal prefrontal regions)와 연관됨을 제시하였다(Courtney, Ungerleider, Keil, & Haxby, 1996, 1997). 그러나 다른 연구들은, 객체에 관한 작동기억이 좌측 전두 부위와 연관되는 반면, 공간적 정보에 대한 작동기억은 우측 전두 부위와 관련된다고 제안한다(Belger at al., 1998; Smith, Jonides, & Koeppe, 1996; Smith et al., 1995). 위 결과들을 고려할 때, 이러한 연구들은, 작동기억을 지원하는 전측 두뇌망의 조직은 인지적 편향이 조직되는 것과 관련하여 아직 풀어야 할 비밀이 많이 있음을 보여준다.

작동기억에 관한 연구들도 두정엽 영역을 포함하여 전두엽 외곽의 두뇌 부위에서의 활성화를 보고하고 있다. 구어적 과제의 경우 이러한 활성화는 정보가 연속해서 저장되고 인출되는 것을 관장하는 두뇌의 왼쪽에서 더 큰 경향을 보이는데, 이는 Baddeley의 음운고리 모델을 지지하는 것이기도 하다(Awh et al., 1996; Paulesu, Frith, & Frackowiak, 1993). 작동기억 과제들은 전대상회피질(anterior cingulate cortex), 후두피질(occipital cortex), 소뇌피질(cerebellar cortex) 내의 변화된 활동과도 연합된다. 그러나, 이들은 인지부하보다는 자극 특징과 과제 요구에 더 민감한 경향을 보이는데, 즉, 다른 영역들과의 상호작용을 통해 간접적으로 작동기억을 지원하는 조작을 수행한다고 제안하고 있다. 이에 대한 한 가지 예외적인 결과가 Druzgal과 D' Esposito(2001)에 의해 제시되었는데, 그들은 안면 자극을 사용한 N-back 작동기억 과제의 부하로 복내측 선조외측 시각영역(ventral extrastriate visual areas)[13]의 활동이 간접적으로 증가했음을 보여주었다. 그들은 증가된 인지부하의 요구를 충족하기 위해서는 전전두 영역과 선조외 영역이 함께 작동해야 한다고 결론지었다.

뇌 영상기법의 발달은 작동기억을 지원하는 신경기제와 이러한 기제와 관련된 인지부하 변화의 효과에 대해 많은 통찰을 제공하였다. 인지부하와 관련된 처리에서 두뇌의 편향성을 이해하는 데 있어서 이미 어느 정도의 진전이 있었다. 우리의 최종 목표는 인지심리학과 신경과학 간의 간극을 채워줄 단일화된 이론을 구축하는 것이다. 앞에서 언급했듯이 우리는 두 학문 간의 유사점에 주목하기 시작했지만 아직 해야 할 일이 많다. 뇌 영상기법이 발전하고 인지심리학자들이 뇌 영상기법을 더욱 이해하고 이러한 정보를 가설 구축에 사용하려고 할 때, 인지부하에 대한 더 높은 이해가 이루어질 수 있을 것이며 궁극적

13) 시각 자극에 의해 활성화되는 피질 영역으로 선조 피질의 외부에 있다. 선조 피질(striate cortex)은 후두엽에 위치하는 일차 시각 수용 영역으로서 브로드만 영역 17번에 대응한다(곽호완, 박창호, 이태연, 김문수, 진영선, 2008).

으로 학문 자체로 성립될 수도 있을 것이다.

요약 및 결론

우리는 신경심리학과 생물심리학의 초기 지지자인 Thorndike와의 논쟁에서 졌던 초기 인지심리학자 Judd로부터 완전한 일주를 해왔다. 그 패배한 논쟁은 곧 미국 심리학자들로 하여금 50년 동안 인지적인 질문을 외면하는 편향성을 띠게 한 경고성 메타포로 작용했다. 또한 인지심리학이 이제 학습과 문제해결에 대한 생물학과 신경학적 통찰을 마주하며 역편향을 경험하는 식으로의 반응을 일으켜왔다. 이 장의 요점은, 인지부하이론이 직면하고 있는 몇 가지 곤란한 문제들에 대한 해결방안은 일백년 동안의 논쟁으로부터 한걸음 물러서서 인지심리학과 신경과학 양 분야의 과거와 향후 발전에 의해 제공되는 통찰에 개방적인 태도를 취하는 것이 필요함을 강조하려는 것이다. 신경과학이 인지부하를 계량화하고 본유적 부하와 외재적 부하의 원천을 규명하는 신뢰로운 방법 모색에 도움이 되리라고 기대해도 좋을 것 같다. 우리는 또한 ERP, fMRI와 같은 뇌 영상기법으로 기록된 활동 안에서 수량화할 수 있는 차이를 제시하면서 선수지식, 문화, 작동기억 범위에 대한 개인차 및 집단차가 뇌기능에 어떻게 영향을 줄지, 그리고 이것이 다양한 과제와 교수방법 간의 차이에 대한 우리의 이해에 어떻게 영향을 줄지에 대한 이하를 증진시킬 수 있을 것이다.

우리는 눈의 응시 방향을 함께 적용한 동공확대 측정법의 사용 탐색에 대한 새로운 노력과, 개별 인지부하에 대한 더욱 신뢰롭고 타당한 측정방법을 개발하고 본유적 부하와 외재적 부하의 원천 규명을 도와줄 강도 높은 연구 수행을 권장한다. 우리는 학습되고 있는 과제군과 관련해서 학습자들이 처리하는 구체적인 선수지식이 더 많을수록, 선수지식이 더 적은 학습자들과 비교해서 그들이 경험하게 될 부하는 더 적을 것이라고 기대한다. 또한, 초보자의 학습에 필요한 본유적 인지부하는 전문가의 학습에는 불필요한 인지부하가 될 수 있으며, 이는 곧 Kalyuga 등(2003)에 의해 제시된 전문성 역효과의 원천이 될 가능성도 있다. 우리는 또한 뇌영상의 fMRI 기법이 작동기억을 지원하는 신경기제의 증거를 제시하여 그러한 증거에 기반한 가설들의 가능성을 부여하며, 다양한 유형의 과제와 학습자들에게서 인지부하의 변화가 이러한 기제들에 미치는 효과에 근거한 많은 가설들도 제공한다는 것을 제시한다.

신경과학 연구들은 주로 Baddeley(1986)의 작동기억 모델을 이용해서 시·공간적 정보, 구어적 정보, 그리고 처리되고 있는 아이템에 대한 주의집중과 조작의 통제를 관리하는 세 가지 분리된 망에 대한 증거를 조사한다. 뿐만 아니라, 신경과학은 학습과 과제 수행 중의 세 가지 네트워크, 즉, 부호화, 유지, 검색의 순으로 발생하는 세 가지 처리 활동에 대한 증거를 조사한다. 이러한 처리과정들을 규명하고 타당화하기 위해서 수많은 방법들이 사용되었지만, 가장 완전하고 정확한 방법은 사건전위 fMRI(event-related fMRI)다. 일반적으로, 그러한 처리과정과 연합되는 두뇌 영역이 대부분 규명되었지만, 상당한 모호함과 논쟁이 계속되고 있다.

이 때문에, fMRI 연구들은 작동기억에서 일어나는 처리과정과 그러한 처리과정을 지원하기 위해 나타나는 두뇌 구조에 대한 증거를 제공해왔다. fMRI 연구들은 또한 작동기억 부하는 과제 의존적인(task-specific) 요소와 과제 독립적인(task-independent) 요소 모두로 구성되어 있음을 보여준다. 뿐만 아니라, 몇몇 실험들은 작동기억과 주의집중의 처리과정을 혼동할 수도 있음을 보여준다. 예를 들면, 인지부하가 증가할 때, 주의집중 과정이 자동적으로 발생해서 과제에 대한 더 많은 본유적 속성에 주의를 기울이게 함으로써 부하를 줄이도록 지원할 것이라는 주장이 제기되어 왔다(Wager & Smith, 2003). 또한 부하에서의 증가는 외재적 사건에 주의를 집중시키는 처리과정을 발생시킬 가능성이 있다(Clark, 1999). 뿐만 아니라, fMRI 연구들은 Salomon(1983)에 의해 제시된 것과 비슷한, 인지부하와 정신적 노력 간의 관계에 대한 역자형 U 가설을 위한 증거를 제공해왔다. 부하가 낮을 때 노력 또한 낮지만, 인지부하가 증가할 대 인지부하에 대한 fMRI 지표는, 작동기억을 지원하는 두뇌망이 정신적 노력과 검사 수행에서 하향세를 동반하는 실패가 보이는 매우 높은 수준에 도달할 대까지 증가한다. 또한 어떤 과제들은 역자형 U 곡선을 발생시키지 않는 것으로 나타난다. 잘 설계된 최소한의 한 연구(Jaeggi et al., 2003)에서 부하의 증가(fMRI 자료와 수행에 의해 판단된 것임)가 노력의 감소를 발생시키지 않았음을 규명하였다.

일반적으로, 과제 유형, 작동기억 처리과정, 인지부하 등의 변인들 간에 수많은 중요한 상호작용이 있는 것으로 나타난다. 어떤 뇌 영역은 모든 작동기억 처리과정 동안에 활동적인 것으로 보이고, 어떤 영역은 처리과정의 유형에 따라 특별히 작용하는 것으로 보인다. 예를 들면, 구어적 과제와 수리적 과제에서 각각 다른 영역이 연합된 반면, 시공간적 과제 중에는 그 외 다른 영역이 활동적인 것으로 보인다. 뿐만 아니라, 작동기억 내용물에 대한 조작(감독 기능과 연합되는 것으로 생각되는 조작)이 필요한 과제들은, 다른 영역들을 활성화시키자마자 다음으로 작동기억에서 시공간적 정보와 구술-수리적 정보 모두의 유지를 요하는 과제들을 활성화시킨다. 다른 연구들은 공간적 위치 정보와 대상 정보는 각기 다른 영역에서 지원함을 제시하는 증거를 발견하였다. fMRI 연구들은 또한 작동기억의 조작에서 연령에 따른 발달적 차이에 대한 강한 증거를 제공하였다. 어린 아동들은 부하가 증가할 때 작동기억 활동이 좌측 복내측 전전두피질에서 나타나지만, 청소년과 성인은 같은 과제로 전두엽, 두정엽, 소뇌 부위에서 인지부하 활동이 발생된다. 그러한 차이에 대한 이유와 교수-학습에 대한 그것의 결과는 아직 알려지지 않았다.

신경과학 기법들이 공간분해능과 시간분해능을 향상시켜서 새로운 기법들이 개발되면 더욱 정교한 정보를 얻게 될 것이다. 그러나, 이제 우리는, 도전적인 학습과 문제해결 과제들의 수행과 관련된 인지적 하위처리과정과 그것들을 지원하는 두뇌망이 복잡한 방식으로 상호작용한다는 것을 알고 있다. 하나의 단독연구에서, 주의집중뿐만 아니라 모두 함께 연관되어 발생하는 지각(perceptual)과 반응 처리과정, 정서, 각성 등에서의 변화로, 인지부하에서의 변화가 작동기억에 미치는 효과를 혼동하기 쉬워졌다. 따라서, 이러한 기법들은 주의해서 사용해야 하고, 진척에 따라 대안적인 가설이 고려되어야 한다는 것이 필수적이다. 그렇지만 최종적으로 우리는 이러한 방법들이 인지부하의 기저를 이루는 신경학적 기제와 인지적 기제에 대해 더 많이 이해할 수 있게 해줄 것이라고 기대한다.

[부록] 브로드만 영역(Brodmann Areas)

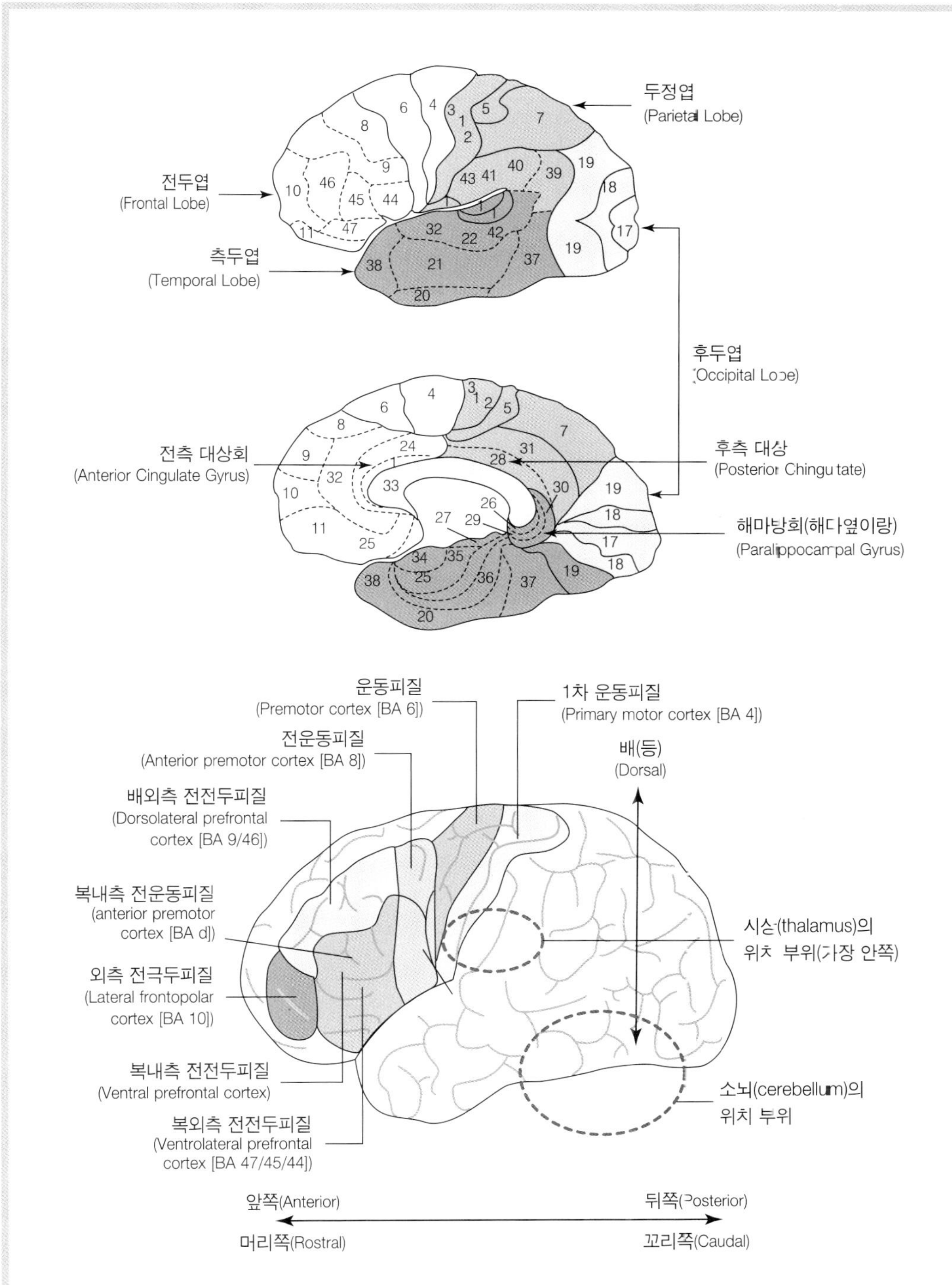

참고문헌

곽호완, 박창호, 이태연, 김문수, 진영선(2008). 실험심리학용어사전. 시그마프레스.

Awh, E., Jonides, J., Smith, E. E., Schumacher, E. H., Koeppe, R. A., & Katz, S. (1996). Dissociation of storage and rehearsal in verbal working memory: Evidence from positron emission tomography. *Psychological Science*, 7(1), 25-31.

Baddeley, A. (1986). *Working memory*. New York: Oxford University Press.

Beatty, J. (1982). Task-evoked papillary responses, processing load and the structure of processing resources. *Psychological Bulletin*, 91(2), 276-292.

Beatty, J., & Wagoner, B. L. (1978). Pupillometric signs of brain activation vary with level of cognitive processing. *Science*, 199(4334), 1216-1218.

Belger, A., Puce, A., Krystal, J. H., Gore, J. C., Goldman-Rakic, P., & McCarthy, G. (1998). Dissociation of mnemonic and perceptual processes during spatial and working memory using fMRI. *Human Brain Mapping*, 6(1), 14-32.

Berline, D. (1960). *Conflict, arousal and curiosity*. New York: McGraw Hill.

Cabeza, R., & Nyberg, L. (2000). Imaging cognition II: An empirical review of 275 PET and fMRI studies. *Journal of Cognitive Neuroscience*, 12(1), 1-47.

Callicott, J. H., Mattay, V. S., Bertolino, A., Finn, K., Coppola, R., Frank, J. A., et al. (1999). Physiological characteristics of capacity constraints in working memory as revealed by functional MRI. *Cerebral Cortex*, 9, 20-26.

Carswell, C. M. (2005). Assessing mental workload during laparoscopic surgery. *Surgical Innovation*, 12(1), 80-90.

Clark, R. C., & Mayer, R. E. (2007). *E-learning and the science of instruction: Proven guidelines for consumers and designers of multimedia learning*. New York: Wiley.

Clark, R. E. (1999). Yin and yang cognitive motivational processes operating in multimedia learning environments. In J. van Merriënboer (Ed.), *Cognition and multimedia design* (pp. 73-107). Herleen, Netherlands: Open University Press.

Clark, R. E. (2001). *Learning from media: Arguments, analysis and evidence*. Greenwich, CT: Information Age Publishers.

Clark, R. E., & Elen, J. (2006). When less is more Research and theory insights about instruction for complex learning. In J. Elen & R. Clark (Eds.), *Handling complexity in learning environments: Research and theory* (pp. 283-297). Oxford, UK: Elsevier Science.

Clark, R. E., & Estes, F. (1999). The development of authentic educational technologies. *Educational Technology*, 37(2), 5-16.

Clark, R. E., Howard, K., & Early, S. (2006). Motivational challenges experienced in highly complex learning environments. In J. Elen & R. E. Clark (Eds.), *Handling complexity in learning environments: Research and theory* (pp. 27-41). Oxford, UK: Elsevier Science.

Clark, V. P (2002). Orthogonal polynomial regression for the detection of response variability in event-related fMRI. *NeuroImage*, 17, 344-363.

Clark, V. P., Maisog, J. M., & Haxby, J. V. (1998). An fMRI study of face perception and memory using random stimulus sequences. *Journal of Neurophysiology*, 79, 3257-3265.

Courtney, S. M., Ungerleider, L. G., Keil, K., & Haxby, J. V. (1996). Object and spatial visual-working memory activate separate neural systems in human cortex. *Cerebral Cortex*, 6(1), 39-49.

Courtney, S. M., Ungerleider, L. G., Keil, K., & Haxby, J. V. (1997). Transient and sustained activity in a distributed neural system for human working memory. *Nature*, 386(6625), 608-611.

Cronbach, L. J., & Snow, R. E. (1977). *Aptitudes and instructional methods*. New York: Irvington Press.

Druzgal, T. I., & D' Esposito, M. (2001). Activity in fusiform face area modulated as a function of working memory load. *Cognition and Brain Research*, 10(3), 355-364.

Feldon, D. F., & Clark, R. E. (2006). Instructional implications of cognitive task analysis as a method for improving the accuracy of experts' self-report. In C. Clarebout & J. Elen (Eds.), *Avoiding simplicity, confronting complexity: Advances in studying and designing (computer-based) powerful learning environments* (pp. 109-116). Rotterdam, Netherlands: Sense Publishers.

Gevins, A., Smith, M. E., & Le, J. (1996). High resolution evoked potential imaging of the cortical dynamics of human working memory. *Electroencephalography and Clinical Neurophysiology*, 98, 327-348.

Gimino, A. E. (2000). Factors that influence students' investment of mental effort in academic tasks: A validation and exploratory study. Unpublished doctoral dissertation, University of Southern California, Los Angeles.

Heitz, R. P., Schrock, J. C., Payne, T. W., & Engle, R. W. (2003, May). Working memory and mental effort: Data from pupillometry. Paper presented at the Seventy-Fifth Annual Meeting of the Midwestern Psychological Association, Fort Wayne, Indiana.

Iani, C., Gopher, D., Grunwald, A. J., & Lavie, P. (2007). Peripheral arterial tone as an on-line measure of load on a simulated flight task. *Ergonomics*, 50(7), 1026-1035.

Iani, C., Gopher, D., & Lavie, P. (2004). Effects of task difficulty and invested mental effort on peripheral vasoconstriction. *Psychophysiology*, 41, 78 9-798.

Iqbal, S. T., Adamczyk, P. D., Zheng, X. S., & Bailey, B. P. (2005, April). Task evoked pupillary response to mental workload in human-computer interaction Paper presented at the 2005 Computer Human Interaction Conference, Portland Oregon.

Iqbal, S. T., Zheng, X. S., & Bailey, B. P. (2004, April). Towards an index of opportunity: Understanding changes in mental workload during task execution. Paper presented at the 2004 Computer Human Interaction Conference,

Vienna, Austria.

Jaeggi, S. M., Seewer, R., Nirkko, A. C., Eckstein, D., Schroth, G., Groner, R., et al. (2003). Does excessive memory load attenuate activation in the prefrontal cortex? Load-dependent processing in single and dual tasks: functional magnetic resonance imaging study. *NeuroImage*, 19, 210-225.

James, W. (1890). *The principles of psychology* (Vol. 1). New York: Henry Holt.

James, W. (1904). Does 'consciousness' exist? *Journal of Philosophy, Psychology, and Scientific Methods*, 1, 477-491.

Judd, C. H. (1908). The relation of special training to intelligence. *Educational Review*, 36, 28-42.

Judd, C. H. (1910). Evolution and consciousness. *Psychological Review*, 17, 77-97.

Kahneman, D., & Beatty, J. 1966). Pupil diameter and load on memory. *Science*, 154(3756), 1583-1585.

Kalyuga, S., Ayres, P., Chandler, P., & Sweller, J. (2003). The expertise reversal effect. *Educational Psychologist*, 38(1), 23-31.

Kalyuga, S., & Sweller, J. (2005). Rapid dynamic assessment of expertise to improve the efficiency of adaptive e-learning. *Educational Technology Research and Development*, 53, 83-93.

Kirschner, P., Sweller, J., & Clark, R. E. (2006). Why minimally guided learning does not work: An analysis of the failure of discoverylearning, problem-based learning, experiential learning and inquiry-based learning. *Educational Psychologist*, 41(2), 75-86.

Kok, A. (2001). On the utility of P3 amplitude as a measure of processing capacity. *Psychophysiology*, 38(3), 557-577.

Lohman, D. F. (1989). Human intelligence: An introduction to advances in theory and research. *Review of Educational Research*, 59(4), 333-373.

Luck, S. J., Woodman, G. F., & Vogel, E. K. (2000). Event-related potential studies of attention. *Trends in Cognitive Sciences*, 4, 432-440.

Marshall, S. P. (2007). Identifying cognitive state from eye metrics. *Aviation, Space and Environmental Medicine*, 78(1), B165-B175.

Mayer, R. (2001). *Multimedia learning*. Cambridge, MA: Cambridge University Press.

Mayer, R. (2004). Should there be a three-strikes rule against pure discovery learning? The case for guided methods of instruction. *American Psychologist*, 59(1), 14-19.

Mayer, R. E. (2005). *The Cambridge handbook of multimedia learning*. New York: Cambridge University Press.

Megaw, T. (2005). The definition and measurement of mental workload. In I. R. Wilson & N. E. Corlett (Eds.), *Evaluation of human work: A practical ergonomics methodology* (pp. 525-551). London: CRC Press.

Miller, G. A. (1956). The magic number seven plus or minus two: Some limits on our capacity to process information. *Psychological Review*, 63, 81-97.

Neisser, U. (1967). *Cognitive psychology.* New York: Appleton-Century-Crofts.

Nievelstein, F., van Gog, T., Boshuizen, H., & Prins, F. J. (2008). Expertise-related differences in conceptual and ontological knowledge in the legal domain. *European Journal of Cognitive Psychology,* 20(6), 1043-1064.

O' Hare, E. D., Lu, L. H., Houston, S. M., Bookheimer, S. Y., & Sowell, E. R. (2008). Evidence for developmental changes in verbal working memory load-dependency. *NeuroImage,* 42, 1678-1685.

Owen, A. M. (1997). The functional organization of working memory processes within human lateral-frontal cortex: The contribution of functional neuroimaging. *European Journal of Neuroscience,* 9(7), 1329-1339.

Paulesu, E., Frith, C. D., & Frackowiak, R. S. J. (1993). The neural correlates of the verbal component of working memory. *Nature,* 362, 342-345.

Perkins, D. (1995). *Outsmarting IQ: Learnable intelligence.* New York: The Free Press.

Petrides, M. (1994). Frontal lobes and working memory: Evidence from investigations of the effects of cortical excisions in nonhuman primates. In F. Boiler & J. Grafman (Eds.), *Handbook of neuropsychology* (PP. 9, 59-82). Amsterdam: Elsevier.

Petrides, M. (1995). Functional organization of the human frontal cortex for mnemonic processing: Evidence from neuroimaging studies. *Annals of the New York Academy of Sciences,* 769, 85-96.

Porter, G., Hood, B., Troscianko, T., & Macrae, C. N. (2006). Females, but not males, show greater papillary response to direct- than to diverted-gaze faces. *Perception,* 35(8), 1129-1136.

Porter, G., Troscianko, T., & Gilchrist, I. D. (2007). Effort during visual search and counting: Insights from pupilometry. *Quarterly Journal of Experimental Psychology,* 60(2), 211-229.

Raichie, M. E. (1994). Images of the mind: Studies with modern imaging techniques. *Annual Review of Psychology,* 45, 333-356.

Recarte, M. A., & Nunes, L. M. (2003). Mental workload while driving: Effects on visual search, discrimination and decision making. *Journal of Experimental Psychology: Applied,* 9(2), 119-137.

Salomon, G. (1983). The differential investment of effort in learning from different sources. *Educational Psychologist,* 18(1), 42-50.

Schneider, W., & Shiffrin, R. M. (1977). Controlled and automatic human information processing: 1. Detection, search, and attention. *Psychological Review,* 84, 1-66.

Shulman, L. J. (1970). Reconstruction of educational research. *Review of Educational Research,* 40, 371-393.

Simpson, H. M. (2006). The effects of word abstractness and pleasantness on pupil size during an imagery task. *Dissertations Abstract International Section*

B. The Sciences and Engineering, 67(1-B), 584.

Smith, E. E., Jonides, J., & Koeppe, R. A. (1996). Dissociating verbal and spatial-working memory using PET. *Cerebral Cortex*, 6(1), 11-20.

Smith, E. E., Jonides, J., Koeppe, R. A., Awh, E., Schumacher, E. H., & Minoshima, S. (1995). Spatial vs. object-working memory: PET investigations. *Journal of Cognitive Neuroscience*, 7(3), 337-356.

Snow, R. E. (1996). Aptitude development and education. *Psychology Public Policy and Law*, 2(3-4), 536-560.

Steele, C. M. (2003). Stereotype threat and African-American student achievement. In C. M. Steele (Ed.), *Young, gifted, and black* (pp. 109-130). Boston: Beacon Press.

Sweller, J. (1988). Cognitive load during problem solving: Effects on learning. *Cognitive Science*, 12(1), 257-285.

Sweller, J. (2004). Instructional design consequences of an analogy between evolution by natural selection and human cognitive architecture. *Instructional Science*, 3, 9-31.

Sweller, J. (2006). How the human cognitive system deals with complexity. In J. Elen & R. E. Clark (Eds.), *Handling complexity in learning environments: Research and theory* (pp. 13-26). Oxford: Elsevier Science.

Szucs, D., & Goswami, U. (2007). Educational neuroscience: Defining a new discipline for the study of mental representations. *Mind, Brain and Education*, 1(3), 114-127.

Tecce, J. J. (1972). Contingent negative variation (CNV) and psychological processes in man. *Psychological Bulletin*, 77, 73-108.

Thorndike, E. L. (1903). *Educational psychology*. New York: Lemcke & Buechner.

Van Gerven, P. W., Paas, F., van Merriënboer, J. J. G., & Schmidt, H. G. (2004). Memory load and the cognitive papillary response in aging. *Psychophysiology*, 412(2), 167-174.

van Gog, T., Paas, F., &van Merriënboer, J. J. G. (2008). Effects of studying sequences of process-oriented and product-oriented worked examples on troubleshooting transfer efficiency. *Learning and Instruction*, 18(3), 211-222.

van Merriënboer, J. J. G., & Kirschner, P. A. (2007). *Ten steps to complex learning: A systematic approach to four-component instructional design*. New York: Routledge.

Verney, S. P., Granholm, E., & Marshall, S. P. (2004). Pupillaryresponses onthe visual backward masking task reflect general cognitive ability. *International Journal of Psychophysiology*, 52(1), 23-36.

Wager, T. P., & Smith, E. E. (2003). Neuroimaging studies of working memory: A meta-analysis. *Cognitive and Affective Behavioral Neuroscience*, 3(4), 255-274.

Woltz, D. J. (2003). Implicit cognitive processes as aptitudes for learning. *Educational Psychologist*, 38(2), 95-104.

11

다중 표상 학습의 인지부하

Holger Horz, Wolfgang Schnotz

테크놀로지의 혁신은 지난 10년간 교수-학습에 중요한 변화를 가져왔다. 컴퓨터 테크놀로지의 발전은 융통적인 학습 계획, 웹기반 협력, 다양한 멀티미디어 학습환경의 개발을 가능하게 한다. 멀티미디어는 그림, 애니메이션, 텍스트, 음악과 같이 다양한 프레젠테이션 형태의 융통적 결합을 지원한다. 교수매체 설계자들은 멀티미디어가 학습자의 요구와 선호에 부합하는 수업을 가능하게 해준다고 주장한다. 또한 멀티미디어는 학습자에게 동기를 부여함으로써 인지적 노력의 투입을 증가시켜 학습을 촉진할 것으로 기대된다.

교수-학습 분야의 주요 논제는 멀티미디어 수업이 인간의 인지 구조와 어떻게 상호작용하는가이다. Schnotz(2001, 2005; Schnotz & Bannert, 2003)뿐 아니라 Mayer(2001, 2005)도 이러한 이슈를 다루는 멀티미디어 학습에 대한 이론적 모형을 개발했다. 두 모형 모두 음성언어, 문자언어를 정화상 또는 애니메이션 그림과 함께 학습할 때 학습자의 머릿속에서 일어나는 과정을 설명하고자 한다. 두 모형은 제시되는 정보의 형태나 양은 인지 시스템의 한계, 특히 작동기억의 한계에 부합해야 한다고 가정한다. 그러한 가정은 Sweller 등이 개발한 인지부하이론(CLT; Cognitive Load Theory)의 핵심이며, 인지부하이론은 지난 10여 년 동안 교수심리학 분야에 점점 더 영향력을 넓혀오고 있다(Chandler & Sweller, 1991; Paas, Renkl, & Sweller, 2004; Paas & van Gog 2006; Sweller, 1994, 2005; Sweller, van Merriënboer, & Pass, 1998).

Sweller가 개발한 인지부하이론뿐 아니라 Mayer와 Schnotz가 개발한 멀티미디어 학습모형은 멀티미디어 학습환경 설계를 위한 원리나 지침을 도출하기 위해 사용되고 있다. 이 장에서는 인지부하이론이 멀티미디어 학습모형과 어떻게 관련되는지를 탐색한다. 첫째, 두 가지 멀티미디어 학습 모형을 간략히 기술하고 비교한다. 둘째, 인지부하 관점에서 멀티미디어 학습환경 개선을 위한 지침과 기법을 논의한다. 셋째, 멀티미디어 학습환경 설계와 관련된 후속 연구를 제안한다.

멀티미디어 학습 모형

멀티미디어 인지이론

Mayer의 멀티미디어 인지이론(CTML; Cognitive Theory of Multimedia Learning)은 지난 10여 년간 멀티미디어 학습에 대해 가장 영향력 있는 접근법이 되어왔다(Mayer, 1997, 2001, 2005). 멀티미디어 인지이론 모형은 [그림 11.1]과 같다. Mayer는 Paivio(1986)의 이중부호화이론을 참조하여 인간의 인지 시스템은 언어 하위체제와 그림 하위체제로 구성되어 있다고 가정한다. 이에 따라 인간은 지식을 부호화하고 저장하기 위해 상이한 표상 형태를 사용한다. Mayer는 Baddeley(1992)의 작동기억 모형에 기반하여 작동기억 내에 두 개의 감각 하위체제, 즉 청각 체제와 시각 체제가 존재한다고 가정한다. 첫 번째 CTML의 기본 가정은 이들 두 개념을 통합한다. 인간은 작동기억 내에서 두 개의 채널(청각-언어 채널과 시각-그림 채널)을 통해 정보를 처리한다. Chandler와 Sweller(1991)의 연구뿐 아니라 Baddeley(1992)의 연구를 반영한 CTML의 두 번째 기본 가정은 이들 두 채널이 정보를 전달하고 처리할 수 있는 용량이 제

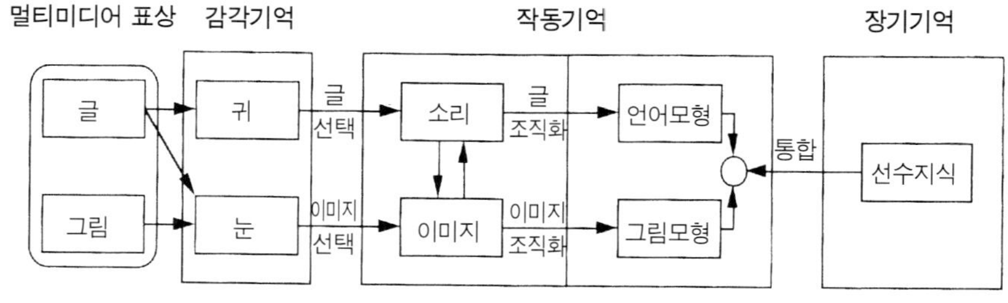

[그림 11.1] 멀티미디어 인지이론(Mayer, 2005, p.37)

한되어 있다는 것이다. CTML의 세 번째 가정은 인간이 능동적인 의미생성자(sense-maker)라는 것이다. 그들은 외부 정보와 선수지식을 활용하여 논리적인 지식 구조(coherent knowledge structure)를 구성하기 위해 정보처리 과정에 참여한다.

Mayer는 멀티미디어 수업에서 능동적인 학습이 일어나기 위해서는 다음과 같이 다섯 가지 협응 과정이 포함되어야 한다고 주장한다.

(1) 관련 어휘 선정
(2) 관련 이미지 선정
(3) 선정된 관련 어휘를 언어 정신 모형으로 조직화
(4) 선정된 이미지를 그림 정신 모형으로 조직화
(5) 언어 모형과 그림 모형을 선수지식과 함께 논리적인 정신 표상으로 통합

언어 선정 과정은 명제 텍스트로 나아가고, 언어 조직화 과정은 텍스트 기반의 정신 모형으로 이어진다. 마찬가지로 그림 선정 과정은 이미지 기반으로 나아가고, 그림 조직화 과정은 그림 기반의 정신 모형으로 이어진다. 언어 조직화 과정은 작동기억의 언어 부분에서 일어나고, 그림 조직화 과정은 작동기억의 그림 부분에서 일어난다(Baddeley, 1992; Chandler & Sweller, 1991). 그러고 나서 텍스트 기반 모형과 그림 기반 모형은 일대일 매핑 처리과정으로 통합된다. 이러한 매핑 처리과정에서 텍스트 기반 모형의 구성요소들은 그림 기반 모형의 구성요소들로 연결되고, 그림 기반 모형의 구성요소들은 텍스트 기반 모형의 구성요소들로 연결된다. 마찬가지로 텍스트 기반 모형 내의 관계들은 그림 기반 모형 내의 관계들로 연결되고, 그림 기반 모형 내의 관계들은 텍스트 기반 모형 내의 관계들로 연결된다. 통합은 텍스트 기반 모형의 구성요소와 관계들이 상응하는 그림 기반 모형의 구성요소 및 관계들과 작동기억 내에서 동시에 활성화되어야 한다.

앞에서 살펴본 바와 같이, Mayer의 멀티미디어 인지이론은 이 분야에서 커다란 영향력을 갖고 있으며, 여러 실증적 연구들의 지지를 받고 있다. 그럼에도 불구하고, 후속 이론 연구와 실증 연구를 필요로 하는 몇 가지 미해결 문제들이 있다. 멀티미디어 인지이론이 지난 30년간 괄목할 만한 성공을 거두고 있

는 텍스트 처리과정 연구와 긴밀하게 접촉할 수 있다면 그것은 양쪽 모두에게 유익할 수 있다(Gernsbacher, 1990, Graesser, Millis, & Zwaan, 1997; Kintsch, 1998; van Dijk & Kintsch, 1983). 예를 들면, 텍스트 처리과정 연구자들은 Mayer의 '언어 모형'(예: 선정된 어휘의 조직화를 통해 생성된 정신 구조)을 정신 모형이나 상황 모형 구성의 토대가 되는 명제적 거시 구조로 간주한다. 그림 모형(예: 그림 정보의 조직화를 통해 생성된 정신 구조)은 인지 모형의 핵심 특성인 유추 표상(analog mental representation)과 대응된다(Johnson-Laird, 1983).

멀티미디어 인지이론에서 이중 채널 가정(시각-그림 채널과 청각-언어 채널)은 감각 양식과 표상 형태를 조합한다. 시각 양식과 그림 표상 형태의 결합 그리고 청각 양식과 언어 표상 형태의 결합은 멀티미디어 인지이론 모형이 제안하는 것처럼 긴밀하지는 않다. 우리는 언어 정보가 반드시 청각 양식(예: 신호 언어 사용을 통한 시연)과 결합되는 것은 아니며, 그림 정보가 반드시 시각 양식과 결합되는 것은 아니라고 가정한다. 예를 들면, 특정한 사운드(비행기의 출발 또는 새가 짝을 부르는 소리)는 사운드 이미지로 간주될 수 있다(Schnotz, 2005). 이것은 시각적 그림뿐 아니라, 청각적 그림이 있을 수 있음을 의미한다. 달리 말해, 눈으로 지각되는 시각적 패턴은 그림 정보(예: 문자언어와 시각 그림)뿐 아니라 언어 정보를 전달할 수 있으며, 마찬가지로 귀로 지각되는 청각적 패턴은 언어 정보와 그림 정보(예: 음성언어와 사운드 이미지)를 전달할 수 있다.

또 다른 논점은 멀티미디어 인지이론에서 텍스트 처리과정과 그림 처리과정 간의 유사성이다. 우리는 텍스트와 그림이 상이한 신호 체제(sign systems)를 사용하며, 이에 따라 각각 기술적 표상(descriptive representation)과 묘사적 표상(depictive representation)으로 일컫는 근본적으로 상이한 표상 형태(Baddeley, 1992; Kosslyn, 1994; Paivio, 1986)에 이르게 된다고 생각한다. 이러한 표상 형태의 차이는 다음 절에서 살펴볼 텍스트와 그림 이해를 위한 통합 모형의 핵심이 된다.

텍스트와 그림 이해의 통합 모형

예를 들면, 음성언어, 문자언어, 수학방정식, 논리적 표현은 기술적 표상이다. 기술적 표상은 객체를 기술하는 상징들로 구성된다. 상징은 임의적인 구조(예: 자연어에서의 어휘들)를 가지며, 관습을 표현하는 내용과 관련된다(Peirce, 1906). 기술적 표상은 자연어에서 동사나 명제와 같이 관계들에 대한 신호를 포함한다. 반면에 그림, 조각, 물리적 모형들은 묘사적 표상이다. 묘사적 표상은 영상적 신호들(iconic signs)로 구성된다. 묘사적 표상은 관계에 대한 정보를 읽어내도록 허용하지만, 이들 관계들에 대한 상징을 포함하지는 않는다. 대신에 묘사적 표상은 관계에 대한 정보를 읽어낼 수 있는 내재된 구조적 특성들을 보유하고 있으며, 이들 공통적인 구조적 특성을 통해 그것들이 표현하는 내용과 결합된다. 기술적 표상과 묘사적 표상은 학습에서 상이한 이점을 가지고 있다. 기술적 표상들은 상이한 주제를 표현하는 측면에 강점을 갖고 있지만, 묘사적 표상들은 추론을 이끌어내는 측면에 강점을 갖고 있다(Johnson-Laird, 1983; Schnotz, 1993).

Schnotz와 Bannert(2003)은 기술적 표상과 묘사적 표상이 근본적으로 상이한 표상형태라는 가정에 기반하여 텍스트와 그림 이해에 대한 통합 모형을 개발했으며, Schnotz(2005)는 이 모형을 보다 정교화했다. 모형은 다중 기억 체제(Atkinson & Shiffrin, 1971), 작동기억(Baddeley, 1986, 2000), 이중 부호화(Pavio, 1986)의 개념을 통합하였다. 또한 모형은 Mayer(1997, 2001)의 멀티미디어 인지이론의 구성요소뿐 아니라 텍스트 이해와 그림 이해에서 다중 정신표상의 개념(Kosslyn, 1994; van Dijik & Kintsch, 1983)을 통합하였다. 문자언어, 음성언어, 시각 그림, 청각 그림(예: 소리 이미지)은 독자적으로 또는 결합하여 이해될 수 있기 때문에 모형은 멀티미디어 학습뿐 아니라 단일 매체 학습에도 적용된다. [그림 11.2]는 모형의 개요를 보여주고 있다.

ITPC(Integrated Model of Text and Picture Comprehension) 모형은 텍스트와 그림 이해가 일관성 형성(coherence formation)을 위한 능동적 처리과정이라는 가정에 기반하고 있다. 학습자는 텍스트와 그림 이해 과정에서 선수지식이나 외부의 언어 정보 및 그림 정보를 토대로 지식 구조를 구축한다. 텍스

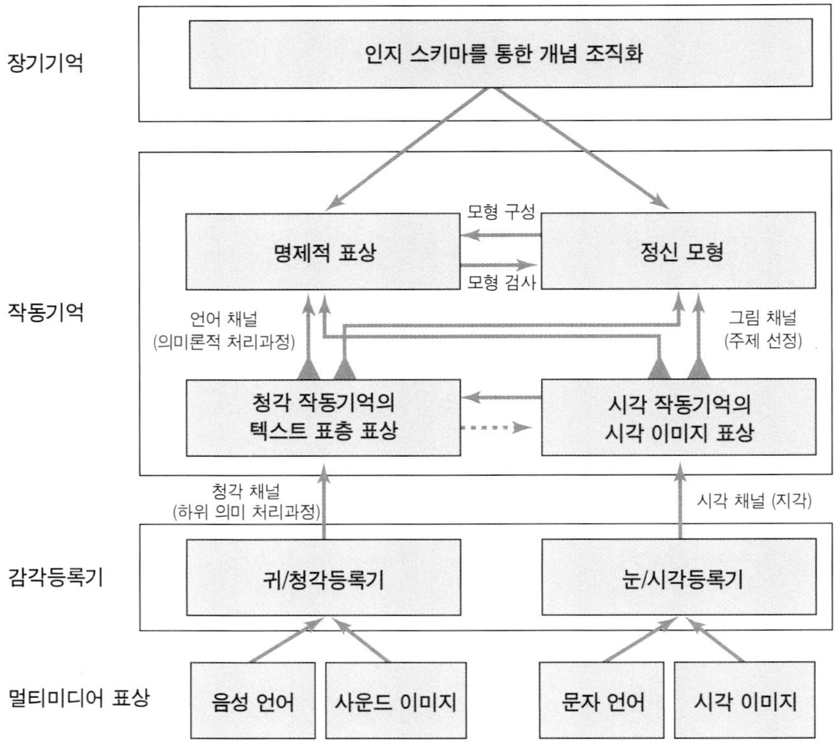

[그림 11.2] 텍스트와 그림 이해를 위한 통합 모형(Schnotz, 2005)

트와 그림 이해는 인지 구조(cognitive architecture)에서 일어난다. 인지 구조는 고용량이지만 극히 짧은 저장 시간을 갖는 정보 투입 체제인 감각등록기, 매우 제한된 용량과 짧은 저장 시간을 갖는 작동기억, 고용량과 오랜 저장시간을 갖는 장기기억으로 구성된다. 언어적 정보(예: 음성언어 또는 문자언어 정보)와 그림 정보(예: 시각 그림과 청각 그림 정보)는 시각 채널이나 청각 채널을 통해 작동기억으로 전송된다. 두 채널은 모두 정보를 처리하고 저장하는 용량이 제한되어 있다. 작동기억에서의 정보처리는 두 가지 상이한 표상 채널—기술적 채널과 묘사적 채널—에서 일어난다. 문자언어 또는 음성언어 정보는 기술적 채널(descriptive channel)에서 처리되는 반면에 시각 그림 또는 청각 그림 정보는 묘사적 채널(depivtive channel)에서 처리된다. 두 채널은 모두 정보를 처리하고 저장하는 용량이 제한되어 있다.

모형에서 정보처리 과정의 지각적 단계와 인지적 단계는 서로 구분된다. 지각적 단계는 감각등록기와 작동기억 간의 정보전달을 포함한다. 이 단계는 감각 채널의 작동을 통해 이루어진다. 인지적 단계는 작동기억과 장기기억 간의 정보교환뿐 아니라 작동기억 내의 정보처리 과정을 포함한다. 이 단계는 기술적 채널과 묘사적 채널의 작동을 통해 이루어진다.

문자언어(written text)를 이해하기 위해서는 시각적으로 표현된 언어적 정보가 눈을 통해 시각등록기로 들어간다. 그러고 나서 정보는 시각 채널을 통해 시각 작동기억으로 전달된다. 시각 작동기억의 최종 정보 패턴은 독해(reading comprehension)에서 텍스트 표층 표상(text surface representation)에 해당된다. 언어적 정보는 언어 채널을 통해 시각 작동기억으로부터 명제 형성을 촉발하여 정신 모형을 구성하거나 정교화시키는 명제 작동기억(propositional working memory)으로 전달된다.

음성언어(spoken text)를 이해하기 위해서는 청각적으로 표현된 언어적 정보가 귀를 통해 청각등록기로 들어간다. 그러고 나서 정보는 청각 채널을 통해 청각 작동기억으로 전달된다. 청각 작동기억의 정보 패턴은 청해(listening comprehension)에서 텍스트 표층 표상에 해당된다. 정보는 언어 채널을 통해 청각 작동기억으로부터 명제 표상을 거쳐 궁극적으로 정신 모형을 구성하거나 정교화시키는 명제 작동기억으로 전달된다.

시각 작동기억의 정보는 언어 또는 그림이 될 수 있으며, 청각 작동기억의 정보 또한 언어 또는 그림이 될 수 있다는 사실에 주목해야 한다. 어떤 경우에는 동일한 신호(same sign)로 언어 정보와 그림 정보를 전달할 수 있다. 예를 들면, 관광포스터의 'Pisa'라는 단어에서 'i'를 Pisa tower의 그림으로 대체한다고 가정해보자. 이러한 경우, 탑 그림은 그림과 언어적 상징의 두 가지 방식으로 해석될 수 있기 때문에 두 가지 기능을 담당한다. 언어 정보와 그림 정보 모두가 청각 작동기억으로 들어갈 수도 있으며, 언어 정보와 그림 정보 모두가 시각 작동기억으로 들어갈 수도 있기 때문에 언어 정보는 언어 채널로 향하게 하고, 그림 정보는 그림 채널로 향하게 하는 장치가 필요하다. 이에 따라 ITPC 모형은 시각 작동기억을 위한 언어 필터(verbal filter)와 그림 필터(pictorial filter)뿐 아니라 청각 작동기억을 위한 언어 필터와 그림 필터를 가정한다(그림

11.2에서 삼각형으로 표시된 부분). 라우터의 기능을 가지고 있는 언어 필터와 그림 필터는 시각 작동기억 또는 청각 작동기억으로부터 해당되는 정보를 선정하여 해당되는 표상 채널로 전달한다(Schnotz, 2005).

따라서 독자나 청자는 텍스트를 이해할 때 텍스트 표층 구조의 정신 표상을 구성하고, 의미론적인 내용(예: 텍스트 기반)의 명제 표상을 생성하고, 텍스트로부터 텍스트에 기술된 주제의 정신 모형을 구성한다(Schnotz, 1994; van Dijk & Kintsch, 1983; Weaver, Mannes, & Fletcher, 1995). 이들 구성과정은 인지 스키마(선정 기능과 조직 기능을 담당)의 활성화를 위한 상향식 상호작용과 하향식 상호작용(interaction of bottom-up and top-down)에 기반하고 있다. 과제 관련 정보는 하향식 활성화를 통해 선정되며, 선정된 정보는 텍스트 표층 구조의 정신 모형으로 조직된다. 상향식 활성화를 통해 텍스트 표층 표상으로부터 시작되는 개념 조직화 과정은 정신 모형의 구성을 촉진하는 일관된 명제 표상으로 나아간다. 정신 모형 구성은 기술적 표상으로부터 묘사적 표상으로의 전이를 의미한다.

명제적 표상과 정신 모형은 인지 스키마가 안내하는 모형 구성과 모형 진단 과정을 통해 지속적으로 상호작용한다. 정신 모형은 텍스트에 기술된 내용이나 상황의 전형적 사례에 대한 정신 모형으로 이어지는 게슈탈트 중심의 구성 규칙(Gestalt-directed construction rules)에 따라 구성된다. 정신 모형이 구성되고 나면 모형으로부터 새로운 정보를 추출하기 위해 모형 진단에 대한 스키마 주도의 처리과정이 적용된다. 이 정보는 명제 형태로 부호화되어 명제 표상을 정교화한다.

시각 그림 이해의 경우, 시각적으로 표현된 그림 정보가 눈을 통해 시각등록기로 입력된다. 입력된 정보는 시각 채널을 통해 시각 작동기억으로 전달되어 시각적 지각 표상이 이루어진다. 그림 필터는 시각 작동기억으로부터 그림 정보를 선정하고 그림 채널을 통해 선정된 정보를 전달하여 정신 모형의 구성이나 정교화가 이루어진다. 새로운 정보를 추출하고 이 정보를 명제 작동기억에 부호화하기 위해 정신 모형이 사용될 수 있다. 종합하면 시각 그림 이해는 먼저 지각 처리과정을 통해 이미지의 시각적인 정신 표상을 생성한 후 의미론적 처리과정을 통해 학습내용에 대한 정신 모형과 명제적 표상의 구성을 필요로 한다.

시각 그림에 대한 지각적 처리과정의 경우, 인지 스키마의 하향식 활성화를 통해 과제 관련 정보가 선정되고, 자동화된 시각 루틴을 통해 시각적으로 조직된다(Ullman, 1984). 지각적 처리과정은 게슈탈트 법칙에 따라 그래픽 요소들의 시각적 조직뿐 아니라, 이들 요소들의 인지(identification)와 변별(discrimination)을 포함한다(Wertheimer, 1938; Winn, 1994). 따라서 시각적 지각은 외재적 그림에 대해 표층 표상으로 생성된 내재적인 묘사적 표상이다. 시각적 지각은 외재적 그림의 구조적 특성을 함유하고 있으며, 시각적 표현 양식과 연결되기 때문에 특정한 감각과 관련된다(Kosslyn, 1984; Shepard, 1984). 단순한 지각 이상으로 외재적 그림을 이해하기 위해서는 의미론적 처리과정이 필요하다. 학습자는 정신 모형에서 부호화되는 바와 같이 그래픽 요소들(예: 그래프의 막대와 같은 시각적 배열)이 정신 요소들(예: 특정 시점의 휘발유 가격)로 지도가 그려지고, 공간적 관계들(예: ~보다 높다)이 의미론적 관계들(예: ~보다 훨씬 비싸다)들로 지도가 그려지는 스키마 주도(schema-driven)의 매핑 처리과정을 통해 묘사된 주제의 정신 모형을 구성해야 한다. 달리 말해 외재적 그림의 이해는 시공간적 관계 시스템과 의미론적 관계 시스템 간의 유추적 구조 매핑(analogical structure mapping)이다. 학습자는 사실적인 외재적 그림의 이해를 위해 일상적인 지각 스키마를 사용한다. 반대로 다이어그램이나 그래프와 같이 추상적인 반사실적 표상(abstract non-realistic representations)을 포함하는 논리적인 외재적 그림 이해(Horz & Schnotz, 2008)의 경우, 학습자는 시공간적 요소들로부터 정보를 추출하기 위해 특정한 인지 스키마(그래픽 스키마)를 필요로 한다(예: Lowe, 1996; Pinker, 1990).

외재적인 청각적 그림(예: 사운드) 이해의 경우, 외재적인 청각적 그림 정보가 귀를 통해 청각등록기에 입력된다. 입력된 정보는 청각 채널을 통해 청각 작동기억으로 전달되어 사운드의 내재적인 청각적 지각 표상이 이루어진다. 청각 그림 필터는 청각 작동기억에서 그림 정보를 선정하고 그림 채널을 통해 선정된 정보를 전달하여 정신 모형의 구성이나 정교화가 이루어진다. 새로운 정보를 추출하고 이 정보를 명제적 작동기억에 부호화하기 위해 정신 모형이 사용될 수 있다.

ITPC 모형은 텍스트 이해와 그림 이해 모두에서 명제 표상과 정신 모형 간의 지속적인 상호작용을 가정한다. 텍스트 이해에서 이러한 상호작용의 출발점은 정신 모형을 구성하기 위해 사용되는 명제 표상이다. 그러고 나서 이 모형은 새로운 정보를 추출하고 명제 표상을 정교화하기 위해 사용될 수 있다. 그림 이해에서 상호작용의 출발점은 명제 표상에 부가할 새로운 정보를 추출하는 데 사용되는 정신 모형이다. 따라서 외재적 표상과 내재적 표상 간에는 일대일 관계가 성립되지 않는다. 외재적인 기술적 표상(예: 텍스트)과 묘사적 표상(예: 그림) 모두 내재적인 기술적 정신 표상과 묘사적 정신 표상으로 이어진다.

텍스트와 그림의 유의미한 학습은 정보의 선정, 정보의 조직, 선수지식의 활성화, 다양한 출처의 정보를 통합하는 능동적인 일관성 형성 등 종합적인 인지적 처리과정을 요구한다. 학습자들은 문자언어 또는 음성언어(written or spoken text) 이해를 위해 외재적 정보 출처인 단어, 문장, 문단으로부터 관련 언어적 정보를 선정한다. 학습자들은 이 정보틀 조직하고, 정보의 내재적 출처인 관련 선수지식을 활성화하고, 일관된 정신 모형과 일관된 명제 표상을 구성한다. 학습자들은 시각 그림의 이해를 위해 외재적 정보의 출처인 그림, 지도, 그래프로부터 관련 그림 정보를 선정한다. 학습자들은 이 정보를 조직화하고 정보의 내재적 출처인 관련 선수지식을 활성화하고, 명제 표상의 뒷받침을 받아 일관된 정신 모형을 구성한다. 학습자들은 청각 그림(예: 사운드 이해)의 이해를 위해 관련 청각 정보를 선정하고, 이 정토를 조직화하고, 정보의 내재적 출처인 관련 선수지식을 활성화하고, 명제적 표상의 뒷받침을 받아 일관된 정신 모형을 구성한다.

공통점과 차이점

공통점

텍스트와 그림 이해의 통합모형과 멀티미디어 인지이론은 공통된 가정을 가지고 있지만 일부 상이한 측면도 있다. 한 가지 공통점은 두 모형 모두 제한된 용량을 가지고 있는 작동기억을 포함하여 다양한 기억 저장 장치를 가정한다. 또 다른 공통점은 두 모형 모두 이중부호화이론의 기본 가정과 마찬가지로 언어 정보와 그림 정보를 처리하는 상이한 채널이 존재한다고 가정한다. 또한 두 모형 모두 작동기억에서 정보처리를 위한 위계적인 순서가 존재한다고 가정한다 (Cermak & Craik, 1979).

저차원적 정보처리과정과 고차원적 정보처리과정

이 절에서 우리는 저차원적 정보처리과정과 고차원적 정보처리과정을 구분한다. 저차원적 정보처리과정은 언어 및 그림의 표층구조에 대한 처리과정을 의미하며, 고차원적 정보처리과정은 정신 모형이나 명제적 표상과 같이 의미론적 구조의 처리과정을 의미한다.

저차원적 정보처리과정은 청각등록기와 시각등록기로부터 작동기억으로 정보를 전달하기 위해 필요한 모든 표면적, 지각적 처리과정(subsementic and perceptual processes)을 의미한다. 뿐만 아니라 저차원적 정보처리과정은 청각 작동기억에 텍스트 표층 표상을 생성하거나 시각 작동기억에 시각적 그림 표상을 생성하는 인지적 처리과정을 포함한다. 모든 저차원적 정보처리과정은 대부분 자동화된 방식으로 실행되며, 극히 일부만 의도적인 처리과정을 통해 영향을 받는다.

고차원적 정보처리과정은 학습내용의 명제적 표상이나 정신 모형으로 이어지는 주제별 의미 선택(thematically oriented semantic selection)과 정보처리과정을 포함한다. 또한 고차원적 정보처리과정은 모형 구성과 모형 검사를 의미하는 명제적 표상과 정신 모형 간의 상호작용을 포함한다(Schnotz, 2005). 고차원적 정보처리과정은 장기기억에 있는 주제 관련 정보에 접근하여 관련 정보를 명제적 표상과 정신 모형에 통합해야 한다. 고차원적 정보처리과정은 저차원적 정보처리과정과는 반대로 대부분 의도적인 처리과정을 통해 영향을 받을 수 있다.

차이점

두 모형은 다음과 같은 점에서 차이가 있다. Mayer(2005)의 CTML 모형에서 감각 표현양식과 표상형태(representational format)는 청각-언어 채널과 시각-그림 채널 가정으로 통합된다. 이와는 달리 Schnotz(2005)의 ITPC 모형에서는 언어적 정보가 반드시 청각 표현양식과 결합되는 것은 아니며, 시각 표현양식으로 전달될 수도 있다. 마찬가지로 그림 정보가 반드시 시각 표현양식과 결합되는 것은 아니며, 청각 표현양식(예: 사운드 이미지)으로 전달될 수도 있다. 따라서 ITPC는 수업요소들의 특정한 결합이 외재적 부하를 일으킨다고 가정한다. 예를 들면, 학습자들이 자동차 브레이크가 차를 정지시키는 방법에 대해 학습할 때 수업설계자는 브레이크 작동방법에 대한 애니메이션을 제시할 수 있다. 정교화된 지각적 자극을 제공하기 위해 속도가 줄어드는 동안 애니메이션에 자동차의 사운드를 추가한다고 가정해보자. 실수로 트럭의 사운드가 추가된다면 청각적 감각 채널과 묘사적 표상 채널을 통해 부적절한 사운드가 전파될 수 있다. 그것은 부적합한 사운드 이미지를 생성하고, 부적합한 선수지식을 활성화시킬 것이다. 이것은 정확한 정신 모형의 구성을 방해하여 외재적 인지부하를 일으킨다. 반대로 CTML은 사운드 이미지를 멀티미디어 학습의 요소로 고려하지 않으며, 따라서 사운드 이미지를 부가적인 인지부하의 잠재적 원천으로 생각하지도 않는다.

ITPC 모형은 저차원적 정보처리과정의 복합 감각 채널(시각, 청각, 촉각, 기타)을 서로 구분하고, 고차원적 정보처리과정의 두 가지 표상 채널(언어와 그림)을 구분한다. 저차원적 정보처리과정과 고차원적 정보처리과정의 차이는 CTML 모형에도 포함되어 있다. 사운드와 이미지는 저차원적 지각 수준에 해당되며, 언어와 그림 모형은 고차원적 인지 수준에 해당된다.

두 이론적 접근의 차이는 CTML 모형이 서로 통합되어야 하는 언어 정신 모형과 그림 정신 모형의 구성을 가정하는 반면, ITPC 모형은 여러 출처의 정보를 통합하는 하나의 정신 모형이 구성된다고 주장한다. 그러나 두 모형 모두 그림 자료와 언어 자료가 작동기억에서 통합된다는 가정은 서로 일치한다.

ITPC 모형은 그림 이해가 구조 매핑의 과정을 포함한다고 가정하기 때문에 그림의 구조가 정신 모형의 구성에 중요한 역할을 담당한다. 부적절한 과제 구조(task-inappropriate structure)의 시각자료가 제시되면 요구되는 정신 모형과 외재적 시각자료 간의 구조적 갈등이 작동기억에 외재적 인지부하를 부과하기 때문에 정신 모형 구성이 방해를 받게 된다(Schnotz & Bannert, 2003). 이와는 달리 CTML 모형은 구조 매핑 과정을 가정하지 않기 때문에 그러한 구조적 간섭을 예견하지 않는다(Mayer, 2005). CTML 모형이 텍스트 이해와 그림 이해의 병렬 처리과정을 가정하는 반면에 ITPC 모형은 텍스트 이해와 그림 이해의 관계를 본질적으로 교차할 수 있다고 가정한다. ITPC 모형은 학습환경에서 그래픽이 텍스트보다 정신 모형에 직접적인 영향을 미치지만, 텍스트는 그래픽보다 명제 표상에 직접적인 영향을 미친다고 가정한다. 학습 후에 요구되는 과제 수행으로 주로 명제 표상이 요구된다면 텍스트를 강조함으로써 본유적 인지부하가 증가하게 되며, 주로 정신 모형이 요구된다면 그래픽을 강조함으로써 본유적 인지부하가 증가하게 된다.

멀티미디어 이해와 인지 부하

인지부하이론의 기본 가정

CTML과 ITPC 모형은 학습과 이해가 인간의 인지 시스템의 제약을 받는다고 가정한다. 감각등록기(시간적 제약)와 작동기억(시간적 제약과 용량의 제약)은 제약을 가지고 있는 반면(Baddeley, 1986), 장기기억은 무제한적 용량을 가지고 있다고 가정한다(Atkinson & Shiffrin, 1968).

작동기억의 한계에 대한 가정과 그것이 교수학습에 주는 함의가 인지부하이론의 핵심이다(Sweller et al., 1998). 인지부하이론에 따르면 수업설계는 인지 구조의 제약에 맞게 조정되어야 한다. 학습하는 동안 새로운 정보가 작동기억에서 처리되고, 이에 따라 장기기억의 내용 또한 수정된다. 인지부하이론에 따르면 모든 의식적인 인지적 처리과정은 작동기억에 인지부하를 초래하기 때문에 안내된 인지적 학습 과정은 항상 인지부하와 연관된다. 결국, 인지부하이론은 학습상황에서 제한된 작동기억 용량을 효율적으로 사용하기 위해 최적화된 수업설계의 중요성을 강조한다(Chandler & Sweller, 1991; Paas et al.,

2004; Sweller & Chandler, 1994; Sweller et al., 1998).

인지부하이론은 인지부하를 내재적 인지부하, 외재적 인지부하, 본유적 인지부하로 구분한다(2장 참조). 학습과제의 복잡성이 **내재적 부하**를 일으킨다. 내재적 부하의 정도는 학습자의 선수지식, 지적 능력, 학습자료의 복잡성에 따라 달라진다(Schnotz, Kirschner, 2007). 특히 학습을 목적으로 하는 인지적 활동은 **본유적 부하**를 야기하며, 본유적 부하는 스키마 추출이나 스키마 자동화를 위한 인지적 노력을 반영한다. 스키마 자동화는 학습과제에 대한 인지부하를 감소시키기 때문에 본유적 부하는 증진되어야 한다(2장과 8장 참조). 외재적 부하는 부적합한 수업 체제로 인해 야기되는 불필요한 부하이다. 따라서 외재적 부하는 가능한 한 감소되어야 하며, 본유적 부하는 가능한 한 증진되어야 한다.

멀티미디어 학습에서 상이한 정보처리 수준에 따른 인지부하 관리 지침

멀티미디어 학습에서 부정적 인지부하를 방지하고, 멀티미디어 학습과정을 최적화하기 위해 인지부하이론 기반의 다양한 설계지침들이 제시되어 왔다(Mayer & Moreno, 2003; Moreno & Mayer, 2007; 7장, 8장 참조). 다음 절에서는 이러한 설계지침들이 어느 인지부하에 영향을 미치며, 수업설계 원리들이 저차원적 처리과정 또는 고차원적 처리과정에 어떻게 영향을 미치는지에 초점을 맞출 것이다. 세 가지 범주의 설계지침 또는 설계원리를 탐색한다. 그것은 (1) 미디어 기반 학습(멀티미디어 학습과 단일 매체 학습)의 일반적 특성을 제시하는 설계 가이드라인, (2) 멀티미디어 학습의 수업설계 특성과 관련된 설계 가이드라인, (3) 학습자 특성에 따른 학습환경 설계 가이드라인이다.

멀티미디어 학습과 단일 매체 학습

멀티미디어 학습의 일반적 특성은 텍스트와 그림 같은 복수의 표상 형태를 사용한다는 것이다. 이러한 일반적 특성은 이미 잘 알려진 멀티미디어 설계원리에도 적용된다. 학습자들은 텍스트만 제시할 때보다 텍스트와 그림이 함께 제시될 때 학습효과가 높다. 멀티미디어 설계원리는 멀티미디어 학습환경이 어떻게 설계되어야 하는지에 대해 안내하지는 않는다. 멀티미디어 설계원리는 단일 매체 학습환경보다는 멀티미디어 학습환경을 설계하고 사용해야 한다고 주장한다. 멀티미디어 설계원리는 언어적 설명이나 시각적 표상이 단독으로 제공되는 학습보다 언어적 설명과 이에 해당하는 시각적 표상이 함께 제공되는 학습이 보다 효과적이라고 가정한다.

그러나 최근의 인지부하이론 연구는 멀티미디어 설계원리가 모든 조건에 적용되지는 않는다고 주장한다. 학습자의 선수지식 수준이 높다면 단일 매체 학습이 멀티미디어 학습보다 효과적일 수 있다(Kalyuga, Ayres, Chandler, & Sweller, 2003; 3장 참조). 또한 학습자가 불충분한 공간 지각능력을 소유하고 있다면 멀티미디어 설계원리가 적용되지 않는다(Plass, Chun, Mayer, & Leutner, 2003). 그러나 그러한 장애물이 없다면 멀티미디어 학습환경의 설계와 활용은 바람직하다. 멀티미디어 설계원리는 수업설계자가 첫 번째로 고려해야 하는 설계원리이다. 멀티미디어 설계원리는 다른 설계지침의 적용을 위한 전제조건이다.

멀티미디어 학습의 수업설계 특성과 관련된 설계지침

두 번째 지침은 멀티미디어 학습의 수업설계 특성과 관련된다. 이들 지침은 공간적 인접성 원리, 시간적 인접성 원리, 중복 원리, 응집성 원리, 감각양식 원리와 부합한다. 또한 분절화와 정렬 기법도 이 범주에 속한다. 이들 원리와 기법들은 멀티미디어 학습 시스템의 단면에 초점을 맞추고 있다.

공간적, 시간적 인접성 원리. 공간적 인접성 원리(spatial contiguity principle)와 시간적 인접성 원리(temporal contiguity principle)는 의미상으로 관련이 있는 매체(예를 들면, 문자 언어와 그림) 간의 공간적 거리 또는 시간적 거리가 최소화되어야 한다고 주장한다. 특히, 텍스트가 애니메이션과 결합될 때 불연속성의 효과는 크다. 언어 정보와 그림 정보가 정신 모형에 통합되려면 가능한 한 동시에 작동기억에 머물러야 한다. 애니메이션의 빠르게 제시되고 학습자가 텍스트를 읽으면서 애니메이션을 관찰하느라 시각적 주의를 분산해야 한다면 (저차원 처리과정으로 인한) 텍스트와 애니메이션의 정신 표층 구조 표상은 상대적으로 불완전해질 것이다. 영화를 보면서 동시에 자막(특히, 자막에 많은 텍스트가 제시되는 경우)을 읽는 것이 비교적 어렵다는 것은 잘 알려져 있다(Koolstra, 2002). 멀티미디어 학습에도 동일한 문제가 존재한다. 애니메이션의 빠른 속성과 결합된 높은 불연속성 조건하에서 학습자들은 일관된 텍스트 표층 표상이나 이미지 표상을 구축할 수 없다. 이것은 높은 정보검색 처리 비용을 야기하기 때문이다. 고차원 처리과정에서 정신 모형의 구성은 적합한 표층 구조 표상에 의존하고 있기 때문에 낮은 인접성은 방해가 된다. 결국, 저차원 처리과정의 불연속성 효과로 인해 고차원 인지적 처리과정은 제한된다. 이들 고차원 처리과정이 낮은 인접성으로 방해받을 수 있지만, 이들 문제의 원인이 고차원 인지적 처리과정 내에 있는 것은 아니다. 사실, 방해받은 저차원 처리과정에서 파생된 불충분한 표층 표상으로 인해 문제가 발생하게 된다. 불연속성으로 인해 발생한 문제는 멀티미디어 학습에서 주로 저차원 처리과정에 기인한다. 따라서 시간 인접성 원리와 공간 인접성 원리에서 추출한 가이드라인은 작동기억의 저차원 정보처리과정을 목표로 한다.

중복 원리. 멀티미디어 연구에서 '중복'은 맥락에 따라 다른 의미로 사용되고 있다. 이에 따라 두 가지 다른 중복 원리(redundancy principle)가 공식화되었다. Mayer(2002)는 '중복'이란 용어를 비교적 특정한 방식으로 사용하였다. 즉, 그림이 중복되는 나레이션이나 문자 텍스트와 함께 제시되는 맥락에서 '중복'이란 용어를 사용했다. 우리는 이것을 **특정한 중복 원리**(specific redundancy principle)라는 용어로 사용할 것이다. Sweller(2005)는 '중복'이란 용어를 보다 보편적인 방식으로 사용하였다. 그는 정보원이 되는 어떤 언어나 그림이 학습자에게 제시될 때, 학습자가 이미 관련 정보를 가지고 있고, 제시되는 언어나 그림이 새로운 정보를 전혀 제공하지 못한다면 중복된다고 하였다. 우리는 이것을 **보편적 중복 원리**(general redundancy principle)라는 용어로 사용할 것이다(Schnotz, 2005). 이러한 중복이 멀티미디어 학습에서 상이한 정보원들 사이에 존재한다면 학습은 개선되지 않고 인지부하는 증가하게 된다. 따라서 중복으로 인해 발생한 부가적인 부하는 외재적 부하로 분류되어야 한다(Sweller,

2005). '멀티미디어 학습에서 이러한 부가적인 외재적 부하는 어느 정보처리 단계에서 발생하는가?' 라는 질문을 제기할 수 있다.

특정한 중복 원리와 관련하여 음성언어와 문자언어가 동시에 제시될 때 학습자들은 문자언어의 텍스트 표층 표상뿐 아니라, 음성언어의 텍스트 표층 표상을 동시에 형성하려고 한다. 문자언어 부분에 대한 시각적 표상이 구성되고 나서 청각 작동기억에서 문자언어 정보가 처리되어야 한다. 시각적 문자 표상과 청각적 문자 표상의 병행 구성으로 인해 청각 작동기억에 인지부하가 발생한다. 학습자들이 두 가지 텍스트가 동일할지라도 하나를 무시하지 않고 두 가지 정보원을 모두 처리하려고 하기 때문이다. 고차원적 정보처리과정은 동시에 제공되는 두 개의 정보원으로부터 간접적으로만 영향을 받지만, 텍스트 표층 표상이라는 저차원적 정보처리과정에서 발생하는 과부하로 인해 작동기억이 제 기능을 수행하지 못하게 된다. 또한 듣기와 읽기 간의 비동시성 문제일 수도 있다. 텍스트 나레이션의 속도는 고정되어 있지만, 읽기 속도는 개인의 정보처리 요구에 따라 다양할 수 있기 때문이다(Bornkessel, Fiebach, Friederici, & Schlesewsky, 2004). 학습자들이 인지과부하를 피하기 위해 중복되는 문자 텍스트를 무시할 수는 없다. Moreno와 Mayer(2002)의 실험에서는 하나의 학습장면이 비교적 짧아서 학습자들이 중복된 문자 텍스트를 무시할 수 있는지에 대해 규명할 기회가 없었으므로 후속 연구가 필요하다고 생각된다. 텍스트의 길이가 특정한 중복 효과의 중요한 요소라면 중복되는 긴 음성 텍스트와 문자 텍스트를 그림과 함께 제시하는 경우를 가정해볼 수 있다. 이 경우, 학습자들이 문자 텍스트를 무시할 개연성이 높기 때문에 인지부하를 상당 부분 감소시킬 수 있을 것이다.

보편적 중복 원리는 주제를 이해하는 데 단일 매체만으로 충분하다면 학습 환경에서 서로 다른 정보원 간의 중복은 학습 수행을 방해할 것이라고 가정한다(Sweller, 1994, 2005). 달리 말해, 학습자가 첫 번째 학습 매체를 충분히 이해할 수 있고, 두 번째 매체가 동일한(예: 중복되는) 정보를 제공한다면 두 번째 매체는 학습자의 작동기억에 외재적 부하를 부과할 것이다. 다음 절에서는 문자 텍스트와 그림의 중복되는 결합에 초점을 맞춘다. 그러한 결합은 학습자의 눈이 글을 읽으면서 동시에 그림을 관찰할 수 없기 때문에 항상 주의를 분산시킨다. 공간적 인접성 원리를 적용하여 감소시킬 수 있는 이러한 인지부하 이외에 텍스트와 그림이 모두 복잡하지 않은 저차원적 정보처리과정에서는 텍스트 읽기나 그림 관찰 그 자체가 인지과부하를 일으키지 않는다. 사실, 두 가지 중복 매체의 부정적 효과는 정보 통합 면에서 불필요한 정보처리과정이 요구되기 때문이다. 단순히 중복되어 있을 뿐 정신 모형 구성에 아무런 도움이 되지 않는다. 단지 완전한 중복이 부정적인 결과를 초래하는지 아니면 서로 다른 매체 간의 부분적인 중복이 부정적인 방식으로 학습수행에 영향을 미치는지는 여전히 해결되지 않은 문제이다. 두 가지 정보원의 통합을 위해 서로 다른 매체 간의 부분적 중복이 필요하다는 가정은 타당해 보인다(Moreno & Mayer, 2002). 부분적인 중복 매체의 경우에는 서로 다른 정보원 간의 상호참조 연결을 생성하기 위해 일부 중복(의미론적 중복)이 필요하다. 또한 단일 매체로 제공되는 부가적인 정보는 정신 모형의 정교화를 지원한다.

응집성 원리. 응집성 원리(coherence principle)는 불필요한 자료(흥미롭지만 관련이 없는 글, 그림, 사운드나 음악)가 제거될 때 학습자의 수행이 향상되는 것을 의미한다(Moreno & Mayer, 2000; Harp & Mayer, 1997; Chandler & Sweller, 1991). 응집성 원리의 일반적 개념은 서로 다른 정보원들을 가지고 수행한 학습결과를 비교하는 것이다. 두 가지 정보원 중 한 정보원은 중요한 정보만을 포함하고 있는 반면에 다른 정보원은 중요한 정보와 중요하지 않은 정보를 모두 포함하고 있을 경우의 학습효과를 비교하는 것이다. 멀티미디어 학습모형에 따르면 학습결과가 서로 다르게 나타나는 것은 당연한 것이다. 서로 다른 정보 내용이 학습되고, 이에 따라 서로 다른 정신 모형이 생성되리라고 기대할 수 있기 때문이다. 반면에 응집성 원리는 작동기억의 고차원적 수준에서 정보처리과정의 최적화를 목표로 한다. 저차원적 정보처리과정은 적은 정보가 처리되면 되므로 관련 없는 내용이 제거된 학습자료가 효과적일 것으로 기대된다. 결국, 응집성 원리는 작동기억의 고차원적 정보처리 수준에서 최적화로 이끌지만, 작동기억의 저차원적 정보처리 수준에서도 긍정적인 효과를 갖는다.

감각양식 원리. 감각양식 원리(modality principle)는 애니메이션과 문자 텍스트보다 애니메이션과 나레이션이 학습에 효과적이라고 가정한다. Mayer

(2001)와 Sweller(1999)는 두 가지 채널 사용이 작동기억 용량을 효과적으로 확장시키고, 두 가지 정보원에 대해 단일 감각 채널을 사용할 경우에 피하기 어려운 과부하 가능성을 감소시킨다고 주장하였다. 멀티미디어 학습모형 관점에서 감각양식 원리의 효과는 저차원적 정보처리 수준에서 나타난다. 이는 시각 채널이 한 가지 정보원만을 처리할 때 낮은 부하를 갖게 되기 때문이다. 텍스트가 청각적 형태로 제시된다면 정신 모형 구성이 촉진된다. 고차원적 작동기억 용량에 대한 가정은 청각 채널이나 시각 채널에 작동기억 용량이 융통적으로 할당되는 것이 아니라, 특정한 채널에 편파적으로 헌신하게 된다는 아이디어에 기반하고 있다. 따라서 학습자는 두 가지 정보처리 채널 모두를 사용하여 특정 시간 내에 많은 정보를 처리할 수 있다. 또한 저차원적 인지부하는 작동기억의 인지 용량을 자유롭게 하지만, 고차원적 정보처리과정은 감각양식 원리의 영향을 직접적으로 받지는 않는다.

분절화 원리. 복잡한 자료를 작은 부분으로 분절화(segmenting)하도록 제안하는 것은 공간적 인접성이나 시간적 인접성을 떨어뜨려서 인접성 원리와 모순된다. 복잡하고 일시적인 학습자료가 너무 많은 관련 요소들을 포함하고 있어서 작동기억에 과부하를 일으키는 경우, 분절화는 중요한 설계 옵션이다. 과부하는 두 가지 요소에 의해 발생한다.

(1) 학습자들은 적합한 정신 모형을 생성할 수 없다. 왜냐하면 애니메이션이나 오디오 스트림 같은 연속적인 정보의 일시적인 제시는 제한된 시간에 제한된 용량으로 적절히 처리되기에 너무 빠르거나 너무 많기 때문이다. 학습자는 앞서 제시된 정보에 기반하여 정신 모형 구성이 아직 진행 중에 있는 동안 작동기억에 새로운 요소를 통합해야 하기 때문에 인지적으로 과도하게 긴장하게 된다. 이러한 경우, 서로 다른 정보 요소들 간의 시간적 간격이 크면 정보처리과정을 촉진할 수 있다('인지적 요약'을 위한 시간 포함; Just & Carpenter, 1980). 또한 정화상(예를 들면, 상세한 해부학 그림)도 학습시간이 제한된다면 인지적 과부하를 일으킬 수 있다. 전체 그림의 분절화는 관련 내용의 시각적 정보처리과정을 촉진할 것이다. 멀티미디어 학습모형 관점에서 분절화는 작동기억의 고차원의 인지적 처리과정을 지원하는 기법이다. 첫째, 작은 분절화로 학습내용을 제시하면 학습자들이 적합한 정신 모형을 더 잘 구성할 수 있다.

둘째, 학습자들은 다음 인지적 처리과정을 통해 새로운 정보를 장기기억에 내면화한다. 한 조각의 정보처리과정 이후, 이어지는 조각의 정보는 분절화되지 않은 복잡한 학습재료에 비해 보다 효과적으로 처리될 수 있다. 분절화가 초기 이해를 위해 필수적인 내용을 분리하지 않는다면 공간 비인접성과 시간 비인접성은 그다지 중요하지 않다. 예를 들면, 비디오와 이에 상응하는 오디오 파일은 시간적으로 분리되어 제시되면 안 된다. 시간적으로 분리된 비디오와 오디오 파일은 함께 처리될 수 없기 때문이다.

(2) 분절화는 작동기억의 저차원적 정보처리과정에서 처리과정을 촉진할 수 있지만, 효과는 비교적 간접적이다. Mayer와 Moreno(2003)는 두 채널 모두가 과부하될 경우 인지과부하를 줄이는 방법으로 분절화를 제안하였다. 새로운 동태적 정보가 연속적으로 학습자에게 제시될 때 모형 구축 과정에서 인지과부하가 일어난다. 고차원적 정보처리과정에서 정신 모형 구축 과정이 진행 중일 경우, 수업자료의 동태적 특성 때문에 학습자의 텍스트 표층 표상 능력이나 이미지 표상 능력이 방해를 받을 수 있다. 그 결과, 학습자는 중요한 정보를 간과하게 되고, 텍스트 표층 표상과 그림 표층 표상으로 정보를 통합시키지 못하게 된다.

신호 원리. 텍스트의 관련 문장에 잉크를 칠하여 자료에 신호(signaling)를 보내는 것은 최적화 지침과는 다르다. 작동기억의 저차원적 정보처리과정에서 신호의 의도는 외재적 자료의 문제를 해결하는 것이다. 신호를 통해 학습자의 지각을 학습환경에서 가장 중요한 요소로 안내할 수 있다. 그렇게 함으로써 학습자들이 그들의 인지적 자원을 본질적인 요소에 할당하도록 외재적 자료로부터 학습자의 주의를 떼어놓을 수 있다(7장 참조). 고차원적 처리과정에서 신호는 정보의 이해와 통합 과정을 지원한다. 수업설계자는 신호를 통해 모든 수준의 정보처리과정을 개선할 수 있다.

학습자 특성에 따른 학습환경 설계지침

설계지침의 세 번째 범주는 주로 특정한 학습자 특성에 초점을 맞추어 개별화 학습 원리로 표현된다(4장 참조). 이 범주의 설계지침들은 적성-처치 상호작용에 관한 연구에 따라 특정한 학습자 집단을 위한 최적화된 수업 조건을 구체화한다.

개인차 원리. 개인차 원리(principle of individual differences)는 학습능력이 서로 다른 학습자들에게 수업설계의 요소를 적응시키는 것을 목표로 한다. 이 원리는 수업설계가 학습자의 선수지식 및 인지적인 공간 지각 능력에 따라 서로 다르게 영향을 미칠 수 있다고 주장한다. 달리 말해, 개인차에 따라 다른 보편적 설계원리(예: 중복 원리와 인접성 원리)의 효과가 달라질 수 있다. 또한 선수지식과 공간 지각 능력은 멀티미디어 학습의 서로 다른 수준에서 효과적이다.

(1) 선수지식의 효과는 고차원적 정보처리과정과 관련된다. Mayer(2001)는 그의 연구(Mayer & Sims, 1994)에서 선수지식이 높은 학습자들은 수업설계의 약점을 보정할 수 있다고 주장한다. 그들은 고차원적인 인지적 정보처리과정에서 정신 모형의 구성을 위해 선수지식이 낮은 학습자처럼 많은 인지적 자원을 필요로 하지 않기 때문이다. 선수지식이 높은 학습자들은 정신 모형을 구성하기 쉽다. 왜냐하면 그들은 선수지식이 낮은 학습자들보다 새로운 정보를 보다 적게 통합하면 되기 때문이다. 또한 선수지식이 높은 학습자들은 선수지식이 낮은 학습자에 비해 인지부하를 덜 유발하면서 학습과정에서 적용할 수 있는 자동화된 스키마를 가지고 있다.

(2) 선수지식에 비해 공간 지각 능력은 멀티미디어 학습의 모든 수준에서 영향을 미친다. Mayer와 Sims(1994)는 공간 지각 능력이 높은 학습자들은 언어와 그림이 연속적으로 제시될 때보다 동시에 제시될 때 높은 수행을 보인다고 주장하였다. 반면에 공간 지각 능력이 낮은 학습자들은 두 가지 제시 방법 간에 차이를 보이지 않았다. 이러한 결과는 공간 지각 능력이 낮은 학습자들에 비해 공간 지각 능력이 높은 학습자들이 언어적 정보와 회화적 정보를 더 잘 통합할 수 있음을 의미한다.

요약 및 결론

인지과부하를 방지하기 위해 수업설계 및 기법을 최적화하려는 대다수 원리들은 외재적 부하를 감소시키려는 저차원적 정보처리 수준에 초점을 맞추고 있다. Mayer, Sweller, Chandler, Moreno, van Merriënboer, Plass 등이 이러한 주제의 연구에 크게 기여해오고 있다. 유념학습(mindful learning)이 정보의 이해 및 통합이라는 고차원적 정보처리과정과 관련되지만, 인지과부하를 방지하려는 대다수 최적화 원리와 기법들은 고차원의 인지적 처리과정에 직접적인 영향을 미치지 못하고 있다. 학습과정에서 고차원적 정보처리과정의 최적화를 다루는 일부 기법들이 제시되었지만(Mayer, 2005의 3장), 그것들은 대부분 특정 상황을 다루고 있으며, 심층 정보처리과정(lower order information processing)의 개선을 위해 멀티미디어 설계지침으로 활용할 수 있는 보편적 설계원리들은 적다. 아마도 실용적인 이유로 이 분야의 대다수 연구들이 저차원 인지적 처리과정의 인지부하를 탐색해오고 있다. 글과 그림 간의 거리, 연속적인 비디오 스트림과 분절화된 비디오 스트림, 나레이션과 문자 텍스트와 같은 표층 수준의 설계가 고차원의 의미론적 처리과정을 다루는 설계보다 쉽게 조작될 수 있기 때문이다. Roy와 Chi(2005)의 제안처럼 초인지 처리과정을 촉진하거나 그래픽 보조도구와 수업 보조도구를 사용하여 고차원의 인지적 처리과정에서 멀티미디어 학습을 최적화할 수 있는 잠재적 가능성이 존재한다고 생각한다(Seufert & Brünken, 2006; Seufer, Janen, & Brünken, 2007). Plötzner, Bodemer, Feuerlein(2001)은 상이한 정보원의 정보 통합과 관련된 측면을 연구하였다.

ITPC와 CTML의 관계와 관련하여 수업설계자들은 수업자료를 분석하기 위해 어떤 프레임워크를 사용할지 또는 어떤 프레임워크를 수업환경 구성을 위한 이론적 출발점으로 삼을지를 결정해야 한다. 한 측면은 계획의 구체성이 될 수 있다. CTML은 멀티미디어 정보처리과정의 주요 효과를 설명하기에 적합하지만, 이 모형은 그래픽 이해에 관해 상세히 다루고 있지 않으며, 청각적 그림은 고려하지 않고 있다. 인지부하이론 분야의 후속 연구가 CTML 또는 ITPC 모형의 가정에 대한 근거가 될 수 있다.

종합하면, 멀티미디어 학습에서 인지부하를 방지하기 위한 최적화 원리 및 기법과 관련하여 다음과 같은 결론을 도출할 수 있다. 첫째, 지금까지 멀티미디어 수업설계에 관한 연구는 주로 저차원 정보처리과정을 용이하게 하려는 외재적 부하 감소의 중요성에 초점을 맞추어왔다. 둘째, 이 분야의 후속 연구는 고차원 정보처리과정에서 학습과정을 최적화하기 위한 기법에 초점을 맞추어야 한다. 셋째, 후속 연구는 멀티미디어 수업설계와 학습자 특성 간의 상호작용을 체계적으로 고려해야 한다.

참고문헌

Atkinson, R. C., & Shiffrin, R. M. (1968). Human memory: A proposed system and its control processes. In K. W. Spence & J. T. Spence (Eds.), *The psychology of learning and motivation: advances in research and theory* (Vol. 2, pp. 742-775). New York: Academic Press.

Atkinson, R. C., & Shiffrin, R. M. (1971). The control of short-term memory. *Scientific American*, 225, 82-90.

Baddeley, A. P. (1986). *Working memory*. Oxford, UK: Clarendon Press.

Baddeley, A. P. (1992). Working memory. *Science*, 255, 556-559.

Baddeley, A. P. (2000). The episodic buffer: A new component of working memory? *Trends in Cognitive Science*, 4, 417-423.

Bornkessel, I. D., Fiebach, C. J., Friederici, A. D., & Schlesewsky, M. (2004). 'Capacity' reconsidered: Interindividual differences in language comprehension and individual alpha frequency. *Journal of Experimental Psychology*, 51, 278-279.

Cermak, L., & Craik, F. (1979). *Levels of processing in human memory*. Hillsdale, NJ: Erlbaum.

Chandler, P., & Sweller, J. (1991). Cognitive load theory and the format of instruction. *Cognition and Instruction*, 8, 293-332.

Falkenhainer, B., Forbus, K. D., & Gentner, D. (1989/1990). The structure-mapping engine: Algorithm and examples. *Artificial Intelligence*, 41, 1-63.

Gentner, D. (1989). The mechanisms of analogical learning. In S. Vosniadou & A. Ortony (Eds.), *Similarity and analogical reasoning* (pp. 197-241). Cambridge, UK: Cambridge University Press.

Gernsbacher, M. A. (1990). *Language comprehension as structure building*. Hillsdale, NJ: Erlbaum.

Graesser, A. C., Millis, K. K., & Zwaan, R. A. (1997). Discourse comprehension. *Annual Review of Psychology*, 48, 163-189.

Harp, S., & Mayer, R. (1997). The role of interest in learning from scientific text and illustrations. On the distinction between emotional interest and cognitive interest. *Journal of Educational Psychology*, 89, 92-101.

Horz, H., & Schnotz, W. (2008). Multimedia: How to combine language and visuals. *Language at Work*, 4, 43-50.

Johnson-Laird, P. N. (1983). *Mental models: Towards a cognitive science of language, interference, and consciousness.* Cambridge, UK: Cambridge University Press.

Just, M. A., & Carpenter, P. A. (1980). A theory of reading: From eye fixations to comprehension. *Psychological Review*, 87, 329-354.

Kalyuga, S., Ayres, P., Chandler, P., & Sweller, J. (2003). Expertise reversal effect. *Educational Psychologist*, 38, 23-31.

Kintsch, W. (1998). *Comprehension: A paradigm for cognition.* Cambridge, UK: University Press.

Koolstra, C. M. (2002). The pros and cons of dubbing and subtitling. *European Journal of Communication*, 17, 325-354.

Kosslyn, S. M. (1994). *Image and brain.* Cambridge, MA: MIT Press.

Lowe, R. K. (1996). Background knowledge and the construction of a situational representation from a diagram. *European Journal of Psychology of Education*, 11, 377-397.

Mayer, R. E. (1997). Multimedia learning: Are we asking the right questions? *Educational Psychologist*, 32, 1-19.

Mayer, R. E. (2001). *Multimedia learning.* New York: Cambridge University Press.

Mayer, R. E. (Ed.). (2005). *The Cambridge handbook of multimedia learning.* New York: Cambridge University Press.

Mayer, R. E., & Moreno, R. (2003). Nine ways to reduce cognitive load in multimedia learning. *Educational Psychologist*, 38, 43-52.

Mayer, R. E., & Sims, V. K. (1994). For whom is a picture worth a thousand words? Extensions of a dual coding theory of multimedia learning. *Journal of Educational Psychology*, 84, 444-452.

Moreno, R., & Mayer, R. E. (2000). A coherence effect in multimedia learning: The case for minimizing irrelevant sounds in the design of multimedia instructional messages. *Journal of Educational Psychology*, 92, 117-125.

Moreno, R., & Mayer, R. E. (2002). Verbal redundancy in multimedia learning: When reading helps listening. *Journal of Educational Psychology*, 94, 156-163.

Moreno, R., & Mayer, R. E. (2007). Interactive multimodal learning environments. *Educational Psychology Review*, 19, 309-326.

Paas, F., Renkl, A., & Sweller, J. (2004). Cognitive load theory: Instructional implications of the interaction between information structures and cognitive architecture. *Instructional Science*, 32, 1-8.

Paas, F., & van Gog, T. (2006). Optimising worked example instruction: Different ways to increase germane cognitive load, *Learning and Instruction*, 16, 87-91.

Paivio, A. (1986). *Mental representations: A dual coding approach.* Oxford, UK: Oxford University Press.

Peirce, C. S. (1906). Prolegomena to an apology for pragmaticism. *The Monist*, 16,

492-546.

Pinker, S. (1990). A theory of graph comprehension. In R. Freedle (Ed.), *Artificial intelligence and the future of testing* (pp. 73-126). Hillsdale, NJ: Erlbaum.

Plass, J. L., Chun, P. M., Mayer, R. E., & Leutner, P. (2003). Cognitive load in reading a foreign language text with multimedia aids and the influence of verbal and spatial abilities. *Computers in Human Behavior*, 19, 221-243.

Plötzner, R., Bodemer, P., & Feuerlein, I. (2001). Facilitating the mental integration of multiple sources of information in multimedia learning environments. In C. Montgomerie & I. Viteli (Eds.), *Proceedings of the World Conference on Educational Multimedia, Hypermedia & Telecommunications* (pp. 1501-1506). Norfolk, VA: Association for the Advancement of Computing in Education.

Roy, M., & Chi, M. T. H. (2005). The self-explanation principle in multimedia learning. In R. E. Mayer (Ed.), *The Cambridge handbook of multimedia learning* (pp. 271-286). New York: Cambridge University Press.

Schnotz, W. (1993). On the relation between dual coding and mental models in graphics comprehension. *Learning and Instruction*, 3, 247-249.

Schnotz, W. (1994). *Aufbau von Wissensstrukturerz*. Weinheim, Germany: Beltz.

Schnotz, W. (2001). Sign systems, technologies, and the acquisition of knowledge. In J. F. Rouet, J. Levonen, & A. Biardeau (Eds.), *Multimedia learning? Cognitive and instructional issues* (pp. 9-29). Amsterdam: Elsevier.

Schnotz, W. (2005). An integrated model of multimedia learning. In R. E. Mayer (Ed.), *The Cambridge handbook of multimedia learning* (pp. 49-69). New York: Cambridge University Press.

Schnotz, W, & Bannert, M. (2003). Construction and interference in learning from multiple representations. *Learning and Instruction*, 13, 141-156.

Schnotz, W., & Kürschner, C. (2007). A reconsideration of cognitive load theory. *Educational Psychology Review*, 19, 469-508.

Seufert, T., & Brünken, R. (2006). Cognitive load and the format of instructional aids for coherence formation. *Applied Cognitive Psychology*, 20, 321-331.

Seufert, T., Jänen, I., & Brünken R. (2007). The impact of intrinsic cognitive load on the effectiveness of graphical help for coherence formation. *Computers in Human Behavior*, 23, 1055-1071.

Shepard, R. N. (1984). Ecological constraints on internal representations: Resonant kinematics of perceiving, thinking, and dreaming. *Psychological Review*, 91, 417-447.

Snow, R. E. (1989). Aptitude-treatment interaction as a framework for research on individual differences in learning. In P. L. Ackerman, R. J. Steinberg, & R. Glaser (Eds.), *Learning and individual differences: Advances in theory and research* (pp. 13-59). New York: Freeman.

Sweller, J. (1994). Cognitive load theory, learning difficulty and instructional design. *Learning and Instruction*, 4, 295-312.

Sweller, J. (1999). *Instructional design in technical areas.* Camberwell, Australia: ACER Press.

Sweller, J. (2002). Visualisation and instructional design. In R. Ploetzner (Ed.), *Proceedings of the International Workshop on Dynamic Visualizations and Learning* (pp. 1501-1510). Tübingen, Germany: Knowledge Media Research Center.

Sweller, J. (2005). Implications of cognitive load theory for multimedia learning. In R. E. Mayer (Ed.), *The Cambridge handbook of multimedia learning* (pp. 19-30). New York: Cambridge University Press.

Sweller, J., & Chandler, P. (1994). Why some material is difficult to learn. *Cognition and Instruction,* 12(3), 185-233.

Sweller, J., van Merriënboer, J. J. G., & Paas, F. G. W. C. (1998). Cognitive architecture and instructional design. *Educational Psychology Review,* 10, 251-296.

Ullman, S. (1984). Visual routines. *Cognition,* 18, 97-159.

van Dijk, T. A., & Kintsch, W. (1983). *Strategies of discourse comprehension.* New York: Academic Press.

Weaver III, C. A., Mannes, S., & Fletcher, C. R. (Eds.). (1995). *Discourse comprehension.* Hillsdale, NJ: Erlbaum.

Wertheimer, M. (1938). *Laws of organization in perceptual forms in a source book for Gestalt psychology.* London: Routledge & Kegan Paul.

Winn, W. D. (1994). Contributions of perceptual and cognitive processes to the comprehension of graphics. In W. Schnotz & R. Kulhavy (Eds.), *Comprehension of graphics* (pp. 3-27). Amsterdam: Elsevier.

Cognitive Load Theory

12

인지부하 연구의 최근 동향 및 향후 방향

Roland Brünken, Jan L. Plass, Roxana Moreno

11장에서 현재 개발 상태에 있는 인지부하이론의 이론적 배경, 기본 가정 및 몇몇 주요 응용 연구에 대해 개괄적으로 살펴보았다. 인지부하이론의 기반이 되는 아이디어는 교수설계가 인간의 인지 시스템 구조의 영향을 받아야 한다는 것이다. 따라서 인지부하이론은 인지적 교수설계이론으로 설명될 수 있다. 인지부하이론은 1980년 이래로 교육학 분야에서 굉장히 영향력 있는 이론이다. 이 이론은 실증에 근거하여 교수설계 가이드라인을 도출하는 데에 목표를 둔 연구의 수가 점점 늘어나게 하는 데 한몫하고 있다. 더군다나 인지부하이론은 현재 개발 단계에 있지만 가장 영향력 있는 교수설계이론 중 하나임이 틀림없다.

그러나 현존하는 인지부하 연구들은 인지부하이론의 기본 가정들에 대한 의문을 제기하고 있는데, 가정들 중 일부는 실증 자료로 일관되게 입증되지 않고 있기 때문이다. 이는 인지와 학습에 관한 최근의 실증적 연구결과들을 포함시켜서 인지부하이론들을 갱신할 필요가 있음을 시사하고 있다(Schnotz & Kirschner, 2007). 이 장의 첫 번째 목적은 인지부하이론의 이론적 측면의 발전을 요약한 후 해당 이론의 몇몇 강점 및 제한점들을 강조하는 데 있다.

인지부하이론 연구의 또 다른 기여점은 해당 연구에서 주요 구인인 인지부하에 대한 실제적이면서 신뢰롭고, 타당한 측정 방법을 개발하려는 노력을 기울이고 있다는 것이다. 그러나 9장에서 살펴본 바와 같이 기존의 인지부하 연구들은 인지부하 측정에 관해서 방법론적 일관성을 보여주는 데 실패했으며, 서로 다른 인지부하 유형과 같은 또 다른 관련 구인들을 측정하는 적절한 방법들이 부족한 형편이다(DeLeeuw & Mayer, 2008). 따라서 이 장의 두 번째 목적은 인지부하이론 연구의 방법론적 발전을 요약한 후 이것의 강점과 제한점을 강조하고자 한다.

마지막으로, 대부분의 인지부하이론 연구들은 매우 간단한 실험으로 이루어진 실험실 연구를 활용하여 구조화된 영역에서의 문제해결 과제들을 위한 교수설계 원리들을 밝히는 데에 초점을 두고 있다. 향후 연구문제는 인지부하이론이 더 오랜 기간에 걸쳐 비구조화된 영역에서 더 실제적인 학습 환경 설계를 가이드하는 데 사용될 수 있는지 여부이다. 따라서 이 장의 세 번째 목적은 실증적 기반을 확장하는 인지부하이론 연구틀 위한 새로운 장을 제안하는 데 있다.

종합하면, 이 장의 목적은 현재 인지부하이론의 이론적 발전과 방법론적 발전의 강약점을 종합해본 후 향후 연구를 위한 새로운 방향들을 제안하는 데 있다. 현재 인지부하의 주요 개념들에 대한 이론적 명료성이 부족하고 세 가지 유형의 인지부하들을 신뢰롭게 변별할 수 있는 타당한 측정방법이 부재한 것은 인지부하이론의 설명력과 예측력을 위협하고 있다. 결과적으로 인지부하이론을 검증하는 데 목표를 둔 몇몇 실증적 연구들은 결론을 내지 못하거나 인지부하이론 기반이 되는 바로 그 가정들과 상치되는 결과들을 보여주고 있다. 이 장에서는 이러한 이슈들의 예들을 제시한 후 인지부하와 학습 간의 관계에 대한 이해를 향상시키 데 생산적인 방향을 제안한다.

개념적 측면에서 인지부하의 발전

인지부하이론은 학습을 '인간의 인지 시스템 내에서 능동적으로 수행되고, 그 결과로 오랫동안 지속되는 정신적 표상으로 만드는 정보처리 과정'으로 개념화한다. 여기에서 인지부하이론이 직접적으로 시사하는 바는 수업 방법은 특정 학습 과정을 지원하는 인간 인지 시스템의 구조 및 어포던스(affordance)에 기초할 필요가 있다는 것이다.

인간의 인지 시스템에 대한 인지부하이론에서 대부분의 본래 가정들은 인지과학, 신경심리학, 교육심리학에서 이루어지는 기초 연구에서 입증되고 있다. 인지부하이론에서 만들어진 두 가지 기본 가정은 작동기억의 제한된 용량과 장기기억에서 오랫동안 지속되는 구조이다(Cowan, 2001; Ericsson & Kintsch, 1995; Miller, 1956). 인지부하이론에 따르면 학습은 능동적이면서 자원 소모적인 과정이며, 이러한 결과로 스키마가 형성된다고 한다(Barlett, 1932; Johnson-Laird, 1983).

아마도 인지부하이론에서 가장 매력적인 부분은 간결성과 직관성일 것이다. 교육 프로그램이 학습자에게 부과하는 인지적 요구에 과부하가 일어나지 않도록 설계되었을 때 학습자가 노력한 결과로 학습이 일어난다는 것은 논리적으로 보인다. 그러나 이 이론을 좀 더 깊숙이 파고 들어가면 몇 가지 이슈가 발생한다. 다음 절에서 인지부하이론의 몇몇 기반 가정들에 대한 평가를 제시하고자 하는데, 여기에는 인지부하와 학습 간의 관계, 인지부하의 원천들의 정의, 합산성 가정 등이 있다. 인지부하이론이 학습 현상을 설명해낼 수 있는 이론적 프레임워크가 되는 데 거쳐야만 하는 주요 발전 과정에 필요한 세 가지 핵심 영역으로 인지부하와 정신적 표상 이론 간의 관계, 인지부하와 작동기억 이론 간의 관계, 그리고 인지부하에서 동기, 정의 및 초인지의 역할 등을 언급하고자 한다.

인지부하와 학습 간의 관계에 대한 현재 이슈

인지부하이론 본래의 개념에서 만들어진 가장 기본적인 가정에서는 인지부하와 학습 간의 관계를 학습하는 동안 겪는 부하가 낮을수록 학습 결과가 높아진다는 부적 관계로 본다. 인지부하와 학습 간의 부적 관계는 다수의 인지부하 효과 연구들에 의해 실증적으로 입증되고 있다(7장 참조). 예를 들면 주의분산 및 응집성 효과에 대한 연구에서 교육 프로그램이 학습자들로 하여금 시각 자료와 언어 자료를 통합하게 하거나 혹은 불필요한 정보를 처리하도록 설계될 때 학습이 방해된다는 것을 보여주고 있다. 이러한 부적 관계는 또한 해결된 예제에 관한 연구에서 입증되고 있는데, 해결된 문제들로 공부한 학생들이 이와 동일한 문제들을 알아서 푼 학생들보다 학습이 증진되었다(5장 참조). 요약하면 이러한 유형의 연구들은 교육 프로그램들이 학생들로 하여금 가능한 한 쉽게 혹은 노력을 들이지 않으면서 학습하도록 설계되어야 함을 시사하고 있다. 그러나 몇몇 연구들은 이러한 주장에 이의를 제기하고 있다(Schnotz & Kirschner, 2007). 예를 들면, 4장에서 설명하였듯이 부하와 학습 간의 역관계는 개인의 선수지식에 달려 있다. 초보자와 달리 어떤 영역에서 높은 수준의 지식을 가지고 있는 전문가 혹은 학생들은 통합된 것보다는 통합되지 않은 내용으로 공부하거나 혹은 해결된 예제로 하는 수업보다는 혼자서 문제해결을 연습하면서 공부하는 것에 도움을 받는다. 또한 수업을 너무 쉽게 하는 것은 학습자 동기화에 필요한 도전감을 제공하는 데에 실패해 학습을 방해할 수 있다(Pintrich & Schunk, 2002). 50년 훨씬 전에 Atkinson(1958)은 과제가 어느 정도의 난이도를 가지고 있을 때 그 과제에 쏟은 노력의 수준이 최고치가 된다고 주장하였다. 너무 쉽거나 혹은 너무 어려운 과제는 최저치의 노력을 이끌어 내는데 결국 이것은 과제에 대한 최저치의 성과를 양산한다.

교수설계의 핵심 이슈는 인지부하의 양을 줄이는 데 있지 않고 각 학습자마다 적절한 인지부하의 수준을 찾는 데 있다. 따라서 인지부하와 학습 간의 관계를 더 잘 묘사한 것은 뒤집어진 U자 형태라 할 수 있다. 낮은 인지부하는 학습을 방해하고, 부하의 최적 수준에 도달할 때까지 학습은 증가되는 부하와 함께 증진되다가 인지부하가 학습자의 인지 용량을 초과하면서 감소하게 된다. 인지부하와 학습의 이러한 부적 관계는 학습자가 자신의 용량의 허용치에서 인지적 조작을 하는 특별한 경우에만 적용되는 것 같다.

세 가지 인지부하 유형의 정의에 대한 현재 이슈

인지부하이론에서 모든 부하를 줄이는 것은 학습 증진을 가져온다는 지나치게 단순화된 가정으로 인하여 충족되지 않은 만족감은 이후에 인지부하이론을 수정하는 이유가 되었다. 특히 인지부하이론 연구자들은 학습 자료의 난이도로 인해 내재된 인지적 요구들과 어설픈 교수설계로 인해 부과된 불필요한 인지처리과정으로부터 발생한 인지적 요구들 간의 차이점을 포착하는 방법으로 외재적 부하와 내재적 부하를 구분해내었다(Sweller, 1988). 두 번째 이론적 발전은 본유적 부하라는 개념에 있다(Paas & van Merriënboer, 1994). 이 부하 유형은 스키마 획득을 촉진하는 데 목표를 둔 방법들로 인지부하를 높이는 수업이 학습을 증진시킨다는 연구결과를 설명해준다. 현재 인지부하이론에 따르면 인지부하의 이러한 세 가지 원천들을 구분할 수 있는 것은 학습과 수업 간의 관계를 이해하는 데 핵심이 된다.

내용의 복잡성과 관련된 부하로 내재적 부하, 학습과 관련 없는 내용을 처리하는 과정으로 외재적 부하, 관련된 인지 활동에 쏟는 정신적 노력으로 본유적 부하 등의 정의는 언뜻 보기에는 직관적이면서 분명하다. 그러나 이러한 가정들을 좀 더 자세히 살펴보면 몇 가지 모순점이 발견된다. 예를 들면 내재적 부하와 본유적 부하는 상호 관련되어 있는데, 학습 자료 본래의 내재적 부하가 높을수록 그 자료를 처리하는 데 필요한 본유적 부하도 많아진다는 것이다. 특정 학습자가 겪는 내재적 부하는 학습 자료의 복잡성만이 아니라 그 자료에 학습자가 실제로 몰입한 작용일 수 있다. 그러나 몰입은 인지부하이론의 현재 모형에 포함되지 않은 개념이다.

최근 연구에서 내재적 부하의 정의에 관한 의문점들이 제기되고 있다. 예전에는 내재적 부하가 학습되어야 하는 특정 개념들의 양과 상호연계(요소 상호작용성)에 기초한 학습 자료의 속성으로 정의되어 왔다(Paas, Renkl, & Sweller, 2003). 이 정의에 따르면 내재적 부하는 학습되어야 할 자료의 속성 그 자체이기 때문에 교수설계 방법으로 조작될 수 없다. 그러나 최근 연구에서 이러한 주장을 재고할 필요가 있음을 제안하고 있다. 예를 들면 분절화(segmenting) 원리(Mayer & Chandler, 2001)는 좀 더 작은 단위로 학습되어야 하는 자료를 덩어리 지어줌으로써 내재적 부하를 줄여주는 교수 방법으로 해석될 수 있다(7장 참조). 여전히 이러한 해석은 향후 연구에서 나머지 두 가지 부하 유형의 측정값을 포함하여 직접 검증되어야 할 필요가 있다.

내재적 부하의 정의와 관련된 또 다른 개념적 문제로 학습 자료의 난이도 또한 학습자의 선수지식에 달려있음을 논의할 수 있다. 초보 학습자의 경우 이들이 배우는 한 개의 요소의 크기는 영역 전문가보다 훨씬 작을 것인데, 전문가들은 초보자들보다 효과적으로 정보를 덩어리 지을 수 있어서 하나의 요소 안에 더 많은 정보를 포섭할 수 있기 때문이다. 지금까지 특정 상황에서 특정 학습자를 위한 학습 자료의 상대적인 내재적 난이도를 예언하는 데 도움을 줄 수 있는 학습자 특성(예: 선수지식에서 개인차, 작동기억 용량, 영역 특수적 능력)의 역할을 통합해주는 모델이 없다.

이보다 더한 문제는 외재적 부하와 본유적 부하의 정의가 순환적이라서 학습을 설명하고 예언하는 데 실패한다는 것이다. 예를 들면 외재적 부하를 구분짓는 특징은 최적에 미달되는 교수설계 때문에 학습자에게 부과되는 불필요한 인지처리 과정으로부터 발생한다. 그렇다면 언제 교수설계가 최적에 미달되는가? 연구자들이 교수설계에 의해 부과된 특정 부하의 유형에 대한 결론들을 내놓는 것은 오직 연구 결과들을 관찰한 후일 뿐이다. 즉 학습이 증진되면 그 방법은 최적이며, 외재적 부하가 줄었으며, 본유적 부하가 높아졌다고 해석되거나 두 효과들이 복합적으로 나타났다고 해석된다. 이와 대조적으로 어떤 교수방법이 학습을 방해하는 것으로 밝혀지면 외재적 부하가 높아진 것으로 해석된다.

예를 들면 7장에서 제시된 원리들처럼 대부분의 멀티미디어 학습 설계 원리들은 동일한 내용을 다르게 설계한 후(설계 변수) 이를 비교해본 실증적 연구들에 기초하고 있다. 지식획득 측면에서 학습자들로 하여금 다른 이들보다 뛰어난 성과를 내게 한 설계 원리들은 설사 여기에서 인지부하가 종종 측정되지 않더라도 이들의 더 나은 학습 결과들 때문에 외재적 인지부하를 덜 부과한 것처럼 보인다(Mayer, 2001). 더 많은 연구들이 외재적 및 본유적 부하 유형의 차별적 특징들을 밝혀 학습 환경에 의해 부과된 인지부하 유형들을 직접적으로 측정하는 것이 필요하다.

이와 유사하게 인지부하이론에서는 본유적 부하가 스키마 획득에 필요한 인지 활동을 촉진하는 방법들을 사용한 결과라고 주장한다. 그러나 이 이론은 그러한 인지 활동들을 설명하고 있지 않다. 어떤 유형의 인지처리 과정들이 스키마 획득을 장려하며, 어떻게 장려하는가? 이러한 질문에 대한 답이 부족한 것은 인지부하이론의 근본적인 문제를 부각시킨다. 일반적으로 인지부하이론은 학습한 결과로 스키마 획득을 주장하고 있으나 이는 대부분 입증되지 않은 주장이다. 인지부하이론은 어떻게 정보가 인지 시스템 내에서 처리되는지와 어떻게 지식이 표상되는지를 이론적으로 개념화하지 못한다. 이것은 인지부하이론과 Mayer(2005)나 Schnotz(11장)의 이론 모형들 간의 핵심적 차이라 할 수 있는데, 이 모형들은 정신 표상 과정들에 대한 가정들을 명확하게 해주기 때문이다. 그럼에도 불구하고 인지부하, 인지처리 과정, 정신 표상들 간의 관계에 대한 연구는 여전히 걸음마 단계이다. 조직화하는 인지 과정, 본유적 인지부하, 학습자들의 지식 간의 관계들은 대개 복잡하여 단순 주효과라는 용어로 명확하게 설명되지 않음을 보여주는 실증적 연구들이 거의 없다(Seufert & Brünken, 2006; Seufert, Janen, & Brünken, 2007; Seufert, Schutze, & Brünken, 2009).

마지막으로 살펴볼 문제로 특정 부하가 외재적인지 본유적인지를 가르는 것은 수업의 구체적인 교육 목표에 달려있다는 것이다. 예를 들면, 교육 목표가 문제전이검사로 측정되는 과학 원리의 심층적 이해를 촉진하는 것이라면 과학 시뮬레이션을 조작해보게 하거나 시뮬레이션 결과를 제시하기 위해 차트를 활용하는 것은 본유적 부하를 일으킬 수 있다(Plass et al., 2009). 그러나 동일한 방법을 사용하더라도 수업 목표가 배웠던 원리들을 회상하도록 장려하는 것이라면 외재적 부하를 야기할 수 있다(Plass, Homer, & Hayward, 2009; Wallen, Plass, & Brünken, 2005). 후자의 경우에, 과학 시뮬레이션과의 상호작용을 통해 특정 원리들을 학생들로 하여금 추론해보게 하는 것보다 명확하게 가르치는 것이 최적일 수 있다. 다시 말하면 어떤 교수 방법에 의해 야기된 부하의 유형은 수업에서 목표로 하는 인지처리과정의 유형에 달려있다. 그러나 많은 경우에 학습 목표는 시간이 지날수록 유동적이라서 변경되며 이에 학습자의 목표들은 교수설계자의 목표들과 동일하지 않을 수 있다. 게다가 간단한 실험을 위해서 명확한 학습 목표들을 정의하는 것이 가능할지는 모르지만 복잡한 학습 환경에서는 전형적으로 학습 전략, 초인지, 자기조절, 자기효능감 등의 개발과 같이 내용 이해 그 이상의 학습 결과들을 촉진하기 때문에 명확한 정의가 불가능할 수 있다.

앞서 설명된 내재적, 외재적, 본유적 인지부하의 정의를 둘러싼 현재 이슈들은 학습자가 겪는 인지부하 총량의 정의에 대한 관심을 불러일으켰는데, 이를 다음 절에서 살펴보고자 한다.

합산성 가정에 대한 현재 이슈

인지부하이론에서 합산성 가정이란 어떤 한 학습 장면에서 학습이 일어나는 동안 겪게 되는 인지부하의 총량이 특정 학습자가 겪는 세 가지 유형의 인지부하의 합으로써 추정될 수 있다는 것이다(Paas, 2003). 인지부하이론에 따르면, 효율적 학습은 인지부하 총량이 학습자의 작동기억 리소스 용량을 넘지 않을 때만 일어날 수 있다고 한다. 그렇지 않으면 인지과부하로 인해 학습을 망치게 되기 때문이다. 그런데 인지부하의 세 가지 유형 사이에 리소스의 특정 분포는 학습량에 영향을 미칠 수 있다. 예를 들면, 교수설계에 의해 부과된 외재적 부하가 낮고 학습자가 투입하는 본유적 부하가 어느 특정 시점까지 높아질수록 학습은 더 효율적일 수 있다.

합산성 가정의 이러한 간결함은 매력적이지만 다양한 차원에서 문제의 소지를 가지고 있다. 이 중 가장 중요한 이슈 중 하나로 최근 작동기억 모형이 언어적 정보와 비언어적 정보를 따로 분리하여 처리하는 서로 다른 하위시스템들을 가정하고 있다는 사실을 합산성 정의에서 고려하지 않고 있다는 것이다(Baddley, 1986, 2000). 감각양식 효과 같은 여러 효과들 및 작동기억의 어떤 하위시스템으로부터 다른 하위시스템으로 인지부하가 덜어지게 된다는 결과론적 아이디어들(7장 참조)은 합산성 가정에서 현재 고려되지 않은 것들이다(Rummer, Schweppe, Furstenberg, Seufert, & Brünken, 2010).

따라서 초기 인지부하 연구에서 설명된 세 가지 부하 유형의 단순하면서 선형적인 합산성에 대한 주장은 부하의 서로 다른 원천들이 전체 인지부하에 어떻게 기여하는지를 설명하도록 수정될 필요가 있다는 것이다. 인지부하이론을 개선하기 위한 초석으로 작동기억 모형을 염두에 두고, 이 모형의 서로 다른 하위시스템들에 기반해서 합산성을 정의할 필요가 있다. 또한 서로 다른 유형의 부하에 대한 개선된 정의에 터하여 합산성을 정의할 필요도 있다. Schnotz (Schnotz & Kirschner, 2007; 11장 참조)는 왜 내재적 부하가 반드시 고정적이지 않은가와 어떻게 외재적 부하가 하위 범주로 더 분류될 수 있는지에 대해 몇 가지 관련 논지를 펼쳤다. 그러나 합산성 가정의 이러한 수정을 위한 실증적 기반은 강화될 필요가 있는데, 예를 들면 하나의 실험 환경에서 서로 다른 외재적 부하와 본유적 부하를 유발하는 효과들을 실험적으로 결합시킨 후 결과적으로 나온 인지부하의 총량을 측정하는 것이다.

정신적 표상과 인지부하

장기기억에 저장된 지식의 표상 형태에 관해서 인지부하이론은 원래 스키마 이론에 기초하고 있다. 스키마는 어떤 기술 시스템의 기능 혹은 레스토랑에서 주문을 넣는 단계들과 같이 특정 주제 혹은 과정과 관련된 선언적 지식 및 절차적 지식을 포함한 복잡한 표상적 지식 구조를 말한다(Bartlett, 1932). 그러나 지난 몇 해 동안 인지부하이론은 Paivio의 이중 부호화 이론(Paivio, 1986), 멀티미디어인지이론(CTML; Mayer, 2005), 텍스트와 그림 이해의 통합 모형(Schnotz & Kirschner, 2007; 11장 참조)과 같은 다른 정신적 표상 이론들의 틀에서 또한 논의되고 있다.

인지부하이론은 몇몇 지식 표상 이론과 호환되는 것처럼 보이지만 인지부하와 지식 표상의 특정 형태들 간의 관계들을 뚜렷하게 구체화하고 있지는 않다. 한편 지식 구성의 질은 학습하는 과정 동안 발생되는 정신적 표상에 달려 있다. 예를 들면 학습자가 자동차 브레이크 시스템이 어떻게 작동하는지에 대한 설명을 명제적 표상으로 구성하고 있다면 사후 검사에서 그 시스템이 포함된 요소들을 성공적으로 설명할 수 있다. 그러나 이것은 학습자가 자동차의 브레이크 시스템에서 발생한 고장을 진단하는 것과 같은 문제를 반드시 성공적으로 해결할 수 있음을 의미하지는 않는다. 몇몇 연구는 획득된 지식 및 기술의 유형은 수업에서 촉진한 정신적 표상들의 유형에 달려있다는 것을 보여주고 있다(Schnotz, Boeckheler, & Grzondziel, 1999; Wallen et al., 2005).

만일 서로 다른 지식 표상들이 서로 다른 기술들 혹은 이해의 수준들을 촉진한다면 이 표상들이 학습하는 동안 인지부하의 서로 다른 수준들을 양산하는지 여부도 또한 알아봐야 한다. 예를 들면 어떤 과학적 시스템의 시각적 모형에 그 시스템이 어떻게 작동하는지에 대한 언어적 설명을 덧붙여 제공하는 것은 문제해결 전이 기술을 촉진하는 것으로 밝혀졌다(멀티미디어 효과; 7장 참조). 그러나 인지부하이론은 추가된 그림들이 학습자의 전체 인지부하를 낮추면서, 본유적 인지부하를 높이고, 외재적 부하를 낮춤으로써 학습에 도움을 주는 것인지 혹은 특정 문제해결 과제에 더 적합한 정신적 표상을 구성하는 것을 촉진함으로써 도움을 주는 것인지에 대해 설명하지 않고 있다. 따라서 향후 인지부하이론의 발전은 서로 다른 정신적 표상들을 구성하는 것과 인지부하 구인들 간의 관계를 구체화해야 한다. 인지부하이론이 기반하고 있는 현재의 장기기억 가정들은 위에 제기된 이슈에 대한 답변을 해줄 수 없기 때문이다.

작동기억과 인지부하

인지부하이론에 따르면 학습자는 외적 표상으로부터 정보를 추출하기, 서로 다른 외적 표상들을 하나의 모형에 통합하기, 혹은 새로운 정보를 기존 스키마에 통합하기와 같은 몇몇 인지 활동에 참여한 결과로서 자신의 제한된 작동기억 내에서 인지부하를 경험한다고 한다. 그러나 이러한 가정이 지나치게 단순화되었다는 증거가 있다. 그 좋은 예로 주의분산 효과가 있다(7장 참조). 인지부하이론에 따르면 이 효과는 원천을 분리한 형태보다 통합된 형태 내에서 정보의 다양한 원천들을 제시하는 것이 가지는 장점을 취한 결과이다. 이것이 실제로 작동기억 효과인가? 아니면 지각 및 주의라는 인지처리 메커니즘의 결과로 설명될 수 있는 것인가? **색부호화 효과**(color-coding effect; Kalyuga, Chandler, & Sweller, 1998)가 작동기억 내에 자원들의 양을 줄인 결과인가? 아니면 선택적 주의집중 과정으로 설명될 수 있는가? 현재 인지부하이론은 학습과정에서 일어나는 기본적인 지각 과정들, 주의 과정들, 작동기억 과정들 간을 명확하게 구분하지 않는다. 여기에서 또다시 인지부하이론의 이론적 기초와 특정 인지 시스템이 어떻게 작동하는지에 대한 인지부하이론의 기반 가정들을 좀 더 발전시킬 필요가 있다.

인지부하이론이 이론적 정련을 필요로 하는 영역 중 하나는 해당 이론에서 사용하는 작동기억 모형에 관한 것이다. 작동기억 분야에서 진행되고 있는 연구의 양은 엄청나며 이러한 인지 시스템이 어떻게 작동하는지를 설명하는 수많은 서로 다른 모형들이 있다(Miyake & Shah, 1999). 인지부하이론은 Baddley(1986, 2000)의 작동기억 모형을 지지하는 것처럼 보이는데, 해당 이론에서 시각 및 언어 정보를 처리하기 위한 두 개의 특화된 하위시스템(시공간 스케치패드, 음운고리)과 정보처리 과정을 통제하고 협응하게 하는 중앙집행기를 가정하고 있기 때문이다. 그러나 정신 표상과 유사하게 인지부하이론은 작동기억의 구조 및 이것과 인지부하의 관계에 대한 명확한 가정들을 가지고 있지 않다.

통합과 저장하기 같은 학습 활동 내에 포함된 대부분의 과정들은 작동기억의 하위시스템들 내에서 수행될 뿐만 아니라 중앙집행기를 포함하기도 한다. 인지부하이론과 Baddley의 작동기억 모형 혹은 또 다른 모형과의 연계를 보다 상세하게 개발할 필요가 있는데, 그 예로 작동기억의 하위시스템과 인지부하이론의 시각 및 언어 처리 채널의 관계를 명료하게 하는 것을 들 수 있다. 합산성 가정에서 제기했던 이슈들은 이러한 연계의 부족에서 일부 기인한다. Baddley(1986, 2000)의 모형에 따르면 두 개의 하위시스템은 (정보가 지각되는 우리의 감각들을 거치는) 정보의 양식에 특화되어 있지 않고 정보의 표상 양식(즉 시각 표상 혹은 언어 표상을 사용할 것인지 여부)에 특화되어 있다고 한다. 예를 들면 언어 정보는 양식(텍스트 혹은 내레이션)에 상관없이 항상 음운고리에서 처리된다. 따라서 Baddley 모형은 감각양식 효과를 인지부하로 설명하는 기초로 사용할 수 없는데, 이 효과가 문자언어와 음성언어를 개별 채널에서 처리한다고 가정하기 때문이다(Rummer, Furstenberg, & Schweppe, 2008; Rummer, Schweppe, Scheiter, & Gerjets, 2008; Rummer et al., 2010).

요약하면 인지부하 이론과 현재 작동기억 이론들 간의 관계를 명확하게 하는 것이 필요하다. 작동기억의 구인은 인지부하의 아이디어에 핵심이 되기 때문에 향후 인지부하이론의 이론적 발전을 위해 실험심리학과 신경심리학 연구에서 알려진 작동기억의 근간을 좀 더 세심하게 고려해야 한다. 해당 영역에서 이론적 명료함이 부족하기 때문에 인지부하이론에서 예측한 것과 작동기억 이론의 기초 연구에서 나온 실증적 증거들을 고려하여 나올 수 있는 예측들 간의 상충이 나타난다(Rummer et al., 2010; Seufert et al., 2009).

동기, 정의, 초인지, 인지부하

인지부하이론의 개념적 발전과 관련된 마지막 이슈는 인지부하이론이 학습과

정의 인지적 측면에 국한되어 있다는 점이다. 이와 동일한 제한점이 Mayer (2005)의 초창기 멀티미디어인지이론(Cognitive Theory Multimedia Learning; 이하 CTML)을 개정하게 만들었고, 이것은 최근에 미디어 활용 학습의 인지-정의적 이론(CATLM; Cognitive-Affective Theory of Learning with Media)으로 재구성되었다(Moreno, 2005, 2009, 출판 중; Moreno & Mayer, 2007). 미디어 활용 학습의 인지-정의적 이론에서 서로 다른 교수 방법과 미디어로 학습하는 것을 설명하기 위해 정의적, 인지적, 초인지적 요소들을 통합하였다.

초인지적, 정의적, 동기적 구인들은 학습의 핵심으로 잘 알려져 있음에도 불구하고 이것들은 인지부하 연구에서 조명받지 못했다(Bannert, 2006; Paas, Tuovinen, van Merriënboer, & Darabi, 2005). 따라서 인지부하이론을 개념적으로 발전시키기 위해 동기, 인지, 인지부하, 학습 간의 관계에 관한 특정한 가설들을 검증하는 것은 큰 잠재성을 가지고 있다. 학습자의 동기가 인지부하 효과들에 영향을 주는가? 교육심리학의 두 개의 주요 연구 영역(인지부하와 동기)을 연결 지어서 학습자가 학습 전략 및 초인지적 통제를 사용하는 것이 본유적 부하라는 용어로 설명될 수 있을까? 이러한 유형의 연구에 정보를 제공할 수 있는 실증적 증거들이 존재함에도 불구하고 아직까지 인지부하이론 맥락에서 체계적으로 조사되지 못하고 있다.

요약하면 인지부하이론은 인간의 인지 구조, 학습, 교수 간의 관계를 제시하는 강점을 가지고 있음에도 불구하고 인지부하이론의 이론적 기저가 좀 더 발전되어야 함을 제언하는 인지부하이론의 개념적 발전에 관한 몇 가지 연구 문제들이 있다. 인지부하이론은 자신만의 연구 문제 및 실증적 기반을 가진 그 자체로 하나의 이론이지만 인지부하이론의 응용적 속성으로 인해 이 이론이 기반하고 있는 기초 연구 가정들에 대한 좀 더 세심한 평가가 요구된다. 인지부하이론의 이론적 발전과 향후 개선에 있어서 신경과학, 신경심리학, 뇌 연구에서 나온 최근 연구결과들을 포함해야 한다. 인지부하이론은 교수 및 학습에 대한 기초 연구와 응용 연구를 연결 짓는 강력한 프레임워크가 될 잠재성을 가지고 있다. 이러한 잠재성을 실현하기 위해 인지부하이론의 기본 개념들을 좀 더 정확하게 하고, 불명확한 개념은 수정하고, 암묵적인 가정은 명시적으로 만들 필요가 있다.

방법론적 측면에서 인지부하의 발전

인지부하이론에서 제안한 인지부하, 인지적 자원, 학습 간의 관계들은 중요한 방법론적 문제들을 제기하였는데, 이는 어떤 처방적 설계 효과들을 명확하면서도 신뢰로운 방법으로 어떻게 검증하는지에 대한 것이다. 이 절에서는 인지부하 분야에서 방법론적 발전을 강점과 제한점으로 요약하고 있다. 인지부하 방법론에서 제기되는 네 가지 이슈로 실험 연구 패러다임, 인지부하 측정 문제, 학습 결과 측정 문제, 타 연구 분야의 방법론적 접근들과의 관계 등을 살펴보도록 하자.

실험 연구 패러다임

교수 및 학습에 관한 심리학 이론처럼 인지부하이론도 엄격하게 실증적, 실험적 접근에 의해 검증되어야 한다. 거의 대부분의 인지부하이론 연구는 수학, 과학이나 기술 영역 같은 잘 정의된 영역에서 고도로 구조화된 학습 자료를 가지고 고도로 통제된 실험실 연구로 수행되고 있다(Sweller, 1999). 이러한 유형의 연구는 기초적인 심리 연구에 공통적인 패러다임과 맥을 같이함에도 불구하고 응용 심리적 혹은 교육적 탐구 내에 대안이 없지는 않다. 예를 들면 구성주의 관점에서 나온 교수 및 학습에 비견되는 이론적 방법에는 광범위하게 다양한 대안적 연구방법들을 사용하고 있는데 인지부하 연구자들에 의해 종종 심하게 비판받고 있다(Kirschner, Sweller, & Clark, 2006). 그러나 인지부하 연구에서 선택된 방법론적 접근에 있어서 구체적인 득실이 무엇인지를 따져볼 필요가 있다. 더군다나 좀 더 폭넓은 방법론적 접근이 인지부하이론 발전에 기여할 수 있는지 여부를 고려할 필요가 있다.

응용심리학에서 행해지는 실험 연구의 주 관심사는 실증적 연구결과들을 실제 학습 시나리오에 일반화하는 문제와 연관되어 있다. 인지부하이론에 대해서 고려해야 하는 주요한 두 가지 측면이 있다. 인지부하이론이 검증되어온 내용 영역의 수가 제한적이고 실험 연구하에서 학습 시나리오의 범위가 제한적이다. 많은 실험들이 수학, 통계학 또는 기술 영역들과 같이 잘 정의되고 그도로 구조화된 영역에서 수행되어 왔음에도 불구하고 사회과학, 역사, 혹은 철학처럼 비구조화되고, 개방적인 학문영역에 대한 인지부하이론의 적용가능성에 대해서는 거의 알려지지 않았다. 예를 들면 역사 영역에서 시각적인 외적 표상으로부터 학습하는 것은 매우 중요하다. 그러나 역사적 그림과 같은 것을 시각 표상하는 기능은 자동차 브레이크 시스템과 같은 기술 시스템의 시각적 표상 기능과 다를 수 있다. 역사에서 다양한 의적 표상들을 인지 처리하는 과정들에 대해 거의 알려지지 않았기 때문에 좀 더 많은 연구가 이루어져서 기술적 시각화에서 찾아낸 인지부하 효과들이 역사와 같은 영역에서 일반화될 수 있는지 여부를 밝힐 필요가 있다.

두 번째 문제는 실험 환경과 실제 학습 환경 간의 처치 기간에서 생긴 차이점으로부터 발생한다. 대부분의 인지부하 연구에서 사용되는 실험실 학습 시나리오는 짧은 기간의 수업 계열과 즉시 평가되는 지식 획득의 사후검사를 포함하고 있다. 그러나 이러한 유형의 처치는 학습이 교실이나 도제와 같은 실생활 시나리오에서 일어나는 방식을 대변하지 못하고 있다. 왜냐하면 실제에서는 좀 더 오랜 기간 동안 공부하고 학습이 끝나고 몇 주 후에 검사가 실시되기도 하기 때문이다. 인지부하 효과가 좀 더 장기적이면서 복잡한 학습 시나리오에서 유효할지는 불명확하다.

인지부하 측정 문제

9장에서는 학습 상황에서 인지적 요구와 관련된 학습자 행동을 직접 혹은 간접 관찰하여 인지부하를 측정한 최근 방법들을 설명하고 있다. 여기에서 이러한 방법들의 대부분은 기대했던 대로 수용 가능한 신뢰도 점수와 학습결과들과의 상관관계 점수들을 산출한다고 주장하고 있다. 그러나 타당도 문제에서는 추가 연구를 필요로 하고 있다. 예를 들면 이중 과제 방법론에 대해서 이차과제에 대한 수행이 시각 검색이나 주의 과정과 같은 저차원 처리과정에 의해 결정되는 것인지 아니면 작동기억에서 정보를 선택하거나 조직화하는 고차원 처리과정에 의해 결정되는 것인지가 명확하지 않다. 이와 마찬가지로 학생들의 동기와 정의에 영향을 받을 수 있는 인지된 정신적 노력을 자가보고 하는 것이 인지부하의 타당한 측정 방법인지도 명확하지 않다. 앞에서 언급한 대로 인지부하 구인이 구체화되지 않았기 때문에 이러한 측정 방법들의 구인 타당도를 평가하는 것이 가능하지 않다. 인지부하 정의가 명료화되지 않는다면 인지부하 측정도 개선될 수 없다.

인지부하 측정과 관련된 두 번째 문제는 현재 인지부하 연구에서 난국 상태인 것으로 내재적, 외재적, 본유적 인지부하를 구별하여 측정하는 방법의 부족에 있다(Brünken, Plass, & Leutner, 2003, 2004; Moreno, 2006). 이러한 세 가지 차원을 신뢰롭게 구분하여 널리 통용되는 측정 방법이 없다. 자가보고 측정 방법으로 인지부하를 측정하는 대부분의 시도들은 아마도 따로 부하 유형들을 사용한 문항들 간의 높은 상관관계를 보이고 있는데, 이는 인지부하 구인은 한 차원임을 시사하고 있다(Paas, Tuovinen, Tabbers, & Van Gerven, 2003).

게다가 Paas가 초기의 인지부하 연구에서 증명하였듯이, 다문항 척도를 활용하는 것은 인지부하 측정용 단일 문항 척도와 비교했을 때 가지고 있는 이점이 없다(Paas & van Merriënboer, 1993). 그 이후로 인지부하 구인들의 자가보고식 측정방법에 대한 실질적인 개선이 이루어지지 않고 있다. 불행하게도 인지부하의 이해는 이러한 측정의 제한점을 극복하지 않고서는 개선될 수 없을 것이다. 뿐만 아니라 인지부하이론의 난국이 측정의 제한점 때문인가? 아니면 측정 제한이 이론의 가정 내에 근본적인 문제점이 있음을 암시하는 것인가?(Moreno, 2006) 이러한 질문의 답은 앞으로 인지부하 연구에서 주요 도전사항 중 하나이며, 이 질문의 답을 실증적으로 찾으려는 시도를 한 극소수의 연구만 있었을 뿐이다(DeLeeuw & Mayer, 2008). DeLeeuw와 Mayer의 연구결과는 서로 다른 측정 방법들은 인지부하의 서로 다른 측면들에 민감하게 반응한다고 제안하는 것처럼 보이지만 이러한 차이들이 인지부하 구인들의 실제 개념 차이에 의해 일어난 것인지 아니면 이 차이들이 측정 기법들의 단점의 산물들인지는 명확하지가 않다.

학습 결과 측정 문제

인지부하이론은 교육 프로그램이 학습을 효과적으로 지원하기 위해 어떻게 설계되어야 하는지에 대한 이해를 도와주는 데 그 목표가 있다. 그런데 "효과적인" 교육 프로그램이란 정확히 무엇을 지칭하는가? 학습을 보다 쉽게 혹은 힘이 들지 않게 만든다는 것을 의미하는가? 학습을 좀 더 흥미롭게 만드는 것을 의미하는가? 좀 더 빨리 학습하게 내지는 이해의 수준을 좀 더 심층적으로 하게 한다는 것인가? 아니면 효과적인 학습은 이러한 요소들의 조합인가? 많은 다른 요소들은 이러한 목록에 덧붙여질 수 있다. 그러나 이러한 이슈 이면에 있는 '인지부하 연구에 포함될 수 있는 적절한 변수들은 무엇인가?'와 '어떤 연구에 포함된 학습 결과 측정방법들이 학습자가 겪는 인지부하에 대해 무엇을 말해줄 수 있는가?'와 같은 주요 질문들은 방법론적 속성을 가지고 있다.

대부분의 연구들은 파지, 이해 및 전이 같은 서로 다른 수준의 처리 과정에서 학습 결과를 측정한다(Mayer, 2005). 몇몇 연구들은 사용되는 학습 결과 검사 유형들에 대하여 인지부하 효과들에서 발생하는 흥미로운 차이점들을 보여주고 있다. 파지 효과들은 외재적 인지부하를 줄이는 방법들을 연구하는 인지부하 연구에서 일반적으로 적거나 없다. 원전이 효과들(far transfer effects)은 본유적 인지부하를 높이는 방법들을 활용한 해결된 예제 연구에서 일반적으로 적거나 아예 나타나지 않는다. 외재적 부하를 줄이는 것은 좀 더 높은 수준의 학습에 중요한 반면 본유적 과정들을 촉진하는 데 사용되는 절차들은 고도로 내용 특수적이면서 제한된 전이에만 허락되는 것처럼 보인다. 그러나 인지부하 효과와 학습 결과의 검사 유형들의 관계에 대한 체계적 연구는 여전히 걸음마 단계이다. 어떤 실험은 인지부하 효과들이 검사문항의 제시 형태와 검사 난이도에 종속됨을 보여주었다(예: 역동적 시각화에 대한 메타 분석(Hofler & Leutner, 2007)). 멀티미디어 효과에 관한 연구에서 정보의 제시 양식(시각적-언어적)과 검사 문항의 제시 양식(시각적-언어적) 간의 상호작용이 관찰되었다(Bruken, Steinbacher, Schnotz, & Leutner, 2001). 역동적 시각화에 대한 최신 연구에서 정보의 제시 형태(정적-동적)와 검사 문항의 유형(과정 지향적-구조 지향적) 간의 유사한 상호작용도 밝혀졌다(Munzer, Seufert, & Brünken, 2009). 이러한 결과들은 어떤 유형의 학습이 어떤 유형의 제시에 의해 효과적으로 지원될 수 있는지를 이해하는 데 더 많은 연구가 필요함을 보여준다.

그러나 몇 가지 의문은 남아 있다. 학습 결과 측정 방법이 연구에서 사용된 교수 방법과 일렬로 맞춰져 있는가? 대부분의 연구에서 학습을 언어적으로 측정하는 방법을 포함하고 있다. 만일 학습 환경이 전형적으로 정적 그림들과 움직이는 그림들 및 동영상 수업 요소들로 이루어진 멀티미디어 프레젠테이션으로 구성되어 있다면 학습 평가 양식이 심리학적으로 인지부하에 아무런 영향을 미치지 않는가? 아니면 학습 유형(의도적-우연적)과 관련하여, 어떤 학생이 교수설계자들이 필수적으로 여기지 않는 프레젠테이션의 측면들에 초점을 두고 있는가? 학습자들은 관련 없는 혹은 덜 관련된 학습 자료들을 처리하는 데 자신들의 인지 자원을 사용할 수 있다. 인지 자원을 사용했는지 여부와 어떻게 사용했는지를 정확히 알기 위해서 목표한 개념들과 기술들을 학습한 것뿐만 아니라 수업 중 일어날 수 있는 다른 우연적 학습도 측정이 요구된다. 이러한 문제들은 인지부하이론이 교수 효과성을 예측할 때 고려되어야 한다.

뿐만 아니라 어느 추가 변인들을 고려해야 하는가, 그리고 이 변인들을 언제 평가해야 하는가? 흥미로운 방법이 Paas와 그의 동료들에 의해 인지부하이론에 소개되었는데 성과 지표로 과제 수행 시간과 인지부하의 비율을 사용하여 학습 효율성을 측정하는 방법이다(Paas & van Merriënboer, 1993; van Gog & Paas, 2008). 이 방법은 수업 효율성이 획득한 지식의 양뿐만 아니라 학습 시간이나 인지적 노력과 같은 자원의 소비를 설명하는 요소들에 의해서도 결정됨을 고려하고 있다. 그러나 연구자들이 현재 개념화하는 데 있어서 효율성 측정값은 높은 학습 성과가 낮은 자원 소비와 결합되어 있을 때 학습은 가장 효율적이라는 가정에 터하고 있는데, 이 방법이 실제로 가장 높은 효과적인 학습 환경 설계라는 결과를 가져오는지 여부를 보여주는 것이 남아있다.

최근 여러 인지부하 연구들은 인지부하와 학습 결과들을 측정하는 데 타당하면서 신뢰로운 방법들을 사용하였다. 그러나 일찍이 논의하였듯이 어떤 학습 상황에서 이끌어진 인지부하를 추론하기 위해 어떤 한 학습자가 겪은 인지부하에 영향을 미칠 것 같은 변인들(선수지식 수준, 성향적 · 상황적 흥미, 불안, 인지된 도움, 초인지적 · 인지적 기술 및 유형)을 설명해야 할 필요가 있다. 이러한 관련 구인들을 측정할 필요성이 몇몇 실제적 문제뿐만 아니라 방법론적 측면에서 제기되고 있다. 예를 들면 사전 검사가 학생들의 "전문성"을 타당하게 측정하는지를 고려해야 하는가 또는 사전 검사가 오직 새로운 지식을 형성할 준비도만을 나타내면 되는 것인가? 뿐만 아니라 만일 개인차가 그렇게 중요한 것이라면 구체적인 학습 시나리오에서 전문성을 어떻게 다룰 수 있는가? 그 밖에 선수지식을 온라인으로 즉시 평가하는 것(Kalyuga & Sweller, 2005)과 같은 몇몇 최근 방법들은 새로운 방식들을 보여주지만 이것들은 또한 인지부하 측정에서 새로운 난제를 내놓는다. 예를 들면 12장에서 논의했듯이 내재적 부하의 개념은 학습자의 전문성과 상관성이 매우 높다. 따라서 온라인으로 전문성을 역동적으로 평가하여 학습자의 전문성 수준에 맞춰 내재적 부하를 적응적으로 맞춰주는 것은 정교한 사용자 모델링을 사용하는 기존 방법들의 문제점들을 극복하여 적응적 학습 시스템을 설계하는 새로운 방식들을 촉진할 수 있으나 결코 만족스러울 정도로 효과를 발휘하지는 못하고 있다(Leutner, 1992).

요약하면 인지부하 연구는 인지부하와 관련된 연구들을 수행하는 데 사용되는 방법론적 접근의 문제점들을 다루어야 한다. 또한 인지부하 구인 자체를 명시화하는 것에 기반을 둔 세 가지 유형의 부하를 구별할 수 있는 기존의 측정 방법의 타당화 및 새로운 인지부하 측정 방법의 개발에 중점을 둘 필요가 있다. 마지막으로 인지부하 연구는 학습 결과의 측정 방법과 구체적인 학습 전략, 지식 표상 유형, 학습자 특성을 좀 더 체계적으로 관련지을 필요가 있다.

요약 및 결론

인지부하이론은 최근 교육심리학의 가장 영향력 있는 이론적 프레임워크 중 하나임은 의심할 여지가 없다. 이 이론은 효율적이면서 학습자 중심의 교육 프로그램을 어떻게 설계하는지에 대한 양질의 실험 연구가 수행되도록 전 세계 연구자들을 고무하고 있다. 인지부하이론은 복잡한 문제해결 학습 환경, 해결된 예제로 수업, 멀티미디어 학습과 같은 몇몇 교수설계 영역을 위한 이론적 프레임워크로 널리 사용되고 있다.

향후 10년이 지나면 인지부하이론은 어떤 방향을 취할 것인가? 인지부하 커뮤니티에서 진행되고 있는 논의들은 새로운 이론적 발전들에 대해 자신만의 방법을 제안하고 있다. 구체적으로 다음 세 가지가 인지부하 연구자들에 의해서 논의되고 있다.

(1) 인지부하이론의 진화적 기초
(2) 학습에 동기적 측면들의 통합
(3) 새로운 기초 연구 패러다임을 인지부하 측정방법과 통합

지난 몇 년 동안 인지부하이론의 창시자 John Sweller는 진화적 관점에서 인지부하이론과 인간 인지 구조 간의 관계에 대해 논하면서 교수설계의 문제점과 진화 요구로 야기되는 인간의 정보처리의 제한점을 연결 지으려 하고 있다(2장 참조). 그러나 이 아이디어들이 매력적인 만큼 이것들의 실증적 기반은 매우 취약하다. 게다가 이 아이디어들은 인지부하이론의 기본 제약점들을 이해하는 데 유용할지 모르나 인지부하이론의 절박한 문제들에는 명확하게 답하지 못하고 있다.

인지부하이론은 인지적 학습 원리에 기초하고 있다. 그러나 학습은 순전히 인지적인 현상만이 아니다. 학습은 초인지적, 동기적, 그리고 과제 몰입, 흥미, 학습자의 신념, 감정과 같은 정서적 요소들에도 달려있다. 이러한 요소들이 학습에 기여하는 바가 꽤 오랫동안 학습과학 분야에 의해 잘 정립되어왔음에도 불구하고 인지부하 연구에서는 대부분 묵과되고 있다.

인지부하이론의 최근의 발전은 인지적 측면에 초점을 두고 있는 것처럼 보이지만 좀 더 선진화된 조사 방법들을 포함하려고 시도하고 있다. 국제 학술대회에서 발표되는 실제 연구는 다중 표상이나 해결된 예제로 정보를 처리하는 동안 학습자 행동의 관찰을 위해 점점 시각 추적 기법과 같은 선진화된 방법들을 사용하고 있다. 예를 들면 van Gog와 Paas(2008)는 초보 학습자를 위한 모델로 전문가의 눈 움직임을 사용하는 흥미로운 방법을 제시하였다. 그런 방법 내에서 시각 추적은 관찰용 도구로 사용되었을 뿐만 아니라 수업 방법으로도 사용되었다. 이러한 연구 결과는 전도유망하지만 많은 연구들을 통하여 이러한 방법의 지속가능성이 좀 더 검증될 필요가 있다.

특정한 관심영역에 일정기간 동안 시선을 고정하는 것이 내용 복잡성 때문인지 아니면 흥미를 혹은 단순히 낮은 가독성을 지칭하는 것인지 아닌지와 같은 방법론적 문제를 안고 있음에도 불구하고 시각 추적 방법은 교육 분야 연구

에서 유행인 것처럼 보인다. 이러한 문제와 다른 방법론적 문제들은 시각 추적 방법이 인지부하 연구에서 표준 절차가 되기 전에 해결되어야 한다. 그러나 행해진 실제 연구 그 이상으로 어떤 트렌드는 명확해진 것처럼 보이는데, 인지부하이론이 인지심리학 영역에서 자신의 근원을 연결하려고 시도했고, 지난 10년 동안 이에 대한 상당한 진척이 있었기 때문이다. 인지부하이론에 있어서 지난 10년은 작업기억 연구들에 초점을 두었지만 향후에는 본유적 부하, 정보 조직화, 지식 표상에 대한 문제들을 다루어야 한다. 이것은 본유적 처리 과정들과 이 과정들을 지원하는 교육방법에 대한 더 나은 이해를 가져올 수 있기 때문이다.

참고문헌

Atkinson, J. (1958). Towards experimental analysis of human motivation in terms of motives, expectancies and incentives. In J. Atkinson (Ed.), *Motives in fantasy, action and society* (pp. 288-305). Princeton, NJ: Van Nostrand.

Baddeley, A. P. (1986). *Working memory.* Oxford, UK: Oxford University Press.

Baddeley, A. P. (2000). The episodic buffer: A new component of working memory. *Trends in Cognitive Sciences*, 4, 417-423.

Bannert, M. (2006). Effects of reflection prompts when learning with hypermedia. *Journal of Educational Computing Research*, 4, 359-375.

Bartlett, F. (1932). *Remembering: A study in experimental and social psychology.* London: Cambridge University Press.

Brünken, R., Plass, J. L., & Leutner, P. (2003). Direct measurement of cognitive load in multimedia learning. *Educational Psychologist*, 38, 53-61.

Brünken, R., Plass, J. L., & Leutner, P. (2004). Assessment of cognitive load in multimedia learning with dual-task methodology: Auditory load and modality effects. *Instructional Science*, 32, 115-132.

Brünken, R., Steinbacher, S., Schnotz, W., & Leutner, P. (2001). Mentale Modelle und Effekte der Präsentations- und Abrufkodalität beim Lernen mit Multimedia [Mental models and the effect of presentation and retrieval code while learning with multimedia]. *Zeitschrift für Padagogische Psychologie [German Journal of Educational Psychology]*, 15, 16-27.

Cowan, N. (2001). The magical number 4 in short-term memory: A reconsideration of mental storage capacity. *Behavioral and Brain Sciences*, 24, 87-114.

PeLeeuw, K. E., & Mayer, R. E. (2008). A comparison on three measures of cognitive load: Evidence for separable measures of intrinsic, extraneous, and germane load. *Journal of Educational Psychology*, 100, 223-234.

Ericsson, K. A., & Kintsch, W. (1995). Long-term working memory. *Psychological Review*, 102, 211-245.

Höffler, T. N., & Leutner, D. (2007). Instructional animations versus static pictures A metaanalysis. *Learning & Instruction*, 17, 722-738.

Johnson-Laird, P. N. (1983). *Mental models: Towards a cognitive science of language, interference, and consciousness.* Cambridge, UK: Cambridge University Press.

Kalyuga, S., Chandler, P., & Sweller, J. (1998). Levels of expertise and instructional design. *Human Factors*, 40, 1-17.

Kalyuga, S., & Sweller, J. (2005). Rapid dynamic assessment of expertise to improve the efficiency of adaptive e-learning. *Educational Technology, Research and Development*, 53 (s), 83-93.

Kirshner, D., Sweller, J., & Clark, R. (2006). Why minimal guidance during instruction does not work: An analysis of the failure of constructivist, discovery, problem-based, experiential, and inquiry-based teaching. *Educational Psychologist*, 41, 75-86.

Leutner, P. (1992). *Adaptive Lehrsysteme. Instruktionspsychologische Grundlagen und experimentelle Analysen* [Adaptive learning systems]. Weinheim, Germany: Beltz.

Mayer, R. E. (2001). *Multimedia learning.* New York: Cambridge University Press.

Mayer, R. E. (2005). Introduction to multimedia learning. In R. E. Mayer (Ed.), *The Cambridge handbook of multimedia learning* (pp. 1-18). Cambridge, UK: Cambridge University Press.

Mayer, R. E., & Chandler, P. (2001). When learning is just a click away: Does simple user interaction foster deeper understanding of multimedia messages? *Journal of Educational Psychology*, 93, 390-397.

Mayer, R. E., & Moreno, R. (1998). A split-attention effect in multimedia learning: Evidence for dual processing systems in working memory. *Journal of Educational Psychology*, 90, 312-320.

Miller, G. A. (1956). The magical number seven, plus or minus two: Some limits on our capacity for processing information. *Psychological Review*, 63, 81-97.

Miyake, A., & Shah, P. (Eds.) (1999). *Models of working memory: Mechanisms of active maintenance and executive control.* New York: Cambridge University Press.

Moreno, R. (2005). Instructional technology: Promise and pitfalls. In L. PytlikZilhg, M. Bodvarsson, & R. Bruning (Eds.), *Technology-based education: Bringing researchers and practitioners together* (pp. 1-19). Greenwich, CT: Information Age Publishing.

Moreno, R. (2006). When worked examples don' t work: Is cognitive load theory at an impasse? *Learning and Instruction*, 16, 170-181.

Moreno, R. (2009). Learning from animated classroom exemplars: The case for guiding student teachers' observations with metacognitive prompts. *Journal of Educational Research and Evaluation*, 15(5), 487-501.

Moreno, R. (in press). Cognitive load theory: More food for thought. *Instructional Science*. Advance online publication. doi: 10.1007/s11251-009-9122-9.

Moreno, R., & Mayer, R. E. (2007). Interactive multimodah learning environments. *Educational Psychology Review*, 19, 309-326.

Münzer, S., Seufert, T., & Brünken, R. (2009). Learning from multimedia presentations: Facilitation function of animations and spatial abilities. *Learning and Individual Differences*, 19(4), 481-485.

Paas, F., & van Merriënboer, J. J. G. (1993). The efficiency of instructional conditions: An approach to combine mental-effort and performance measures. Human Factors, 35, 737-743.

Paas, F. G. W. C., & van Merriënboer, J. J. G. (1994). Variability of worked examples and transfer of geometrical problem solving skills: A cognitive load approach. *Journal of Educational Psychology*. 86, 122-133.

Paas, F. G. W. C., Renkl,. A., & Sweller, J. (2003). Cognitive load theory and instructional design: Recent developments. *Educational Psychologist*, 38, 1-4.

Paas, F., Tuovinen, J., Tabbers, H., & Van Gerven, P. W. M. (2003). Cognitive load measurement as a means to advance cognitive load theory. *Educational Psychologist*, 38, 63-71.

Paas, F., Tuovinen, J., van Merriënboer, J. J. G., & Darabi, A. (2005). A motivational perspective on the relation between mental effort and performance: Optimizing learner involvement in instruction. *Educational Technology, Research & Development*, 53, 25-33.

Paivio, A. (1986). *Mental representations: A dual coding approach*. New York: Oxford University Press.

Pintrich, P., & Schunk, P. (2002). *Motivation in education: Theory, research, and applications* (2nd ed.). Upper Saddle River, NJ: Prentice-Hall.

Plass, J. L., Homer, B. D., & Hayward, E. (2009). Design factors for educationally effective animations and simulations. *Journal of Computing in Higher Education*, 21(1), 31-61.

Plass, J. L., Homer, B. D., Milne, C., Jordan, T., Kalyuga, S., Kim, M., et al. (2009). Design factors for effective science simulations: Representation of information. *International Journal of Gaming and Computer-Mediated Simulations*, 1(1), 16-35.

Rummer, R., Fürstenberg, A., & Schweppe, J. (2008). Lernen mit Texten und Bildern: Der Anteil akustisch-sensorischer Information am Zustandekommen des Modahitätseffekts [The modality effect in learning with texts and pictures: On the impact of the auditory recency effect]. *ZeitschriftfurPadagogische Psychologie*, 22, 37-45.

Rummer, R., Schweppe, J., Fürstenberg, A., Seufert, T., & Brünken, R. (2010). Working memory interference during processing texts and pictures: Implications for the explanation of the modality effect. *Applied Cognitive Psychology*, 24(2), 164-176.

Rummer, R., Schweppe, J., Scheiter, K., & Gerjets, P. (2008). Lernen mit Multimedia: Die kognitiven Grundlagen des Modahitätseffekts [Learning with multimedia: The cognitive foundations of the modality effect]. *Psychologische Rundschau*, 59, 98-108.

Schnotz, W., Boeckheler, J., & Crzondziel, H. (1999). Individual and co-operative learning with interactive animated pictures. *European Journal of Psychology of Education*, 14(2), 245-265.

Schnotz, W, & Kürschner, C. (2007). A reconsideration of cognitive load theory. *Educational Psychology Review*, 19, 469-508.

Seufert, T., & Brünken, R. (2006). Cognitive load and the format of instructional aids for coherence formation. *Applied Cognitive Psychology*, 20, 321-331.

Seufert, T., Janen, I., & Br-nken, R. (2007). The impact of intrinsic cognitive load on the effectiveness of graphical help for coherence formation. *Computers in Human Behavior*, 23, 1055-1071.

Seufert, T., Schützе, M., & Brünken, R. (2009). Memorycharacteristics and modality in multimedia learning: An aptitude-treatment-interaction study. *Learning and Instruction*, 19, 28-42.

Sweller, J. (1988). Cognitive load during problem solving: Effects on learning. *Cognitive Science*, 12, 257-285.

Sweller, J. (1999) *Instructional design in technical areas*. Camberwell, Australia: ACER.

Sweller, J. (2004). Instructional design consequences of an analogy between evolution by natural selection and human cognitive architecture. *Instructional Science*, 32, 9-31.

Sweller, J., & Sweller, S. (2006). Natural information processing systems. *Evolutionary Psychology*, 4, 434-458.

van Gog, T., Jarodzka, H., Scheiter, K., Gerjets, P., & Paas, F. (2008). Guiding students attention during example study by showing the model' s eye movement. In J. Zumbach, N. Schwarz, T. Seufert, & L. Kester (Eds.), *Beyond knowledge: The legacy of competence* (pp. 189-196). Berlin: Springer.

van Gog, T., & Paas, F. (2008). Instructional efficiency: Revisiting the original construct in educational research. *Educational Psychologist*, 43, 16-26.

Wallen, E., Plass, J. L., & BrUnken, R. (2005). The function of annotations in the comprehension of scientific texts – Cognitive load effects and the impact of verbal ability. *Educational Technology, Research & Development*, 53, 3, 59-72.

Wittrock, M. C. (1989). Generative processes of comprehension. *Educational Psychologist*, 24, 345-376.

찾아보기

기타

역자 소개

이현정 고려대학교 영어영문학과(문학사)
고려대학교 교육학과(교육학석사)
New York University 교육공학과(교육공학박사)
현, 서울시립대학교 교육대학원 교수
hyunjlee@uos.ac.kr

장상필 서울교육대학교 초등교육과(교육학사)
한양대학교 교육대학원 교육공학과(교육학석사)
한양대학교 교육공학과(교육학박사)
현, 상지대학교 기초교육원 교수
spjang@sangji.ac.kr

심현애 인하대학교 국어국문학과(문학사)
University of Sydney 대학원(교육학석사)
한양대학교 교육공학과(교육학박사)
현, 서영대학교 유아교육과 교수
simhyonae@hotmail.com

권숙진 한양대학교 교육공학과(디학사)
한양대학교 교육공학과(교육학석사)
한양대학교 교육공학과(교육학박사)
현, 호원대학교 유아교육과 교수
sjkwon@howon.ac.kr

인지부하이론
COGNITIVE LOAD THEORY

발행일 | 2012년 2월 28일 초판 발행
저 자 | Plass, Moreno, Brünken
역 자 | 이현정, 장상필, 심현애, 권숙진
발행인 | 홍진기
발행처 | 아카데미프레스
주 소 | 413-756 경기도 파주시 문발동 출판정보산업단지 507-9
전 화 | 031-947-7389
팩 스 | 031-947-7698
웹사이트 | www.academypress.co.kr
이메일 | info@academypress.co.kr
등록일 | 2003. 6. 18 제406-2011-000131호
ISBN | 978-89-97544-05-9 93370

값 18,000원